國家社會科學規劃・基金資助課題

海南省社會科學研究資助課題

海南大學東南亞研究所專刊甲集第一種

中國和馬來西亞文化交流史

周偉民・唐玲玲 著

文史哲學集成
文史哲出版社印行

序

金春明

　　龍年歲首，應好友海南大學周偉民、唐玲玲二位教授之邀，我與夫人李振霞教授，四人一道驅車赴三亞市郊月亮灣，度過了一個清靜悠閒而又頗有情趣的春節。這裏背靠青山，面對大海，林木茂密，環境優雅。我們或散步在細白而又平緩緻密的沙灘上，聽着海浪拍岸的濤聲，或者暢遊于蔚藍色的海灣，享受着全國獨有的多日遊于大海的快感。四位年齡加起來已有 265 歲的老人，隨興之所至，國內國際，談天說地，無拘無束，每人都好象年輕了好多歲。大概是由於好友之請盛情難卻，也許是過份陶遊於山水之間而心迷神醉，我竟然自不量力地接受了一項任務，給周、唐二位教授的大作，國家社科 95 課題：《中國和馬來西亞文化交流史》寫個序。本人的專業是中共黨史，對中國近現代史還比較熟悉，而對於文化史則屬於門外漢。特別是又涉及馬來西亞，屬於中外關係史的範疇，確是隔行如隔山。而周、唐二位教授均是造詣頗深的文學研究的行家裏手。偉民兄曾任海南大學文學院院長多年，二位教授著述頗豐，不但在國內有多部專著出版，而且有專著在馬來西亞和臺灣出版，名揚海外。要我這個外行去評論行家裏手的學術專著，實在是選非其人。不過我既然已經應允，豈可失信于好友，只能勉爲其難了。好在有先睹之利，抱着學習的態度，說一點外行人的感受。

　　中外關係史（包括政治、經濟、文化等各個方面的交流史）是適應改革開放大環境的客觀需要，而於八九十年代興起的頗受重視和關注的一門新興學科。一說起中外關係，大家馬上會想到中國與其它世界大國的關係，如中美關係、中蘇（俄）關係、中英關係、中日關係、中德關係、中法關係等，這些當然是應該重視並給予研究的。但是，絕不可以輕視中國同周邊國家的關係。在中國廣闊領土的周邊和海域，有著數十個國家和民族，同中華民族有着千百年的悠久交往，雙向交流相互影響，值得我們給予應有的重視和相應的研究。馬來西亞就屬於同中國關係密切的近鄰之一。遺憾的是，至今研究馬來西亞的著作以西方學者和海外華人居多，中國大陸出版的有關專著甚爲稀少。周、唐二位教授的這部《中國和馬來西亞文化交流史》的專著，在一定程度上塡補了這方面的空白。該書以六篇二十章四十萬字的篇幅，爲構建中外關係史這門新興學科的大廈增添了一柱棟材。

給我感受最深的是，兩位教授爲我們搆畫出中國和馬來西亞兩千多年文化交流史的清晰的比較完整的輪廓，這是一份難能可貴的創造性的學術貢獻。中國同馬來西亞的歷史經歷是有巨大差異的。曾是幾千年統一大帝國的中國，史冊浩繁，其中雖然不乏中國同馬來西亞交流的記載，但散見於各種文獻資料和民間著述。搜集匯總有如大海撈針，絕非易事。而現今屬於馬來西亞版圖的各個地方，一直到距今幾百年前，還是分散的諸多小王國，乃至原始部族，而且大多沒有文字記載的史冊，這更給研究工作增加了很大的難度。但是，二位教授以摯著追求的精神和堅韌不拔的努力，克服了一個又一個的困難。文字記載的史料不足，則充實以考古文物相印證；地名記載之差異，則反復核實，多方佐證；中國資料之不足，則遍閱能夠找到的國外以及台、港等地出版的有關著述。特別值得稱道的是，二位教授均已年過花甲，卻不辭辛勞，五次去馬來西亞作實地考察，走遍了該國的十三個州，大小博物館、圖書館和文物古迹，親自閱看該國的文獻和實物，借鑒該國的學術成果。從這個意義上說，這部學術著作也可以說是中馬兩國學者共同努力的結晶。

　　中國和馬來西亞文化交流的歷史特點是什麼？這是我看書稿之時帶著的問題。我認爲該書導論中對此作了較好的回答。如該書所說："我們如果從地域史的角度來考察屬於今天這兩個國家的地域的文化交流，它的確別具特徵。在漫長的歷史過程中，這兩個地域範圍內，彼此間更多的時候不完全是以國家間的關係進行的，而是在一定的時間和空間裏形成了不時流動着的朝貢貿易關係爲基礎的網絡系統，兩種或兩種以上的不同質的文化，在這個系統裏，用包容的態度，對話的方式，彼此間進行交流、滲透、互補或者存在著矛盾和抵觸。這種地域網絡的研究，有利於上述國際關係史的研究。"研究任何事物，抓住了它的特點就把握住了該事物的本質，把握了該事物同其它事物的區別。而中國和馬來西亞文化交流史的特點，則是一個在"時間和空間裏不時流動着的以朝貢貿易關係爲基礎的網絡系統"。明確地概括出這個文化交流的特點，提供了一個研究的新視角和新線索，可以說是這部學術著作的一大貢獻。以這樣一種辯證的觀點去看待中國和馬來西亞間的文化交流，可能是比校符合實際的。

　　這裏所說的文化，用的是"大文化"的概念，包容着廣泛的內涵。周、唐兩位教授深鑽史籍，遍訪四野，凡是能夠捕捉到的資料都沒有忽略。從史前馬來西亞人種來源的考察，到公元前二世紀中馬文化交流的曙光時期，中馬貿易交會地位的確定和朝貢貿易的開始，以至鄭和下西洋同滿加剌王國文化交流的光輝發展，到葡、荷、英佔領馬來西亞時期同中國的關係，一直到二次世界大戰後，馬來西亞的獨立，在新的基礎上，中國同馬來西亞的正式建交，都有建立在豐富史料基礎的系統論述。不僅限於史的縱的論述，而且在生產技術、醫藥、文字、語言、教育、文學、藝術、戲劇、宗教、繪畫、民間信仰以及中國民歌和馬來班頓等非常寬廣的文化領域作了橫斷面的展開，給予人們以豐富的文化感受。

任何國家和民族的文化發展，都不可能是孤立的，在完全封閉的環境下進行的。各種文化的不斷交流，互相補充、滲透乃至矛盾、抵觸和鬥爭，乃是文化前進的推力，發展的酵母，靈感的觸發，創造的啓迪。流水不腐，封閉則必停滯乃至枯竭。中華民族五千年文化之發展、創造、輝煌乃至曲折、衰落、莫不與文化之是否能夠正常交流，有著千絲萬縷的聯繫。其中，中國與馬來西亞的文化交流，也是一份應給予應有地位的歷史貢獻。

中國和馬來西亞的文化交流，源遠流長，內容豐富，不是一部學術著作就可以窮盡的。而且就周、唐二位教授的這部學術著作本身來說，在資料之是否完備，運用之是否得當，考據之是否完全準確和分析之是否周密，個別提法之是否得當等方面，我不敢說沒有缺欠，已經達到盡善盡美的地步。但無論如何，二位教授在學術上孜孜不倦奮力以求的精神是值得稱讚和欽佩的；這部學術著作本身對一門新興學科的貢獻，也是功不可歿的。

上邊是一篇外行人的外行話，權且充作一篇不足以爲序的文字。希望能把它作爲一名普通讀者的觀後感去看待，以不致辱沒這部學術專著。

二〇〇〇年春節於海口

中國和馬來西亞文化文流史

目 錄

History Of Sino-Malaysian Culture Exchange

Contents

Chapter Sixteen

Chapter Seventeen

Part Six

Culture Fusion And Interaction Between China And Malaysia

Chapter Eighteen

Technological And Medical Exchanges Between China And Malaysia

Section One

Section Two

Section Three

Section Four

Chapter Nineteen

Well-Established And Long-Standing History Of Philological, Linguistic And Art Exchange　

Section One

Section Two

Section Three

Section Four

導　　論

　　我們的課題是兩個國家的文化交流史論。其實，這是一個簡便的說法而已；因爲馬來西亞立國如果從 1948 年成立馬來亞聯合邦算起，時間也並不長。此前，或者說在 15 世紀初馬六甲爲中心的滿剌加王國以前，這個地域是一些分散的古國。因此，我們是在地域整合的觀念中將中國和馬來半島當作爲一個地域史問題，一個地域交易圈結構來對待的 1。這裏開宗明義，說說文化、文化交流史，怎樣對這個地域交易圈結構的文化交流史作完整的史論結合的描述和把握，文化交流史的功能是什麼。

　　先說文化、文化交流史。

　　我們這裏說的＂文化＂，用的是＂大文化＂概念；指的是人的行爲方式和思維模式的總和，包括了人的＂外顯＂和＂內隱＂的生存狀態。在這個意義上理解文化，它應該涵蓋三個體系，即器物、制度和觀念三種，或者稱爲技術體系、制度體系和價值體系。前二者包括生產方式、生活方式、社會上的各種規範和約定俗成的諸多習俗等人類的生存行爲，後者包括意識形態中的思想、意識以及價值取向，審美情趣等。人的這許多的行爲方式和思維模式，代代相傳，薪火不絕，是借助於符號的使用而被學習、被傳授的。正因爲存在這種被延續下來的社會共同經驗和符號體系(包括文字)，我們才有可能將今天的中國和今天的馬來西亞地域中在史前及近二千多年有史以來的政治、經濟、貿易、文化、教育和社會習俗等諸多方面的交流和互補，作出一種大致連續的整體性描述和把握。儘管這種描述和把握，還有許多不完善和可以討論的地方。

　　中國和外國的文化交流史，作爲一門學科，在學科意義上說來，也是近一世紀的事。本世紀的 80 年代，中國學術領域裏出現的名稱叫"中外關係史"。它的前身是形成於 30 年代的"中西交通史"。在中國史籍中，早就出現了對外國的記敍，除"正史"的外國傳、四夷傳等有關專卷外，還有大量記載外國的專書，但這些書主要都是史料撰輯，還未形成一門獨立的學科。直到本世紀初，中國學人開始引進一些西方漢學的研究著作，其中有一本英國人玉爾(Henry Yule)和法國人考狄(Henri Cordier)編著的《中國及其通道》(Cathay and the Way Thither)，這是一部運用西方資料研究中外交通史的權威著作，使中國學者眼界大開。不久，張星烺便將它的主要內容加上中國方面的史料，編輯成《中西交通史料彙編》，共六冊出版，在史學界產生很大的影響。於是"中西交通史"一詞便流傳開來。其後，又有向達的《中西交通史》、方豪的《中西交通史》專著問世，加上先後出現了一批著名學者如王國維、陳垣、馮承鈞、岑仲勉等中外民族、宗教、語言、地理關係的開創性研究，於是，"中西交通史"便在三、四十年代脫穎而出，形成了一門專門學問。和玉爾及考狄同時或先後研究中國與西域南海關係而有相當造詣的，有格羅內維爾特(W.P.Groeneveldt)、伯希和(P.Pelliot)、夏德(F.Hirth)、柔克義(W.W.Rockhill)、斯坦因(Stein)、馬司帛洛(H.Maspero)、費王郎(G.Ferrand)、戈岱司(G.Coedes)、鄂盧梭(L.Aurouseau)、烈維(S.Levi)和沙畹(E.Chavannes)等，他們影響了日本學者如桑原陟馬藏(J.Kuwabare)和藤田豐八(T.Fujita)。太平洋戰爭期間，以 1940 年在新加坡成立南洋學會爲新的起點，來自中國或曾在中國留學後定居于東南亞當地定居的學者張禮千、姚楠、許雲樵及陳育崧等進行了卓有成效的中國南洋交通史方面的研究。到五十年代，中國又提倡與外國傳統友好關係和文化交流研究，這門學問又成爲“中外文化交流史”。專門研究歷史上的中外關係，包括政治、經濟、文化各方面的關係和交流。

可是，我們如果從地域史的角度來考察屬於今天這兩個國家的地域的文化交流，它的確別具特徵。在漫長的歷史過程中，這兩個地域範圍內，彼此間更多的時候不完全是以國家間關係的方式進行，而是在一定的時間和空間裏形成了不時流動著的朝貢貿易關係的網路系統，兩種或兩種以上不同質的文化，在這個系統裏面，用包容的態度，對話的方式，彼此間進行交流、滲透、互補或者存在著矛盾和抵觸。這種地域網絡的研究，有別於上述的“國際關係史研究”。關於地域網絡系統，下文還要說到。

次說對這個地域交易圈結構的文化交流史作完整的史論結合的描述和把握。

我們一接觸到屬於今天這兩個國家的地域的文化交流史，立刻就感覺到它的獨特色彩，即一方面，這種交流是在一個官民交纏，商政並兼的特殊環境中頑強地延續著、發展著；一方面又不斷地掙扎著朝非核心化的、非向心性的傾向發展，力爭形成不受宰製的“邊緣性”的動態交流網絡。要想完整地描述和把握這個網絡，我們的重點放在以下四點：

1、確立一個新的地域網絡視角。

前面說過，我們的課題旣是屬於兩個國家文化交流史的性質，但又有別于國際關係史的研究。這裏面包含著諸多錯綜的因素。我們就兩個地域的狀況稍作分析，即可見出這當中有許多複雜的多元屬性。中國方面，秦以後是一個統一的大帝國，但自漢以後有歷史記載的與馬來半島的交往，從一開始就不是單一的。歷代的朝廷，都是從政治著眼，以華夷對立、中央和南蠻二元的觀念出發，立足於爭取向心的、同化的政治效果；而民間的觀念卻是以經濟活動爲內容，爭取非官方宰製的非核心化傾向。這是一。其次，就經濟活動來看，朝廷方面自漢至元、明，都是追求爲滿足宮中及各級官員的奢欲爲目的的經營奢侈品的貿易；而民間卻更多的是經營供寺廟中參拜神佛的信衆們使用的聖物以及日常生活用的藥材和香料。對這兩種不同用途的商品需求，反映了貿易中的官營和民營的不同性質；對奢侈品的需求是富豪權貴，他們集中在都城，而且多數時候是在北方，這增加了商品運輸的危險性和經營的難度，而後者則在中國的南方即有廣大的消費市場。再次，官方追求的是所謂國威的遠播，"四夷賓服"；民間商人則完全爲了獲利。由於這兩者的驅動力不同，形成了從事文化交流的隊伍構成的複雜多元，精神和價值取向的複雜多元，也決定了交流的方式和手段的複雜多元。這種複雜多元的文化交流現象，自然要求有新的角度去觀察和理解。而就馬來半島方面來看，它的自然條件(地域、語言、人種等)、社會條件(社會體制結構、生產生活方式等)和心理條件(原始概念、心態結構、民俗等)都是極其複雜的，很長時期裏都是處於小國林立的分散狀態。從唐代昆侖人商家以袖中暗藏的匕首，因廣州舊都督路元叡"冒求其貨"而"刃殺之"這一事件來看，足證這裏的自然、社會和心理條件的複雜。這不能用一個國家去規範，同樣只能以新的地域角度去觀察和理解。

我們考慮的視角，是以朝貢貿易爲中心的地域交易圈的有機網絡爲視角。因爲朝貢貿易自漢代起，在這個地域範圍內，即開始凝聚了龍運等一批馬來半島上的交易港，在地峽時代又以無比的穿透力穿越了克拉地峽通道，同時還造就了魏晉六朝時期漸次增大的朝貢貿易商人隊伍，和在世代的航海實踐中，經過無數次淘洗而確定下來的海運航線。朝貢貿易形成了一個地域交易圈，一個由馬來半島上許多政治實體和中國的朝貢貿易商人用貿易連結成的有機關係網絡。這個網絡，從嚴格意義上說來，在相當長的歷史時期內，並非緊緊地相依，連成一片，而只是靠著這個"亦此亦彼"的南海中和地帶，才成為籠罩在這個地域上總體說來有相離和重合的跨文化的締結，才成為相互聯繫、相互交往的文化之網。在南海這個中和地帶裏，貿易猶如堅韌的筋絡，把這個區域中不同質的文化連結起來，在包容中相互交流、滲透、互補或者抵觸而排斥。

　　我們採用這個區域交易網絡的視角而不是國際關係的角度，更容易理解這二千多年時間裏，中國和馬來半島文化交流中許多複雜的狀況，諸如有些國家曾經出現，但一下子消退了，隔幾百年以後又再次浮露；上文提到的唐朝時，馬來商人"刃殺"當時廣州都督等事件，這也從一個方面對下面的問題，提供一種參考性的解釋：南海貿易為什麼發展得非常緩慢，中國為何不能像後來的英國那樣影響馬來半島的政治發展與文化發展？因為只有到 1948 年成立馬來亞聯合邦以後，或者甚至是在 1957 年 8 月 31 日馬來亞聯合邦宣佈獨立以後，國境觀念的增強，才有外來與本土相對抗的文化觀。中國一直處於文化強勢的地位，為什麼兩千多年的漫長過程中，不能在文化交流中造成"文化越境"，而有強佔埠頭的文化態勢？

　2、史料的清理與運用。

　　這部書的寫作，我們從來不求有標新立異的驚人之論，但卻力求能做到不遺漏中國和馬來西亞載籍中的重要資料，即使我們沒有採用但也要瀏覽過，並對這些資料提出自己的看法；還要對直至我們寫作時為止這一研究領域裏，用中文寫作或翻譯的重大的新的成果有所反映，起碼在注釋中或引用書目中加以標明。希望能做到因為資料比較齊全，提供的信息量也還大，讀者能執一以馭其他。

　　前面我們談到關於地域網絡的視角時，即指出過，古代馬來半島上古國林立，此起彼伏。古代的這一地域與今天馬來西亞國的屬地之間，在地名方面多數沒有連續性；所以，古籍中提到的一些馬來半島上的華文古地名，今天早已經被廢棄。載籍中的有關史料，是我們認爲，其中提到的地名，是位於今天馬國的版圖，或者是有相當的一部分土地在今天馬國的版圖。

在 15 世紀以前，即馬六甲王國建立以前，有關這個地域網絡的資料，都是在中國的載籍裏面。大體上是在歷代正史、官員編纂的類書及文人個人撰述的＂雜誌＂(雜記)裏。正史如《漢書》、《梁書》、《隋書》、舊、新《唐書》、《宋史》、《元史》及《明史》等；類書如《通典》、《太平御覽》、《册府元龜》、《文獻通考》等；＂雜記＂如唐代段成式的《酉陽雜俎》、北宋樂史的《太平寰宇記》、南宋周去非《嶺外代答》、趙汝適的《諸蕃志》、元代汪大淵的《島夷志略》、明代鞏珍的《西洋番國志》、費信的《星槎勝覽》、馬歡的《瀛涯勝覽》、黃省的《西洋朝貢錄》、茅元儀的《武備志》等，此外，還有如釋法顯、義淨等佛教徒的取經朝聖記錄。

上述典籍，我們可以歸納爲史官編著(正史及類書)和文人雜記兩類。

史官編著類的書籍，它的性質屬中國史官文化，有明顯的二重性：一方面是中國傳統文化的結晶。正史以及據史籍而編纂的類書，是世代積累型的集體創作，每一部正史都是一個大的編纂集體歷許多年而成書的；往往一條材料，時間的跨度，可能前後跨越一百多年。就我們論題所涉及的《漢書·地理志》所載南海航程，是自漢武帝(西元前 141 年至公元前 87 年)與漢平帝(公元 1 年至 5 年)時代由徐聞、合浦出發到印度東岸，是這 100 多年時間裏面幾代甚至十幾代航海家經驗的記錄。一項資料，是世代實踐經驗累積而成的。史官文化本身接受中國傳統中的自孔子以來的重視歷史，尊重歷史的客觀性觀念。孔子說：＂我非生而知之者，好古敏以求之者也＂。＂信而好古＂，對歷史保持一種征而後信的態度。中國正史中一直注意貫徹著以歷史眞實的眼光去敘述歷史，從歷史本身去說明歷史。這可以看作是史官文化的正面效果。另一方面，史官本身是官僚，正史是為朝廷及其下屬的官僚而著，史家的立場，又往往是為當朝的政治服務的；對所述的許多內容，夾雜著史官的纂改是常有的。比如說："四夷賓服"的記載，這四夷是"東夷、西戎、南蠻、北狄之志號也。"[2]《南蠻傳》的"南蠻"指華夏文明以外的"蠻"族，正史中所記的南蠻諸國送來的國書內容，史官肯定會據華夷對立而"四夷賓服"的政治眼光去加以譯改的。其實，形成於16世紀的《馬來紀年》，其中故意安排了讓中國皇帝喝滿刺加國王洗腳水以治病的情節，不也是史官文化在另一方的折射？

　　文人雜記類的典籍不同，這類典籍，作者多是以海事和商業觀點出發寫作的。當然，有部分文人，因為他的身份或教養等方面的因素，在自己的著作中，也顯示出史官文化影響的痕迹，諸如讓自己的撰述在一定程度上具有政治、外交和軍事意義。即使是這樣，夾雜在文人雜記中的這部分內容，往往也在文化史的意義上讓官方的記載顯得粗疏。

　　趙汝适的《諸蕃志》，可以看作是文人雜記類的代表作。全書內容，除了取材於《嶺外代答》以外，因他任職是駐於泉州的福建提舉市舶司(相當於對外貿易監督官)，讓他有極好的機會，向常到泉州來的中外水手直接徵詢，獲取資料，因此，書中關於東南亞國家的情況，特別是外國貿易的主要物產的記載，可能完全來自中外水手及商人的口述。這是作者調查研究所得的第一手資料，再加上取自《嶺外代答》、《酉陽雜俎》和某些正史及類書的材料，所以顯得特別豐富；又由於他取材的角度是重在海事及商業，尤為別具一格，也特別有價值。是著成書在《宋史》之前，《宋史》的外國列傳許多地方是照搬這部書的內容。《四庫全書》的《諸蕃志提要》指出，兩者相比對之後，"其敘次、事類、歲月皆合"。"提要"也說："《宋史》詳事　而略於風土物產；此(指《諸蕃志》)則詳風土物產而略於事。"究其原因，是因爲《宋史》是正史，《諸蕃志》是雜記，"體各有宜，不以偏舉爲病也。"著作的性質不同，各有側重罷了！如對渤泥國的記載，《諸蕃志》以幾乎一千字篇幅，洋洋灑灑地描述渤泥國的風土人情，"服色略仿中國"，特別詳細地記載了這個國家的土特產及中國商賈到這裏從事貿易的獨特方式等，而對當時兩國建交時渤泥國遞交的國書內容，點到即止。而《宋史》則不一樣，《外國傳》的渤泥條，將渤泥當時遞交的國書，"以華言譯之"，原文照錄後，說"其表文如是"。這可能是在當時檔案中抄出原文。可見從商業出發和從政治出發，記述的側重點是如此的差異。但正好，這不同的側重點，對我們行文時說明不同的問題，都是重要的材料依據。

當然，關於史料的清理與運用問題，在不同的時段有不同的情況。漢代因史書中材料太少，遺留的問題大，所以推論性的結論多。明代以後，文獻的絕對數量增多，寫作時的披揀難度也增大。而當代，我們則主要在選擇並列舉特具說服力的資料了。

3、對事實的考察。

本來，史著最重要的是對歷史事實的考察。比如說，一個古地名，正確的方位，應該有地下的材料作佐證最爲有說服力。但是，十分遺憾，地下出土的東西太少。論者早就指出，馬來半島在赤道上，而且因爲地貌的特殊性，這一地域，在"氣候、昆蟲與霉菌的破壞，以及赤道雨水的侵蝕，加上沖積異常迅速的淤積，幾乎人們一放棄居留地，便把他們的生息痕迹一掃而空，致使考古學者縱使進行最細緻的調查，亦一無所獲。"[3]這是符合實際情況的確論。

不能等待地下的發掘。爲了補此不足，我們盡可能作些實地的調查，比如關於《漢書》記載的"都元"，我們認爲是今天丁家奴州的龍運。於是，兩次作實地考察。儘管所得的論據仍不能差強人意，但也是盡了最大的努力了。本書作者四次到大馬，13 個州以及首都吉隆坡有的不止一次訪問，作調查研究。讀者諒能體察個中的甘苦。

至於已經出土的銅鼓，已經發現的宋墓及明墓等，我們嘗試著參照王國維倡導的"二重證據法"處理。此法陳寅恪在歸結王國維治學方法的第一目作如下說明：取地下之實物與紙上之遺文互相釋證。筆者在嘗試用"二重證據法"的努力，未敢自以爲是。

4、關於撰寫的具體體式問題。

我們的課題是"史論"，即在一定的史的框架內，在史的基礎上立論，在論的指導下寫史；史是客觀存在，論是主觀認識。即是史論結合。史與論如何結合得好，卻不是一件容易的事。那種先立論、後求證，所謂以論帶史或者以論代史，固然不足取；就是那種根據點滴的史料孤證，以個人的臆想加以發揮聯綴，看似浩浩蕩蕩的所謂"方法"、"觀念"更新，也是我們所不取的。我們所致力的，是對歷史材料的發掘、考證、辨析和全新解釋，在史實齊備的基礎上，認眞安排好一定程度的描述性的內容，然後作綜合、概括，得出某些結論。這些結論，又力求在描述性的過程中顯示出邏輯的力量和清晰的表述方式。但是，即使我們主觀上力圖朝這一方向努力，而面對浩瀚的史實和個人學術眼光的局限，必然還有許多遺漏和遺憾的地方。

最後，談談文化交流史的功能。

在中國，曾經出現過風行了一陣子的"影射史學"，如今已經是歷史的陳迹了！

中國的傳統中，儒家經典《論語》中有"信而好古"、好古敏求的訓示，這種傳統，已經耳熟能詳。在馬來西亞，最早的《馬來紀年》，有著對過去的敏銳的感性認識。通過訓誨故事、風流軼聞以及對滿剌加朝廷的社會生活和價值觀念的生動描述，爲馬來民族保存了一種認同感。同時，它還通過一種公認的歷史概念，結構了馬來民族強烈的集團認同和團結意識。作爲一種歷史著作，它的最顯著的作用，是在馬來讀者中激發起自豪感，即爲馬來文化特徵和政治力量而自豪，爲英雄氣概和領導才能而自豪。[4]歷史的教化作用和啓迪功能，是不用懷疑的。所以說，史家寫史都是必然立足於今天，也只有立足于今天，史著才能通向明天；歷史只有結合現實，才能顯示意義；任何文化遺產，只有植根在現實思想的土壤裏，才能獲得生機。歷史研究，決然不能止於對舊世界的解釋，而必須指向新境地的創造。[5]對馬來半島及婆羅洲西北部，在歷史上已經被認識了的而後來被遺忘了的，今天應該永久留存和必須重新發掘。我們所做的這些工作，都力圖指向新境地的創造。我們認爲，幾千年來的文化交流，體現出兩國之間融合的相互接觸、互補的跨文化交流和相得益彰的匯合的鮮明特點。對這些特點能夠有更多的、更深刻的理解，那麼，在今天多極化國際新秩序中，在中馬關係的發展中，負責辦事的人能達到更爲明智的決策。而對於兩國人民，在理解這些特點的過程中，激發起更加自覺地維護和發展兩國人民民間傳統的友好關係。這就是價值所在，功能所在。

　　本書的內容，下限在 1975 年，即中國和馬來西亞正式建立外交關係的時候。第七編中涉及到某些具體的事例時，也會徵引到當代的材料。

1998 年 6 月 17 日

【注　釋】

1　　"地域史"的概念，是由日本學者雄三在其主編的七卷本系列論文集《在亞洲思考》中提出的。參看孫歌《亞洲意味著什麼？》，《讀書》1996 年 5 月。

2　　范甯《谷梁傳》注。

3　　(美)保羅·惠特利《十六世紀以前有關馬來亞歷史地理的中國文獻》，原載《馬來亞熱帶地理期刊》第 9 卷，新加坡，1956 年 12 月。譯文由張清江譯，載南洋學會專刊之四《東南亞歷史地理譯叢》，潘明智、張清江編譯，新加坡南洋學會 1989 年出版，第 62 頁至 70 頁。

4　　參看王賡武《歷史的運用》，載《歷史的功能》一書，王賡武著，姚楠編譯，中華書局(香港)有限公司，1998 年 11 月初版第 9—10 頁。

5　　參看張松如《中國詩歌史論叢書》"總序"。吉林教育出版社 1995 年 12 月。

第一編　史前的中馬關係蠡測

第一章　中國古百越族，特別是海南島黎族的某些方言區和馬來半島民族間的環流與血緣的雙向互融

　　考察中、馬兩國史前史的關係，是兩國之間一個既重要而又能引發人們濃厚興趣的議題。在煙波浩渺的南海中，馬來西亞據馬來半島上，這裏土地肥沃，資源豐富，氣候適宜，綠樹成蔭，人民勇敢善良，是地球村上人類的一個樂園；而馬來半島上的主要民族馬來族是從哪里來，又往哪里去的，成爲近一個世紀以來史學家所力圖證實和研究的目標。如撰寫《馬來亞史》的英人溫斯泰德(R·Q·Winstedt)，他曾在自己這部著作中力圖破譯馬來亞這一區域中最大的人類學之謎，掀開馬來亞遠古時代的面紗。對於馬來亞民族的起源與發展，法國的茂修(A.Mesier)，荷蘭的範隆克(Dr.Van Ronkel)在他們的著作中，都有說法。已故南洋史學家許雲樵，中國和美國學者如羅香林、徐松石、凌純聲、張光直等根據中國的歷史文獻與考古資料互相參證，並聯繫西方學者的見解，也提出自己的頗有見地的看法。

　　當然，在考察史前史的歷史現象時，破除國界和在民族的遷徙問題中變單向的移植與嫁接爲雙向的彙通與相互環流互融，是十分重要的。

第一節　馬來族的源流

　　大約在距今一百萬年以前，南洋群島——包括海南島、中南半島的越南、暹羅(今泰國)、馬來半島、爪哇、蘇門答臘，以及緬甸南端的部分地區，都是和中國大陸連成一整塊的陸地。這大陸由婆羅洲東北角伸展到菲律賓，考古學家稱爲"巽他洲"(Sundaplat)。到了人類史上第四紀冰河時代，由於冰蓋溶解，海平面增高以及火山爆發，地殼發生變動等原因，巽他洲的低地淪陷，只剩較高而星羅棋佈的南洋群島，這才形成現有的南中國海、暹羅灣、馬六甲海峽和爪哇海等。

　　馬來西亞由於自然環境的優勢，成爲多元民族的大熔爐。馬來半島上最早的民族是矮黑種人(Negrito)、沙蓋人(Sakai)和雅貢人(Jakun)。這些民族被稱爲原始馬來人。馬來族族源與中國有著密切的關係。世界各國的民族學家和考古學家們，在提出馬來族來源的各種不同的意見中，均離不開中國的土地。這些意見可歸納爲兩派：

　　一、馬來族來自中國的雲南。持此看法者是德人蓋勒登博士(Dr. R.V.Heine Gelden)，法人麥斯爾(A.Mersier)，荷人龍基爾博士(Dr. Van Ronkel)，英人溫斯泰德爵士(Sir R.O.Winstedt)，英人陶德甫(G.D.Dartsord)等。如陶德甫提到了新石器時代的人類，最早進入馬來亞的馬來民族，是從雲南的老家南下的。在四千年前最早移入的一群，是原始馬來族(Proto Malays)，現在在南部還能找到的耶昆人(Jakuns)或土著馬來族就是這一部族的代表，他們是被後來者驅逐到了較偏僻的地方去的。第二批移入的一群叫做混血馬來族(Deutro Malays)，跟著第一批而來，他們就是目前半島馬來族和印尼沿海馬來族的祖先。[1] 溫斯泰德說："不論陸上或海上的雅貢族，都和有文化的馬來人一樣，屬於類蒙古種，大多數有圓形的頭顱和細長的頭髮。所謂類蒙古種一名，是爲某些近代人種而創造的，這些人種具有純粹蒙古人或中國人的一部分或全部種族特徵。從語言的根據來推斷，馬來族的故鄉可以和占婆(Champa)、交趾支那(Cochin-China)及柬埔寨(Cambodia)聯繫起來；從文化來論證，那末可以把它的位置放在雲南的西北方，正因爲原始馬來人這個名詞用來說明印度尼西亞和類蒙古的合成種族，所以次馬來人(Deutero Malay)或正種馬來人這個名詞就用來稱呼現在馬來半島和馬來群島海岸的馬來人了。他們是原始馬來人的後代，與近代印度人、中國人和阿拉伯人的血統已有所混合。"[2]

　　但是，持"馬來族來自雲南"的說法，邱新民提出不同的見解。他說："我們必須揭示的，人種是一回事，語族又是一回事。舊石器及中石器時代的小黑人和美拉尼西亞人的語言，可以是南島語族的馬來語、玻裏尼亞語的一成員，但在人種上，他們不等於新石器時代南移的海洋系蒙古種。如果把種族與語族二者混爲一談，就容易發生錯覺。好比馬來族的源流，在坊間的一些歷史教科書，多數採納西方人士的'馬來族來自雲南'的成說，或因種族與語族相混所致。"[3]

　　二、馬來族來自中國東南沿海。持此論者有中國學者羅香林、徐松石和美國張光直等人。羅香林在他的《百越源流與文化》一書中，參照地下遺物及民俗，作古越族文化的檢討，暗示馬來族是古越族遺民。徐松石認爲在漢族未形成之前，中國南方民族的分化，最古老的民族，在西南的爲僮族，在東南的爲大越族。他說："馬來族的前身是大越族。浙江、江蘇、福建是他們最初居住的地方，今日的苗人、瑤人、蜑人與馬來族祖先關係最爲密切。""馬來族的前身，是古大越國的苗、蜑族。我們稱苗、蜑族爲大越族亦無不可。堯舜大禹時，會稽山稱爲苗山，可見大越有苗人，馬來人的祖先以苗、蜑族爲主幹，所以他們是大越族。"[4]徐松石認爲大越族從海路到南洋地區的時間，不能早於西元前第五或第四世紀。因爲"在西元前第五世紀，這些地方還是玻利尼西亞族的勢力地。旣然馬來先人肯定是來自浙閩地方，那末在西元前第五世紀至西元前第一世紀這個時期內，古大越族居民的自動大規模向外遷徙，就必定是在楚威王擊殺越王無疆，越族分散於江南海上的時候了。大約當時的大越遺民，大批乘船出海，飄流到蘇門答臘去。他們逼走當地的玻利尼西亞人，又征服當地的小黑人，吸入了他們的血素，遂形成了一個棕色的馬來民族。"[5] 徐松石考證馬來人由吳越族移植，也考證了馬來人的祖先越民族，包括了自浙江、福建而至兩粵的古越人；並指出其中最主要的，還是自浙江、福建以至潮州這一帶的大越和閩越族。

本世紀以來，在馬來西亞國土上，不斷從地下發掘了許多古代文物，證明了馬來文化與中國文化有着密切的關係。在史前的馬來古文化中，可以見到中華民族生活在馬來半島上的履痕。所以馬來族來自雲南說，來自東南沿海的大越人說，各持之有理，尤其是徐松石以多方面的證據，諸如人類學、語言學、民俗學等方面，力說馬來人與中國沿海百越人的共同點，頗具說服力。但他過份強調馬來族只能從中國移去，只是形成了馬來族之後再向中國回流；而不是古代南中國的土著，有一部分是馬來族由印度支那回流，雙向流動而移入中國南部的結果；苗、瑤等族，部分是馬來族的移民。他武斷地說："這種論斷完全錯誤，因爲他們倒因爲果。其實馬來族乃是由中國移去的。"這一論斷，似失之偏頗。

民族之間的移殖和兩個民族的融合，而形成一個新的種族，非一次移民活動可以完成，而是歷經數百年乃至數千年之間幾代或幾十代人的接融混合後的同化過程。僅就百越族而言，越以百稱，可見其種類之多。春秋時有于越，戰國時有楊越，秦漢時有甌越、南越、駱越，三國時有山越，這一民族居住中國東南方的浙江、江西、福建、廣東、廣西或至安徽、湖南各省，類族同一，但文化特徵卻因地域不

同而存在差異。何況在史前因某種原因向南遷移印度支那和南洋群島
而成爲馬來族。由於越族近海而"習于水鬭，便於用舟"，[6] 因此，
他們能利用季風的變化、洋流和海流而到達南洋群島，在人類文化的
傳播中扮演了重要的角色。循季風的風向不同，生活在海島或沿海的
民族可以利用海洋的有利條件來回漂流，在風帆時代以及更爲遙遠的
史前歲月，海邊的人類以舟、楫、筏、獨木舟、竹片籮、皮革船、
葦、木排等代步，漂洋或沿海岸航行，利用風向，利用流向，到達所
認爲是自己要尋找的樂園定居下來，而在好多代人的雜婚之後，形成
一個新的民族。那麼，在中國尚未組成國家的史前社會裏，百越族在
沿海地區，於不同時間，不同機緣而漂流到馬來半島上，組成一個新
的馬來族；相反，在馬來半島上的原始民族，當時也沒有任何國家的
觀念，也不外是擇境而安，這些海島上的原住民也可循季風飄流到中
國沿海，尤其是海南、廣東、廣西、福建各地，經過幾百年抑或幾千
年的活動，而產生一個新的民族。所以，上述二說的學者，從今日馬
來族與中國沿海各省百越族所具有的共同文化特徵，考證出史前中國
百越族，飄海而成爲馬來半島上馬來族的祖先，那麼，我們又何嘗不
能說，今日中國沿海的黎族、苗族等民族的祖先，有一部分是馬來半
島上飄來的馬來族混血而形成的呢？

　　當然，在人類學的研究上，不能靠臆測而得出結論，必須以科學
的事實作爲根據。我們認爲，人類的搬遷不是一件簡單的事，今日揣
測遠古時代的人類活動，只能從地下遺物的發現中去推論。人類從猿
到人的形成，是環世界性的，而猿類藪聚的地區，應是濕熱的雨林
區；熱帶及亞熱帶區域，是猿猴的家鄉，在猿演變成人類之後，刺激
他們遷徙活動的，是氣候的變化及生存環境的適宜。所以人類族群的
活動，是循地理的變化而多線移動的，是在一個地球村上的活動。新
加坡學者邱新民曾提出，第四紀剛是冰河時期，海水結冰，陸地上

升，巽他陸盤（Sunda platform）成為陸橋，人類及動物可以循陸地上
行至爪哇，於是爪哇猿人是從中國華南循陸橋而南的，爪哇人在赤道
地區，受氣候的影響，皮膚呈黑色，即所謂澳洲人及小黑人，所以有
挖甲、愷樂爾人的發現，就是澳洲人及美拉尼西亞人的祖先，今日的
沙蓋、小黑人及孟卡密就是遺屬。由西江循南嶺分佈的，到了舊石器
末形成了百濮及百越民族，越自稱為"濮萊"，濮即越，包括今日江
蘇、江西、浙江、福建、臺灣、日本、廣東、廣西、雲南、海南島、
越南、泰國、緬甸等地。百濮在西，百越在東，冰河時期，分別自華
南分佈於中南半島、印尼群島及菲律賓群島，為褐色民族，一般稱為
馬來人，其先祖是美拉尼西人及古越人。[7] 冰河時期巽他陸盤成為陸
橋時，人類可自由來往，而到第四紀冰河時代之後，冰蓋的溶解，地
殼的變化，巽他低地的陷沈，人類的來往則靠海上季風的季節性運
行，馬來半島地跨赤道南北，風向不同，在氣候區中，植物的生長得
天獨厚，中國南方和馬來半島地區，植物繁衍，人類賴以生存的糧食
充足，是最佳的天然倉庫。因此，在這環形地帶中的人類，往復流動
于優良的遼闊原野之中；這樣一來，人種的分化和混合，不斷地隨著
歲月的推移一浪又一浪地循環往復，種族混雜；到了具有歷史的文化
時代，相互之間都有親屬關係，都可以找出民俗、語言等方面雷同的
蛛絲馬迹，而被視為同一個文化系統。自從形成國家、有了歷史記載
之後，由於中國歷史悠久，文字記載的史籍保存較完備，因此，對於
東南亞、具體到對馬來西亞的研究，其中的文字的資料多在中國古籍
中保留下來，而馬來西亞則在《馬來紀年》之前，迄今為止尚未能獲
得可靠的文字資料；地下考古的發掘，中國的發現也比馬來西亞為
多，因之，在歷史學家們分析史前民族傳播活動的過程中，其思想天
平必然傾向於中國，認為馬來族是從中國單方面流傳到馬來半島的。
這種看法也不足為怪。

在易於生存的環境中，是種族往來最頻繁的區域。因此，對於馬來族與中國古越族之間的血緣關係的思考，應以民族間的環流與血緣的雙向互融的科學態度較爲全面。其實，過去中國許多學者，對這個問題也提出過不少的設想和疑問。如梁啓超認爲中華民族即爲多元的結合，中國文化並非一元發展。他說：“民族之正確分類，非吾學力所能及，但據東西學者所研索而略成定說者，則現在中國境內及邊徼之人民，可大別爲六族。一、中華族，二、蒙古族，三、突厥族(即土耳其族)，四、東胡族(東籍所稱通古斯族，即東胡之譯音)，五、氐羌族，六、蠻越族。此六者皆就現在而言，若一一尋其歷史之淵源，則各族所自出及其相互之關係，殆複雜不易理，即如我中華族，本已由無數支族混成，其血統與外來諸族雜糅者亦不少。”[8] 他又說：“吾儕研究中華民族，最難解者無過福建人，其骨骼膚色，似皆與諸夏有異。然與荆吳苗蠻氐羌諸組亦都不類。今之閩人，率不自承爲土著，謂皆五代時從王審知來，故有‘八姓從王’之口碑。閩人多來自中原，吾儕亦承認，但必經與土人雜婚之結果，乃成今日之閩人。學者或以其瀕海之故，疑爲一系之阿利安人自海外漂來者，旣無佐證，吾殊無從妄贊。但福建之中華民族，含有極瑰異之成份，則吾不憚昌言也。(浙之溫、處兩州人亦然)”[9] 梁啓超的猜測，不是沒有道理的。瀕海的東南各省的民族，其體質與馬來族有諸多相似之處。歷史學家呂思勉也說過：“粵者蓋今所謂馬來人。”[10] 歷史學家翦伯贊說得更爲明白，他說：“中國人種的來源不是一元，而是兩個系統的人種，即蒙古高原系與南太平洋系。”關於南太平洋系，他對問題提出的理念似與我們的理念較爲一致。他認爲，“這另一個系統的人種從南太平洋出發，沿馬來半島的海岸，向北推進，而達到了中國的南部。”因爲這一人種來自太平洋，所以翦伯贊稱之爲“太平洋系人種”。他指出：“南太平洋系人種之移入中國，似乎經由兩條路線，其一支似系由安南溯湄公河與瀾滄江或由緬甸伊洛瓦底江以達于雲南。這一支人種就是後來所謂西南夷的祖先，亦即今日夷族和苗族的祖先。其另一支則系由安南沿今日之東臺灣海岸進入廣西、廣東、福建東南沿海一帶，其前鋒甚至到達臺灣、琉球乃至日本，這一支人種就是後來百越族之祖先，亦即今日瑤族、僚族及海南島的黎族、臺灣的番族之祖先。"他這一論斷也不是無端的臆測，而是從異向流動的角度思考人種的遷移。他指出："南太平洋系人種的刻紋陶與爪形石斧文化亦普及于中國東南沿海及西南山嶽地帶。"[11] 而這種文化是由南到北的，他所注重的是地下出土陶器及石斧的流向，這是史學家因學術的敏感而得出的見解。

其實，人類學家林惠祥也早已看出問題的端倪。但他對於馬來族源流仍堅持一端的學術觀點而已。他在其著作《福建民族之由來》一文中曾說："福建人的祖先應存四支，一為漢族，自漢以後陸續南遷成為主幹民族。二為古越族，即蒙古利亞種海洋系途經華南的遺族。三為高加索種的一遠支印度尼西亞族，其遷來遠東似較蒙古利亞種為早。海洋蒙古利亞種即因與此種人混合而產生現代馬來族，其相遇地點或言在中南半島(即印度支那半島)，作者以為此種印度尼西亞人或曾散佈至中國大陸東南一帶，閩粵人之圓形馬來眼或即由此而獲得。四為黑矮人尼革利陀，為較越族更早之先住民族，其影響為矮身材。"[12] 在這裏，林惠祥已提到了印度尼西亞族及小黑人民族在很早年代就到達福建，比古越族到福建還早，已成為福建的先住民。這一證據，正好提供了馬來半島的原住民族在中國古代史前已來到沿海地帶的資訊。因為是時中國沿海的民族可以航海到南洋，而馬來半島的民族何嘗不能航海到中國沿海居住呢？何況福建、兩廣地帶的氣候、物產的優越條件更勝於南洋的海島，擇優而居是先民生存的自然選擇。小黑人等民族或已同化了的馬來族，在悠悠歲月裏不斷向中國東南沿海環流來往，在幾千年的民族交流融合中，形成今日各民族的格局。我們不必以中國在明、清各代大量移民至南洋謀生的情況來推測史前人類的選擇，明、清以後中國的移民，並不是出自自然環境的選擇，而是因爲政治的腐敗逼得民不聊生、鋌而漂洋過海求生。後代的南移與史前的民族遷徙不可同日而語。

容觀夐認爲：“歷史上地區與地區、民族與民族之間的交往聯繫都是雙向的。”他以廣東省爲例說明這一問題的實質。他說：漢代“番禺一都會”[13] 也。到了唐代，廣州已成爲四大國際貿易港之一。當時“南海有蠻舶之利，珍貨輻湊”；“土人與蠻獠雜居，婚娶相通”，[14] 甚或“嶺南諸州居民與蠻獠同俗”。[15] “這裏所說的‘蠻’是指乘船而來的阿拉伯人、波斯人、印度人、歐洲人和東南亞諸國的使節及其侍從商賈等，他們或寄寓或婚娶而留居下來。尤其是與當地居民相婚配，其種族交融程度是可以預想的。”[16] 這是有史以後所考察的情況。我們認爲，中國和馬來西亞史前時期的親緣關係，也必須朝雙向互融方面去思考。

第二節　馬來族與中國古越族的文化相似性的考察

林惠祥教授在他的論著中，從四個方面闡釋馬來族的優點：(1)他們的勇敢和冒險精神無可比擬。直至今日，馬來人仍是世界有名的海洋民族。比古代西亞的腓尼基人並無遜色。(2)他們沒有膚色的歧視。他們的祖先，以黃種人的身份，吸收了黑種人的血質，創立了一個棕色人種。此事對於世界人種協調的運動，貢獻不少。(3)他們的民族抵抗力和民族繁殖力非常驚人。無論在什麼地方，只要給以插足的機會，他們便能繁衍下去。(4)他們有豐富的潛蓄力。以前因於環境和形勢，才未能獲發展。近來得了民族自由，英才驟然輩出。這一個民族的前途，眞是無可限量。[17] 這是在 1959 年的時候說的。經過將近半個世紀的努力，馬來民族的發展和潛力的發揮，馬來西亞國在巫、華、印三大民族和其他少數民族團結一致的努力下，已向現代化的工業國邁進。

馬來族是一個優秀的民族，而馬來族祖先在史前時代又與中國古代大越族祖先關係最密切，不論古代大越族移徙到馬來半島而成爲馬來族也好，抑或馬來族的祖先遷移到中國沿海各地而形成中國古百越族(尤其是黎族)也好，兩個民族的匯聚交融與嬗變，對於中國及馬來西亞文化的貢獻是巨大的，這也是中馬兩國文化淵源長遠的證據。

馬來族是一個海洋性的民族，中國南方民族也具有十分濃厚的海洋性，勇敢和冒險精神都是他們的特質。因而在有史以來的移民遷徙和兩族的來往從未間斷過。中國人類學家林惠祥教授曾致力研究南洋馬來族與華南古民族的關係，在兩個民族的體質上，他指出：馬來人的直髮、廣頭、短面、矮軀，與閩粵人相近。馬來人最與漢族不同者在乎具有“馬來眼”，其形圓而大，不斜吊，有雙重眼瞼，然馬來人亦非盡如此，亦有折衷狀者，且北方之蒙古人及漢人雖具細長斜吊之“蒙古眼”，然南方之漢人眼形亦漸趨圓大，此亦與馬來人相似之一證也。馬來族與古越族文化上相似之處有八：1.斷髮，2.紋身，3.黑齒，4.短髭，5.跣足，6.拜蛇，7.巢居(中國曰干欄，屋下之長木爲椿，使屋距地甚遠，上以住人，下以居畜)，8.語言(當今閩粵語方言，與馬來語有的語音相接近)。這是從人類學的角度對這兩大民族相近所作的論證。[18]

我們不妨以馬來西亞馬來族和中國古百越族尤其是黎族之間的風俗和宗教作一比較，從民俗和信仰的角度，認識其相互之間的關係。

早在二十世紀初，克魯伯教授已列舉刀耕火種、梯田、祭獻用犧牲、嚼檳榔、高頂草屋、巢居、樹皮衣、種棉、織彩棉布、無邊帽、戴梳、鑿齒、紋身、火繩、取火管、獨柄風箱、貴重銅鑼、竹弓、吹箭、少女房、重祭祀、獵頭、人祭、竹祭壇、祖先崇拜、多靈魂等二十五種文化特質。"這許多文化特質組成了東南亞古文化，它的分佈地域，不僅在東南亞的島嶼，且遠及大陸"[19]。林惠祥指出：馬來族與中國華南古民族在體質、史前遺物、風俗文化等方面都有相似的特徵。[20]凌純聲則在克魯伯的基礎上再列出：銅鼓、龍船、駑箭、毒矢、梭標、長盾、湟齒、穿耳、穿鼻、鼻飲、口琴、鼻笛、貫頭衣、衣著尾、坐月、父子連名、犬圖騰、蛇圖騰、長杵、樓居、點蠟印花布、岩葬、罐葬、石板葬等二十四種文化特質。並就其中祖先崇拜、家譜、洗骨葬、銅鼓、杆欄、龍船、鑿齒、紋身、食人與獵首、洪水故事等十種文化特質作過論證。凌純聲認為，這些文化特質，"今在南洋的印度尼西亞系土著中分佈甚廣，而在中國大陸上古代百越民族或其在今日的遺民中多可見到。"[21]

　　在從今天馬來族和中國古百越族的風俗，可以逆揣遠古時代彼此之間的密切關係。例如馬來西亞的原始居民，在荊榛草莽之中的生活裏有一種"吹筒"的武器，趙汝适曾記載道："窮谷別有種落，號海膽，人形而小，眼圓而黃，虬髮露齒，巢於木顛，或三五為群，跧伏榛莽，以暗箭射人，多罹其害，投以瓷碗，則俯拾忻然跳呼而去。"[22]這則記載的時間是在宋代，其中的所謂"暗箭傷人"，多數是他們在狩獵時所用於射野獸的"吹筒"，因為這種箭體積小，使用時藏在一個"吹筒"裏用口吹出來，不容易被發現。這種吹筒，是用竹或木做成的一條管子，長約六、七尺，所用的箭，是以椰葉的莖做成，約長一尺，箭頭塗上一種從怡保樹中提煉出來的毒液。當土著民族出獵的時候，就帶著吹筒和毒箭，遇見野獸，即用力從筒中把箭吹出，射程可達十來公尺之遠，百發百中。這是馬來西亞各土著民族的傳統武器，遠古的馬來半島，也就是這樣一個吹筒的王國。這一狩獵武器，常見於婆羅洲的小黑人、馬來半島的西蒙人(Semang)、沙蓋人(Sakia)，以及住在原始森林裏的耶昆人(Jakun)。據亨西·伊伯特(HensiImbert)的報告，雷州半島亦發現吹筒。他說："此外尙有一個證據可以說明廣東省從前可能有過小黑人的存在。因爲其地到現在尙在使用吹筒。此武器，最常見於婆羅洲的小黑人及馬六甲的西蒙(Semang)人中。有一傳教士在雷州半島找到一件甚佳的吹筒標本，長 3.97 米，吹矢長 57cm—58cm，矢鏃用鐵或木均有。筆者所得的吹筒標本乃獲自江洪港者，其地在 Weitchao 島之對面，在雷州半島以南一百十華里，該地居民今日仍以吹筒射鳥及狩獵麝香貓、狐、野貓等小動物。"[23] 吹筒在中國華南地區也存在。吹筒箭頭上的"怡保"，是屬於馬來西亞一種含毒液的樹，馬來人叫做 Sialang，即蜂巢樹，植物學名稱爲 Koompassiaexelsa。這種樹的毒液熬煉成膏，粘著箭端，以射飛鳥走獸或人身，被射中的，全身發麻，失去行動或飛翔力量。樹初發現於吡叻的怡保，因以得名。現在中國的海南省仍保留有這種"怡保樹"，不過海南的樹名是以樹的特性命名，稱"見血封喉"樹。在中國的文獻裏，還可以找到中國華南地區使用吹筒的記載。晉·左思《吳都賦》"其竹則篔簹箖箊，桂箭射筒，柚梧有篁，篔簹有叢，苞筍抽節，往往縈結綠葉。"晉·戴凱之《竹譜》："篔簹射筒，箖箊桃枝，長爽纖葉，清肌薄皮，千百相亂，洪細有差，數竹皮葉相似，篔簹最大，大者中甑，筍亦中，射筒薄肌而長節，中貯箭，因以爲名。"唐·樊綽《蠻書》名類條云："撲子蠻勇悍矯捷，以青婆羅段爲通身絝，善用白箕竹，深林間射飛鼠，發無不中。"這裏所說的射筒和白箕竹，就是吹筒，由此可知中國的華南有吹筒的痕迹。[24] 在中國海南省的黎族，傳統捕獲獵物用的吹筒，即採用海南島的一種名曰"見血封喉"樹(一種大喬木，在現在儋州市、保亭縣及華南熱帶作物大學植物園裏仍生長着)的液漿沾在筒箭上，用吹筒吹出，獵物中箭，即刻倒地。與馬來西亞沙巴、砂勞越一帶的民俗完全一樣。竹筒飯是海南黎族老百姓的食物，現在馬來人的新年，也燒竹筒飯，與黎族有着相同的飲食文化。竹竿舞也一樣，在砂勞越首府古晉遠郊的民族文化村裏，所跳的竹竿舞也跟海南黎族的竹竿舞極其相似。至於配刀及生產工具相同相似的猶多。海南的民間信仰以"雞卜"預測吉凶，在馬來西亞也有此習俗。《通典》卷 188《赤土傳》載："戲有雙六、雞卜。"古赤土國在今馬來西亞的北部，雞卜早已在該地流傳。

德國學者史圖博(H.Stübel)於 1931、1932 年兩次深入海南島黎族地區進行調查，並寫下《海南島民族志》(原名《海南島的黎族——爲華南民族學的研究而作》)(《Die Li-Stämme der Insel Hainan unter Mitwirkung Von Meriggi,Ein Beitrag Zur Volkskünde Südchinas》)1937 年出版于柏林。這部書從黎族這一群體的技術、制度和宗教思想三個層面總結出黎族與東南亞其他民族的近親關係問題，頗有學術價值。

在史圖博的著作裏，最後一節《關於黎族移民海南島及黎族與東南亞其他民族的親近性問題》，着重對黎族與馬來族作比較研究，這裏面有許多帶本質性的現象，是饒有興味的。譬如美孚黎，同其他黎族一樣，有保存殺死了的動物的整個頭蓋骨，或者是只保存下顎骨的習俗，鹿角也十分小心地保存着。下顎骨用棍子豎起，放在屋裏。這種風俗，是同巫術信仰相聯的。史圖博說："臺灣的古馬來族也有這種習慣。臺灣的土著居民把獵頭所獲得的人頭蓋骨保存了下來的作法也完全根據同一習慣。"史圖博接著指出，日本人統治臺灣時，廢除了獵頭以後，他們就收集猴子的頭蓋骨以代替人的頭蓋骨。史圖博說的是臺灣的古馬來族。筆者曾于 1996 年 11 月 17 日在砂勞越首府古晉的遠郊參觀著名的民族文化博物館，裏面有"長屋文化"的系列展覽，其中有古馬來人的一個分支，是獵頭族，人的頭蓋骨一串串地吊在長屋當中，地面上用巨大圓木點燃煙薰，長期不變質。黎族從來沒有獵頭風俗，但保留獵獸的下顎骨和古馬來人保留頭蓋骨是相同的宗教原因，是相同的民族習俗的承傳與變異。美孚黎在生活習性方面，有的地方"吃飯不用碗筷，只用手抓飯吃"，"他們向來沒有儲糧的計劃和習慣，收割時大吃特吃，一直吃到沒有剩餘"的時候，再去想辦法。[25] 這些方面都跟馬來族的習俗是一樣的。

　　黎族的房屋建築、生產用具、裝飾、紋身以及食品等諸多方面都與馬來族相近或相同。黎族的高腳屋，史圖博說："令人想起印度支那和南洋等地的木椿建築。"在馬來西亞，馬來族的鄉村，到處都是木結構的高腳屋。黎族用作收割水稻的一種老式小鎌刀，史圖博認為，"這種小鎌刀，在印度尼西亞、馬來半島等地也使用。"黎族婦女穿的裙子和馬來西亞的沙籠(Sarong)很相似。美孚黎婦女的裙子織法是按"依加特"式的織染法用細條紋構成的；EKATT 是馬來人染色技術；黎族這種織染法與馬來族相同，這一點是國際上許多民族學者的共識。本地黎中白沙峒族有一種紋身，有弓形曲線形成的極其複雜的圖案，這種曲線與婆羅洲的古馬來人的達雅克族(DAJAK)最完善的曲線花紋是十分相似的。史圖博還對白沙峒黎婦女用的髮簪作過十分詳細的考察與論述。他說，這種骨質的刻有多種人像的髮簪，如果拿來跟東南亞文化圈中很多相類似的人像以及人像所持的武器，如盾、弓作比較，也許可以導致研究有關海南島土著居民與東南亞民族的關係的極其重要的結論。他指出："白沙峒的髮簪與'加濟克'(KA-ZIK)的婦女所用的髮簪相似，這是顯示應當對那加族(NAGA)即西藏——緬甸系民族加以注意，而這一民族是帶有顯著的馬來亞混血的。"在血統相連帶的多個民族的婦女所用的髮簪極其相似，看出地域相隔遙遠的民族，它們之間有著密切的關係；不過，這種遠古遺留下來的關係，只有在人類學家、民族學家的眼光中才被揭示出來。此外，如編織手工藝方面，作爲白沙峒黎的特徵的那種有正方形蓋子的圓簍子，在婆羅洲的達雅克族和土拉母族中也能見到同樣的東西。在武器方面，有着與馬來西亞"克利斯"型的劍相似的套著木制刀梢的山刀。在樂器方面，海南島的口琴、鼻簫、木鼓、木琴都是東南亞地區的特殊樂器。

　　黎族的宗教信仰和民俗，與馬來族相同或相似之處，遠不止上述。國際上的人類學家、民族學家，面對這許多極其有趣的現象，也僅僅作了一些比較研究，未能作出明確的結論。過去中國一些學者對於早期南洋文化及中國華南文化的研究，歷史學家着眼於政治聯繫和經濟貿易往來，考古學家注重對出土文物諸如有段石奔、幾何印紋陶、銅鼓、鑿齒、紋身、樓居(杆欄)等作出跨文化比較分析，但是，學者們認眞地運用多學科(比方說民族學、體質人類學)的知識去探究的並不多。[26] 在八十年代，有學者對海南黎族作進一步研究，如海南島黎族體質之研究，海南島地區各民族ABO、MN血型之研究、海南島黎族指掌紋及臨高人與漢族、壯族指掌紋的特徵比較等專題調查和研究，[27] 通過體質測試，一再證明，"華南與南亞地區各民族有較密切的種族關係"，"歷史上存在著黎族和某些黑色人種混血的可能性"的科學結論。

　　史圖博在調查考察海南島黎族之後，關於黎族人種的歸屬問題，得出了結論。他說："海南島是被數次的民族移動的浪潮——即由本地黎(土著居民)、美孚族、歧黎、侾黎——衝擊過來的民族所開發的，這些遷移到海南島的民族，很明顯是由阿烏斯茲羅尼亞西亞(馬來亞)和泰族這兩種要素組成的。"當然，他的結論，尚有待今後更多的學者從人類學、民俗學、語言學多方面的研究之後，提供更多確鑿的材料加以證明。

　　英國歷史學家湯恩比說："跨海遷移的一個顯著特點是不同種族

體系的大混合，因爲必須拋棄的第一個社會組織是原始社會裏的血緣關係。"[28] 我們姑且以此理論作爲理解馬來族與黎族的血緣紐帶。

第三節　從出土文物尋找歷史過程的根據

從地下發掘的文物考察，馬來族與越族史前遺物相似。如：1.隆脊石碏，2.有肩石鏟，3.石箭鏃，4.陶器紋飾。這些出土文物，馬來式的石器及刻紋陶器，都與華南沿海一帶如杭州、武平、海豐、香港、臺灣等地的出土文物相類似。馬來半島和馬六甲海峽，是東南亞歷史的十字路口，也是史前人類從亞洲大陸南下或從東南亞北上到亞洲的通道。過去由於馬來半島史事的典籍缺乏，只能從中國載籍尋找。所以考古學家及人類學家們僅能從零星的發掘中對史前的歷史進行推測。而地下發掘的材料，近年來在馬來西亞不斷湧現，有助於我們對史前的探測。

馬來西亞學者黃昆福，就吉蘭丹的考古發掘撰寫了《吉蘭丹古史探源》一文，以豐富的地下文物資料，探索馬來西亞古史時代與中國的密切來往。

吉蘭丹"瓜茶"石灰岩洞發掘所得文物是探討馬來族源流的前奏。西元 1935 年，倪雲氏(H.D.Noone)首次發掘瓜茶(Gua Cha)石灰岩洞，此洞由吉蘭丹河溯流而上，經瓜拉吉賴，循牙臘士河(Sungai Galas)南下，抵泊淡(Ber Tam)村左近的牙臘士河支流能機裏河(Sungai Nenggiri)河口，然後沿能機裏河西行一段河程，再循該河南行，即可達該河西岸著名的瓜茶石灰岩古洞。

發掘這洞窟的工作，由三組不同的考古學者分三次進行：

第一次，1935 年，倪雲氏(H.D.Noone)。

第二次，1954 年，薛複景(H.D.Noone)和杜維康(M.W.F.Twedin)六

個星期較爲深入和廣泛的發掘和探討。

第三次，1979 年答哈(Adi Haji Taha)以比較先進的方法作短期的、科學的、補充性的試探。

經過這三次地下古文物的開掘之後，於 1986 年 8 月 22 日至 24 日，由吉蘭丹皇家博物院在哥打峇汝主持召開了"馬來西亞考古及吉蘭丹古史研討會"，薛複景從英國趕來參加會議，他把五十年來各考古學者對瓜茶石窟的發掘和研究，作出一個初步的結論，爲馬來半島的初民史前史揭開了序幕。

瓜茶出土的中石器時期人類的骨骼，是以"屈肢葬"的方式埋葬的，和中國史前一些地方的葬法相同。根據瓜茶出土的遺物和遺骸的研究，黃昆福認爲，在新石器時代，曾經有人自大陸遷移到馬來半島，可能再南下到南島各地。有一批人也來到今吉蘭丹地方，循河南下到達瓜茶石灰岩洞，他們從北方帶來了新石器時代的石缽，繩紋陶器和一些無紋飾的紅色陶碗。瓜茶新石器文化有三個特徵：(1)高度磨光而且鋒利的石器；(2)精細的繩紋陶器；(3)殉葬物品類型的豐富和美觀。這說明馬來半島很早進入了新石器時代。按照人類進化史，新石器時代的進一步發展應是"青銅時代"，但馬來半島只產錫不產銅，所以馬來半島原始人不能再進一步提高生產力。中國在公元前 1600 年商朝時就已經步入了青銅文化時代，馬來半島自公元前 2000 年中石器文化結束時開始了新石器時代，卻在那個時代裏停滯了約 2000 年。一直到大約公元前 300 年，中國和印度商人開始到半島經商，同時也把他們使用青銅和鐵的知識一齊帶來，馬來半島一萬多年的漫長石器時代才宣告結束。[29]

在砂勞越的考古工作中，1947 年尼亞洞的發掘，值得注意的有五個場所。砂州博物館把他們叫做骨骼洞、壁畫洞、殺人洞、燒焦洞及最大的主洞。我們在這裏剔除有史以來的文物，這是以後各章所研討的任務，這裏僅就史前文物最多的主洞即大洞古代文物來考察史前文化。根據砂勞越古晉博物院院長哈裏遜先生的報告，[30] 對尼亞石洞發掘的史蹟，使我們瞭解史前砂勞越與中國之間的來往。在舊石器時代(距今約一萬年至五萬年)的遺物有劈擊的石器，這類石器都是用河邊的蛋石劈擊而成，蛋石和石片都可利用，製作粗糙，這種石器在亞洲的東部及南部分佈極廣，在中國可以找到。中石器時代(一萬二千年至九千年左右)的遺物，石器以較細緻的石片及鋒芒磨制的石器為主，表現舊石器演進至新石器過渡的技術。這一類石器在中國華南一帶早已發現。新石器時代(六千至二千年)，這個時代的前期居民是矮小的黑種民族，他們用的石器以磨制圓形的石斧為主。後期的居民則是蒙古種的民族，他們用的石器也是磨制的，可是四面研平，作成方形的石磶。這類石器在中國南方沿海各省常有發現。其中還有一件殘缺扁形的石鑿或礪石，柄上鑽了兩個小孔，和中國出土的完全相同。在這個時期的墓葬裏還發現了包裹屍體的席子，許多殉葬的陶器及各式的玉、石、牙、骨的飾珠。在銅器時代(公元前幾百年)發現的遺物以石器、陶器、飾珠及若干殘缺銅器為主，砂勞越是否有銅器時代，尚待今後證實。至於鐵器時代以後的出土物品，說明砂勞越與中國有史以來各朝代的密切來往，這又是以後各章所要闡述的問題了。

在三十年代的一些有關馬來西亞史前史的著作中，也有許多或詳細或簡略地對馬來西亞地下發掘的文物與中國沿海地區地下文物作比較的論述，這些我們就不在此一一引述了。僅就前面所引的吉蘭丹及砂勞越的較為重要的地下發掘，來觀察史前中國沿海及馬來半島兩地的人類已有來往的痕迹，由此瞭解文化交流的行蹤與軌迹。

地下發掘的器物，看上去似乎是沒生命的東西，但我們從中看到原始部落人群的行蹤；這種情景，似在向我們訴說幾千年前一個鮮為人知的古老的故事；透過這地下的富有文化色彩的遺物所顯示的歷史煙塵，我們可以窺視先人創業的足迹，說明遠古兩地文化已如同接力棒一樣，在古老的年代裏交流傳遞著。

今天的藍色的海洋文明，是從史前文化中不斷的繁衍發展形成的。德國哲學家黑格爾在《歷史哲學》中曾對海洋發出浩歎：

> 大海給了我們茫茫無定、浩浩無際和渺渺無限的觀念；人類在大海的無限裏感到自己底無限的時候，他們就被激起了勇氣，要去超越那有限的一切。大海邀請人類從事征服，從事掠奪，但同時也鼓勵人類追求利潤，從事商業……他便是這樣從一片鞏固的陸地上，移到一個不穩定的海面上，隨身帶著他那人造的地盤，船——這個海上的天鵝，它以敏捷巧妙的動作，破浪而前，凌波而行。

中國和馬來西亞，在浩茫的南海中遙遙相對。唐代李白有詩雲：" 海上談瀛州，煙濤微茫信難求。"[31] 海洋給人類以神秘感，海洋使人類產生許多瑰麗美妙的生活理想；世界的海洋經濟、文化的發展，使中國與馬來西亞從茫茫的難以尋找的蠻荒時代的交流過程中，共同探索征服海洋、建構美好家園的生活理想。

從海岸民族的地理環境、生活環境以及觀念世界的特徵中，可以客觀地看出，以今天海南島黎族為代表的中國古百越族和馬來半島民族之間的環流與血緣的雙向互融。

【注　釋】

1　陶德甫(G.D.Dartford)《馬來亞史略》，星加坡聯營出版有限公司，1959 年第 4 頁。

2　溫斯泰德著、姚梓良譯《馬來亞史》，北京商務印書館 1958 版第 3 頁。

3　邱新民著《馬來亞史前史》，新加坡青年書局 1966 年版。

4、5 徐松石《東南亞民族的中國血緣》，香港，1974 年第三版。

6 班固《前漢書》卷六十四《嚴助傳》中淮南王上書語。上海古籍出版社 1986 年第一版。

7 邱新民《風帆時代亞澳地中海文化》，新加坡青年書局 1993 年版，第 64 頁。

8、9 梁啓超《飲冰室專集之四十二・中國歷史上民族之研究》，中華書局，北京，1989 年 3 月版。

10 呂思勉著《中國民族史》，世界書局，1934 年版，第 209 頁。

11、12 林惠祥《南洋馬來族與華南古民族的關係》，載廈門大學學報(社會科學版)1958 年第一期。

13 班固《前漢書》卷二十八《地理志》。

14 劉昫《舊唐書》・盧鈞傳》。

15 蘇 《禁嶺南貨賣男女敕》，載于宋敏求編《唐大詔令集》(臺北：商務印書館，1982 年)卷 109，冊 5，第 9 頁上―10 頁下。

16、21、26 容觀夐《從民族志資料看嶺南古越族與東南亞的親緣關係》，載《嶺南古越族文化論文集》。鄒興華編，香港市政局，1993 年版第 164―167 頁。

17、18、20 同 11。

19 A.L.Kreober,People of the philippines(Aimerican Museum of National History, Handbook Series,No8 1919)。

22 宋・趙汝适《諸蕃志・三嶼》。

23 參看 Henri Lambert:Les Negritos de la Chine.Hanoi.1923.PP9-10.轉引自邱新民《馬來亞史前史》第二章，《馬來亞的貨平文化及其遺屬》，新加坡青年書局 1966 年版。

24 邱新民《馬來亞史前史》第二章。

25 《廣東海南黎苗回族情況調查》，廣東省人民政府民族事務委員會，1951

年 10 月第 84 頁。

27　張振標、張建軍《海南島黎族體質之研究》載《人類學學報》第 1 卷第 1 期，1982 年 8 月，頁 53。徐文龍《海南島地區各民族 ABO.MN 血型之研究》，載《人類學學報》第 1 卷第 1 期，1982 年 8 月，頁 72—79。謝業琪《海南島黎族指掌紋及臨高人與漢族壯族指掌紋的特徵比較》，載《人類學學報》第 1 卷 2 期，1982 年 11 月，頁 137—147。

28　湯因比著、曹未風等譯《歷史研究》，上海人民出版社，1964 年 3 月第一版，上冊第 130 頁。

29　黃昆福《吉蘭丹古史探源》，載《吉蘭丹中華總商會鑽禧紀念特刊》，1987 年 9 月，第 187—207 頁。

30　參看黃耀明編著《沙羅越風土志》第二章《歷史》。1961 年香港，第 46—47 頁。劉子政著《婆羅洲史話》，1964 年 5 月詩巫，第 120—122 頁。鄭德坤：《砂勞越考古觀感》載《南洋學報》第 22 卷。

31　李白《夢遊天姥吟留別》。見清·王琦注《李太白集注》卷十五，上海古籍出版社 1992 年 11 月版。

資料來源：林水檺、何國忠、何啓良、賴觀福編《馬來西亞華人史新編》
第一冊，馬來西亞中華大會堂總會出版（1998）

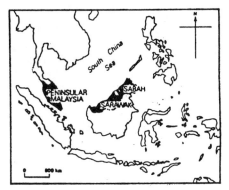

馬來西亞政區圖

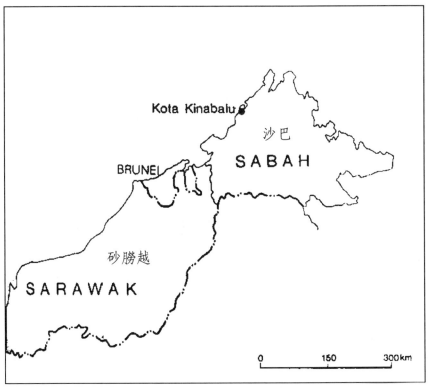

第二編　中國與馬來半島散漫的部落政權之間聯結成的區域性文化交流的有機網絡

（公元前二世紀至 1400 年）

　　公元 1400 年以前，現在馬來西亞國所屬的領土內，向來沒有統一的政權，只存在着若干個古國。這些古國，實質上是建立在市集或港口上的土邦，是一些自主狀態的王國或部落政權。中國自漢代以來，為了開闢海上"絲綢之路"[1] 和促進文化交流，進行了十五個世紀的有文字記載的過境貿易、朝貢貿易和官本貿易。在這個過程中，陸續地建立起若干貿易港口，培植一批貿易商人，開闢了固定的南海航路，從而形成了一個區域性的文化交流網絡。

第二章　中馬文化交流的曙光時代
—— 漢代的過境貿易

　　中國在公元前 100 年左右完成的《史記》和公元 80 年前後完成的《漢書》裏面，分別記載了兩個地名，它們跟中國漢王朝與當時周邊國家的關係至關重要。一個是匈奴，另一個是黃支。前者關涉政治和軍事，後者與中國早期海外貿易和文化交流有密切的聯繫。

第一節　公元1—5年以前，馬來半島在中國和印度謀求海上交往時的重要位置

中國的秦漢之際，中原戰亂，西北地區的匈奴興起，逐漸強大。匈奴人以草原遊牧民族的特徵，驅趕馬匹經常侵犯北方農耕的漢族。漢朝建立以後，經過100多年的休養生息，國力增強。漢武帝在審問匈奴降人時，聽說："匈奴破月氏王，以其頭為飲器"；[2] 月氏被匈奴打敗後向西遁逃，一直怨恨匈奴。漢武帝於是派張騫出使西域，目的是要"斷匈奴右臂"，聯絡西北的月氏以及其他的少數民族，共同抗擊匈奴。同時，也是為了獲得中亞所產的駿馬，以改善軍事裝備；因為在冷兵器時代，馬匹的行進速度很大程度上決定了戰爭的結果。當然，輸出中原及東南沿海產量越來越豐富的絲帛，也十分需要加強和中亞各國的往來，並通過中亞與印度聯繫。

建元三年（公元前 138 年），張騫第一次出使。到元朔三年（公元前 126 年），前後十三年，曆盡艱難險阻，逃回京都長安。他出使時帶著一百多人，回來時，只剩下他和出身奴隸的胡人甘父兩個人。

張騫這次出使，雖然未達到和月氏結盟以抗擊匈奴的軍事、政治目的，但卻知道了西域的許多情況，諸如有關西域各國的地理、物產以及軍事狀況等，也獲得了許多關於匈奴的實情。這些，使漢朝政府增加了對西域的瞭解，尤其是讓漢武帝知道，和中亞、西亞各國打交道，不僅在軍事上極有意義，而且這些國家都很器重中國財物，在經濟上也會對漢朝產生很多效益。張騫又根據自己出使時的親自經歷和所獲得的地理知識，提出從西南方向打通蜀道，通往身毒（印度），發展和大夏的貿易關係。《漢書》卷 95《西南夷傳》記載張騫在大夏

時見到從印度來的邛（西昌附近）竹杖和蜀布：

　　元狩元年（西元前122年）[3]，博望侯張騫言：使大夏時，見蜀布、邛竹杖，問所從來。曰：從西南身毒國，可數千里，得蜀賈人市。或聞邛西可二千里有身毒國。騫因盛言：大夏在漢西南，慕中國，患匈奴隔其道，誠通蜀，身毒國道便近，又亡害。於是天子乃令王然、于柏、始昌、呂越人等十餘輩，間出西南夷，指求身毒國。至滇，滇王當羌乃留爲求道。四歲余，皆閉昆明，莫能通。

　　這裏的"身毒"，即是"天竺"，或譯賢豆、捐篤，原音 Sindhu，因信度河得名，正音印度，又稱婆羅門。"大夏"是希臘人在中亞阿母河南所建立的Boctria國，大概相當於現在的阿富汗。張騫在這裏見到蜀郡物產，而且知道是來自印度的。其實，當時中國和印度之間已早有中印雪山道（或稱中印阿富汗道）和中印緬道在進行交往；不過那是屬於民間的單身或小群商賈貿易往來。至於國家交往，據《史記・大宛傳》記載，漢武帝劉徹命張騫由蜀郡重新開通西南夷，"發間使四道並出"；後來都是因爲"昆明之屬無君長，善寇盜，輒殺略，漢使終莫得通。"即使是派重兵討伐，也不能通！元狩四年（公元前119年），漢武帝派遣張騫帶領三百人，每人備馬二匹，並攜帶了大量的金、帛、貨物以及上萬頭牛羊，進行第二次出使西域。以後，漢使經常到西域並經過西域到中亞和西亞各國，一年有五、六起或十幾起，每次人數多至幾百人，少的也有幾十人。中國的絲織品，由玉門關、陽關出發，分南路和北路兩條陸路，源源不斷地大量地輸往印度和西方。

　　然而，這種陸上經貿關係的弱點，漢朝政權也早已注意到了。比如，匈奴統治集團看到西漢政府大力加強和西域各國的聯繫，他們企圖從中梗阻。匈奴貴族的騎兵，多次越過天山，襲擊漢政府派到西域去的使者，還利用樓蘭、姑師等國統治者不願供應漢使食糧和飲水的情緒，唆使他們攻劫漢使。這樣，逼得漢政府不能不花大力氣從內地向西部移民及修築亭障，又派重兵去攻打姑師和樓蘭。這些措施，都是爲了保證陸路絲綢貿易而採取的。另外一些情況，雖然史書上沒有記載，但也是題中應有之義。比如，南北兩陸路，都在西北，而絲帛等產品的產區，多在中原或東南沿海，產品需要遠距離搬運；陸路經過的戈壁沙漠，山高灘險，自然條件惡劣，行程艱難；駱駝和馬匹運輸，運量少、旅程慢。凡此種種，都在客觀上促使中印兩國開拓海上航路，以克服陸路交往的弱點，加大商品的流量。這正是學者們所指出的，"中印兩國人民，因爲互相仰慕而謀海上交通時，發現了馬來亞。"[4]馬來半島在中印兩國謀求海上交往時佔有極其重要的地位。

　　至於後來的大秦（即羅馬，公元前30年以後爲帝國），據《後漢書·西域傳》記載，因爲安息（伊朗高原及兩河流域）居於中國和羅馬之間，控制絲綢輸往羅馬，從中獲取鉅額利潤，"利有十倍"。於是，羅馬對中國進行直接貿易有著十分迫切的需要："其王（大秦）常欲通使於漢，而安息欲以漢繒彩與之交市，故遮閡不得自達。"安息之所以能實施壟斷絲路貿易的政策，就是因爲當時只有陸路交通而造成的，這也跟前面所說的中印兩國交往一樣，促使羅馬與中國之間，開闢海路貿易。

第二節　漢初造船技術、航海知識的進步以及南海季風水道的形成

　　中國古代的造船技術以及航海知識，充滿着光輝燦爛的歷史記錄。

　　先說造船技術。秦漢之際，中國的造船技術在春秋戰國時期的基

礎上，有一個飛躍性的進步。秦始皇在公元前 221 年統一中國，為了加強對江南地區的控制，大力發展造船業和訓練水師，並且積極地擴大漕運。中國典籍如《淮南子》、《史記》和《漢書》中，都有關於秦軍在滅楚國、平定嶺南的戰鬥中，調動船隻、驅遣舟師的記載，水師中還有樓船，作為水軍的主力艦種。又發 50 萬大軍到嶺南，開鑿了靈渠，連接湘江和灕江，以解決糧草的運輸，保證在嶺南前方作戰的將士們的糧餉供應。秦王朝只存在 15 年。到了西漢，船隊的規模和船舶的形體與結構，都有進步。據《漢書·武帝紀》的記載，漢武帝在元封五年（公元前 106 年），到當時的造船重鎮潯陽（今江西九江）巡視，從潯陽順江而下；這次航行，船舶極多，大船前後銜接，"千里不絕"；這個船隊，由長江口駛出，取海道航行到琅邪（今山東諸城、日照）。太始三年（公元前 94 年），他的船隊到琅邪，在東海繞山東半島，到成山拜祭太陽神後登之罘（煙臺）。史載的這兩次巡視，說明了西漢船隊有了相當的規模，這也在客觀上反映出漢武帝當時開拓海疆、走向海洋的願望。

　　武帝時的樓船，比秦時更為壯觀。《史記·平准書》記載，因為南越呂嘉"欲與漢用船戰"，於是，漢王朝建造大型樓船，"高十餘丈，旗幟加其上，甚壯！"建造樓船基地設在昆明池。當時昆明池有豫章館，後來唐代人段成式在所撰《酉陽雜俎》中說："豫章船，昆明池漢時有豫章船一艘，載一千人。"[5] 這種樓船，據漢人劉熙的《釋名》所載，船分四層，底層用來搖櫓劃槳，甲板有手持刀劍的士卒，便於短兵相接時作戰。第二層叫作廬，手持長矛的軍士，在廬上可以居高臨下控制戰局，是樓船上軍士的主力。第三層叫作飛廬，弓弩手在這裏可以遠距離發射進攻。第四層叫作爵室，即稱為雀室、翟室，即居高望遠的意思，長官都在此指揮作戰。此外，每層還有防禦敵人箭矢飛石的防護牆，叫作"女牆"。整個船體，都蒙上皮革，以禦敵方火攻，還可以增加船的強度，防止破漏。[6] 漢代船的形體和載重量，《南州異物志》有記載。這部書是三國時東吳太守萬震所撰，原書已失傳，《太平御覽》中保存了部分內容。在《太平御覽》第 769 卷對大型海船記述："大者長二十余丈，高去水三、二丈，望之如閣道，載六七百人，物出萬斛。"如果按每丈爲 2.3—2.5 米計，二十丈約合 50 公尺，萬斛約當現在 1 千多噸。當時船舶有相當大的規模。

　　史書所載漢代造船業的進步，考古學所發現的實物提供了有力的證明。番禺（今廣州）是當時江南造船業的中心。1975 年，廣州市文物管理處在廣州市區中心舊稱"禺山"的地方（南距今珠江北岸 1300 米），試掘一處秦至漢初的造船工場遺址，掘出一部分船臺區和木料加工場地，一號船臺據放射性碳素斷代，年代爲距今 2190±90 年（即公元前 240±90）。[7] 這個工場有三個並列的造船台，滑道長度都在 80 米以上，而且滑道的滑板與枕木不作固定連接，滑道軌距可以根據需要進行調整。這樣，每個船臺便可建造大小不同的船隻。據計算，其中的二號船臺可供建造 5.6 至 8.4 米寬、20 至 30 米長、載重幾十噸的木船。如果將兩個船臺並聯，甚至能夠造出更大的船。另外，工場設有與船臺銜接的斜坡式下水滑道，這與近代民間造船所用方式一樣了。經鑒定，當時造船已使用精選的不同質地的木料（如杉、樟、罩、格等），船體不同的部件使用不同的木材，相當嚴格。這個遺址還發現造船用的鐵制工具，如錛、鑿、釘，還有劃線用的鉛塊、鉛垂球等物品。[8]

　　結構複雜的巨型船舶，進行遙遠的航程，要求有與之相適應的推進工具。古老的篙，只適用于小船在小河淺水中的行進。槳比篙進步了，可以坐着用槳，划力也大；50 年代初在長沙西漢古墓中出土一隻木船模型，船身是由一段整木雕成的，左右共有 16 支槳，尾有一支槳，用以代舵並兼有櫓的功能。槳比篙的明顯優勢在它可以遠離淺岸而在深水區裏靠着水的反作用而推動船向前行。但它也有明顯的弱點，即每劃槳一次，必有入水作功和離水在水面上爲第二次劃動作準備，這當中的間歇，決定了船也只能間歇地向前。行速慢而且船體穩定性也不好。漢人發明了櫓。[9] 因櫓可以左右連續搖，因而是不間歇地作功，船也可以不間歇地前進；櫓還可以用來操縱船舶回轉。搖櫓時，人可以站著，依靠身體重心擺動而推動櫓，這樣推力大而又省勁，婦女、老人、兒童都可以操作，有些，甚至可以用腳操縱。這是船的推進工具中帶根本性的改革；水與櫓板的作用原理，竟與現代螺旋槳推進器的原理相一致。

漢代人發明櫓，既是中國造船業的獨創，同時也是對世界船舶推動技術的一項重大貢獻，甚至有人稱之爲最科學的一種。船上的櫓，大船有 8 櫓、10 櫓甚至 36 櫓；櫓的位置不限於船尾，船側也可以安裝；櫓形也隨船的增大而變大，以一人搖櫓到多人以至幾十人搖一櫓。[10] 舵是在大船航行於深水湖海中，篙和槳無法控制方向時才發明的，據湖北江陵鳳凰山西漢早期墓中發掘出的木船模，尾部中間位置上，安裝了一個梢槳，它不是槳舵兼用，而是專門作爲代舵而設的。帆也在西漢年間廣泛應用，而且，舵與帆相配合，[11] 可以利用自然的風力，不再受人力的局限和制約了。這樣，船的各種屬具基本上齊備了。

次說航海知識。漢代造船業的發展，與當時天文導航以及氣象科學的進步分不開。據西漢典籍《淮南子·齊俗訓·人間》說："夫乘舟而惑者，不知東西，見斗極則寤矣！"利用北極星作定向導航，在西漢的航海者當中已經是非常普遍的了！其實，古代的航海，只要借助於如北極星等幾個常見的星座進行導向和定位也就足夠了！漢武帝在太初元年（公元前 104 年）下令修訂的著名曆法"太初曆"[12]，已經具備了氣朔、五星、交食周期、閏法等方面的內容。《淮南子·天文訓》所述的天文觀測，也有很高的水平。這些，都是官方經過篩選的記錄；這些天文學的成就，一定會被運用到航海技術上。至於民間、特別是當時航海者的天文學經驗與成就，則失之記載了。張衡在《靈憲》中指出："中外之官常明者有二十四，可名者三百二十，爲星三千五百，而海人之占未存焉！"這裏的"海人"，可以訓作航海的實際操作者或沿海的居民。所以，當時的"海人之占"，爲宮庭官員所不知或明知而不屑，故"未存"，散失的就多了。據《漢書‧藝文志》介紹，西漢時冠以"海中"的星占書籍計有：《海中星輿驗》12 卷，《海中五星經雜事》22 卷，《海中五星順逆》28 卷，《海中二十八宿國分》28 卷，《海中二十八宿臣分》28 卷，《海中日月彗虹雜占》18 卷。這 6 種總計達 136 卷之多的"海中"占星的書，因爲學術界有不同的看法，我們還不能完全斷定它們是漢代航海天文導航的專籍，[13] 但據顧炎武《日知錄》集釋中所說："海中二十八宿，旣如天象所臨者廣，其不專注中國甚明。"當時對於航海天文的研究，的確已超出了中國海域的範圍。在氣象方面，據《三輔黃圖》記載，漢代已經有了相風銅鳥、鑄銅鳳等多種測風的儀器。而且，這些儀器很容易轉移到航海中去應用。[14]

再說南海季風水道的形成。季風（Monsoon）是因爲大陸內部氣溫的變化而引起的一種自然規律現象。當回歸線北移，大陸成爲熱季，氣溫增高，形成低氣壓（L）中心，空氣擴散，大氣失去平衡；於是，大氣由氣溫低、密度較密、氣壓高（H）的海面，向大陸流入，造成由海洋向陸地吹拂的海洋季風（Oceanic monsoon）。當回歸線南移，北半球的氣溫下降，成了冷季，空氣密度增大而收縮，便成爲高氣壓中心；這時海面氣溫仍保持海水常態溫度，氣溫比大陸高，氣壓低，大陸的冷空氣向海面流動，造成大陸向海洋吹拂的大陸季候風（Continental monsoon）。南海海域內與季風同時存在的還有海流。

海流與季風流向相一致，是定時定向的。因爲冬夏季風的風向不同，就有不同的季風漂流。冬季以東北風爲主，成爲東北季風漂流（N・E・Monsoon drift），海流向西南流；季風以西南風爲主，成爲西南季風漂流（S・W・Monsoon drift），海流向東北流。此外，風向因地球偏差作用而偏折，加上赤道逆流及南赤道洋流的影響，因而使孟加拉灣及安達曼海洋面的洋流，成了馬蹄形或稱弓形洋流；其弓背向陸而弦向大洋，從南印度至東南半島西岸，或者從馬六甲海峽到南印度，橫渡洋面，在風帆時代，不是直航，而是循洋流的弓形航渡。這對於歷史文化的傳播，關係至爲密切。[15]

中國在西漢及此前的典籍中，沒有明確的關於航海技術中掌握季風的記載；然而，與季風相關的帆及駛帆技術，卻是十分令人驚歎的！帆在商代的甲骨文中已經有了體現。甲骨文中的“風”字，學者訓作“凡”，也是帆的本意。證明商人已經懂得用帆；儘管當時的帆是十分簡陋的，但說明是船工知道了利用自然風力。根據湖南出土的戰國時代越族的古樂器“錞於”上的船紋，推斷“船紋中部立有一扇狀圖形”，“應是一種原始風帆的圖像”。如果是這樣，可以肯定“中國的風帆始于戰國時代”。[16] 上文說過，風帆與舵相配合。《釋名・釋船》說：“帆，汎也，風張幔曰帆，使舟疾汎汎然也。”劉安《淮南子》中有“辟若絖之見風也，無須臾之間定矣”句，這裏所謂“絖之見風”，是指裝在桅杆頂端探測風向的侯風羽，好像現在的風向標；足見當時人們已經知道利用不同方向的風力來行船了。當然，這僅是測風的知識，還不能說是掌握季風而航海。關於漢代風帆的結構和駛風的技術，《南州異物志》留下寶貴的資料。《太平御覽》卷771 引述：“外徼人隨舟大小，或作四帆，前後沓載之。有盧頭木，葉如牖形、長丈餘，織以爲帆。其四帆不正前向，皆使邪移相聚，以取風吹。風後者激而射，亦並得風力，若急則隨意增減之。邪張相取風氣，而無高危之慮，故行不避迅風激波，所以能疾。"這段資料表明，漢代的船，爲適應大的承載量而安裝多桅杆多帆；帆不用布或草席，而是用 2-3 米長的盧頭木的葉片織成，是硬帆；因爲硬帆堅挺。帆不是"正前向"，而是測向取風力；幾張帆之間，隨時調節位置與角度，使能相互作用，又因風力的大小而隨意增減帆的數量及面積。"風有八面"，硬帆都能在調整中加以利用。因爲硬帆與舵相配合，如風從左側方吹來，通過斜張的硬帆，使船受到向右側方的動力，這時若使舵向左偏斜，便可糾正船頭，使船向正前方行駛。若風從側前方甚至是逆風或斜逆風，還可以向左、向右不斷地調整舵的角度，仍然可以讓船沿"之"字形航線曲折前進。這種逆風行船的方法，古代稱爲打餞駛風。獲得了自然的動力，揚帆浮海就完全可能了。出海遠航，還需要在船體儲備充足的淡水。《藝文類聚》引《義熙（公元405—418 年）起居注》說："盧循新造八槽艦九枚，起四層，高十餘丈。"這八槽艦被認爲是用水密艙壁將船體分隔成 8 個艙的艦船，船體某處觸礁破洞進水，將不致於漫延到鄰艙；特別這 8 個水密艙，可以儲備大量的淡水供海航用。盧循這種樓船，既是漢代樓船的代表船型，[17] 又是在漢代樓船的基礎上加以發展的。

　　有了硬帆，而且多桅多帆，可以讓八面來風都是"順風相送"，又有水密艙儲備淡水，那麼西漢人是不是掌握和利用季風的規律出海遠航？《史記》及《漢書》分別保存了公元前 112 年和公元前 111 年兩次近海航行駛風記錄。漢武帝元鼎五年（前 112 年）四月，南越王呂嘉反；等到這年的秋天，漢武帝派遣伏波將軍路博德等，率領大軍分五路，從不同的地點，向南挺進，"咸會番禺"。[18] 如果說，這五路大軍都還是內河行進的話，那麼在《前漢書·卜式傳》記載中，這次戰役，卜式曾上書請戰："臣願與臨菑習弩博昌（今山東小清河口處）習船者請行，死之以盡臣節。"卜式的海船，從山東沿海開船，近海遠航，直到福建和廣東。另外一次，漢武帝元鼎六年（前111年）秋，東越王余善反，"天子遣橫海將軍韓說出句章（浙江紹興）浮海從東方往"，這是海船從浙江沿海直駛福建。也是秋天開航。韓說的海路軍隊與另外三個船隊一起，在"元封元年（前110年）冬，咸入東越。"[19] "冬十月" "東越殺王余善降。"[20] 上面這兩次戰役，都是遣水師南征；出發和攻克的時間，正值秋冬，都是東北季風大作而有利於北船南行。南海季風水路在西漢形成，如果聯繫到木玄虛的《海賦》中說的"候勁風，揭百尺，維長絹，挂帳席"而海上航行的描寫，就不會完全是揣測了！

　　我們還可以用西方關於掌握季風海上航行的記載作為參照。西方古羅馬人在什麼時候發現和利用西南季風規律，曾經有過長時間爭論。過去都根據普林尼，推斷是公元一世紀中葉，現在根據科帕托以南100公里的希臘、拉丁碑銘所作的研究，證明不確。塔恩提出，應在公元前一世紀八十年代或更早。這種主張正是威持金、戈登帕特爾、羅斯托夫采夫提出的在公元前二世紀初到公元前一世紀末的說法的繼續。查爾史胡士認為公元前15年或更早幾十年，埃及的希臘人已能從紅海口直航印度港口的推測，進一步被證明可靠。[21] 中西方關於季風航行規律的發現與利用，時間上相差不太遠；或許，雙方的海員，在無數可歌可泣的經歷中，相互交流過經驗。只可惜史書沒有記載！

第三節　漢文載籍中的都元
——今日龍運在中印過境貿易中獨具先發優勢

　　研究文化交流史的學者有一個共識，認為海洋在文化交流中有二重性，即海洋可以把國家與國家隔離開，但同時又可以把國家與國家

間結合起來，因爲遠程交通，經由海道反而更加容易；在古代尤其是
這樣，當時交通手段還不夠發達，海途遠比陸路來得快捷。[22] 中印之
間的海路交流，到西漢，經過了此前幾個世紀民間的、官方的多元海
路探索，反復多次的篩選，逐漸地確定下來，最後在《漢書·地理
志》中加以記錄：

> 自日南障塞、徐聞、合浦，船行可五月，有都元國；又船行
> 可四月，有邑盧設國；又船行可二十餘日，有諶離國；步行可十
> 餘日，有夫甘都盧國；自夫甘都盧國船行可二月余，有黃支國。
> 民俗略與珠崖相類。其州廣大，戶口多，多異物。自武帝以來，
> 皆獻見。有譯長，屬黃門，與應募者俱入海，市明珠、璧流離、
> 奇石、異物；齎黃金、雜繒而往。所至國皆稟食爲耦，蠻夷賈
> 船，轉送致之。亦利交易，剽殺人，又苦逢風波溺死，不者，數
> 年來還。大珠至圍二寸以下。平帝元始中，王莽輔政，欲耀威
> 德，厚遺黃支王，令遣使獻生犀牛。自黃支船行可八月，到皮
> 宗；船行可二月到日南、象林界云。黃支之南，有已程不國，漢
> 之譯使，自此還矣。

這一段文獻，是自從有文字記載以來，有關東南亞的最早的記錄，是
東南亞歷史、馬來西亞歷史開始的文字紀程碑。所以，對於這簡略的
一段話，中外學者對所記的口岸或國家的方位有許多爭論；但有一點
是大家認同的，即當時中印之間的海上交流必定經過馬來半島。考古
學家在柔佛河流域發掘出許多中國秦漢兩代的陶器殘片，[23] 實證了文
獻記載是正確的。

　　這裏我們所關注的重點，是“都元”國到底在現在的什麼地方？

　　在討論都元國的地望之前，以最簡單的方式，表述我們對這段文
獻裏面所提到 11 個地名的比釋。

　　首發站徐聞口岸。漢代的徐聞縣，不是今天在雷州半島最南端的

徐聞縣，[24] 而是今天的海康縣。舊稱雷城，位於雷州灣內，在這裏才有適宜的港口，航海船艦集中於此。[25]《漢書・地理志》說："合浦郡，武帝元鼎六年開……縣五：徐聞、高涼、合浦、臨允、朱盧。"

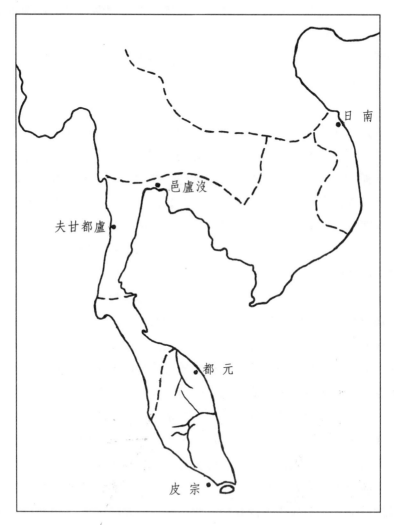

《漢書・地理志》航線所經部份地名

首縣徐聞即為郡治，又是當時艦隊的駐地。政府在這裏設置年俸六百石的侯官來主辦官商經營的貿易。在官商之前，這裏的民間商貿必有大的發展，民諺才說是到了徐聞可以拔掉窮根，官商也因此在這裏經營。《輿地紀勝》引《元和郡縣誌》說：“漢置左右侯，在徐聞縣南七里，積貨物於此，備其所求，與交易有利。故諺曰：‘欲拔貧，詣徐聞’。”這是漢代的重要港口；通向海外的外貿使用船隻，自徐聞始發。所用船隻是中國船，在遠海有“蠻夷賈船”轉送。[26]

合浦，與徐聞一樣，是重要外貿港口，漢代使團出訪也在這裏起程。據《漢書·地理志》載，漢代南海郡有關，合浦郡有合浦關，九真郡有關，蒼梧郡有謝沐縣關和荔浦縣的荔平關，郁林郡有雍雞縣關。那麼，合浦口岸跟南海沿岸其他一些地方一樣，設置“關”是管理外輸內進貨物的出入口關卡，負責警備和稅收工作。不過，這裏的關卡與下文日南的“尉”及“丞”不同，是低等次的關卡。

日南，是西漢時最南的一個郡，在今越南中部的順化、歸仁一帶；這裏作為障塞，即國家邊防設施的駐地。關於障塞，《史記》、《漢書》及《後漢書》多有記述。[27]顏師古解釋說：“漢制，每塞要處別築為城，置人鎮守，增之侯城，此即障也。”《後漢書·百官（五）志》稱：“邊縣有障塞尉”，職能是掌管禁備羌夷犯塞。最南的日南障塞，是管理船隻出入驗關放行的職能機構。到西漢末年，這裏還增設一個專門主持徵收海稅的機構叫“海丞”。[28]

上引這段話，始發站徐聞及第二站合浦與日南在行文時，將位置互調，班固在文中又將障塞特別指出，暗含有這樣的意思：障塞尉或海丞，是由皇帝直屬的黃門（屬少府）管轄的國家一級機構，而上文的合浦關，是地方性關卡，在關稅官裏面，由“縣官監收”，[29]故日南的地位重要；徐聞、合浦到日南，船行所需時間包括在下文的五個月內，但這一段航程是國內的沿海海運；在日南障塞，驗關、征海稅後放行，即是外貿商隊的出海的起航點。所以，將"日南障塞"置於徐聞、合浦之前。同時，有"屬黃門"的譯長，亦點明交流的時代當是漢武帝在位的公元前 140 年至前 87 年間。

都元國，即現在馬來西亞國的丁加奴州的龍運。詳見下文。

邑盧沒國，在今泰國的湄南河（Menam Chao Praya，亦譯為昭披耶河）河口，即現在曼谷附近。

諶離國，在克拉地峽東岸。

夫甘都盧國，在克拉地峽西岸。

黃支國，南印度康契維臘姆（Conjeeveram）附近的建支。

已程不國，即今錫蘭。

皮宗，新加坡海峽西面的島嶼 Pisang。

都元國的方位，學術界歷來爭論極多；邱新民在《海上絲綢之路的新加坡》中，列出六說並逐一進行了分析，堪稱詳細。[30] 其實，還可以舉出許多家，比如韓振華在《公元前二世紀至公元一世紀間中國與印度東南亞的海上交通》一文中，力主都元在越南的"南圻濱海之地"，即今之西貢附近。[31] 韓文的考證，實在是不厭其詳；可惜方向錯了，所下功夫都是虛功！筆者同意許雲樵說，都元國是馬來西亞丁加奴州的龍運。[32]

筆者在承擔這個課題的研究工作之後，曾經四次到馬來西亞作學術訪問；其中，於 1996 年 11 月及 1997 年 4 月，先後兩次到丁加奴州作田野調查，後一次還驅車數百公里，深入到深山老林一處馬來西亞少數民族聚居的地方，找到老村長以及屬於這個馬來甘榜的一戶馬來族農民家，觀看了這戶農家耕地時，開挖的中國北宋淳化（990—994）—南宋淳祐（1241—1252）的古錢。這兩次實地調查，得到下面的一些旁證：

第一，在丁加奴作田野調查時開過幾次座談會。會上筆者都沒有說明調查的本意，只是提出：自越南中部乘東北季候風漂流，在馬來半島登岸最大的可能是在什麼地方？馬來西亞華人文化協會丁州分會會長董傳平、署理會長林玉通、律師事務所辦公廳主任陳秀春、鹹魚店老闆黃耀銘等諸多人士，都認爲是瓜拉丁加奴到龍運一帶的海岸最有可能。黃耀銘先生聯繫他的業務說，每年沿東海岸收購鹹魚，東北季風起時，龍運的風勢最爲直接。陳秀春女士說："越南戰爭期間，經常有越南難民乘帆船，順著東北季風漂流到這裏（瓜拉丁加奴）。"

第二，長期在丁州從事文化工作的丁雨軒，1976 年 12 月，在調查研究的基礎上，多次撰文，申述古代的龍運即是漢文載籍中的都元國。

第三，筆者在龍運，訪問龍運瓊州會館的符傳晨先生，他指出，本館 1985 年建新大廈做樁基工程時，打樁到數十公尺深處，在淤泥中發現了玻璃瓶。是故，估計龍運城的形成歷史，不會超出 100 年。他建議應該深入到馬來甘榜作調查。由是，我們到馬來甘榜。如上文所述馬來甘榜村長告訴我們，這裏世代稱龍運，因爲龍運河河灘上生長龍運樹，獨特長於此；因這種樹不成材而逐漸被砍伐。筆者在馬來村長的指引下，找到了龍運樹。當地人士告訴筆者，以樹名作地名由來的，馬來西亞政區不僅龍運，其他如怡保、馬六甲等都是以當地生長的一種樹來命名的。所以，龍運一名是極其古老的地名。且世代沒有更改。

第四，上文說到，我們在馬來甘榜見到的在龍運出土的大量古錢，足證宋代華人在這裏長久居留；上推到漢代，華人于此過境是完全可能的。

第五，在丁加奴州歷史博物館，有兩個銅鼓陳列。銅鼓的型制和花紋，與廣西銅鼓一樣。這二件銅鼓可能是在秦漢之際，自廣西、廣東多元航道中傳入。此外，1926 年末、1927 年初，在一次大水災中，彭亨州淡美河岸被侵蝕而倒崩，出土一面殘破銅鼓，大約也是這時傳入。這件銅鼓殘片，筆者 1997 年 5 月 5 日到彭亨州北根博物院，在院長帶領下參觀該銅鼓殘片，並得院長批准而拍下照片。

以上旁證，對於支撐都元國即龍運這個論點，顯得軟弱！但如果參照藤田豐八、邱新民以及許雲樵的考證文字，聯繫到"都元"在漢代發音與"Dangun"相近，恐怕也不失為來自田野調查中的證據，有點新鮮感。

有如上述，漢使遠航南亞的航期，按常規推算，應在 11 月乘東北季風自徐聞，即今雷州灣岸的海康舉帆啓程，沿著海岸繞過雷州半島到合浦，再沿海岸南行到日南障塞，然後再沿中南半島的海岸到達半島頂部，向馬來半島直航。這前後經過 5 個月的航行到達都元國，即今龍運，這時大概在次年的春天 3 月間；到夏季西南季風起時，又趁風向北航行 4 個月，到湄南河口的曼谷附近的邑盧沒國；然後沿暹羅灣海岸經 20 多天南航，到克拉地峽的東岸諶離國，棄船登岸，步行 10 多天，到克拉地峽的西岸夫甘都盧國，換船正好再趁北印度洋的東北信風及洋流，沿孟加拉灣的海灣，彎曲地向西南航行 2 個月，到達印度南端的黃支（建支）。回程則自錫蘭經馬六甲海峽到皮宗後回國。這是風帆時代利用季風、海流，一路順風順水的遠航。

前面說過，中國和印度之間早期的海上交往，經過幾個世紀民間的、官方的多元海路探索，中途停靠的國家和海港是很多的；即使是經過反復多次的篩選，最後確定的上述航線，所經的地域也是存在多種可能性的。不過一般的意見認為，不能不經過馬來半島。

遠海航行，途經馬來半島，目的之一是候趁季候風；其次，在這裏逗留，作過境貿易，以補充淡水和其他生活必需品。這條航線，儘管遭遇到許多次的搶掠殺奪和自然災害，但今天看來，在中馬文化交流史上，留下了十分珍貴的成果。

　　就文化史過程來看，當時中國中原地區，已經進入比較成熟的農業社會；農耕文化比起當時馬來半島上仍處於散漫的漁獵生活的民族，文化上的差異是比較大的。一般說來，兩種文化在交互流動過程中，高層文化居於主導地位而影響低層文化，文化的流向是顯而易見的；但是，文化交流往往又是一種非常複雜的社會現象，尤其是在有、無之間。比如，中國帶去的是黃金和雜繒，而帶回來的，除了滿足官府奢侈生活用的土特產外，也還有當時中國所沒有的動物和植物。據漢代典籍記載，有些植物的名稱，是由馬來語音譯的，估計是由馬來半島傳入。如《史記・司馬相如傳》裏《子虛賦》有“諸蔗猼且”語，《漢書・司馬相如傳》作“諸柘巴且”，《文選》卷七作“諸柘巴苴”。此三例，“柘”與“蔗”應當是相通的，《楚辭・招魂》有“柘漿”，與“瑤漿”、“瓊漿”並列。“諸拓”當是甘蔗，楚國人已經知道了；這個詞是否外來語，這裏存而不論。那麼，漢代典籍裏面出現與“諸柘”並列的“猼且”、“巴且”及“巴苴”是從什麼地方傳入呢？據藤田豐八的研究，認爲這三個詞都是指巴蕉（Bonana），Bonana 是馬來語 Pisang 的音譯，證明是漢代從馬來半島傳入的。[33] 這是有史可稽的！其實，漢代的中國和馬來半島文化交流的豐富多彩，遠遠勝於文獻記錄。

　　中馬文化交流，是由於中國與印度兩個文明古國之間的貿易，需要借助於在地理位置上得天獨厚的馬來半島，因此，馬來半島作爲仲介，接受過境貿易，從而開始了中馬交化交流的曙光時代。已故的東南亞史學家許雲樵曾經正確地指出：“中印兩國的人因欲在海上互相交通而路經馬來亞，才促進馬來亞史前文化的進步。”[34] 馬來半島有文字的歷史也從這裏揭開了第一頁。

【注 釋】

1　"絲路"這個概念，最初由德國希霍芬在 1877 年出版的《中國》（F・Von Riehoten，China：Ergebnisse eigener Reisen und daraus gegrundeter Studien。5vols,Berlin1877—1912）一書中提出，到 1910 年赫爾曼著《中國和敘利亞間的古代絲路》（A Herrmann，Die alten Seidenstrassen ZW. China and Syrien,，Beitrage Zur alten Geographie Asiens，I，Berlin）一書而確立。

2　《史記》卷 123，《大宛列傳》。

3　《史記》卷 123，《大宛列傳》記載相同內容時未注明時間。

4　許雲樵：《馬來亞叢談》，新加坡青年書局印行，1961 年 10 月初版，第 9 頁。

5　《太平御覽》記載，漢武帝在長安所造豫章船，可載萬人。此說或有誤。

6　清代王興謙：《釋名疏證補》，第七卷，上海古籍出版社 1984 年版。又，唐代歐陽詢：《藝文類聚》第 1229 頁，上海古籍出版社。

7　張廣達、王小甫合著《天涯若比鄰》，香港中華書局 1988 年 9 月初版第 60 頁。

8　姚楠、陳佳榮、丘進：《七海揚帆》，香港中華書局 1990 年 6 月初版第 43 —44 頁。又，馬洪路《行路難》，香港中華書局 1990 年 10 初版第 166—167 頁。注 7 第 60 頁有相同的記載。

9　《釋名》："在旁曰櫓。櫓，旋也。用旋力然後舟行也。"證明櫓的出現不遲於漢。

10　上揭姚楠書第 41 頁。

11　席龍飛：《中外帆和舵技術的比較》，《船史研究》1.（1985）。

12　《前漢書・律曆志》。

13　孫光圻、陳鷹：《中國古代的天文航海技術》，載章巽主編《中國航海科技史》，海洋出版社 1991 年 11 月北京第 1 版，第 259 頁。

14 上揭姚楠書第 45 頁。

15 參看邱新民著：《風帆時代亞澳地中海文化》，新加坡青年書局 1993 年版第 17—25 頁。

16 林東華：《中國風帆探源》，《海交史研究》，福建泉州 1986.2。

17 席龍飛：《中國古代的造船技術》，載章巽主編《中國航海科技史》，海洋出版社 1991 年 11 月第 1 版第 35 頁。

18、20 《前漢書·武帝紀》。

19 《史記·東越列傳》。

21 見查爾史胡士：《關於〈厄立特里海環航記〉》、《古典季刊》1928 年，22 卷，92—100 頁。轉引自沈福偉著《中國與非洲——中非關係二千年》，中華書局 1990 年 10 月北京第 1 版第 50 頁。

22 木宮泰彥：《日中文化交流史》，胡錫年譯，商務印書館 1980 年北京第 1 版第 1 頁。

23 簡齋：《漢唐的陶瓷器》，載《南洋文摘》1960 年第 12 期，第 58 頁。

24 劉迎勝：《絲路文化·海上卷》，浙江人民出版社 1995 年 11 月第 1 版第 19 頁說：“徐聞（今廣東雷州半島南端徐聞縣）”。將今徐聞誤作西漢時的徐聞。又，王傑：《中國最早的海外貿易管理官創置於漢代》（載《海交史研究》1993.2.頁 1—4）一文中說“徐聞，地處雷州半島最南端……”。這裏的地望，誤。因不知古徐聞不是今徐聞。

25 參看曾昭璇《徐聞——漢代“海上絲綢之路”的起航點》，載《嶺南史地與民俗》，廣東人民出版社 1994 年 12 月第 1 版第 80 頁。

26 據邱新民《東南亞文化交通史》（新加坡亞洲研究學會·文學書屋 1984 年 8 月 20 日版）第 161 頁，引西方人士 Paul Wheatley 在其《The Colden Khersonese》中說中國的船，這時尚未介入印度洋，於是往返的船隻，是印度船或中國船，便成疑問。筆者以為，聯繫上一節所述，中國當時的造船技術以及航海知識，出發時運載工具為中國船是沒有問題的，可能從夫甘都盧國到黃支國，“船行可二月餘”用的是外國船轉運，因爲當中步行十多天通過地峽，不可能將中國大船搬運到對岸。

27　《史記・朝鮮傳》、《漢書・匈奴傳》、《後漢書・順帝本紀》、《後漢書・應劭傳》、《後漢書・鮮卑傳》、《後漢書・班勇傳》、《後漢書・西羌傳》等，均有記載。李長傅的《中國殖民史》（1938 年“民國叢書”本）P26 將“障塞”誤作地名。陳高華、吳泰、郭松義合著《海上絲綢之路》（海洋出版社 1991 年 11 月北京第 1 版第 9 頁）亦誤作地名。

28　《漢書・平帝紀》載：“平帝元始元年（公元 1 年），置少府海丞、果丞各一個。”顏師古注：“海丞主海稅也。”

29　參看清代黃本驥編《歷代職官表》，上海古籍出版社 1980 年 2 月新 1 版，第 310 頁。

30　邱新民：《海上絲綢之路的新加坡》，新加坡勝友書局 1991 年 8 月初版，第 67 至 70 頁。

31　原載《廈門大學學報》（社科版）1958 年 2 月。後收入《中國與東南亞關係史研究》，廣西人民出版社，1992 年 6 月第 1 版第 10 頁。

32　許雲樵：《馬來亞叢談》，新加坡青年書局 1961 年 10 月港初版第 10 頁。又見《馬來亞史》（上）第 75—77 頁。又見《馬來亞古代史研究》，載許雲樵輯《馬來亞研究講座》，新加坡世界書局有限公司 1960 年 11 月版第 9 頁。

33　藤田豐八：《前漢時代西南海上交通之記錄》，載《中國南海古代交通叢考》，商務印書館版第 241 頁。

34　許雲樵：《馬來亞的來歷》，載許雲樵輯《馬來亞研究講座》，新加坡世界書局有限公司，1961 年 11 月版第 6 頁。

第三章　地峽時代（東漢魏晉六朝及隋）

馬來半島東西方貿易交會點地位的確定和朝貢貿易的開始

馬來半島的地理位置，介乎孟加拉灣和南海之間，在交通手段還不發達的時期，這種特殊的地理位置，決定了它在很長的歷史過程中，必然要扮演過渡地區的重要角色。而朝貢貿易延伸到馬來半島後，一個地域性的網路開始在這裏構成，隨之而興起的交易港是這個網路的諸多連結點；逐漸造就的朝貢貿易商人，則促使這個網路生機勃勃地存在和發展。

第一節　貿易需求的穿透力和凝聚力
——地峽通道的形成和交易港的設立

在馬來半島的北部，有一個地段，陸地特別狹隘，寬僅 56 公里，最高點海拔也僅 75 公尺，這便是我們在上一章提到過的著名的克拉地峽。戰前，日本和法國，都曾經計劃在這裏開鑿運河，叫克拉運河，但始終沒有實現。[1] 唐代以前，中印交往的客商，很少走馬六甲海峽去繞馬來半島，而是穿越地峽，故稱地峽時代。

前面說過，中國和印度這兩個文明古國，在公元前 1—2 世紀之間，已經有商賈通過地峽而形成了最早的海上絲綢之路；但當時史書的記載，十分隱約，特別是作為一條為人們經常使用的國際通道，還遠沒有形成。後來，走的人多了，便成了路，而且，在中國唐代以前，是南海與孟加拉灣之間海上交通必需翻越的陸路。因為，從地中海出發的歐洲或非洲商人，他們通過紅海進入阿拉伯海，然後在印度作交易；其中有些商人，利用季風和海流，以弧線的航海方式，橫越孟加拉灣，到達克拉地峽的西岸，他們不必繞過馬來半島，在此登陸，然後從陸路穿過地峽，進入南海。中國商人到印度等國家，也走這條路。公元 1—2 世紀間，西方使團的來往，也是走這條通道。例如《後漢書》記載的公元 166 年，大秦使者到中國來即是這樣。

> 至桓帝延熹九年，大秦王安敦遣使自日南徼外獻象牙犀角毒瑁，始乃一通焉。其所表貢，並無珍異，疑傳者過焉。[2]

這位大秦使節，是由海路經印度、越南而到中國的。其中提到的大秦王安敦，與當年在位的羅馬皇帝馬可・奧理略・安敦尼努斯（Mareus Aurelius Antoninus）的名字相符，他從 161 年繼位，並在 165 年派羅馬大將加西烏斯（Cassius）遠征安息，一度攻佔兩河流域的塞琉西城。這證明上述一段記載，的確有其歷史背景。[3] 但是，安敦派使節到中國這樣一件大事，卻不見於羅馬的史籍記載。因此，論者認為，這次的大秦使團，並非國家正式使節，而是大秦商人假託政府名義進行的私人商務活動。[4] 這裏，有兩點特別值得我們注意，第一，商人雖然冒名頂替，但卻是早期一批地峽通道的穿透者；第二，這些使節貢獻的是象牙犀角等物，都是傳統的南亞土產，並無大秦特色，甚至連當時中國的官員也有些疑心，懷疑是"傳者"幹的事。這可證他們是使用了地峽通道的。

在大秦使團到中國來的前四年，有印度的朝貢貿易商人，已經沿海路經中印半島的日南郡跟漢朝作商業往來。《後漢書・天竺傳》記載，印度在中國東漢和帝（89—105）的時候，曾經幾次遣使貢獻，後來因為西域反叛乃絕。"至桓帝延熹二年（159）、四年（161），頻從日南徼外來獻。"我們把印度商人在公元 159 年和 161 年這兩次經海路到日南然後進入中國的活動，和上文所引的大秦使團在公元 166 年沿相同海路進入中國，相比照來觀察，時間相差僅四年。這聯繫到

大秦商人冒名頂替且所獻又是南亞傳統土產，那麼可以看出，印度商
人與大秦商人，在這幾年當中，必定有關於從海路進入中國有關道路
選擇問題的經驗交流。我們這種推測，恰好有中國文獻出示證據。
《梁書‧中天竺國傳》記載，印度"其西與大秦、安息交市海中，多
大秦珍物……"因為大秦商人跟印度商人"交市海中"，知道了印度
商人所使用的海路以及地峽通道，故大秦商人在印度朝貢商人到中國
來後的四年，也循此海路來到中國。地峽通道逐漸成為國際通道。關
於這一點，《梁書‧諸夷列傳》正確地指出：漢代元鼎年間置日南
郡，"徼外諸國，自武帝以來皆朝貢。後漢桓帝世（148—168），大
秦、天竺皆由此道遣使貢獻。"

　　如果說，以上通過地峽到中國的記載還嫌欠清晰的話，那麼，萬
震的《南州異物志》則準確無誤地記錄了賈人橫越地峽的時日及里
數：

> 　　出日南壽靈浦口，由海正南行，故背辰星而向其星也。晝夜
> 不住，十餘日乃到扶南，……其南又有都昆、比嵩、句稚諸國，
> 范曼時皆跨（海）討服，……典遜去日南二（應作"三"）萬
> 里，舶船發壽靈浦口，調風晝夜不解帆，十五日乃到典遜，一日
> 一夕帆行二千里"。5

　　下文繼續指出："句稚國去典遜八百里，……舶船……不得過，
皆止句稚，貿易而還也。"

　　這段引文說明：第一，"扶南先王範曼有勇略"。據《梁書‧扶
南傳》記載，國王范曼，6"勇健有權略……治作大船、窮漲海，攻屈
都昆、九稚、典孫等十餘國，開地五、六千里。"扶南國在暹羅灣
口，用大規模海戰的手段，來達到控制從交趾支那到馬來半島的大部
分土地的目的。在公元三世紀初葉，範曼在鞏固扶南的京城地區之
後，一舉奪得馬來半島的地峽地帶；他這個行動的戰略目的，是不是

因爲認識到這個地區在貿易控制方面的重要性，超過了湄公河三角洲？這一點今天無法去查證！但是"範曼卻假手一次海上戰役，取得該地峽的控制權。這次戰役之後，大約有十二個半島國家，歸入其帝國版圖。"[7] 他實際上獲得了地峽通道的利益。第二，典遜和句稚，正好是地峽的兩側，即地峽通道的東西岸的碼頭。《梁書‧扶南傳》說典孫（即頓遜）是扶南的屬國，在扶南渡金鄰大灣（今泰國灣）南三千里的海崎（海曲）上。地峽地區，地盤很大；"地方千里，城去海千里"。地峽的東岸，即班當灣及其以南的 Thung Song。[8] 今泰國南部鐵路上的這個車站名稱，就是古頓遜國名保留至今的古地名。這是地峽東面的市集。扶南的另一個屬國句稚，在地峽西岸，又作哥谷羅。哥谷羅即投枸利的省稱，句稚是哥谷羅的同名異譯，今泰國董里 (Trong) 或塔庫巴 (Takupa)。[9] 這是地峽東岸和西岸的兩個集市。那麼，頓遜和句稚距離有多遠？《神丹經》說是"八百里"，《洛陽伽藍記》說是句稚北行（東北行）十一日至典遜。八百里，行十一日，這是橫越地峽所走路的里數和日數。現代科學測量所得，地峽最狹隘處56公里。如果加上古代道路迂回曲折，步行十一日庶幾可以穿越。這裏是地峽東西兩頭的出海口，地峽的通道也成爲一條東西貿易的國際通道。貿易的需求，穿透了地峽！

　　因爲地峽的打通，貿易交流日益頻繁，商人及貨物的集結，促使今天馬來西亞國地域內，古代時的某些地區以漁獵爲生的民族，逐漸轉向爲商品貿易服務的生涯；貿易的凝聚力帶來了市集的形成。於是，馬來半島上以逐海爲生的漁獵社會在貿易的衝擊下漸次瓦解，交易港在馬來半島上應運而生。比如頓遜，早先的聚落形態如何，不得而知；但是，當地峽通道打通，貿易往來密切之後，這裏的情況大爲改觀。《梁書‧扶南傳》說，頓遜的"東界通交州，其西界接天竺（印度）、安息（伊朗），徼外諸國，經還交市"。點明了頓遜處於東西方交通的要衝。《梁書》接著分析之所以如此的原因是因爲"頓遜回入海中千餘裏，漲海（南海）無崖岸，船舶未曾得經過也"。從南海向西的船，從孟加拉灣、印度洋向東的船，都得在這裏停留，頓遜逐漸變成了東西交會的中心，貿易的興旺程度是"日有萬餘人，珍物寶貨，無所不有"。另一頭的九稚也是一樣，《神丹經》說船舶"皆止句稚，貿易而還也"。這兩個交易港的定型，是顯而易見的。

公元初至六世紀時馬來半島古國圖

　　此外，盤盤、丹丹、狼牙修、幹陀利及赤土，都是在今馬來西亞版圖上的重要交易港。

　　據《隋書‧南蠻傳》說，公元 605 至 617 年，即大業年間，南海"朝貢者十余國"。可惜，這十幾個國家，"事迹多湮滅而無聞！"現在列出的這五個國家：盤盤國，在馬來半島北部，《舊唐書‧南蠻傳‧盤盤國》說"其國與狼牙修國爲鄰"；丹丹國，現在的吉蘭丹一帶；狼牙修國在吉打一帶；幹陀利國，在吉打州及吡叻州一帶；赤土國，即羯荼的同名異譯，在吉打州一帶。[10] 這五個國家，體現了某些共同的特點：第一，這些國家都是東漢以後，因地峽通道的打通才見諸於中國典籍記載的；第二，包括前面說到的頓遜和句稚，它們的聚落位置都在地峽一帶或馬來半島的東西海岸上；第三，這些國家當時都受到印度文化和中國文化的影響；第四，這些國家，在三世紀中葉，幾乎都屬於扶南帝國的版圖，但在這個似乎是聯合邦的鬆散聯盟內，它們又都單獨向中國朝貢，即進行着朝貢貿易。因此，我們可以說，中國載籍中這些國家，由於貿易的需求而地峽通道開通，漸次形成爲交易港或交易都市，它們的繁榮，歸功於所處的地理位置，處在橫越半島的貿易路線上。我們如果借用法顯在東晉義熙十年（414 年）取海道回國時所說的話："因商人來往住故，諸國人聞其土樂，悉亦複來，於是，遂成大國。"那麼，交易港之所以形成，根本原因是因爲"諸國商人共市易"。[11]

　　馬來半島，逐漸地興旺發達起來了！

第二節　中馬早期文化交流的使者
——漸次造就的朝貢貿易商人

　　朝貢，在漢代已經開始，一直延續到明代。所謂朝貢，其本來意義，是指外國政府對中國政府遣使稱臣入貢，獻當地的土特產；中國政府認爲朝貢國奉中國正朔，即已滿足。但朝貢者的動機，並非是表面所表示的仰慕中國國威，而是出於營利性的貿易。馬端臨寫《文獻通考》在完成四夷考後深有感慨地指出：“島夷朝貢，不過利於互市賜予，豈眞慕義而來？”所以說，朝貢是一種貿易方式，貢方將自己的各種物品，以“呈獻貢物”的名義運來，受方則以“回賜”的方式，“賞賜”相應的中國特產，藉以達到商品交換的目的。朝貢貿易是政府之間以貨易貨的貿易關係；這當中也夾雜著私人的謀利。因爲可以獲得如明太祖所強調“厚往薄來”的優厚賞賜。

在公元三世紀至六世紀，當時馬來半島的國家，不斷地遣使到中國朝貢。比如，《三國志·吳書·吳主傳》載，吳大帝嘉禾七年（238年）12月，“扶南王範旃遣使獻樂人及方物。”吳大帝赤烏六年（243年）12月再次貢獻樂人及方物。《晉書·武帝紀》載，晉武帝泰始四年（268年）12月“扶南、林邑各遣使來獻。”《晉書·扶南國傳》載，“武帝泰始初（265年），遣使貢獻，太康中（285年）又頻來。”到穆帝升平初年（357年），又獻馴象，穆帝以爲是“殊方異獻，恐爲人患”，下詔退還。又據《晉書·武帝紀》，太康元年（285年）扶南等十一國來獻。太康七年（286年）扶南等十一國遣使來獻。

《宋書·夷蠻列傳》載，宋太祖元嘉十一年（434年）、十二年（435年）及十五年（438年）扶南國王持黎跋摩遣使奉獻。《梁書·諸夷列傳》對魏晉以來馬來半島諸國的朝貢貿易狀況作概括時指出：因爲在晉代通中國的國家少，所以史官不載入史書，到宋、齊，有十余國來獻，“始爲之傳”。自梁朝革運，其奉正朔，修貢職，航海歲至，又遠遠超過前代。當時盤盤國，宋文帝元嘉年間（424至453年）、孝武帝孝建（454至456年）以及大明（457至464年）、中大通年間（529至534），遣使貢獻。干陀利國，孝武世，遣使獻金銀寶器。狼牙修國和丹丹國等都頻頻遣使朝貢。《隋書・南蠻列傳》說大業（605 至 617 年）中，南荒朝貢者十余國。其中，赤土國在大業三年（607 年）貢獻金芙蓉冠、龍腦香。

以上所列舉的馬來半島上部分國家的朝貢，史書上所記載的，這裏不能一一列舉；而未見諸文字的，遠遠超過這些。朝貢使者，有些當然是朝貢國的政府官員，奉命出使中國，進行朝貢；如前面所說的，實質上也是一種貿易行為，是政府之間的易貨貿易。另外一些朝貢的貢使，他們本身是商人；這種"貢使"，在中國歷史上是屢見不鮮的："率詭稱貢使，眞僞莫辨。"所以，論者指出，"正史所謂某國某年入貢，多系商人之假託也。但中國政府亦明知而容許之。"12 這是因為貢品多是奢侈品，可以滿足最高掌權者的一時歡心。《宋書・夷蠻傳》說："山琛水寶，由此自出；通犀、翠羽之珍，蛇珠、火布之異，千名萬品，並世主之所虛心。"後來的明太祖關於朝貢實質的點明，代表了歷代皇帝容許朝貢、甚至也或明或暗中鼓勵商人假冒貢使朝貢的看法。《殊域周資錄》記載朱元璋在洪武十三年（1380年）說朝貢"雖云修貢，實則慕利，朕皆推誠以待焉。"13 追求利潤的本質是明擺着的。既然朝貢是一種貿易，還可以因為朝貢而帶動地域性的繁榮。《南齊書・蠻傳》在列舉扶南國獻金鏤龍王坐像一軀、白檀像一軀、牙塔二軀、左貝二雙、留璃蘇鉝二口、瑇瑁檳榔柈一枚之後，史臣十分感慨地說：南海上這些國家，"珍怪莫此為先，藏山隱海，瑰寶溢目，商舶遠屆，委輸南州，故交廣富實，牣積王府。"交州、日南於是成為國際貿易的商港。而廣州"海舶每歲數至"，14 也是這個道理。馬來半島上的國家，到中國來的朝貢貿易商人的隊伍也越來越壯大。

再說中國使者。這類使者，實質上也是朝貢貿易商人。三國時期，孫權因據江南富庶，又有高度發達的造船技術，所以大力向海外拓展。黃龍二年（230 年），遣將軍求夷洲和亶洲。赤烏五年（242年）又遣將軍討珠崖、儋耳。[15] 這兩次耀兵海外，跟他派朱應、康泰到南海諸國去調查情況，打算開闢貿易航線，擴大與南海諸國貿易的決策相比，後者的意義大得多！

　　《梁書·諸夷列傳》載：對南海諸國，"吳孫權時，遣宣化從事朱應、中郎康泰通焉。其所經及傳聞，則有百數十國，因立記傳。"這次出使南海諸國，據考證，大約是在黃武五年（226 年）至黃龍三年（231 年）之間。[16] 朱應和康泰這次出使，達到了預期的目的。他們所作的"記傳"，後來亡佚，僅散見於《水經注》、《通典》、《太平御覽》的《扶南傳》、《扶南土俗傳》，以及張守節《史記正義》的《康泰外國傳》或《康氏外國傳》等。這些記傳不僅對瞭解當時海外諸國的風俗、民情、貿易等情況，提供了極爲寶貴的資料；[17] 同時也證明他們這次行程，到過馬來半島上的耽蘭洲（Tamtalam），蒲羅中國（Johore）和烏文國。[18] 上文所載，馬來半島上的國家，自從吳大帝嘉禾七年（238 年）以後，對中國的朝貢貿易如此頻繁，跟朱應、康泰的聯絡以及他們的"南宣國化"有着直接的關係。《三國志·呂岱傳》指出："遣從事南宣國化，暨徼外扶南、林邑、堂明諸王各遣使奉貢。"這是中國出使馬來半島的第一批商業人士，也是見諸史書記載的最早的中馬文化交流的使者。

　　在朝貢貿易發展的基礎上，晉、宋、齊、梁、陳期間僧侶亦多途經馬來半島作文化交流。佛教自東漢傳入後，經過漢魏間幾個世紀的流傳，高僧迭出；其中志行卓絕的經師，反復鑽研經義，認爲佛典自印度間接轉譯，還不能眞正探求佛法的奧蘊；於是，發願要到印度，瞻仰佛迹，並學習梵文，直接與西土的大師們探討秘奧。這樣，六朝間僧侶到印度去的很多；這些僧侶，除了走西域的陸路以外，也有一部分從廣東循海路繞南海諸國而到印度的。東晉的法顯是代表。他沿陸路出發到印度，歸程則循海。據《法顯行傳》載，法顯在東晉安帝司馬德宗隆安三年（399 年）自長安出發，由陸路前往天竺（印度）求經，在外 15 年。東晉義熙十年（414 年），取海道回國。法顯行程中提到耶婆提國，這個國家的方位，現在是什麼地方，學術界一直有爭議。有說在今印度尼西亞爪哇島，有說為蘇門答臘島或兼指此二島，也可能是馬來半島、印度支那半島、加裏曼丹島等。[19] 不管具體地點在什麼國度，但據《佛國記》，經由馬來西亞的馬六甲海峽是可以肯定的。[20]

　　南方的南朝，政治局勢相對於北方地區戰爭紛擾來說，比較穩定，商船來往多，經南海諸國到印度的僧侶也多。在《高僧傳》中還記載了四位元僧人的行程。一是曇無竭，宋永初元年（420 年）到天竺，後來在南天竺隨舶放海到達廣州；二是求那跋摩，到師子國，再隨商人竺難提舶，想到一個小國去，恰好趁季候風送到廣州；三是求那跋陀羅，到師子國，後來隨舶泛海，元嘉十二年（435 年）到廣州；四是拘那羅陀，陳武帝永定二年（558 年），經狼牙修、扶南而到廣州。這是有文字記錄的；當時經南海諸國的僧侶而沒有被記載的，一定還很多。他們的終點站是印度，中途所經過的國度，頗為一致，也都跟法顯相似，經過馬來半島。聯繫到上引法顯傳的記載，可以看出：中國和印度之間的海上交往，必經之路是馬來半島，而且，當時這條海上交通路線，十分興盛；法顯自耶婆提回程，曾換乘商人的大船；南朝的僧侶，也是搭商人的船。這些商人大船，東西往來，進行貿易，十分繁忙；否則，此類“蕃舶”，南來北往，難道是專為這幾個僧侶而設？這些，印證了我們上文所說的地峽通道的形成以及商人隊伍的壯大。

　　隋王朝統一全國，結束了魏晉南北朝以來長期分裂割據的局面。造船技術又有所發展。隋大業三年（607 年），隋煬帝楊廣公開招募能夠出使絕遠地方的人士；於是有常駿、王君政等人出使赤土。

《隋書・南蠻傳・赤土國》記載：

> 煬帝即位，募能通絕域者。大業三年，屯田主事常駿、虞部主事王君政等請使赤土。帝大悅，賜駿等帛各百匹，時服一襲而遣。齎物五千段，以賜赤土王。其年十月，駿等自南海郡乘舟，晝夜二旬，每值便風。至焦石山而過，東南泊陵伽缽拔多洲，西與林邑相對，上有神祠焉。又南行，至師子石，自是島嶼連接。又行二三日，西望見狼牙須國之山，於是南達雞籠島，至於赤土之界。其王遣婆羅門鳩摩羅以舶三十艘來迎，吹蠡擊鼓，以樂隋使，進金鎖以纜駿船。月餘，至其都，王遣其子那邪迦請與駿等禮見。先遣人送金盤，貯香花並鏡鑷，金合二枚，貯香油，金瓶八枚，貯香水，白疊布四條，以擬供使者盥洗。其日未時，那邪迦又將象二頭，持孔雀蓋以迎使人，並致金花、金盤以藉詔函。男女百人奏蠡鼓，婆羅門二人導路，至王宮。駿等奉詔書上閣，王以下皆坐。宣詔訖，引駿等坐，奏天竺樂。事畢，駿等還館，又遣婆羅門就館送食，以草葉爲盤，其大方丈。因謂駿曰：「今是大國中人，非復赤土國矣。飲食疏薄，願爲大國意而食之。」後數日，請駿等入宴，儀衛導從如初見之禮。王前設兩床，床上擬設草葉盤，方一丈五尺，上有黃白紫赤四色之餅，牛、羊、魚、鱉、豬、蝳蝐之肉百餘品。延駿升床，從者坐于地席，各以金鍾置酒，女樂迭奏，禮遺甚厚。尋遣那邪迦隨駿貢方物，並獻金芙容冠、龍腦香。以鑄金爲多羅葉，隱起成文以爲表，金函封之，令婆羅門以香花奏蠡鼓而送之。既入海，見綠魚群飛水上。浮海十餘日，至林邑東南，並山而行。其海水闊千余步，色黃氣腥，舟行一日不絕，云是大魚糞也。循海北岸，達於交趾。駿以六年春與那邪迦于弘農謁，帝大悅，賜駿等物二百段，俱授秉義

尉，那邪迦等官賞各有差。

上面這段引文中說到常駿等人所經過的幾個地方，是在今天的什麼方位，學術界爭論極大。我們認為，他們當年（大業三年，公元607年）農曆十月從南海郡（廣州）乘船出發，是掌握了東北季候風的規律而開航的。順風航行了二十晝夜，第一站是焦石山[21]，即占婆島，在島的東南而過，到達陵伽缽拔多洲，梵文 Lingapurvata，即今越南歸仁的 San-Aou 山甲"燕子岬"港內的 Song-San 港，這裏西對林邑。再向南航行到師子石，即昆侖島附近的一個嶼，然後進入暹羅灣。又行二三日，向西望見馬來半島北部的狼牙須國的山巒。雞籠島即 K el-leh 的對音，也就是現在馬來半島的 Isthmus of Kra 克拉地峽，然後向赤土國航行。當時赤土國在現今馬來西亞國的北部地區吉打州一帶。[22] 常駿等回程時的航線，是航行十餘日後，到"林邑東南並山而行"，"循海北岸達於交趾"。看來往返所取的路線不盡相同，去程時由廣州直向占婆島，而沒有經過交趾。

常駿、王君政作為中國使者，從海路到達赤土的國境後又經一個多月路程，到達赤土國的國都，受到國王極其友好而熱烈的歡迎。常駿將隋煬帝囑託的禮物綢緞5000匹贈送給赤土國王。赤土國王亦回贈厚禮。赤土國王在熱情款待了常駿等人以後，又派王子隨常駿到中國，向隋朝皇帝貢獻貴重方物，並接受隋煬帝的賞賜。據《隋書·煬帝紀》記載，[23] 這次兩國互派使者友好交往以後的第二年，大業四年（608年）及第三年，大業五年（609年），赤土國都遣使貢獻方物。兩國關係密切。

朝貢商人的往來穿梭，配合著使者及僧侶的交往，中馬文化交流，生機勃勃地展開。

第三節 兩國建交濫觴期珍貴的 "檔案資料"
——中馬關係史上最早的四封國書

現在馬來西亞國的屬土內，中國南朝時期，有盤盤國、丹丹國、干陀利國及狼牙修國跟中國的關係非常密切，使者往來不絕。《梁書·諸夷傳》保存了當時這四個國家的國王派使者向中國遞交的國書；[24]這是迄今爲止，所能見到的中馬兩國友好關係史上最早的政府文件。盤盤國在梁代大通元年（527年），國王派使者向中國遞交國書。全文如下：

> 揚州閻浮提震旦天子，萬善壯嚴，一切恭敬，猶如天淨無雲，明耀滿目，天子身心清淨，亦複如是。道俗濟濟，並蒙聖王光化，濟度一切，永作舟航，臣聞之慶善。我等至誠敬禮常勝天子足下，稽首問訊。今奉薄獻，願垂哀受。

此前宋朝的文帝元嘉（424—453年）、孝武帝建孝（454—456年）和大明（457—464年）年間曾經三次遣使朝貢；此後梁朝中大通元年（529年）5月及六年（534年）8月都遣使朝貢，兩國關係密切。丹丹國在梁朝中大通二年（530年）[25]國王派使者向中國遞交國書。全文如下：

> 伏承聖主至德仁治，信重三寶，佛法興顯，眾僧殷集，法事日盛，威嚴整肅。朝望國執，慈愍蒼生，八方六合，莫不歸服。化鄰諸天，非可言喻。不任慶善，若暫奉見尊足。謹奉送牙像及塔各二軀，並獻火齊珠、古貝、雜香藥等。

此後，梁朝大同元年（535年）又遣使朝貢。

干陀利國在梁朝天監十七年（518年）國王遣長史毗員跋摩向中國遞交國書。全文如下：

　　常勝天子陛下：諸佛世尊，常樂安樂，六通三達，為世間尊，是名如來。應供正覺，遺形舍利，造諸塔像，壯嚴國土，如須彌山。邑居聚落，次第羅滿，城郭館宇，如忉利天宮。具足四兵，能伏怨敵。國土安樂，無諸患難，人民和善，受化正法，慶無不通。猶慮雪山，流注雪水，八味清淨，百川洋溢，周回屈曲，順趁大海，一切眾生，咸得受用。於諸國土，殊勝第一，是名震旦。大梁揚都天子，仁蔭四海，德合天心，雖人是天，降生護世，功德寶藏，救世大悲，為我尊生，威儀具足。是故至誠敬禮天子足下，稽首問訊。奉獻金芙蓉、雜香藥等，願垂納受。

此後，梁朝普通元年（520 年）遣使朝貢。

　　狼牙修國在梁朝天監十四年（515 年）國王遣使阿㧖多向中國遞交國書。全文如下：

　　　　大吉天子足下：離淫怒癡，哀愍眾生，慈心無量。端嚴相好，身光明朗，如水中月，普照十方。眉間白毫，其白如雪，其色照曜，亦如月光。諸天善神之所供養，以垂正法寶，梵行眾增，壯嚴都邑。城閣高峻，如乾陀山。樓觀羅列，道途平正。人民熾盛，快樂安穩。著種種衣，猶如天服。於一切國，為極尊勝。天王愍念群生，民人安樂，慈心深廣，律儀清淨，正法化治，供養三寶，名稱宣揚，佈滿世界，百姓樂見，如月初生。譬如梵王，世界之主，人天一切，莫不歸依。敬禮大吉天子足下，猶如現前，忝承先業，慶嘉無量。今遣使問訊大意。欲自往，覆畏大海風波不達。今奉薄獻，願大家曲垂領納。

　　這四份有史以來第一次記載的中馬關係的國書，是十分珍貴的歷史資料。

　　四個國家與中國建立起友好的國家關係，應該看作是當時國際間海上文化交流歷史的必然發展，是諸多條件都已經具備的必然結果。

首先，朝貢貿易培植了來往於南海的各國商人的基本隊伍，由商人帶動了其他階層人士的交流；出於共同的利益需要，國家之間相互承認與支援是不可避免的，也是互惠互利的行動。前面說過，公元三世紀至六世紀，朝貢貿易以及使者往來，隨著歷史的發展而逐漸地多了起來，朝貢貿易的形式多樣以及規模的擴大，都是史有明文的。聯繫到《法顯傳》所記，當時他乘商人的大船，從斯里蘭卡經90天的漂流，到達馬來西亞海岸的耶婆提。"停此國五月日"，又乘其他商人的船去廣州，遇黑風暴雨，海上航行"經七十餘日。……商人議言：常行時正可五十日便到廣州。"[26] 當時商人在船上議論，說是正常情況下，航行50天即可到廣州。這足證商人經常使用這條航線，不然的話，他們不可能這樣熟悉並如此準確地說明航行的時間。商人眾多且往來頻繁，才有航線的普遍使用。

第二，當時的造船技術及航海知識的掌握，已經有相當高的水平。法顯的航行告訴我們，公元五世紀初年，由於南洋商業的漸趨興盛，促進了造船業的進步，當時有些商人的大船，可以載二百餘人，而且後面又系小船以備救生；這種大船，還能儲備供二百多人用的糧食和淡水，在大海中經三個月而不竭。同時，大船經過十三晝夜大風大浪而不沈沒。[27] 可見當時船舶裝備的精良以及航海技術的進步。這又決定了海上文化交流發展的程度。

第三，當時馬來半島交易港的興旺和某些王國的富庶。上文引述的常駿、王君政出使赤土時，赤土國王先是"以舶三十艘來迎"，後來接待的殷勤和宴請的豐盛，都非同一般。國家富足已見一斑。這些條件，決定了當時國家之間的正式友好交往並非偶然！同時也充分說明一個區域性的文化交流網路已經初具規模。　如果我們細細地研究上述四封國書，不難發現其中所蘊含的某些共同的特點：

第一，這四封國書，我們聯繫到上文所引隋煬帝大業三年（607

年）常駿、王君政出使赤土時，常駿等到達赤土國都後，王子那邪迦用金花、金盤來接"詔函"，接著，"駿等奉詔書上閣"，向國王"宣詔"。這就是中國使者向赤土國遞交的國書。我們可以排出一個遞交國書的年代表：

盤盤國	梁大通元年	公元 527 年
丹丹國	梁中大通二年	公元 530 年
干陀利國	梁天監十七年	公元 518 年
狼牙修國	梁天監十四年	公元 515 年
中國	隋大業三年	公元 607 年

前後相距將近一個世紀後，中國主動向赤土國派出使者，遞交國書，建立邦交。只可惜中國的"詔書"（國書）沒有保存下來，不然，也會跟上引四封國書一樣，在措詞方面也是不卑不亢的。我們可以說，這裏所顯示的一個原則，即國家不分大小，一律平等。　第二，這種邦交活動是在進行了兩個世紀的朝貢貿易、對對方國家有了深入的瞭解並在相互信賴的基礎上進行的。這四封國書表明馬來半島國家對當時中國的國威、國力、天子和人民生活，特別是佛教信仰有十分全面的把握，甚至連中國梁朝梁武帝蕭衍（在位為公元 502—549 年）的白化了的壽眉（"眉間白毫"）都作出了精確的描述。中國對這些國家的瞭解，見諸於正史列傳記載。這是一種友好國家的交往。

第三，四封國書以及常駿的出使，都包含了朝貢貿易的內容。所"奉送"的許多珍貴商品，中國回饋的也不薄。常駿的活動，實質上也是一種朝貢貿易，他帶去的送給赤土國王的名為**齎物**，實際上是貢品，是朝貢貿易的貨物。國家的交往，從一開始即是互利的。

第四，當時的中國及馬來半島國家，都信奉佛教，文化交流除了經濟交往外，佛教信仰是重要的內容。

自東漢至魏晉六朝、隋這一時期，因爲朝貢貿易的興起，帶來商業的逐漸繁榮，佛教僧徒來往增多，中國和馬來半島國家的交往，通過南海的海道，有着持續的發展。《宋書‧夷蠻傳》有一個總結性的判斷："舟舶繼路，商使交屬。""商"與"使"是同類，實質上是一致的，所以商使們連接不斷地通過海路進行交流。

當時，朝貢貿易，多是由使者給中國帶來南海的奢侈品及馬來半島上的特產如金銀打制的成品，中國送到這些國家的是絲綢和錦緞。因爲來往的商船多了，南海的植物也隨著傳入中國。《南方草木狀》記晉惠帝永康元年(300年)時，"耶悉茗花、茉莉花，皆胡人自西國移植於南海。南人憐其芳香，競植之。"某些香料，如乳香、沒藥等，亦開始作爲藥物使用。

這段交往，國家和地區的經濟得以繁榮，人民生活豐富，醫藥也開始了交流。如今，"新忌利坡(新加坡)有唐人墳墓，記梁朝號，及宋代咸淳。"[28]馬來半島的國家和中國之間，用朝貢貿易作爲先導，自發地利用地位優勢，將政治、文化和物資流動體系，以南海海域爲結合部，結構成一個有機的地域交易圈；商人隊伍、貿易港以及航海的航線，都生機勃勃地發展著。

【注　釋】

1　《東南亞地理》，任美鍔原著，談少詩改編，星洲世界書局有限公司，1961年12月版第76頁。

2　《後漢書‧西域傳》。

3　參看朱龍華：《從"絲綢之路"到馬可‧波羅—中國與義大利的文化交

　　　　流》，載周一良主編：《中外文化交流史》，河南人民出版社，1987 年 11
　　　　月 1 版第 266 頁。

4　　夏德：《大秦國全錄》，朱傑勤譯，商務印書館 1964 年版第 65 頁。

5　　據晉代葛洪撰《太清金液神丹經》（見《道藏》洞神部，衆術類，第 589
　　　　册）卷下，第 759 頁。按：因萬震《南州異物態》已佚，該書內容散見於
　　　　《初學記》、《藝文類聚》、《太平御覽》等諸種類書。《太清金液神丹
　　　　經》卷下開始處有《抱樸子序述》，開篇說：“葛洪曰：洪曾見人撰南方
　　　　之異，同記域外之奇”，“洪旣因而敷之，使流分有測，徹其廣視，書其
　　　　名域，令南北審定，東西不惑”。葛洪這裏說他見到有撰南方之異，所指
　　　　是前人萬震的《南方異物記》（見《太平御覽》卷 787 引萬震《南方異物
　　　　志》）。《神丹經》所依據的，是一部當時仍在留傳，而葛洪又親自見到
　　　　的《南方異物志》的刻本作摘錄的。

6　　《南齊書·扶南國傳》作范師曼。

7　　保羅·惠特利：《黃金半島》，1961 年，第 19 章，漢譯文題爲《馬來半島
　　　　的地峽時代》，載南洋學會專刊之四《東南亞歷史地理譯叢》，潘明智、
　　　　張清江編譯、新加坡南洋學會版，1989 年，第 48—49 頁。范曼又譯爲范師
　　　　曼。

8　　韓振華：《魏晉南北朝時期海上絲綢之路的航線之研究》，載《中國與東
　　　　南亞關係史研究》，廣西人民出版社，1996 年 6 月第 1 版第 55 頁。引者
　　　　按：今泰國南部 Thung Song，韓振華誤作爲 Tung Song，在 1991 年 1 月福
　　　　建人民出版社出版的《中國與海上絲綢之路》——聯合國教科文組織海上
　　　　絲綢之路綜合考察泉州國際學術討論會論文集，亦誤。

9　　陳佳榮、謝方：《古代南海地名匯釋》，中華書局 1986 年 5 月第 490 頁。

10　　以上地名考證，據陳佳榮、謝方主編《古代南海地名匯釋》。又參考姚楠、
　　　　許鈺編譯《古代南洋史地叢考》（商務印書館 1958 年 2 月初版）中的《丹
　　　　丹考》、《赤土考》。

11 足立喜六著、何健民、張小柳合譯《法顯傳考證》，商務印書館 1937 年版第 253 頁。

12 李長傅《中國殖民史》，民國叢書本，上海書局據商務印書館 1937 年版影印第 50 頁。

13 轉引同 12。

14 《梁書‧王僧孺傳》。

15 《三國志‧吳志》。

16 馮承鈞《中國南洋交通史》，商務印書館 1937 年 1 月初版第 13 頁。

17 參看李金明、廖大珂《中國古代海外貿易史》，廣西人民出版社 1995 年 6 月第 1 版第 14 頁。

18 此爲日本學者駒井義明的考證，見馮承鈞《中國南洋交通史》第 16 頁。

19 《古代南海地名匯釋》第 479 頁。

20 參看足立喜六著、何健民、張小柳譯《法顯傳考證》，商務印書館 1937 年與月初版第 280 頁。

21 據日本學者藤田豐八考證，是越南東海岸附近的 Culao Chan，即占婆島。

22 韓振華認爲赤土國在錫蘭島。見刊于《廈門大學學報》1954 年第 1 期的論文《公元六、七世紀中印關係史料考釋三則》。誤。

23 《隋書‧煬帝紀》說常駿出使在大業四年（608 年），與《南蠻傳》所記不一。特此存疑。

24 中國正史中的"詔書"與"表"是相對應的兩種文件。詔的本來意義是告，特指上告下，皇帝的命令或文告曰詔："詔書"是布告全民之書。"表"是章奏的一種，臣子向皇帝作奏章。這是中國封建時代皇帝至高無上而又一統天下的觀念的反映。這兩種文體，如果用於國內，這也是一種解釋；但用在國與國的關係方面，則應將"詔書"與"表"都看作是國書，是代表國王對另一個國家國王的政府文件。

25 《梁書‧武帝紀》說在中大通三年六月。存疑。

26　同 11 第 283—284 頁。

27　同 11。

28　顏斯綜《南洋蠡測》，轉引自李長傅《中國殖民史》第 61 頁。

第四章　公元七──十四世紀中國和馬來半島國家與婆羅洲西北部國家盛況空前的朝貢貿易、市舶貿易和民間貿易以及由此帶來的文化交流

　　公元七世紀到十四世紀，中國的唐、宋、元三朝，封建社會處於成熟階段，一時版圖遼闊，國力強盛，對外經濟文化交往有很大的發展，形成了中國與南海國家盛況空前的交流。

第一節　唐代在拓展海道航線中加強與馬來半島國家的經貿聯繫，渤泥國首次見諸于唐末中國載籍

　　李唐王朝取代了享祚短暫的隋代而在遼闊的地域內實現了政治統一。唐朝因為國力強大，文化上富於自信力，敢於和善於涵攝和融匯周邊國家和民族的異質文化，實行“拿來主義”，以充實和繁榮本國文化；再加上唐朝開國皇帝本身雜有胡族血統，染習胡化，先天地決定唐代文化的多元性。唐太宗曾經自我誇耀說，自古都是貴中華，賤夷、狄，而他獨愛如一，故夷、狄都依他如父母。就是這個文化上兼包並蓄的策略，讓他成功！我們今天可以說，華夷雜處、中外文化合流，是唐代文化的主要特點之一。

唐代馬來半島諸國示意圖

　　唐代大規模中外文化交流的實績，在《新唐書‧藝文志》的著錄中可見一斑。在一百零六部地理類著作中，有賈耽的《皇華四達記》10卷、《古今郡國縣道四夷述》40卷、戴鬥《諸蕃記》1卷、達奚通《海南諸蕃行記》1卷、高少逸《四夷朝貢錄》10卷等，這些著作，可以看作是唐代對外文化交流實踐的總結；可惜，現在都失傳！但我們仍可以對照《新唐書‧地理志》中所收貞元(公元785─804)宰相賈耽著作的佚文，所記入四夷的路有7條，看出唐代與國外文化交流的

繁盛概況。其中，自廣州通南海諸國的海道，經專家考證，有幾處是
經過馬來半島上幾個國家的：

> 廣州東南海行……行至海峽，番人謂之質，南北百里，北岸
> 則羅越國，南岸則佛逝國……其北岸則箇羅國，箇羅西則哥谷羅
> 國……

這裏的羅越國和海峽的質，是指馬來半島南部，現在馬來西亞的柔佛
(Johore)州一帶，或者是新加坡海峽一帶；質即馬來語 Selat 的譯簡，
本義是海峽。而新加坡一稱石叻，亦 selat 的對音。羅越即 laut 的對
音。根據《新唐書‧南蠻傳》的描述，這個國家因地理位置的關係，
當時是"商賈往來所輳集"的市埠，是一個國際貿易的重要商港，而
與中國的交往尤爲密切：商賈們從羅越"歲乘舶至廣州，州必以
聞。"箇羅國和哥谷羅國，都在現在馬來半島的西海岸一帶。《新唐
書‧南蠻傳》說："(盤盤)其東南有哥羅，一曰箇羅，亦曰哥羅富沙
羅。"又說："羅越者，北拒海五千里，西南哥谷羅"。這就界定了
這兩個國家的位置。據許雲樵在《馬來亞叢談》中考定，箇羅即爲現
在的吉打。大約四世紀時已有印度人居住，有石刻可證。古代印度人
用梵文稱Kataha，淡米爾話叫作kadaram，或叫kalegam，阿剌伯人叫
kalah，馬來名稱 kedah 是從淡彌爾文簡化而來的。唐代義淨高僧經過
吉打到印度去的時候，已經知道這個名稱，他譯作"羯茶"。

唐代這種大大拓展的海路，是跟唐代對待周邊國家的政策和唐代
造船業的發展相聯繫的。唐朝對西北、東北的鄰國，採用軍事進攻，
以軍事威懾力量作爲"方策"："唐北禽頡利，西滅高昌、焉耆，東
破高麗、百濟，威制夷、狄，方策所未有也！"而對南方海域諸國，
則從來不用兵，而是實施和平交往："交州，漢之故封，其外瀕海諸
蠻，無廣土堅城可以居守，故中國兵未嘗至！"[1]唐代對南海國家的
政策，也取決於當時的海上交通手段。據唐玄應《一切經音義》(卷一)

記載，唐代的海舶有相當大的規模："船大者長二十丈，載六七百人。"造船的技藝已經達到了可以不用釘子的水平。唐末的劉恂，在《嶺表錄異》(卷上)中說："賈人船不用鐵釘，只使桄榔須系縛，以柑欖糖泥之，糖幹甚堅，入水如漆也。"至於如唐代李肇《國史補》卷下所記南海舶、《新唐書》163 卷《孔巢父傳》記番舶、《新唐書》131 卷《李勉傳》記西南夷舶、《大唐求法高僧傳》記波斯舶、《唐大和東征傳》記昆侖舶、《舊唐書》89 卷《王方慶傳》記昆侖乘舶、《舊唐書》131 卷《李勉傳》記西域舶、《舊唐書》77 卷《盧鈞傳》記蠻舶、《梁書》33 卷《王僧儒傳》記海舶、《癸辛雜識・後集》記南番海舶、《唐大和上東征傳》記婆羅門舶、《唐國史補》卷下記獅子國舶以及《南史》51 卷《蕭勵傳》記外國舶。這些海舶，航行於海上，是過去時代所不能比擬的；至於中國舶，據說，它的結構多達五層；唐朝人能乘自己的海船，直接地橫渡印度洋，南海的往來則更爲便利。唐高宗上元(公元 674—676)中，達奚弘通泛海而行，從赤土(現在的吉打 kedah 以南)經 36 國而到達虔那，即阿拉伯半島的南部地區。上文引達奚通著有《海南諸番行記》一卷，原書已失傳，《玉海》第 16 卷卻引《中興書目》保存了達奚通西航的事實。

唐代航路的開闢，直接擴大了中國和南海諸國的交往。朝貢貿易和民間私市，都在朝廷對外開放政策的鼓勵下有了較大的發展。

史載，當時馬來半島東岸的盤盤國，唐高宗永徽(公元 650—655)年間朝貢，貞觀中再遣使來朝貢。丹丹國在乾封(公元 666—668)及總章(公元 668—670)年間朝貢。[2] 在六朝及隋朝時期 中國朝貢往來密切的赤土，在整個唐代，沒有見到朝貢使團，但在《新唐書・南蠻傳》等典籍中有幾次說到這個國家，說是"在扶南與丹丹間"；還有郎迦戍(郎牙修)，義淨在《大唐西域高僧傳》記載，義朗和道琳二人，在到印度求法途中，都曾經在朗迦戍停留，另一位年紀 30 多歲叫義輝，實際上都死在那裏。[3] 這些國家，在古代典籍中有好幾次提到過，但在官方的貿易方面，可能是因爲中國的海舶可以直航印度洋，於是它們失去了過去作爲南海與印度洋之間交通要道上中轉站的重要地位，因而官方的交往減少而民間貿易相對增加。關於中國與這些國家的民間貿易，下文詳論。

在"盤盤東南"有新興的繁盛國家箇羅，正史中沒有留下它與中國之間官方來往的記載，而對它的客觀描述，證明它在當時馬來半島國家中有着重要的地位。"累石爲城"，有24個州，兵力強大：每次出戰，"以百象爲一隊，一象百人"。"無絲紵，唯吉貝；畜多牛，少馬。"這樣一個強盛的國家，沒有絲綢，但有古錢幣，因此，推測它一定與中國有貿易，而且是從商人手中購買絲綢；又因爲它"多牛少馬"，處於北面而緊鄰的國家墮和羅缽底，在貞觀 12 年(公元 638)和貞觀 23 年(公元 649)，遣使朝貢，要求以象牙和珍珠交換良馬。[4] 聯繫到箇羅國是富國而少馬，推測它的近鄰墮和羅缽底國與中國進行馬匹交易，可能包含向箇羅國作轉口貿易的生意。箇羅在公元 8、9、10三個世紀，一直是一個重要的港埠。[5]

上文說到的馬來半島南端的羅越國，在《新唐書》記載丹丹在唐高宗乾封、總章年間遣使朝貢時說到羅越國在當時國際商業交流中的重要位置。羅越國因爲地處海峽，成爲鄰近地區的一個商品集散地，也是中國與南海國家貿易的重要港埠，因爲它可以越過馬六甲海峽而與對岸的爪哇和蘇門答臘這些商業大國保持密切的聯繫。中國需要這個港埠作爲商業的中介地，所以才有商賈們"歲乘舶至廣州。"

正史中正面記載的唐代中國與馬來半島上今屬馬來西亞地域的國家關係，有如上述。然而，載籍中還有其他的一些資料，從側面說明當時中國與馬來半島國家貿易尤其是民間貿易的擴大。因爲南海蕃舶來往多，爲了防止地方官吏敲詐，皇帝還不時發佈敕令，禁止對蕃商加重稅收。唐文宗在太和8年(公元834)曾經下達諭令："南海蕃舶，本以慕化而來，固在接以仁恩，使其感悅。如聞比年，長吏多務徵求，嗟怨之聲，達於殊俗。況朕方寶勤儉，豈愛遐琛？深慮遠人未安，率稅猶重，思有矜恤，以示綏懷。其嶺南、福建及揚州蕃客，宜委節度觀察使常加存問。除舶腳、收市、進奉外，任其來往通流，自爲交易，不得重加率稅。"[6] 這道諭令是很有針對性的。據孫逢吉的記載，在太和開成前後，擔任廣州刺史嶺南節度使的，都因爲南海"有蠻舶之利，珍貨輻湊"，所以都"興利以致富，凡爲南海者，靡不捆載而還。"[7] 不少南海的官員，"取象、犀、明珠、上珍，而售以下直"，[8] 以此發財；也有的"攫其偉異，而以比弊抑價償之"。[9] 廣州有兩名太守，"皆坐藏巨萬"。[10] 南海的官員，能趁蠻舶之利而大飽私囊，這正好從反面證明唐代南海諸國，包括馬來半島上的國家與中國經貿活動之盛。

唐代的洛陽，在唐高宗時(公元650—683)定爲東都，與京都長安並峙，而且一直存在到唐朝末年。李治這一重要決策，完全體現了當時人們對聯結長江與黃河的大運河的重要性的認識。大運河開通以後，它將洛陽和揚州聯繫起來，發展成爲唐朝最大的市場；這兩個城市，尤其是扼富饒豐盛的揚子江流域咽喉的揚州，成爲中國東部、南部和東南部大部分貿易的中心，並且成了南海貿易的重鎮。這一事實，不僅說明了中國南方的發展，而且證明了南海的貿易，已經由滿足朝廷和皇室所用的奢侈品，擴大到包括民間需求量漸次增大的宗教、醫藥和調味品的商品。[11] 商品品種需求的轉變，意味著從事商貿的人員，由原先官方控制的朝貢貿易演變爲規模更大、參與人員更爲複雜的民間貿易。這一點的代表事件是關於"昆侖"的出現和記載。

昆侖，《新唐書》222卷《南蠻傳》在介紹盤盤國時說："其臣曰敎郎索濫，曰昆侖帝也，曰昆侖敎和，曰昆侖敎諦索甘，亦曰古

龍。古龍者，昆侖聲近耳！在外曰那延，猶中國刺史也。"據唐代高
僧義淨在《南海寄歸內法傳》卷第一所作的解釋："良爲掘倫初至
交、廣，逐使總喚昆侖國焉。"唐末樊綽《蠻書》卷六："……西南
至龍河，又南與青木香山路直南至昆侖國矣！"又："艮生城……又
南有婆羅門、波斯、闍婆、勃泥、昆侖……"唐代劉恂《嶺表錄
異》、宋代朱彧《萍洲可談》以及日人中村久四郎和近人馮承鈞、張
星烺等都有論述。其中，要數美國漢學家謝弗引夏德和柔克義 [12] 的話
所論"昆侖人"最爲恰當，認爲多半是馬來人或者馬來半島和南方諸
島的黑人。[13] "昆侖"成爲一種通稱。這種說法，是科學可信的。

唐代昆侖人在中國境內的活動，史書上所記最顯著的，是不堪忍
受廣州都督路元叡暴征而刺殺路元叡一事。《舊唐書·王方慶傳》
載：

> 廣州地際南海，每歲有昆侖乘舶以珍物與中國交市。舊都督
> 元叡冒求其貨，昆侖懷刃殺之……

《資治通鑒》對這件事有更爲詳細的?述：

> ……廣州都督路元叡爲昆侖所殺。元叡暗懦，僚屬恣橫。有
> 商舶至，僚屬侵漁不已，商胡訴於元叡；元叡索枷，欲系治之。
> 群胡怒，有昆侖袖劍直登廳事，殺元叡左右十餘人而去，無敢近
> 者，登舟入海，追之不及。[14]

這顯然是一件大事。《新唐書》卷 4《則天本紀》：光宅元年(公元
684)"七月戊午，廣州昆侖殺其都督路元叡。"又，卷 116《王方慶
傳》說："南海歲有昆侖舶市外區琛珤，前都督路元叡冒取其貨，舶
酋不勝忍，殺之。"

《資治通鑒》說是都督的下屬"恣橫"而都督糊塗。《舊唐書》
說都督"冒求其貨"。《新唐書》說是都督"冒取其貨，舶酋不勝
忍，殺之。"我們相信，昆侖舶的舶長爲了保護自己的貨物，在忍無

可忍的情況下，該出手時就出手！

這件事有力地證明，唐代從馬來半島來中國進行貿易的商人居支配地位的，已經不是朝貢的官吏，而是民間的商賈。因爲此前的朝貢貿易，是以貨易貨，雙方在十分客氣的氣氛中完成交易；現在的商賈，袖裏藏着匕首，是對自己的貨物負責。又因爲這種民間貿易商人的生意做得多，先是作爲朝貢貿易的補充，逐漸取代了朝貢貿易。上文說到正史中有些國家少有記載，估計就是這個原因。

昆侖人來中國，除了民間貿易商以外，也還有不少充當僕役來的；歷史上稱爲"昆侖奴"。唐代慧琳在《一切經音義》第81卷所記昆侖人，作者顯然帶有極大的種族偏見。我們不必稱引。但昆侖人善訓獸和諳熟水性是典籍中經常說到的。如《嶺表錄異》說："故李太尉德裕貶官潮州，經鱷魚灘，損壞舟船，平生寶玩、古書、圖畫，一時沈失；遂召舶上昆侖取之。但見鱷魚極多，不敢輕近！"這位善水性的昆侖侍者，不是不能潛水替李德裕找回寶玩等，而是因爲吃人的鱷魚太多！[15] 昆侖奴的形象，在文學作品中塑造得最爲成功的，是裴鉶的《昆侖奴》。[16] 這個作品，系昆侖人磨勒爲崔生設謀劃策，把大官家裏的紅綃妓偷了出來。大官發現線索之後，命甲士圍捕磨勒，磨勒卻持匕首飛出高牆，不知去向。紅綃妓是被主人"逼爲姬仆"的，她雖然錦衣玉食，但深入侯門，"如在桎梏"，一見崔生，就暗示密約，傾心相許，把自由和幸福的希望寄託在崔生身上。借助于磨勒的智和勇，他們終成眷屬。磨勒這位昆侖人，足智多謀而且俠肝義膽，是一位栩栩如生的十分可愛的人物形象。正因此，後世許多愛好昆侖奴形象的人，將它編成戲曲，如楊景言的《磨勒盜紅綃》(已佚)、梅鼎祚的《昆侖奴劍俠成仙》、梁辰魚的《紅綃妓手語傳情》雜劇，更生子的《雙紅記》則合紅綃和紅線兩個故事而成。如果聯繫到詩人張籍在《送鄭尚書出鎮南海》詩中說當時廣州是"蠻聲喧夜市"；那麼，包括馬來人在內的"南蠻"，當時在中國境內是很多的。這也從一個側面說明，唐代中國和馬來半島的民間交往是非常頻繁的。

　　中國和婆羅洲北部邦國的交往，在史籍中記載最早的應是唐末樊綽的《蠻書》。其中卷 6 說到中國與渤泥以及婆羅門、波斯、闍婆、昆侖等國，"交易之處，多諸珍寶，以黃金麝香爲貴貨。"馮承鈞指出，"渤泥，首見樊綽《蠻書》，《宋史》作勃泥，《諸蕃志》作渤泥，一作佛泥，今 Borneo。"[17] 馮承鈞正確地論證《新唐書》222 卷中說的婆羅不是勃泥。指出："《明史》作婆羅，雖指同一地域，然婆羅譯名，出《新唐書》卷 222 下環王傳。傳云：'赤土西南入海及婆羅……'此婆羅不得爲渤泥。《明史》之附會不一而足，此其一端也。"[18] 近數十年考古的新發現也證明，婆羅洲北部多出土唐代器物。砂勞越尼亞洞群中的壁畫洞，"遺物以唐陶瓷及粗糙的陶器爲最普通。"燒焦洞裏面"遺物有一種鐵質箭頭，是婆羅洲僅見的資料。此外還有些玻璃器物，發掘者說這些是中國唐朝的出品。"另外，砂勞越河三角洲的山都望遺址中，丹戍古堡葬地的墓葬，是唐宋遺迹，發掘出的隨葬物品，"最值得注意的是一枚開元通寶的銅錢。"[19] 出土的陶瓷用具、玻璃器皿和開元通寶銅錢等，都是中國商人從中國運來的，《蠻書》說"交易之處，多諸珍寶"。即是在這裏購得犀角、象牙、燕窩、樹脂、香料、黃金和寶石等；論者指出："這種貨物都是奢侈品，在經濟上並不是主要的貨物。其實中國人南來開發經營主要的目的是鐵。"[20] 中國人到砂勞越來開採鐵礦砂，冶鑄生鐵，唐代還僅僅是開始，宋代才是大事發展時期。但冶鐵技術是唐代傳入砂勞越的。唐代與婆羅洲的文化交流，互通有無，互惠互利，發展得很快！

第二節　婆羅洲渤泥國與北宋王朝正式建交，馬來半島諸國繼續加強與中國的交往

　　渤泥國與中國建交並兩度遣使入貢，這標誌着趙宋王朝對馬來半島和婆羅洲西北部國家的貿易與文化交流，相對于唐代，大有發展。史籍所載，比較唐代，又深具特點。在宋代，記錄馬來半島及渤泥與中國交往最爲詳細的，首推趙汝适的《諸蕃志》。這部書是作者提舉福建路市舶時的作品。作者親自向外國商人及水手詢訪海外諸國的事，然後徵引史傳、類書及前人撰述，熔於一爐，其中摘引周去非的《嶺外代答》的記載最多。據自序 [21]，作于南宋理宗寶慶元年(1225年)九月。這本書因爲在《宋史》之前，所以文獻價值很高。其次是比《諸蕃志》撰作年代早40年左右的周去非的《嶺外代答》。《宋史》及《宋會要輯稿》也有零星記述。

　　歸納上述公私史書的材料，參照出土文物，可以分作三期來把握。即宋初的太祖、太宗、眞宗三朝，以與渤泥國建交作爲標誌的朝貢貿易高漲；北宋中後期至南宋中期，馬來半島上幾個小國與中國的市舶貿易以及南宋後期以走私銅錢爲代表的私商貿易。

　　中國在10世紀的前60年，經歷了唐末的混亂和五代十國的紛爭，社會動亂，民不聊生。宋太祖趙匡胤用軍事政變的手段奪取政權，建立了宋王朝；同樣，又用軍事力量剷除地方割據政權，結束了國家分裂局面，社會經濟得以恢復和發展；農業、手工業和商業都達到了空前的發展水平。宋代的造船業特別發達，指南針應用於航海，導航手段先進，航運業興旺；尤其是當時城市商業繁榮，杭州、廣州等商業大都會，十分繁華。"自大街及諸坊巷，大小鋪席，連門俱是，郡無

空虛之屋。"[22] 社會的發展，城市生活的富裕，客觀上要求有海外的
貿易和文化交流來滿足這種需要，而宋初的太祖、太宗、眞宗三朝對
此也加以支援和鼓勵。因此，這三朝前後半個多世紀當中，海外入貢
最爲頻繁。眞宗說："二聖(指趙匡胤和趙光義)以來，四裔朝貢無虛
歲。"[23] 每年入貢的次數，這三朝最多。宋初國力強盛，婆羅洲西北
的渤泥國，一直聽說有中國的宋朝，但不得其門而入，後來聽說有人
"自中國來，國人皆大喜"，即派使者入貢。於是，有渤泥國與中國
正式建立外交關係，開創了中國與西北婆羅洲地區的經貿與文化交流
的新紀元。

　　從《諸蕃志》對渤泥國的記載[24] 看來，中國自從唐末樊綽在《蠻
書》中第一次作了記錄以後，到宋代，中國和渤泥的交往，有長足的
發展。一、趙汝适對渤泥的方位、都城、民情風俗、物產以及政治、
軍事等都有詳細的瞭解；指出"所統十四州"，是當時的大國。二、
受中國文化和佛教的影響極深："王之服色，略仿中國。"又篤信佛
教。三、因渤泥"俗重商賈"，與宋朝的貿易十分頻繁。中國商賈及
貨物，深受渤泥國的王公貴族及都城"遠近之人"的歡迎。四、太平
興國二年(977 年)遣使進貢並遞交國書；元豐五年(1082 年)又遣使來
貢。

　　關於兩國首次建交並遞交國書一事，《諸蕃志》僅作簡略記載，
不及《宋史》之詳。個中原因，《四庫全書提要》[25] 指出，《宋史》
的外國列傳實際上是引用了《諸蕃志》的記載，而且"歲月皆合"。
但兩者因爲性質不同："《宋史》詳事迹而略於風土物產，此(指趙書)
則詳風土物產而略於事迹。"因爲《宋史》是史官手筆，着眼點是政
治，《諸蕃志》是曾經作爲泉州地方官的趙汝适從海事及商業的着眼
點去寫作的，所記着重在商業產品和貿易關係。是故，《宋史》中保
留了當時渤泥國國書的基本面貌。當然，譯官在翻譯時，是否已經用

史官的文化觀作了改造，也是值得存疑的。國書全文如下：[26]

　　勃泥國王向打，稽首拜皇帝萬歲萬歲萬萬歲，願皇帝萬歲
壽，今遣使進貢。向打聞有朝廷，無路得到。昨有商人蒲盧歇，
船泊水口，差人迎到州，言自中朝來，比詣闍婆國，遇猛風，破
其船，不得去。此時聞自中國來，國人皆大喜，即造舶船，令蒲
盧歇導達入朝貢。每年修貢、慮風吹至占城界，望皇帝召占城，
令有向打船到，不要留。臣本國別無異物，乞皇帝勿怪。

　　國書中所說的"向打"，即蘇丹(sultan)的另一音譯，使臣蒲盧
歇，《諸蕃志》作蒲亞利。所貢物品，《諸蕃志》列出的有腦子、王
璃瑁、象牙、檀香等。

　　《宋史》還記載了渤泥的另一次朝貢，即元豐五年(1082 年)二
月，"其王錫理麻喏，復遣使貢方物，其使乞從泉乘海舶歸國，從
之。"[27] 這次朝貢，《諸蕃志》及《宋會要輯稿》199 冊《蕃夷》七

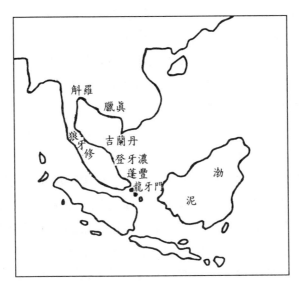

宋代馬來半島諸國示意圖

也作了記載。

這兩次朝貢，相隔 105 年。據趙汝适的記載，"俗重商賈"的渤泥國，它的商船常到中國港口貿易，宋代的商人也有海舶每年開到渤泥。每年"必候六月望日，排辨佛節，然後出港"回程。這裏見出在元豐五年(1082 年)朝貢以前及以後，渤泥與中國，還有以頻繁的市舶貿易爲中心的文化交流。史載：

> 咸平中，又命杭、明州，各置司(即市舶司)，聽蕃客從便。若舶至明州定海縣，監官封船，荅堵送州。凡大食、古邏、闍婆、占城、勃泥、麻逸、三佛齊、賓同朧、沙裏亨、丹流眉，並通貨易。以金銀、緡錢、鉛、錫、雜色帛、精粗瓷器，市易香藥、犀象、珊瑚、琥珀、珠琲、賓鐵、鼇皮、瑇瑁、瑪瑙、車渠、水晶、蕃布、烏樠、蘇木之物 28。

咸平，宋眞宗趙恒的一個年號，自公元 998—1003 年。

宋代除了朝貢貿易之外，更重要的是市舶貿易。宋朝政府在廣州、泉州、明州、杭州、溫州、秀州、江陰軍、密州和澈浦等 9 處對外通商口岸先後設置市舶司或市舶務，專職管理海外商人來宋貿易及宋朝商人出海貿易等事務。29 宋王朝後來還制定了《市舶法》，市舶貿易爲政府帶來了鉅額商稅。

上述引文中說到咸平中，杭州、明州置市舶司一事。杭州地處錢塘江北岸，吸引了衆多中外商人，"浮商大舶，往來聚散乎其中。" 30 杭州一直是繁榮的對外貿易港。明州處於經濟發達的兩浙路東部，對外貿易地位重要，咸平三年(999 年)命於明州單獨設置市舶司，與杭州、廣州市舶司合稱"三司"。並不是說，市舶貿易限於咸平年間；市舶貿易一直延續到南宋中後期。文中所列渤泥與宋朝的市易物品，是在互通有無的基礎上互惠互利。其中"賓鐵"一項，反映了當時兩國貿易的一種新的趨勢。

關於鐵產品及冶鐵業，在砂勞越州的山都望三角洲遺址，近幾十年，特別是本世紀 60 年代中期的考古發掘，有力地印證了上文有關渤泥國向中國宋朝出口鐵的記載。考古工作者在砂勞越河入海西岸發掘了六個遺址。北岸三角洲上有三個遺址，都有鐵渣出土；三角洲的對岸另有個遺址，叫宋加武兒 Sungei Buah。這後一個遺址，在武兒山西面的斜坡上，離河約二三百尺。"這裏鐵苗、鐵渣、陶瓷及槌石的堆積，廣約半英里，或重重層疊，深至七英尺，比起對岸三遺址的堆積，豐富幾倍。可見這是唐宋時代一個規模相當大的冶鐵工業區。"[31]

我們反顧當時中國宋代的礦冶水平，可以印證上述的考古記錄。宋代因爲社會經濟的繁榮，手工業中的陶瓷業、紡織業和造船業的長足進步與發展，對於金屬、特別是鐵的需求不斷增加，採礦業的迅速發展也促進了礦冶業技術的提高。北宋初年，採礦場就有 210 所，英宗治平年間達到 271 所。各種金屬的產量都大幅度增加，如銅的產量元豐時期達到 14,605,969 斤，錫 2,321,898 斤，這在中國，是空前的，而且在當時世界各國中也是產量最高的。[32] 至於宋代鐵的廣泛應用，是有目共睹的。如著名的河南開封鐵塔，河北當陽玉泉寺鐵塔，江蘇鎮江甘露寺鐵塔，山東泰山廟的鐵瓦等都是北宋遺物；玉泉塔十三層，高 70 英尺，用鐵約 53 噸。南宋用鐵鑄大佛像、大鍾和建築物的也不少。宋代用鐵之多，可以想見。

聯繫到上一節談到唐代砂勞越鐵礦的開採與冶煉，唐宋兩代自公元 7 世紀至 13 世紀，前後幾近 700 年的時間裏，冶鐵業進步如此之快；我們從文化交流史的角度來觀察，這對當時渤泥國的影響是十分巨大的。即就山都望港口的開發建設，也與冶鐵業聯繫而可以分作前後兩期：

一、山都望前期——是通商貿易時期，約當第七至十一世紀，唐至北宋時代，與尼亞洞群第五期鐵器時代同時。這時期由華人到此貿易，以至居留。華商運來各式瓷器、玻璃、珠飾及布匹絲錦食物之類，換回土產，犀角、象牙、燕窩、樹脂、香料之類，繼而搜集當地鐵砂，冶鑄生鐵，運回中國供應。這個時期工商聚居在一起。當時的華人來此貿易，永久居留的很少，不幸在海外病故，多數都要運棺回鄉，如果環境不許可，必須安葬異鄉，他們也要選擇海岬上的吉地，朝北可以望到故鄉，丹戎直穀及丹戎古堡的墳墓就是這時期的遺迹。

二、山都望後期——是冶鐵工業大事發展時期，約當 12 至 13 世紀，南宋時代。冶鐵工業集中在宋加武兒，這個時候的山都望非常繁盛，應該是中古時代南洋的重鎮。河口一帶是天然廣大的海港，大型的航海帆船成群的停泊河面，港中小船穿行兩岸之間，左岸宋加武兒冶鐵的煙火，高冒雲霄，右岸的商客居民熙熙攘攘熱鬧得很。[33]

的確，鐵的發現和利用，構成了一個鐵器時代(相當公元 7—11 世紀)。中國冶鐵業在渤泥國的影響，引人注目的還有加拉帛（Kelabit）高原的巨石群。一塊幾十噸的大石梆，平架在三四塊豎立的大石之上，形勢雄壯。這種偉大的建築是鐵器時代酋長的墳墓或紀念物，"和中國的巨石遺存相同，爲同一文化的古迹。"[34]

山都望考古中與鐵渣一樣大宗出土的還有陶瓷。陶瓷碎片都是唐宋時代的器皿，碗、盤、盒、壺一類的日常用具。[35]總共出土瓷片約一百多萬片，有宋代青白瓷、青瓷、黑瓷和磁州窯系的瓷片。[36]這也是這 700 年當中中國和渤泥國廣泛的文化交流的證明。

現在回過頭來再說以市舶貿易爲代表的與馬來半島國家的文化交流。

宋代與馬來半島上今屬馬國屬地國家的市舶貿易有：

佛羅安。最早記載的是《嶺外代答》卷二《海外諸蕃國》條："直交址之南，則占城、眞臘、佛羅安也。"《三佛齊國》條："三佛齊國……其屬有佛羅安國，國主自三佛齊選差，地亦產香，氣味腥烈，較之下岸諸國，此爲差勝。”後來的《諸蕃志》有更詳細、具體的記述。它的方位，據趙汝适說“其鄰蓬豐”，所以應該在半島的南部。[37] 因爲它所處地理位置的原因，自然也成爲東西方海上貿易的轉口站，東西方的商人也在這裏交會，是當時東西方商品的集散地。土產有速暫香、降眞香、檀香、象牙等，宋朝的商人經常到這裏做生意，攜帶金銀、瓷器、鐵器、漆器、酒、米、糖、麥等商品，到來交易。因爲貿易活動，“每年以六月望日爲佛生日”，慶典十分隆重熱鬧，中國商人也參與了當地老百姓的佛事活動。佛羅安的商船也經常到廣州、泉州等港口，進行市舶貿易。

單馬令。這個國家是當時三佛齊國的15個屬國之一，《諸蕃志》卷上《單馬令國》條說：“本國以所得金銀器，糾集日囉亭等國類聚，獻入三佛齊國。”它既然能糾集一些三佛齊屬國而類聚金銀器，必定是當時的一個繁榮商埠和商人薈萃的地方。單馬令並非新加坡的古稱。[38] 它應在今馬來西亞彭亨州的淡貝嶺(Tembeling)河流域，即該河名或彭亨東岸淡貝林角(Tembeling)角名的譯音。[39] 單馬令向中國輸出土產黃臘、降眞香、速香、烏樠木、腦子、象牙、犀角等。中國商人用絹傘、雨傘、荷池、纈絹、酒、米、鹽、糖、瓷器、盆缽等粗重用品以及金銀做的盤、盂等作買賣。

淩牙斯。在今馬來半島南部。有論者認爲，它在馬來半島北部，宋以前領土廣闊，包括從泰國的洛坤(Nakhon Srithamarat)、北大年、宋卡到馬來西亞的吉打，即馬來半島東西兩岸的土地。這其實指的是《梁書》卷二說的狼牙修。而這個淩牙斯“其故地在馬來西亞的柔佛(Johore)一帶。”[40] 這個判斷符合趙汝适的記載：“淩牙斯國，自單馬令風帆六晝夜可到，亦有陸程。”從今彭亨東岸的淡貝嶺(Tembeling)到柔佛，風帆六晝夜可到，也可以走陸路。如果像有論者說的是“位於馬來半島北部”，[41] 則與《諸蕃志》所記不同了！這個國家像單馬令一樣，是三佛齊的屬國，但跟中國的商業及文化交流密切。它向中國輸出象牙、犀角、速暫香、生香、腦子等，中國的商人賣給它酒、米、荷池、纈絹及瓷器等。最爲有趣的是，趙汝适記載了當時兩國的商貿活動中使用了金、銀作通貨。即用上面的中國貨換算成金、銀，然後買賣。如"酒一土登，准銀一兩，准金二錢。米二土登，准銀一兩；十土登，准金一兩之類。"

蓬豐。在今馬來西亞的彭亨州一帶；當時也是三佛齊的屬國。據《諸蕃志》卷下《降眞香》條載，蓬豐盛產降眞香，而且經常運到泉州來交易："泉人歲除，家無貧富，皆燃之如燔柴，然其直甚廉。"當時泉州等地對蓬豐降眞香的消耗量是很大的，因爲蓬豐所產，"氣勁而遠，能避邪氣。"

上述的市舶貿易，在加強兩地的經貿往來和文化交流方面，產生了十分積極的影響；但同時也帶來一些負面的效應，即宋代銅錢外流的日趨嚴重，直到政府下令禁止用銅錢交換和銅錢出口。於是，引出了一個民間走私、特別是銅錢走私問題。

顧炎武在《天下郡國利病書》中指出過，隨著中國同外國的貿易擴大，中國銅錢流出海外的也愈多。所以，唐代就有銅錢外流，宋代尤甚，但歷朝下禁，禁而不止。

關於南宋時馬來半島和中國之間銅錢走私問題，我們參照王國維的"二重證據法"作說明。即陳寅恪在歸結王國維治學方法的第一目：取地下之實物與紙上之遺文互相釋證。

筆者曾經于 1996 年 11 月及 1997 年 4 月先後兩次到丁家奴州訪問，並先後兩次在瓜拉丁加奴參觀州歷史博物館，看到龍運出土兩壜古銅錢。第二次還有機會驅車幾百公里，到達馬來甘榜的馬來族農民家裏，仔細看了這戶農家耕地時開挖出的這兩壜古銅錢的部分。這一堆古銅錢，有部分銹合成一團塊，無法分開，有部分銹蝕得辨認不出年代。我們作非常隨意的抽樣檢驗，得出 15 個年代的樣品。這次抽樣，最早的是北宋太宗趙光義的淳化通寶，最晚的是南宋理宗趙昀的淳祐通寶。

茲附表如下：

龍運出土銅錢抽樣檢驗的年代表

1.淳化	北宋	太宗(趙光義)	990—994 年
2.咸平	北宋	眞宗(趙恒)	998—1003 年
3.景德	北宋	眞宗(趙恒)	1004—1007 年
4.大中祥符	北宋	眞宗(趙恒)	1008—1016 年
5.天聖	北宋	仁宗(趙禎)	1023—1031 年
6.景祐	北宋	仁宗(趙禎)	1034—1037 年
7.嘉祐	北宋	仁宗(趙禎)	1056—1063 年
8.熙寧	北宋	神宗(趙頊)	1068—1077 年
9.元豐	北宋	神宗(趙頊)	1078—1085 年
10.元祐	北宋	哲宗(趙煦)	1086—1093 年
11.紹聖	北宋	哲宗(趙煦)	1094—1097 年
12.大觀	北宋	徽宋(趙佶)	1107—1110 年
13.政和	北宋	徽宋(趙佶)	1111—1117 年
14.紹定	南宋	理宗(趙昀)	1228—1233 年
15.淳祐	南宋	理宗(趙昀)	1241—1252 年

注：理宗自 1224—1264 年，在位共 40 年

對於查禁銅錢外流，北宋時已經開始。市舶司一職除徵稅之外還有多項職能，其中有執行關於銅錢出口的禁令。市舶司這一職能，是有針對性的。市舶貿易及走私活動中，固然有私夾銅錢出境以牟取暴利；即使是朝貢，海外貢使除了公事公辦的貢品以外，也總是運載大量私貨，進行"私覿"或"私市"。所以，朝廷一方面對貢使以上賓

禮遇，同時又心存戒慮，防止他們走私。貢使出境時要跟私商一樣，嚴加限制，規定銅錢跟軍器、騾馬和書籍一樣，嚴禁出口。即使朝廷對貢使回賜予銅錢，但"緣錢在法，不許出界"。貢使攜這些銅錢出境時，由官方"依市價，以銀兩或布匹折支"。[42]銅錢走私出境，遠不是貢使一端。隨著宋王朝的日漸腐敗，南宋時期官僚階層，特別是某些顯赫的權貴或宗室，不顧朝廷的法令，將官錢托附商旅，從事海外貿易。有"獲利幾十倍"的。[43]更爲突出的是販運禁物。即如銅錢，朝廷嚴禁販運下海，違者抵死。但走私銅錢，"利源孔厚，趨者日衆，今則沿海郡里寄居官，不論大小，凡有勢力者皆爲之。官司不敢誰何，且爲防護出境。"[44]官方爲走私者護衛出境，是因爲由此又得厚利：用海船走私銅錢，因爲"海船高大，多以貨物覆其上，其內盡載銅錢，轉之外國。朝廷雖設官禁，郡曾檢點得出，其不廉官吏反以此爲利。"[45]

走私銅錢，愈演愈烈。南宋甯宗趙擴，於嘉定 12 年(公元 1219)，爲了防止銅錢外流，又下令以絹帛、錦綺、瓷器、漆等物交換外貨，嚴禁銅錢出口。但無濟於事。正巧！我們隨意檢驗的馬來西亞國丁加奴州龍運縣出土的兩壜銅錢樣品中，最晚的是南宋淳祐通寶，即 1241—1252 年間，也就是上距甯宗下令的 22 年。

這樣大宗銅錢走私，必然也還伴隨其他走私活動。

宋代如此紛繁複雜的商貿活動，加深了中國與馬來半島國家的關係。參與商貿活動的，除了貢使商人、水手以外，也還有知識份子、胥吏入海"博易"覓利的。"入蕃海商……時有附帶曾經赴試士人及過犯停替胥吏過海入蕃者，或名住多，留在彼國數年不回，有 20 年者，聚妻生子。"[46]當然，這裏"入蕃"的地點並沒定指，但馬來半島必然在列。至於《文獻通考》說"三佛齊亦有中國文字。"[47]上文談到渤泥王的衣服略仿中國；一聽得有中國人來，皆大歡喜。這些都看出兩國之間的相互影響。然而，最具歷史意義的，莫過於汶萊發現宋代華人墓碑了。[48] 此碑爲 1972 年 5 月汶萊博物館在汶萊市愛丁堡橋(Edinburg Bridge)頭路旁一馬來人墳山中發現。"其爲宋碑，絕無疑問。"參照中國典籍所載，因勃泥最早見諸于唐末懿宗咸通初(公元 9 世紀 60 年代)成書的樊綽《蠻書》。宋代太平興國二年(977 年)遣使進貢並遞交國書；元豐五年(1082 年)又遣使來貢。兩國關係十分密切。汶萊宋墓的墓主官銜爲泉州判院，其人當是泉州通判，南宋理宗景定五年(1264 年)葬於此。這一珍貴文物，足證宋代勃泥國及整個馬來半島國家與中國的文化交流盛況空前。

第三節　馬來半島六國及婆羅洲渤泥國與中國元朝的友好和平貿易

　　蒙古人憑著他們擁有無堅不摧的騎兵，在中國歷史及世界歷史進程中留下了特異的印記。

　　在他們橫刀躍馬，統一全中國之前，即進行了三次西征。第一次是 1218—1223 年。成吉思汗西征，抄掠波斯和幹羅斯(即俄羅斯)，蒙古國的領土擴展到了中亞。第二次是 1235 年—1242 年。成吉汗的孫子拔都，率領"長子西征"，平俄羅斯、破波蘭，敗匈牙利，前鋒直抵威尼斯。第三次是 1252—1260 年。攻陷報達(巴格達)而席捲了美索不達米亞(Mesopotamia)。1279 年，統一了全中國。這樣，中國、中亞、西亞、東歐連成一片的大陸，被一個政權統一起來；陸路的交通也因建造了驛道、設置了驛騎、鋪牛和郵人，而達到了前所未有的便捷！

　　對南海諸國的策略，元朝基本上沿襲宋代的做法，重視與南海諸國通好交聘，互市貿易。元世祖在統一中國的前一年，至元十五年

(1278 年)8 月,對唆都、蒲壽庚等說:"諸番國列居東南島嶼者,皆有慕義之心,可因蕃舶諸人宣佈朕意。誠能來朝,朕將寵禮之。其來往互市,各從所欲。"[49]次年 12 月,又"敕樞密、翰林院官,就中書省與唆都議招收海外諸番事","詔諭海內海外諸番國主"。[50]元朝與南海諸國,實施與宋代相同的朝貢貿易、官本貿易(含使臣貿易、斡脫貿易、官本船貿易等)[51]和市舶貿易(含私商經營的海外貿易)。但與宋代相比,元朝又獨具特點:一、宋代王朝,特別是到了南宋,對北面和西面的少數民族,一直懷抱恐懼心理,在對南海諸國交往時,總是惦記著西北面的威脅;如上所述,元朝卻不存在西北方的邊患,他們在國策方面,可以一意南進。他們征服雲南的大理國從而打通了從西南通向中印半島的陸路,後來派兵南征爪哇,雖然兵敗告終,但卻在客觀上促進了與南海國家的往來。二、宋代財政短絀,入不敷出,故南海的貿易,目的是"興販牟利"[52]以應付國用;元朝在統一中國以後,是一個強盛的王朝,中期以前,國家財政豐足,不需要依賴南海貿易來幫補,因此他們可以舒緩地掌握與控制在東南亞地區的貿易,當然,也從來不放棄在南海貿易中牟取厚利的目的。三、如果說,唐及宋初與南海貿易主要是滿足民間需要的大宗香料與藥材貿易的話,[53]那麼,元代南海貿易,在帝國的心目中,更多的是醉心於南海的奇珍異寶,用以滿足他們奢侈享樂的貪欲。

當時,馬來半島仍然是小國林立的狀態;元朝與這些國家及婆羅洲渤泥國保持了密切的關係。

在朝貢方面。《元史》第 210 卷"馬八兒等國"條記載,至元 23 年(1286 年)[54]丁呵兒、急蘭亦胂"皆遣使貢方物"。《元史》第 15 卷《世祖紀》記載了同樣內容。不過,將"急蘭亦胂"寫作"急蘭亦帶"。這裏指的是今天吉蘭丹州。上面提到的丁呵兒,即丁加奴州(Trengganu)。另有論者指出,元世祖至元 16 年到 31 年(1279—1294)

的 15 年裏，龍牙門有三次朝貢。[55]

其他貿易方面，十分頻繁。

丹馬令。這個國家在《諸蕃志》中記載了它與宋代有貿易關係，在今彭亨洲東岸的淡貝林角。用所產的上等白錫、米腦、龜筒、鶴頂、降眞香及黃熟香頭跟中國元代商人交易甘理布、紅布、青白花碗及鼓等。[56]

彭坑。《諸蕃志》作蓬豐。即今彭亨州一帶。以黃熟香頭、沈速、打白香、腦子、花錫、粗降眞香等與元人貿易諸色絹、者婆布、銅器和鐵器、漆、瓷器、鼓、板等。

吉蘭丹。向元朝輸出上等沈速、粗降眞香、黃臘、龜筒、鶴頂、檳榔、花錫等，元朝賣出塘頭市布、占城布、青盤、花碗、紅綠火肖珠、琴、阮、鼓、板等貨物。

丁家盧。和吉蘭丹一道，在元初遣使到元朝來朝貢。以土產降眞香、腦子、黃臘、玳瑁等與元人交易青白花瓷器、占城布、小紅絹、斗錫等。

龍牙犀角。新加坡的舊海峽名稱。即宋代的凌牙斯，或凌牙斯加。用"冠于諸番"的沈香、鶴頂、降眞香、蜜糖、黃熟香頭等與元人貿易土印布、八都剌布、青白花瓷碗等。

龍牙門。即《諸蕃志》中所載的凌牙門。新加坡海峽的一個重要港口。《諸蕃志·三佛齊國》條說，自泉州開往三佛齊的中國海舶，繞到凌牙門賣掉三分之一的貨物再到三佛齊。如果說，趙汝适是因爲聽人說的加以記載，所以還不十分明確的話；汪大潘則親身所歷，耳目所親見聞，說得具體明確："門以單馬錫(新加坡舊稱)番兩山相交若龍牙，門中有小道以間之。"又說這裏"男女兼中國人居之"。新加坡海峽，唐以後中國人使用的多了，所以有許多中國人在這裏居住。這裏很早就"通泉州之貿易"。因爲是一個轉口站性質的國家，

"山無美林，貢無異資"，除了粗降眞香及斗錫之外，沒有更多的出口貨物。元人卻以赤金、青緞花布、處瓷、鐵鼎等作交易。

蘇洛鬲。這是吉打舊名 Srokam 的對音。[57] 用上等降眞香、片腦、鶴頂、沈速、玳瑁跟元代商人貿易青白花器、海巫布、銀、鐵、水哖、小罐、銅鼎等。

渤泥。渤泥自從宋代與中國建交以後，保持著十分友好的關係，一直延續到元朝仍如此。渤泥人民"尤敬愛唐人，若醉，則扶之以歸歇處。"這是非常典型兩國人民親密無間的生活寫照。以降眞香、黃臘、玳瑁、梅花片腦等與元人交易白銀、赤金、色緞、牙箱和鐵器等。

元朝與馬來半島上的國家及婆羅洲渤泥國的友好往來，比宋代又有發展。

【注　釋】

1、2　《新唐書·南蠻傳》。

3　轉引自馮承鈞《中國南洋交通史》第 52—55 頁。

4　《舊唐書》197 卷《南蠻西南蠻傳》，又見《新唐書》222 卷《南蠻傳》。

5　參看王賡武著、姚楠譯《南海貿易與南洋華人》。中華書局香港分局，1988 年 4 月初版第 138 頁。

6　王欽若：《册府元龜》第 170 卷。又《全唐文》第 75 卷。

7　孫逢吉《職官分紀》第 39 卷。

8　《新唐書》158 卷《韋皋傳》。

9　《蕭鄴韋公(皋)神道碑》，載《廣東通志》234 卷《官績錄》4。

10　《舊唐書》第 98 卷《盧懷愼傳》。

11　同 5 第 105 頁。

12　夏德(F.Hirth)與柔克義(W.W.Rockhill)合譯趙汝适《諸蕃志》：Chao Ju-kua: His Work on the Chines and Arab Trade in the Twelfth and Thirteenth Centuries

(1911 年聖彼得堡 St. Petersburg 出版)。

13 《唐代的外來文明》(美國)謝弗著，吳玉貴譯，中國社會科學出版社 1995 年 8 月北京第 1 版第 124 頁。

14 《資治通鑒》第 203 卷。

15 劉恂《嶺表錄異》卷上，廣東人民出版社，1983 年，第 7 頁。

16 見《太平廣記》第 194 卷。

17 馮承鈞《中國南洋交通史》，商務印書館 1937 年上海初版第 86 頁。又同 書第 218 頁。羅香林著《西婆羅州羅芳伯等所建共和國》一書中第二章注 17(第 19 頁)云："馮承鈞謂渤泥，首見《蠻書》。唯查《叢書集成》初編 所據《琳琅秘室叢書》本之《蠻書》，則未見渤泥一條。意馮氏所見，為 另一版本也。"筆者按：羅香林未查《四庫全書》本。四庫採用《永樂大 典》本。四庫本提要指出：永樂大典"僅存而文字已多斷爛不可讀，又世 無別本可校。"既然是"世無別本可校"，怎麼又有《琳琅秘室叢書》本 的《蠻書》？

18 同 17 第 218 頁注 22。

19、20 鄭德坤(康橋大學東方研究學院)《砂勞越考古觀感：由考古學看華人開 發砂勞越的歷史》，載《南洋學報》第二十二卷(1967 年)。筆者按：注 19 說到出土一枚銅錢，本來不足為據；但聯繫到其他出土文物，則還是有價 值的。

21 馮承鈞《中國南洋交通史》考證，該序文《函海》本及《學津討源》本皆 缺，唯見《藝風藏書記》卷三。

22 《西湖老人繁勝錄·諸行市》。

23 《續資治通鑒長編》卷 85，大中祥符八年九月庚申。

24 《諸蕃志》記載全文如下：渤尼(Borneo)在泉之東南，去闍婆(Java)四十五 日程，去三佛齊(Palembang)四十日程，去占城(Campa)與麻逸(Mait)，各三十 日程，皆以順風為則。其國以板為城，城中居民萬餘人，所統十四州。王居覆以貝多葉，民舍覆以草。王之服色、略仿中國。若裸體跣足，則臂佩金圈，手帶金練，以布纏身。坐繩床，出則施大布單坐其上，衆舁之，名曰軟囊。從者五百餘人，前持刀劍器械，後捧金盤，貝寧香腦檳榔等從，以戰船百余隻爲衛。戰鬥則持刀披甲，甲以銅鑄，狀若大筒，穿之於身，護其腹背。器皿多用金，地無麥，有麻稻，以沙糊爲糧。又有羊及雞魚，無絲蠶。用吉貝花織成布。有尾巴樹、加蒙樹、椰子樹，以樹心取汁爲酒。富室之婦女皆以花錦銷金色帛纏腰。婚聘先以酒，檳榔次之，指環又次之，然後以吉貝布，或量出金銀成禮。喪葬有棺斂，以竹爲輿，戴棄山中，二月始耕則祀之，凡七年則不復祀矣。以十二月七日爲歲節。地多熱。國人宴會，鳴鼓、吹笛、擊缽、歌舞爲樂。無器皿，以竹編貝多葉爲器，食畢則棄之。其國鄰于底門國(Tinor)。有藥樹，取其根煎爲膏服之，仍塗其體，兵刃所傷皆不死。土地所出梅腦、速腦、金腳腦、米腦、黃腦、降眞香、玉毒瑁。番商興販用貨金、貨銀、假錦、建陽錦、五色絹、五色茸、琉璃珠、琉璃瓶子、白錫、烏鉛、網墜、牙臂環、燕脂、漆碗碟、青瓷器等博易。番舶抵岸三日，其王與眷屬率大人到船問勞，船人用錦藉跳板迎肅，款以酒禮，有金銀器皿褥席涼傘等分獻有差。既泊舟登岸，皆未及博易之事，商賈日以中國飲食獻其王，故舟往佛泥(Borneo)必挾善庖者一二輩與俱。朔望並購賀禮，歲月余，方請其王與大人論定物價，價定，然後鳴鼓以召遠近之人，聽其貿易；價未定而私貿易者罰，俗重商賈，有罪抵死者罰而不殺。船回日，其王亦釃酒椎牛祖席，酢以腦子番布等，稱其所施。舶舟雖貿易迄事，必候六月望日、排辦佛節，然後出港，否則有風濤之厄。佛無他像，茅舍數層，規制如塔，下置小龕，罩珠二顆，是謂聖佛，土人雲二珠其初猶小，今漸大如拇指矣。遇佛節，其王親供花果者三日，國中男女皆至。太平興國二年(977)、遣使蒲亞利等貢腦子、瑇瑁、象牙、檀香。其表緘封數重，紙類木皮而薄，瑩滑色微綠，長數尺，博寸餘，卷之僅可盈握。其字細小，橫讀之，譯以華言云：渤泥國王向打，稽首拜皇命萬歲萬歲萬萬歲。又言每年修貢，易飄泊占城，乞詔占城今後勿留。館其使於禮賓院，優遣之。元豐五年(1082)，又遣使來貢。其西龍宮、什廟、日麗、胡盧蔓頭、蘇勿裏、馬瞻逾、馬喏居、海島中，用小船來往，服色飲食與渤泥同。出生香、降眞香、黃臘、瑇瑁。商人以白瓷器、酒米、粗鹽、白絹、貨金易之。

25　《四庫全書》，史部十一，地理類十，外紀之屬《諸蕃志提要》。

26、27　《宋史》489卷《外國傳》"勃泥"條。

28　《宋會要輯稿》第86冊《職官》44。

29　參看李金明、廖大珂著《中國古代海外貿易史》，廣西人民出版社，1995年月3頁。

30　蔡襄：《蔡忠惠公集》卷25，《杭州消暑堂記》。

31、33、34、35　鄭德坤(康橋大學東方研究學院)：《砂勞越考古觀感：由考古學家看華人開發砂勞越的歷史》，載南洋學報第23卷(1967年)。

32　同29第58頁。

36　張廣達、王小甫《天涯若比鄰》，香港中華書局1988年9月初版，第150頁。

37　有說在西部，見馮承鈞《中國南洋交通史》第69頁，有說在東岸，見陳佳榮、謝方：《古代南海地名匯釋》第437頁。

38　見29第92頁："新加坡古稱單馬令"。筆者按：此說不對。據《島夷志略》記載暹"侵單馬錫"，即《爪哇史頌》中Tumasik的譯音，《馬來紀年》作Temesek。這個淡馬錫才是新加坡的古名。詳見《古代南海地名匯釋》第540頁。馮承鈞《中國南海交通史》第87頁說："單馬錫(Tumasik)即星加坡之舊稱。"

39　《古代南海地名匯釋》第540頁。又，劉繼宣、束世澂：《中華民族拓殖南洋史》第32頁。

40　《古代南海地名匯釋》第661—662頁。

41　見 29 第 92 頁。

42　《宋會要輯稿》，蕃夷 4 之 51。

43　羅大經：《鶴林玉露》，丙編卷二，《老卒回易》。

44　同 42 刑法二之 144。

45　章如愚：《山堂群書考索》刊集，卷 20，《財用門·錢幣)。轉引自 9 刑法二。

46　同 24 刑法二。

47　轉引自劉繼宣、束世澂《中華民族拓殖南洋史》的第 43 頁。

48　莊爲璣：《汶萊國泉州宋墓考釋》，載《海交史研究》1990 年第二期。陳鐵凡、傅吾康《西山雜誌 7 節文質疑》，載《海交史研究》1991 年第二期。饒宗頤《汶萊發見宋代華文墓碑的意義》，載新加坡《新社季刊》第 4 卷第 4 期。又見 1972 年 11 月 26 日《馬來西亞日報》、《星洲日報》。饒宗頤《汶萊宋碑再跋》載新加坡《新社季刊》第 5 卷第 3 期。

49、50　《元史》卷 10《世祖紀》。

51　參看李金明、廖大珂：《中國古代海外貿易史》第 184—193 頁。

52　《宋會要輯稿》刑法二之 137。

53　王賡武認爲，宋以前南海貿易分三個階段，即晉末以前的 5 個世紀是第一階段，經營珍奇寶貨貿易；南朝時兩個世紀是第二階段，經營聖物貿易；從唐到宋朝興起的三個多世紀是第三階段，經營藥材與香料的貿易。參看王賡武著、姚楠編譯《南海貿易與南洋華人》，香港中華書局 1988 年 4 月初版第 168 頁。

54　黃昆福在《吉蘭丹和華人》（載《吉蘭丹中華總商會五十四周年紀念刊》1965 年出版)一文，引《元史》卷 210 說是 "二十年(公元 1283 年)"。不知何所本。

55　同 51 第 180 頁。

56　元代汪大淵《島夷志略》。下面引文，凡未注明出處的，皆引自該書。

57　劉繼宣、束世澂：《中華民族拓殖南洋史》第 58 頁。

第三編　朝貢貿易的繁榮，滿剌加國與 中國文化交流的光輝發展

（公元 1400－1511 年）

　　朱元璋自 1368 年建立明朝政權之後，對周邊國家實行和平共處政策。他在肯定漢、唐、宋三代的傳統策略的基礎上，否定了元世祖忽必烈對外政策的有關措施，重新確定明代對海外國家實行友善相安的基本國策。明朝《祖訓錄》載：

> 凡海外夷國如安南、占城、高麗、暹羅、琉球、西洋、東洋及南蠻諸小國限山隔海僻在一隅，得其地不足以供給，得其民不足以使令，若其自不揣量來撓我邊則彼爲不祥，彼既不爲中國患，而我興兵輕伐亦不祥也。吾恐後世子孫倚中國富強貪一時戰功，無故興兵致傷人命，切記不可。

這無疑是一篇和平宣言書。同時明太祖宣佈朝鮮、日本、安南、眞臘、暹羅、占城、蘇門答臘、瓜哇、溢亨、白花、三佛齊、渤泥等國爲不征國。[1] 所謂 "不征國"，就是與這些國家相互執行和平外交政策，互不侵犯。而對於民間貿易，則下令嚴禁民間私自出海： "初，明祖定制，片板不許入海。" [2] 此謂之海禁。此政策的實施，是爲了杜絕海陸間串通，讓海盜和倭寇乘虛而入。

　　但是，對外貿易，又不能因海禁而中斷；因此，又制定了 "貢舶" 制度，也即採用朝貢貿易形式，與周邊國家進行傳統的貿易活動。明朝建國初期， "海外諸國入貢，許附載方物與中國貿易。因設市舶司，置提舉官以領之，所以通夷情，抑奸商，俾法禁有所施，因以消其釁隙也。洪武初，設于太倉黃渡，尋罷。複設於寧波、泉州、

廣州。寧波通日本，泉州通琉球，廣州通占城、暹羅、西洋諸國。琉球、占城諸國皆恭順，任其時至入貢。惟日本叛服不常，故獨限其期為十年，人數為二百，舟為二艘，以金葉勘合表文為驗，以防詐偽侵軼。"[3] 這裏所謂"市舶司"，即市舶提舉司。設"提舉一人（從五品），副提舉二人（從六品），其屬，吏目一人（從九品），掌海外諸番朝貢市易之事，辨其使人表文勘合之眞偽，禁通番，征私貨，平交易，閑其出入而愼館穀之。"所謂"勘合"，即明廷對朝貢國頒發的貿易許可證，明朝政府發給對方國家"勘合"一扇，來朝貢時，與市舶司所存另一扇勘合相符，方許可貿易。每次朝貢的海船及船員數目，都有詳細規定。據《明會典》記載，當時獲得勘合的國家是暹羅、日本、占城、爪哇、滿剌加、眞臘、蘇祿國東王、西王、峒王、柯支、渤泥、錫蘭山、古裏、蘇門答臘、古麻剌等十五個國家。[4] 這些國家的貢品，除對各國王貢品以"賞賚"的方式給予報酬外，其他由番使人等附搭的商品，由官府給價收買，或者指定時間和地點與民間開市交易。這種貿易，雖由官府控制監督，但往往還是被認為是明朝貿易中的主要部分。

明成祖朱棣即位後，更重視發展與海外諸國的聯繫，他接連派遣使臣前往東南亞各地，招徠各國朝貢貿易。他取消對外商的限制，宣佈"自今諸番國人願入中國者聽。[5] 成祖至宣宗時派遣鄭和下西洋，目的也是為了打開通往西洋諸國的通道，拓展海外貿易，使西洋諸國與明朝的朝貢貿易，更加通行無阻。在明代前期，朝貢貿易實際上已成為海外貿易的唯一合法的形式。且舉例以說明。（一）洪武年間的情況："凡遠夷之人，或有長行頭匹，及諸般物貨，不系貢獻之數，附帶到京，願入官者，照依官例具奏，關給鈔錠，酬其價值。"[6]（二）宣德八年（1433）賜例："蘇木、硫黃，每斤鈔一貫。紅銅每斤三百文。刀劍每把十貫。槍每條三貫。扇每把、火筋每雙俱三百文。抹金銅銚每個六貫。花硯每個、小帶刀每把、印花鹿皮每張俱五百文。黑漆泥金、灑金嵌螺旬花、大小方圓箱盒並香墨等器皿，每個八百文。貼金灑金硯匠並硯銅水滴每副二貫。折支絹布每鈔一百貫，絹一匹，五十貫，布一匹。"[7] 比較時值是："紅銅每斤銀六分。蘇木大者銀八分，小者銀五分。琉黃熟者銀五分，生者銀三分。刀劍每把給鈔六貫。槍每條二貫。抹金銅銚每個四貫。漆器皿每個六百文。硯匣每副一貫五百文"。較之時值，給賞甚厚。明代的朝貢貿易，以"厚往薄來"爲宗旨，以高於"貢品"幾倍的代價作"賞齎"，因此，周圍有的國家就把朝貢作爲財政收入的一部份，而"貢品"實際上已成爲一種不等價的商品。"朝貢貿易本身就是一種國與國之間的長途販運貿易，它具有賤買貴賣，不等價交換的特點，無論是明政府或者是朝貢國均可以從中攫取高額利潤"。[8]

朝貢貿易，盛極一時。

第五章　滿剌加國的建立，尹慶出使和鄭和下西洋

第一節　滿剌加國的建立

公元十四世紀以前，馬來半島仍然分立許多小國，各自獨立發號施令；直到十五世紀初滿剌加王國建立後，逐步統一了馬來半島的吉打、吉蘭丹、丁加奴各個古國，才改變了馬來亞的歷史面貌。因此，滿剌加王國的建立，對於馬來亞國家的發展，起着里程碑的作用。

滿剌加王國大約建立於1400年。關於這個國家的名稱，《明史》稱滿剌加，[9] 馬歡《瀛涯勝覽》、費信《星槎勝覽》、鄭和航海圖、

黃衷《海語》也稱滿剌加，陳倫炯《海國見聞錄》稱麻剌甲，謝清高
《海錄》稱馬六呷，張燮《東西洋考》稱麻六甲，《皇清職貢圖》稱
麻六甲。許雲樵翻譯《馬來紀年》時叫滿剌加。

　　滿剌加在建國以前，是一個小漁村，是海盜出沒的地方。1292 年
馬可波羅的遊記裏未提及滿剌加，1323 年的鄂多列克（Fra Odorico of
Pordenone）、1345 年的伊頓‧拔禿塔（1bn Batuta)以及 1349 年的汪
大淵的《夷島志略》等遊記，均未記載過這個國家。[10] 馬歡《瀛涯勝
覽》中記載："此處舊不稱國，因海有五嶼之名，遂名曰五嶼。無國
王，止有頭目掌管，此地屬暹羅所轄，歲輸金四十兩，否則差人征
伐。"費信《星槎勝覽》中《滿剌加國》條亦云："其處舊不稱
國。"滿剌加的最早居民，是一些原始馬來族的羅越人（Orang
Laut），也叫石叻子（Cellates），[11] 他們聚居而成一個簡陋的村落，
時常出外捕魚或打劫。當十四世紀時，馬來酋長率領臣民因舊時的新
嘉坡覆亡而逋逃至此，起初在麻河（Muar）沿岸居留了一個時期。滿
剌加是一個更宜殖民的地方。滿剌加河口形成一便於停泊小船的港
灣，可以由山上一個堡壘居高臨下地防衛它。[12] 滿剌加王國的締造，
據馬來民族的一部史記《馬來記年》中記載，馬來民族的第一世王是
羅闍斯幹陀沙（Iskandar Shah，回教名號），也有稱拜裏迷蘇剌（Par-
am Esuara，印度名號），[13] 他本來是蘇門答臘島上的一位王子，曾娶
杜馬班（Batara of Tumapel）國王的女兒爲妻，不久，翁婿之間發生嫌
隙，杜馬班國王派兵進攻，終於實力懸殊被打敗，拜裏迷蘇剌逃向淡
馬錫（Temasck），淡馬錫即今新加坡。接著他殺淡馬錫國王而自立爲
王，在這裏統治了 5 年。公元 1365 年，瓜哇島上的滿者伯夷王國爲了
擴張勢力，又一舉攻下淡馬錫王國，拜裏迷蘇剌率領臣民從絲裏打
（Seletar）逃到麻河（Muar），在那裏靜居了一個時期。但是意外的
事情又發生了。

　　《馬來紀年》第十一章，專門記載滿剌加王國締造的經過，雖然近乎神話傳說，但所敘述的建國過程，具有傳奇性兼具歷史價值。《馬來紀年》寫道：

　　　　當羅闍斯干陀沙到達麻坡，在那裏靜居了一個時期。有一
　　夜，來了許多壁虎，到天明一看，遍地都是。人民便殺死他們，
　　丟他們在河裏，不計其數，但到次夜，他們又來得那麼多了。後
　　來那地方因壁虎的屍體臭不可當而得名為"臭壁虎"（Bewak
　　busok）。羅闍甘願放棄這裏而向別地遷移，在那邊起造一座城。
　　他的工人今天造起來，夜間便完全坍壞了，因此這地方叫做"壞
　　城"（Cota Buru）。……王由此回向海邊，到苔淡河（Bartam）
　　邊圍獵，他正站在一棵濃陰廣被的大樹下作壁上觀。其中有一隻
　　他的狗，追趕一頭鼠鹿，[14] 不料卻給鼠鹿打跌到水裏去。王不禁
　　大悅道："這是個好地方，就是鼠鹿也極為勇敢。我們就在這裏
　　造一座城吧！"他的頭人們也都贊成。王便問那株大樹的名稱叫
　　什麼，據說是滿剌加樹（Malaca）。[15] 他便道："那麼我們就把
　　這城叫做滿剌加吧！"

於是羅闍斯干陀沙便駐蹕滿剌加城中。去世之後，他的兒子幼大王（Raja Besar Muda）[16] 即位，他按照父親的成規統治國家，並任命大臣支援他的權威，執行他的法規。自此以後，歷任國王都勤于治政，建設國家禮儀，辦事公正。滿剌加國繁榮了一個長時期，而且擴展領土，在西邊與木歪、烏戎吉隆（Bruwsa Ujung Carang）接壤，[17] 東方遠達丁加奴（Trengano）。各國都知道滿剌加為一大國，人口繁衍，物產殷阜，王朝系統源出斯幹陀祖兒迦奈尼族，屬於東西國王那舍兒洹河提兒（Nasharwan Hdil）一支。當時，各國羅闍凡引見于滿剌加王的，均竭誠招待，投以高價的尊貴服裝。不論上風和下風的行商，也常到滿剌加，非常熱鬧。阿剌伯人稱這地方叫做滿剌加（Mala-

kat），[18] 意思是集合各商賈的市場，因為各種族各樣的商賈，都常到
這裏，而當地大人物們的行動也極為公正。[19]

滿剌加王朝雖然開發滿剌加一個時期，並繁榮起來，但因這個地
方力量還小；當時，正是暹羅全盛時期，因此，經常受到暹羅的武裝
干擾，他們自知國力還較弱，無法抗禦，只好向暹羅求和，每年進貢
黃金四十兩，自稱藩屬。滿剌加王朝真正建成一個強大的王國，是在
與中國建交之後。

第二節　尹慶出使滿剌加

滿剌加位於馬來半島西南部，在新加坡與檳榔嶼還未開闢以前，
十五世紀初年以後，這裏不僅是馬來半島的交通樞紐，也是東南亞的
交通要衝。在滿剌加王朝成立前後，這裏很快繁榮起來。《馬來紀
年》中有記載："這時滿剌加正是一個繁榮的國，商賈常到的地方，
從滴流（Ayer Leleh）[20] 進入麻坡（Muar）灣，是一個連續不斷的市
場。又如吉寧城 [21] 進入畢那若（Penajar）灣一般，建築物連續不斷成
一長列。如果有人從滿剌加搖船往闍伽羅（Jagra），不必舉火，因為
到處都有人家。在東方也是如此，從滿剌加直到峇株巴轄，也是屋宇
連接不斷，沿岸居住的人很多，滿剌加城的居民共有十九萬（19Laes-
a）名之多，城外尚不計在內。"[22] 當然，《馬來紀年》中所描述的事
物，也可能言過其實。不過由此可看到當年滿剌加早已繁榮起來了。
從中國典籍的記載，也可瞭解滿剌加當時情況：

《明史》卷三百二十五《外國傳》六：

> 有山出泉為溪，土人淘沙取錫煎成塊曰斗錫。田瘠少收，民
> 皆淘沙捕魚為業。氣候朝熱暮寒。男女椎髻，身體黝黑，間有白
> 者，唐人種也。俗淳厚，市道頗平。

馬歡《瀛涯勝覽》：

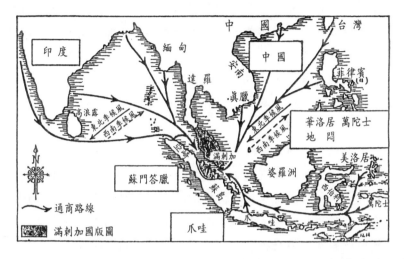

　　人多以漁爲業，用獨木剚舟，泛海取魚。土產黃速香、烏木、打麻兒damar香、花錫之類。打麻兒香本是一等樹脂，流出入土，掘出如松香瀝青之樣，火燒即著，番人皆以此物點照當燈。番船造完，則用此物熔塗于縫，水莫能入，甚好。彼地之人，多採取此物，以轉賣他國。內有明淨好者，卻似金鉑一樣，名損都盧斯（Sindarus），番人做成帽珠而賣，今水珀即此物也。花錫有二處山塢錫場，王命頭目主之，差人淘煎，鑄成斗樣，以爲小塊輸官，每塊重官秤一斤八兩或一斤四兩，每十塊用藤縛爲小把，四十塊爲一大把，通市交易，皆以此錫行使。……山野有一等樹，名沙孤（Sagu）樹，鄉人以此物之皮，如中國葛根，持浸澄濾，其粉作丸如綠豆大，曬乾而賣，其名曰沙孤米，可以作飯食。海之洲渚岸邊，生一等水草，名茭葦葉，長如刀茅，樣似苦筍，殼厚性軟，結子如荔枝樣，雞子大。人取其子釀酒，名茭葦酒，飲之亦能醉人。鄉人取其葉織如細簟，止闊二尺，長丈

餘，爲席而賣。果有甘蔗、芭蕉子、波羅蜜、野荔枝之類。菜、
蔥、薑、蒜、芥、東瓜、西瓜皆有。牛、羊、雞、鴨，雖有而不
多，價亦甚貴。其水牛一頭直銀一斤以上，驢馬皆無。其海邊水
內常有鼉龍傷人，其龍高（長）三四尺，四足，滿身鱗甲，背刺
排生，龍頭撩牙，遇人即噬。山出黑虎，比中國黃虎略小，其毛
黑，亦有暗花紋，其虎亦間有之。

費信《星槎勝覽》：

　　其處舊不稱國。自舊港起程，順風八晝夜至此。傍海居之，
山孤人少，受降于暹羅，每歲輸金四十兩以爲納税。田瘠少收，
內有一山泉流溪下，民以流中淘沙取錫，煎銷成塊，曰斗塊。每
塊重官秤一斤四兩。及織蕉心簟。唯以斗錫通市，餘無產物。氣
候朝熱暮寒，男女椎髻，身膚黑漆，間有白者，唐人種也。俗尚
淳厚，以淘釣於溪，網漁於海。房屋如樓閣，即不鋪設，但有不
條稀布，高低層次，連床就榻，箕倨而坐，飲食廚廁俱在其上
也。貨用青白磁器，五色燒球，色絹，金銀之屬。……

其他典籍如張燮《東西洋考》卷四 "麻六甲" 條所載，大同小
異，這裏不再列舉。

我們僅從上列所錄文字，可以瞭解十五世紀初滿剌加的情況；當
時滿剌加已有 "唐人" 居住；可見中國人早已來到此地。

《馬來紀年》中有兩段話，可以從側面幫助我們瞭解中國與馬來
半島的往來。

1、當羅闍蘇闍繼承王位後，東西各國順服他，只有中國不服從。
於是羅闍蘇闍跋跎沙（Raja Suran Padshah）便宣佈征討中國，他的兵
力龐大無比。中國的羅闍聽到這些情報，大爲震驚，便對大臣說：
"如果吉甯羅闍到來，國家定遭覆亡，卿等有何妙策可以阻止他？"
有一位賢臣說："陛下，奴才願往施一妙計。" 中國羅闍下旨照準。

於是這位大臣便叫了一艘船到來，裝滿了一船的細針，但都生銹的；把迦娑麥樹（Casamak）[23] 和棗樹（Bidara）[24] 種在船裏，再挑選了一群無齒的老人上船，指揮他們航行到單馬錫去。當羅闍聽到有中國船前來的消息，派人前往詢問，他們回答說："當我們揚帆出發的時候，我們還是少年，不過十二歲左右，我們把這些樹的種子種了；但是我們現在都老了，牙齒也都落掉了，我們所種的種子也都長成樹了，在我們將到這裏時已結了果了。"他又拿出生銹的針給他們看，說道："當我們離開中國時，這些鐵棍粗得像你們臂膀一般；但是現在都因生銹而腐蝕得這麼細小了。我們也不知道航行了多少年，不過你們可以根據我們所說的情形而推斷。"那些吉寧人聽了這些話，便急忙回去報告羅闍蘇闌。羅闍蘇闌道："如果這些中國人的話可靠，那麼中國地方，一定遙遠得很渺茫，要到幾時我們才能抵達那裏呢？——要是這樣，我們不如回去好。"戰士們也都同意。[25]

　　2、當印度斯旦族的羅闍斯干陀左兒迫奈尼的苗裔降臨在寶恒當摩訶密流山上，居於寶林邦的消息傳遍全世界。遠達中國。中國羅闍便派遣十艘八櫓（Prows）到寶林邦，向羅闍聖娑富羅娑求尚公主。他們帶了三播荷（Bahars）[26] 的金子和一大堆的中國物品作禮物。在這行列中，有一百名中國奴僕，一位年輕的中國貴族和一百名中國婦女，一起護送王信來。

　　他們到寶林邦宣讀來信，羅闍聖娑富羅娑與衆將官相議同意後說："再沒有比中國羅闍更爲偉大的君王，也再沒有更尊貴的人物，得和她匹配的了，而且也沒有比中國土地更廣大的國家了。"於是，爲了增進馬來和中國王室間的友誼，長公主室利提毗交中國使臣送去，同時交給她一封蓋有國璽（Kampen）的信，並且請她注意，以後文書凡蓋有同樣的璽印的，一定是她或他的子孫所寄出，而和他人無涉。後來，公主在中國生了一個兒子，她的子孫就是現在君臨中國的王室。[27]

　　這是《馬來紀年》中所敘述的十五世紀初以前馬來半島的王朝與中國關係的故事。《馬來紀年》在馬來文獻學上的地位，論者以為是相當於中國太史公的《史記》和希臘希羅多德（Herodotus）的史冊。但嚴格說來，這部史著僅僅是一部演義而非史乘，其中記載有神話、傳說、史實相穿挿，莊諧雜陳，眞僞混淆；有如中國的《三國演義》異於《三國志》一般，旣非全部向壁虛構，又非全部信實記載，[28] 因此我們對上面所記載的故事，很難信其有或信其無，但最少我們已在馬來史書中看到 15 世紀以前中國與馬來半島的王國已有來往的蛛絲馬迹。因此，明代開國之後，即派使者到滿剌加王國去，就不是偶然的事了。

　　我們再來看中國古籍的記載：

　　1、洪武十年（公元 1377 年）秋七月，是月，淡巴[29]國王佛喝思羅遣其臣施那八智上表，貢芯布、兜羅錦被、沈、檀、速香、胡椒等物。賜佛喝思羅、施那八智文綺襲衣等物有差。[30]

　　2、洪武十一年（公元 1378 年）十二月丁末，溢亨[31]國王麻哈剌惹答饒遣其臣淡罔麻都等奉金表，貢番奴六人、胡椒二千斤、蘇木四千斤及檀乳腦諸香藥……詔賜國王及使者金織綺紗羅、衣服有差。[32]

　　3、洪武二十七年（1394 年）夏四月庚辰，更定蕃國朝貢儀。是時，四夷朝貢，東有朝鮮、日本，南有……彭亨、淡巴……上以舊儀頗煩，故複命更定之。凡蕃國來朝，先遣禮部官勞于會同館，明日各服其國服，如賞賜朝服者，則服朝服於奉天殿朝見，行四拜禮畢，即詣文華殿朝皇太子，行四拜禮，見親王亦如之。親王立受後，答二拜，其從官隨蕃王班後行禮。凡遇宴會，蕃王班次居侯、伯之下，其蕃國使臣及士官，朝貢皆如常儀。[33]

　　中國與馬來半島在明代開國之後，已有外交往來。這些都載入史冊，並非傳說或神話。

　　到了明成祖永樂元年（公元 1403 年），中國與滿剌加王國，正式揭開了友好關係的序幕。

　　拜裏米蘇剌建立王國之後的第三個年頭，即公元 1403 年，滿剌加在歷史演變過程中，當時已經成為繁榮和富庶的貨物集散海港，也是馬來王國的首都。但當時滿剌加王國北有暹羅，南有爪哇，西有亞齊（Aeneh）。馬歡《瀛涯勝覽》滿剌加條中記載：此地屬暹羅所轄。拜裏米蘇剌要擺脫暹羅的控制，因此，他利用明朝的聲威來加以制衡，使暹羅不能對他再行剝奪。另一方面，他與爪哇、蘇門答臘媾通友好聯繫，並與蘇門答臘北部的巴塞建立起婚姻聯盟的友好關係。當時，在東方強大的中國，明代的開國君主朱元璋，曾先後派使者到過占城、真臘、暹羅、爪哇、三佛齊、渤泥和瑣裏等國，明成祖即位之後，也派出使者到過占城、爪哇、真臘、暹羅和瑣裏。永樂元年（公元 1403 年）十月，明成祖派遣中官尹慶[34]齎詔往滿剌加、柯枝等國，且賜國王羅銷金帳幔、傘，並金織文綺、絲絹等物。在中國史籍中記載如下：

　　永樂元年十月遣中官尹慶使其地，賜以織金文綺、銷金帳幔諸物。其地無王，亦不稱國，服屬暹羅，歲輸金四十兩為賦。慶至，宣示威德及招徠之意。其酋拜裏迷蘇剌大喜，遣使隨慶入朝貢方物，三年九月至京。帝嘉之，封為滿剌加國王，賜誥印、彩幣、襲衣、黃蓋，復命慶往。其使者言："王慕義，願同中國列郡，歲效職貢，請封其山為一國之鎮。"帝從之。制碑文，勒山上，末綴以詩曰：

　　　西南巨海中國通，輸天灌地億載同。

　　　洗日浴月光景融，兩崖露石草木濃。

　　　金花寶鈿生青紅，有國於此民俗雍。

　　　王好善義思朝宗，願此內郡依華風。

　　出入導從張蓋重，儀文祿襲禮虔恭。

　　大書貞石表爾忠，爾國西山永鎮封。

　　山君海伯翕扈從，皇考陟降在彼穹。

　　後天監視久彌隆，爾眾子孫萬福崇。

　　慶等再至，其王益喜，禮待有加。[35]

　　這是《明史》的記載。《明實錄》中也詳細記載尹慶出使滿剌加國的始末：

　　永樂元年（1403年）冬十月丁巳遣内官尹慶等齎詔往諭滿剌加……賜其國王羅銷金帳幔及傘，並金織文綺、彩絹有差。[36]

　　永樂三年（1405年）九月癸卯……滿剌加國酋長拜裏迷蘇剌……遣使，隨奉使中官尹慶朝貢。詔俱封爲國王，給與印誥，並錫彩幣、襲衣。[37]

　　永樂三年（1405）冬十月丁丑，賜……滿剌加……等處使臣及歸附韃靼頭目宴。[38]

　　永樂三年（1405年）冬十月壬午，賜滿剌加國《鎮國碑銘》。時其國使者言其王慕義，願同中國屬郡，歲效職貢，請封其山爲一國之鎮。上嘉之，諭禮臣曰：“先王封山川，奠疆域，分寶玉，賜藩鎮，所以寵異遠人，示無外也。可封其國之西山爲鎮國之山，立碑其地。”上親制碑文曰：“朕惟聖德之君大有功於天地者，範圍參贊相協，陶甄日月星辰，以之明寒暑歲功，以之成天得以爲天，地得以爲地，各位其所而田寧，萬物由是而化生，是其一心之運，經綸之妙，有出於天地之外而大於天地者，不可以名言也。昔朕皇考太祖聖神文武欽明啓運俊德成功統天大孝高皇帝，以聖人之位爲三才之主，宰和陰陽，保合造化，貫通宇宙之中，包括天地之外，智無不周，動與神會，凡在天地之中有生之類，莫不陰受其賜，自生自育而不自知，四十餘年於此矣！朕纘承鴻業，祗迪先猷；膺茲福慶，嘉會萬邦。乃永樂三年九月，爾滿剌加國遣使來朝，具陳王意，以謂厥土協和，民康物阜，風俗淳熙，懷仁慕義，願同中國屬郡，超異要荒，永爲甸服，歲歲貢賦，頓首請命，純誠可嘉，實朕皇考余恩淑慶延及爾土，用致於斯遠。惟古先聖王封山奠域，分寶賜鎮，寵異萬國，敷文布命，廣示無外之意，其封滿剌加國之西山爲鎮國之山，錫以銘詩，勒之貞石，永示其萬世子孫、國人、與天無極。詩曰（略）[39]

尹慶奉詔到滿剌加之後，圓滿地完成使命，促成了中國與滿剌加兩國的國交。據說，當時御制碑文寫就時，明成祖以騫義善書，手授金龍文箋，命書詔文。偶落一字，義奏曰："敬畏之極，輒復有此。"上曰："朕亦有之。此紙難得，姑注其旁可也。"義曰："示信遠人，豈以是惜。"上深然之，復授以箋，更書之。[40]可見明朝廷在與滿剌加邦交過程中所持的慎重態度。自從1405年明成祖承認拜裏米蘇剌爲滿剌加王朝第一個"滿剌加國王"之後，滿剌加便脫離了暹羅的藩屬，國力日強，經濟日益繁榮，萬商雲集，發展成爲歐亞兩洲的貿易中心及交通樞紐，爲馬來西亞寫下了一頁光榮的歷史，也揭開了中國和馬來西亞友好關係和文化交流的光輝燦爛的一頁。

第三節　鄭和下西洋與滿剌加

15世紀初，中國偉大航海家鄭和七下西洋，開闢了從中國經印度洋直通西亞和非洲東海岸的遠航紀錄，在世界航海史上寫下了燦爛的篇章。

鄭和下西洋開始於1405年，比哥倫布1492年到達美洲早87年，比達·伽馬1497年到達印度加裏庫特早92年，比麥哲倫1519年環球航行早 114 年。鄭和下西洋一共七次，前後共 28 年。

在中國歷史上，歷屆王朝都採取"懷諸侯"、"柔遠人"的懷柔政策；統治者希望通過"勤遠略"達到"萬邦朝貢"，威振四海的局面。所以明太祖制定的對外宗旨是"昔帝王之治天下，凡日月所照，無有遠近，一視同仁，故中國奠安，四方得所，非有意於臣服之也。"[41] 明成祖也詔諭各國首領"只順天道，恪守朕言，循理安分，勿得違越，不可欺寡，不可凌弱，庶幾共用太平之福。若有擄誠來朝，咸錫皆賞。"[42] 鄭和下西洋過程中，執行明朝"厚往薄來"、"宣德化而柔遠人"的懷柔政策，加強了中國與東南亞、南亞和非洲各國的和平和友誼。

由於鄭和執行的是友好和平政策，因此，所到之處，不外以泱泱大國自居，宣讀永樂皇帝的詔書，賞賜給各國的誥命銀幣和冠服禮品，並接受各國朝貢。正如鞏珍所描寫的："所至番邦二十餘處，人物妍媸不同，居止潔穢等別。氣候常如春夏，秋霜冬雪皆無。土產風俗，各不相類。其所齎恩頒諭賜之物至，則番王酋長相率邦迎，奉領而去。舉國之人奔趨欣躍，不勝感戴。事竣，各具方物及異獸珍禽等件，遣使領齎，附隨寶舟赴京朝貢。是皆皇恩霶霈，德化溥敷，致遠人之歸服也。"[43] 這段記載，也與《明史》中所載的"耀兵異域，示中國富強"的原意相吻合。至於"成祖疑惠帝亡海外，欲蹤迹之"[44] 一事，現存的史籍，已無法追蹤；即使有此事，也無非是永樂帝在奪取皇位之後要在天下臣民面前表現自己是一個合法的皇帝而已。

鄭和下西洋共有七次，分別在 1405 年、1407 年、1409 年、1413 年、1417 年、1421 年及 1431 年。當中規模最大的一次，艦隊有各種船隻達 300 艘（其中包括大型的寶船 62 艘），27000 餘人。規模最小的一次艦隊也有船 40 至 50 艘。前三次船隊遠達印度西海岸；第四次遠渡波斯灣；第五及第七次遠征訪問了非洲的東海岸。[45] 請見下表：

鄭和下西洋的年代及所訪問的主要國家表 46

次數	出使年代	歸國年代	公元	經歷主要國家	備　考
第一次	永樂三年	永樂五年	一四〇五―一四〇七年	占城、爪哇、蘇門答剌、滿剌加、三佛齊、古里等國。	明成祖永樂三年六月十五日奉命出使，其年冬出海，五年九月初二日回京復命。
第二次	永樂五年	永樂七年	一四〇七―一四〇九年	爪哇、滿剌加、錫蘭、古里、柯枝、暹羅等國。	永樂五年九月奉命出使，其年冬末或次年春初出海，七年夏季回京復命。
第三次	永樂七年	永樂九年	一四〇九―一四一一年	占城、爪哇、蘇門答剌、滿剌加、錫蘭、小葛蘭、柯枝、古里、阿撥巴丹、南巫里、甘巴里等國。	永樂七年秋奉命出使，其年十二月出海，九年六月十六日回京復命。
第四次	永樂十一年	永樂十三年	一四一三―一四一五年	占城、爪哇、蘇門答剌、錫蘭、滿剌加、柯枝、古里、忽魯謨斯等國。	永樂十年十一月十五日奉命出使，約十一年冬出海，十三年七月初八日回京復命。
第五次	永樂十五年	永樂十七年	一四一七―一四一九年	爪哇、古里、忽魯謨斯、阿丹、木骨都束、卜剌哇等國。	永樂十四年十二月初十日奉命出使，約十五年冬季出海，十七年七月十七日回京復命。
第六次	永樂十九年	永樂二十年	一四二一―一四二二年	榜葛剌、忽魯謨斯等國。	永樂十九年正月三十日奉命出使，約二月初出海，二十年八月十八日回京復命。
第七次	宣德五年	宣德八年	一四三〇―一四三三年	占城、爪哇、蘇門答剌、滿剌加、錫蘭、古里、忽魯謨斯等國。	宣德五年六月初和日奉命出使，六年十二月初九日出海，八年七月初九日回京復命。

鄭和七下西洋有五次到達滿剌加，滿剌加王國是最受惠國之一。上表可見鄭和在 28 年中來往滿剌加次數頻繁，他把滿剌加作爲西洋航程的

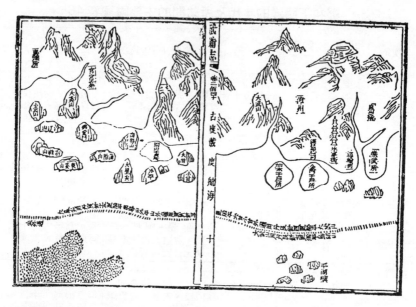

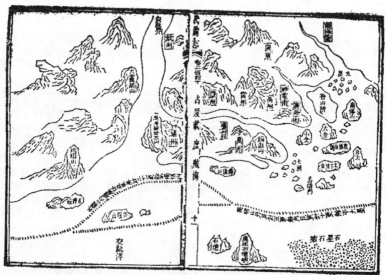

資料來源：《鄭和航海圖》（《武備志》卷二百四十）

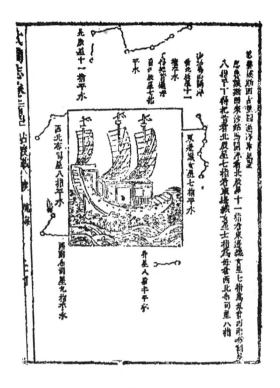

資料來源：《鄭和航海圖》（《武備志》
卷二百四十）

中轉站，並在滿剌加三保山麓設立官廠（倉庫），囤放糧食、貨物，並作爲維修船隻的根據地。馬歡寫道："凡中國寶船到彼，則立排柵，如城垣，設四門更鼓樓，夜則提鈴巡警，內又立重柵，如小城，蓋造庫藏倉廒，一應錢糧頓在其內。去各國船隻回到此取齊，打整番貨，裝載船內，等候南風正順，於五月中旬開洋回還。"[47] 鄭和船隊來到滿剌加，保障了滿剌加的安全，也促進了滿剌加的國際貿易。滿剌加王國給予中國的使節許多方便，明廷給滿剌加蘇丹的賞賜也特別豐厚。公元 15 世紀的滿剌加，成爲東西亞海運的樞紐，中國、印度、波斯等國的商人來往不絕，當年滿剌加河岸可聽到八十四種語言，港口裏帆牆林立，街上各種膚色和不同穿戴的外國人摩肩接踵。許多華商利用滿剌加的優良地理位置作爲東南亞貿易的轉口港，有的爲了經商的方便，移居滿剌加。

滿剌加這個新興王國裏的貿易活動興盛情況，中國載籍有記載，摘錄幾則如下：

有一大溪河水，下流從王居前過入海，其王于溪上建立木橋，上造橋亭二十余間，諸物買賣俱在其上。[48]

内有山泉流成大溪，國人淘沙取錫。其水繞王居而東以達于海，王于溪上建立木橋，造亭二十余間，諸凡貿易，俱在橋上。

貿易以錫行，大都錫三斤當華銀一錢耳。牙儈交易，搦指節以示，數千金貿易，不立文字，指天爲約，卒毋敢負者。

不産五穀，米稻皆暹羅光陂提裏所貨鬻。

雞犬鵝鶩常仰販於他國，故一物之價，五倍于華也。

舶商假館主者，必遣女奴服役，日夕饋飲食，少不知戒，即腰纏皆爲所搶取矣。

其貨用青白磁器、五色燒珠、色絹金銀之屬。[49]

以上數例，僅說明鄭和下西洋期間來往于滿刺加海峽，而導致滿刺加經濟的繁榮。雙方在使者互訪時，都有商船隨後。從《明會典》記載中，滿刺加王國運往中國貨物有犀角、象牙、沈香、沒藥、花錫等40多種，中國運去的貨物有瓷器、絲綢、麝香、大黄、酒、琴、鼓等。除官方貿易外，民間貿易也有很大發展。這種貿易對雙方的經濟發展起了促進作用。

　　兩國在外交上所獲得的成就也突破歷史記錄。鄭和到達滿刺加之後，中國與滿刺加王國的友好關係，可以說是兩國友誼的第一次蜜月期。滿刺加國王正式接受明朝的冊封：永樂六年（1408）九月癸酉，遣太監鄭和等賷敕使……滿刺加……諸國，賜其國王錦綺紗羅。[50] 永樂七年（1409）充冊封使，向滿刺加國王賜印誥、錦綺，封爲滿刺加國王。明朝也保證滿刺加國的安全。"鄭和等賷捧詔敕，賜以雙台銀印，冠帶袍服，建碑封域，爲滿刺加國。其暹羅始不敢擾"。[51] 因爲鄭和駐紮在滿刺加國，對暹羅也不啻是一種警告，滿刺加國也藉此而獲免遭搔擾。自此之後，兩國使節來往頻繁，鄭和七下西洋期間，五次到達滿剌加王國，每次滿剌加國王都以上賓相待。鄭和曾騎上王宮的御象，穿著馬來民族的服裝，在滿剌加遊覽。爲了紀念鄭和，當地人民把鄭和用過的井命名爲三寶井，鄭和到過的洞稱"三寶洞"，並建蓋"三寶廟"。除鄭和外，明王朝還另外遣使滿剌加王國達九次之多，雙方友誼不斷加深。

在文化的交流方面。中國和古希臘、羅馬、埃及、印度等國，是世界文明的發源地。由於中國長期保持統一局面，物質基礎雄厚，在幾千年的積累中，中國文化成爲一種獨特的東方文化。鄭和下西洋時，也使中國聲教文物，遠播四方。所到的國度，無論在物質上，還是精神上都在一定程度上受到中國文化的影響。費信說："際天所覆，極地所載，莫不歸於德化之中，普天之下，率土之濱，莫不悉歸於涵養之內。洪惟我太祖高皇帝龍飛淮甸，鼎定金陵，掃胡元之弊習，正華更之彝倫，振綱常以布中外，敷文德以及四方。太宗文皇帝德澤洋溢乎天下，施及蠻夷，舟車所至，人力所通，莫不尊親。執圭捧帛而來朝，梯山航海而進貢。禮樂明備，禎祥畢集。"[52]這一說法，表現了中國封建王朝的唯我獨尊的態度，言辭誇大；但也在一定程度上反映了十五世紀初期中國與東南亞至非洲在文化上的密切關係。自從鄭和下西洋之後，文化交流更加廣泛，黃省曾說："西洋之迹，著自鄭和。"[53]滿剌加與中國的文化交流，也因鄭和的到達而更加密切。

建築藝術方面的傳播，如黃衷所記載：

> 至其國爲諸蕃輻輳之地，亦海上一小都會也。王居前屋用瓦，乃永樂中太監鄭和所遺者。餘屋皆僭擬殿宇，以錫箔爲飾。遇制使若列國互市，王即盛陳儀衛以自徼。[54]

鄭和下西洋時設官廠二處，一在蘇門答臘國，一在滿剌加國。[55]都是鄭和建築的，帶來了中國的建築藝術及建築風格。今天滿剌加的荷蘭街，房屋均爲中國的形式，當然這些屋宇是近百年的建築物，並非鄭和時代所遺。不過因此說明華人建築文化已不斷承傳下來。

再如典章制度的影響。中國古代的政教制度中，具有濃厚的民族色彩。滿剌加歷代國王到中國之後，也在潛移默化中受到中國文化的影響。《馬來紀年》中關於滿剌加王所制定的制度，頗爲詳細；僅舉國王出行時之禮節。張禮千曾綜合進行概述，道：“君王爲一國之元首，其地位崇高無比。王非不睡，僅休息而已。王非不病，僅微恙而已。王非不食，食必盛饌獨饗。換言之，無同等之人能與王共膳也。王非不出，惟因生而高貴之故，出必乘象。設遇暗晦之日，則跨于奴隸之肩上。出時隨從甚衆。若王乘象出遊，則陸軍司令爲前導，水軍司令當殿后。若王坐軟兜而出，則舁兜者即爲國中高級之長官及首領。同時兜後有侍從一列，或執旗，或握劍，或持矛，在王之前者爲國徽，在國徽之前者爲樂隊。鑼、鼓、橫笛及王用之鑼鼓[56]均備。其中最奇者，則爲一銀質之喇叭，即其上附有一馬來人所稱之龍（naga）（此即得之於中國之影響）者是也。”[57]龍是中國王帝的象徵，由於滿剌加王到過中國，學習中國的禮樂文化，也把此象徵帶到滿剌加來了。

又如在禮品的交換之中，中國對滿剌加王賜予了鈔幣、銅錢、錦綺紗羅、鞍馬、冠帶、金繡襲衣、麒麟衣、金銀器皿、玉帶、儀仗、彩絹等物。這些錢幣及冠服的給賜，也是傳播文化的一個重要環節，後來滿剌加的黃旗黃傘，也都基於中國文化傳統的影響。

此外，滿剌加盛產的花錫傳入中國後，中國工匠用其製造酒具，增添了工藝品品種。馬來半島的玳瑁、沈香、乳香等藥材傳入中國後，豐富了中藥寶庫。中國的犂、耙等農具傳入滿剌加後，改變了當地人刀耕火種的落後狀態。中國的指南針，也被滿剌加人民用於航海，促進了航海事業的發展。中國銅錢傳入之後，滿剌加仿中國銅錢的式樣鑄造錫幣，中國傳入的陶瓷品及銅製品，也深受歡迎。[58]

　　鄭和五臨滿剌加，使中國與滿剌加王國建立了友好的邦交，在歷史上的影響是巨大的。如果以鄭和下西洋與西方哥倫布發現新大陸比較，可以看出，哥倫布的航行，是爲了替西班牙國尋找新資源，建立海外殖民地，是一種殖民主義的征服行爲。而鄭和則僅爲明朝宣揚德威，建立和平外交，絲毫沒有侵略他國領土的野心。他帶著當年世界上最大的艦隊五次在滿剌加過境，也僅僅是爲了航海的順利進程和幫助滿剌加繁榮經濟，加強兩國友好往來。這進一步證明中華民族是眞正愛好和平的民族。

　　我們可以從馬來西亞的史書《馬來紀年》及中國明代羅懋登的《三寶太監西洋記通俗演義》中，看到當年兩國友好往來的情況。雖然這兩部書都不能當信史看，但兩個國家不同的兩部書，都盛讚兩國的友誼。其中有滿剌加王國國王對中國國王的調侃，表現國家間應該平等的心理，而中國的老大的心態，也是封建王朝的弊端。相互之間的調侃，屬於荒誕詼諧，但卻是熱情友好的，沒有惡意。[59]

　　鄭和下西洋的豐功偉迹已載入史册；但是，由於中國封建王朝統治的局限性，鄭和之下西洋，僅是爲了落實永樂帝的對外政策和檯高永樂帝的威望而付出的巨大代價。朝貢貿易的另一面，即只准官營貿易，嚴禁民間貿易，作爲嚴格管制貿易的體系，後來逐漸成爲一種禮節性的交往。終於，在後來世界政治、經濟局勢的變化過程中，鄭和下西洋的雄風，也隨航海行動結束而後繼無人了。梁啓超指出："及觀鄭君，則全世界歷史上所號稱航海偉人，能與並肩者，何其寡也。鄭君之初航海，當哥倫布發見亞美利加以前六十餘年，當維嘉達哥馬發見印度新航路以前七十餘年，顧何以哥氏維氏之績，能使全世界劃然開一新紀元，而鄭君之烈，隨鄭君之沒以俱逝，我國民雖稍食其賜，亦幾希焉。則哥侖布以後，有無量數之哥侖布，維嘉達馬以後，有無數量之維達哥馬，而我則鄭和以後，竟無第二之鄭和。噫嘻！是

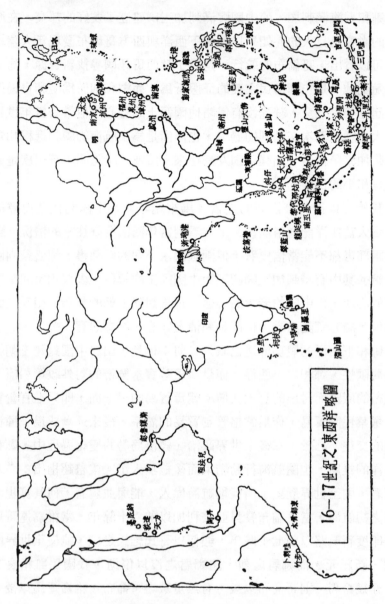

資料來源：《鄭和航海圖》（《武備志》卷二百四十）

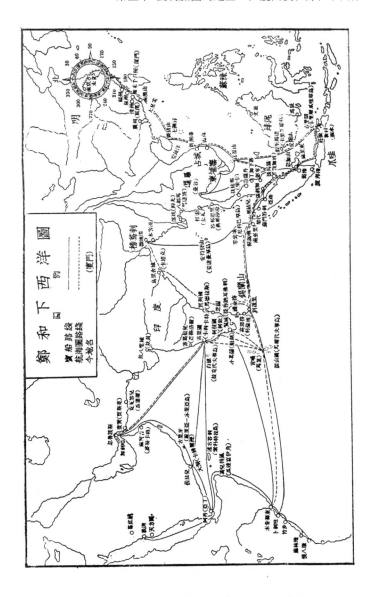

資料來源：鄭和航海圖

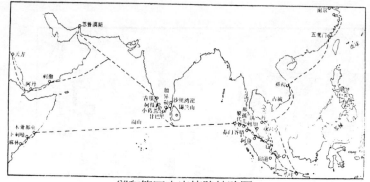

鄭和第四次出使路線略圖

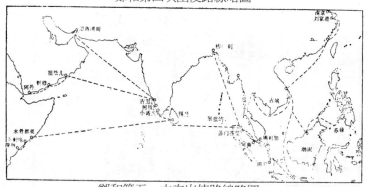

鄭和第五、六次出使路線略圖

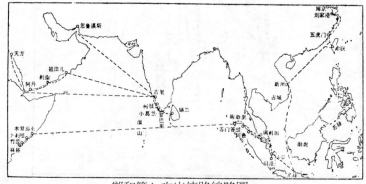

鄭和第七次出使路線略圖

資料來源：《鄭和下西洋》人民交通出版社 1985 年版

▲始建於 1567 年的馬六甲青雲亭，爲馬來亞華僑最古廟宇之一。

倡建人爲閩僑甲必丹、鄭芳楊等。

資料來源：吳鳳斌主編《東南亞華僑通史》福建人民出版社 1993 年版

豈鄭君之罪也。"[60] 爲什麼鄭和取得偉大的成就之後，明代就中斷了這種外交聯繫呢？梁啓超分析說，明代之馳域外觀者，其性質在於封建帝王的局限性，他指出："則雄主之野心，欲博懷柔遠人萬國來同等虛譽，聊以自娛耳。故其所成就者，亦適應於此希望而止，何也？其性質則然也。故鄭和之所成就，在明成祖既已躊躇滿志者，然則此後雖有無量數之鄭和亦若是則已耳。"即使鄭和式的遠航在歷史上結束了，但鄭和作爲一位和平使者的影響永遠存在，他與司馬遷一樣，"皆國史之光也"。[61]

有論者繼續發揮梁啓超的理念，對中西航海發展取向作對比，進行思索。認爲西方的航行事業是出自於他們對海內外貿易和海外擴張的特殊興趣，而鄭和航行是在明代社會經濟繁榮與富足的情況下，活動的動力是政治的而不是經濟的，下西洋主要是爲了確保南洋海道的暢通，重新確立海外冊封制度，恢復洪武初年諸番朝貢的情況，遂償

封建帝王"君主天下"、"御臨萬方"的虛榮心。再則哥倫布等的航
行是民間性質的，航行的成功激起了舉國上下的航海熱，從而開闢了
歐洲向海外已知和未知世界進行殖民征服的大進軍。而鄭和的航行是
政府行為，不可能激起民間下西洋熱，反而嚴禁民間下海，因此，永
樂帝死後，皇家航隊遠征的盛世即一去不復返了。

　　由於鄭和出生於雲南昆陽縣馬姓回族家庭（賜姓鄭），祖父和父
親到達到阿拉伯麥加朝拜過天房的哈只（"意為巡禮人"），受了這
樣家庭的影響，所以他在七下西洋期間，積極傳播伊斯蘭教，在他的
影響下馬來半島、爪哇、菲律賓等都先後成立了華人伊斯蘭教區。印
尼著名的伊斯蘭教權威哈姆加曾說："印尼和馬來亞伊斯蘭教的發展
與中國的一名穆斯林有着密切的關係，這位穆斯林就是中國鄭和將
軍"（哈姆加《鄭和》，載《明星周刊》1961 年 3 月 8 日）。

　　鄭和在印尼、馬來西亞和菲律賓等東南亞國家傳播伊斯蘭教，受
到當地人民的尊敬，東南亞人民十分懷念他，至今還流傳和保存着有
關鄭和的傳說和古迹，如泰國有"三寶港"、"三寶塔"和"三保公
廟"，在曼谷附近一所廟內有鄭和塑像至今香火不斷，參拜者絡繹不
絕。在馬來西亞的馬六甲有"三寶城"、"三寶井"；印尼有"三寶
壠"等。鄭和在東南亞傳播伊斯蘭教，加速了這些地區伊斯蘭教的進
程。到了明宣宗朝，1431 年鄭和最後一次下西洋後，終於在鄭和去世
不久就被反對者稱為"弊政"並銷毀有關檔案資料，使下西洋的盛況
成為曇花一現的衝浪。中國後來從封建主義自發向資本主義大轉變的
過程中，經過長期的探索，走上一條漫長而又艱苦的道路。[62]

【注　釋】

1　《皇明祖訓·箴戒篇》。

2　《明史》卷二百五《朱紈傳》。

3　《明史》卷八十一《食貨五》。

4　《明會典》卷一〇八，《朝貢四·朝貢通例》。

5　《成祖實錄》卷二三。

6　《明會典》卷一百十三。

7　《英宗實錄》卷二百三十六景泰附錄五十四。

8　李金明·廖大珂《中國古代海外貿易史》第 231 頁。

9　《明史》卷三百二十五《外國六》。

10　陳序經《馬來南海古史初述》1962 年出版，第 99 頁。這一點，R·O·
溫斯泰德在《馬來亞史》（姚梓良譯，商務印書館 1958 年）第 42 頁中早
已指出。

11　石叻子（Collates），十六世紀葡人伊利地亞（Eredia）作 Saletes，其《黃
金半島題本》云：“滿剌加者，柯米（Myrabolan）樹也，叢生海滋，時其
地蓋荒無人迹，叢莽充斥，向不爲文明人所聚居，托足其間者，惟稱‘石
叻子’（Saletes）之漁人耳。石叻子者，海盜也。”

12　見英國達福特（G·P·Dartsord）《馬來亞史略》三《滿剌加王國》第
18 頁。

13　拜裏米蘇剌（Parameswara），譯名據《明史》卷三百二十五，乃葡萄牙
Parimicura 的對音。字源出自梵文，是“萬物之通”的意思，原來是印度的
名號，當初他是印度教教徒，後來因和回教國家通商，據說他又娶了回教
國的公主爲妻，故又改奉回教，才改爲羅闍斯幹陀沙。這些都是史家的推
測而已。

14　鼠鹿（Mousedeer）巫語 Pelandok 之外尚有 Kanchil 和 Nayoh 二種，馬來人
都認爲是智慧的象徵（許雲樵《馬來紀年》原注）。

15　滿剌加樹（Melaka）一名源出梵文 awlaka（奄沒羅）（學名 Pnyllanthus em-
blica），果可入藥，樹皮可作染料，木可制佳炭。（許雲樵《馬來紀年》
注）

16 幼大王（Raja Besar Muda），系《明史》卷三百二十五中毋幹撒幹的兒沙一名的對音。

17 烏戎吉隆，Ujung 盡頭，Calang 今作 Klang（巴生），巴生河上源。（許雲樵注）

18 按阿剌伯語及波斯語應作 mamlakat（市集），故明代譯音作滿剌加而不作馬剌加。

19 以上敘述均見《馬來紀年》第十一章。

20 滴流 Ayer Leleh，今滿剌加 Kampong Ilia（甘榜以列）

21 今滿剌加北八哩的 Tanjong Keling 便是它的遺址。

22 《馬來紀年》第十四章滿剌加與六坤大泥佛朗機。

23 迦娑麥樹（Lasamak），柿樹，學名 Harpullia Lonfusap。

24 棗樹（Bidara）學名 Zizyphus Jujuba。

25 《馬來紀年》第一章蘆眉王朝世系。

26 播荷（Bahar）譯名據《瀛涯勝覽》，播荷等於三擔，或四百磅。

27 《馬來紀年》第二章三王子降臨舊港，第 28—79 頁。

28 許雲樵《馬來紀年》的史學評價。見《馬來紀年》附錄第 277 頁。

29 淡巴：又作淡邦、澹巴。《皇明四夷考》卷下，"淡巴，在西南海中，洪武十年，國王遣人來貢，賜之金幣"。或謂在今馬來半島，位於馬來西亞的丹帕（Dampar）湖一帶。

30 《太祖實錄》卷一一三。

31 溢亨：即今彭亨。

32 《太祖實錄》卷一二一。

33 《太祖實錄》卷二三二。

34 尹慶曾兩使爪哇、滿剌加、柯枝（Cochin）、古里（Kolikodu）等國。

35 《明史》卷二百二十五《外國使》六。

36 《太祖實錄》卷二四。

37　《太宗實錄》卷四六。

38　《太宗實錄》卷四七。

39　《太宗實錄》卷四七。

40　嚴從簡輯：《殊域周咨錄》卷八《滿剌加》條。

41　《明太祖洪武實錄》卷三十四。

42　《鄭和家譜·敕海外諸番條》。

43　鞏珍《西洋番國志·序》。

44　《明史》卷三百四《鄭和傳》。

45　王賡武《中國與海外華人》第三章明代對外關係：東南亞。

46　引自鄭鶴聲、鄭一均編《鄭和下西洋資料匯編》，齊魯書社 1983 年版。

47　馬歡《瀛涯勝覽》滿剌加國條。

48　同上。

49　愼懋賞《海國廣記》滿剌加風俗條。

50　《太宗實錄》卷八五。

51　費信《星槎勝覽》滿剌加條。

52　費信《星槎勝覽序》。

53　黃省曾《西洋朝貢典錄·序》。

54　黃衷《海語》滿剌加條。

55　《武備志》鄭和航海圖。

56　鐘鼓之馬來名曰 negara，其字源于波斯欣都語之 nagarah。像可以移動之
　　鼓。此鼓神聖不可侵犯，專供王用。梵文名 Lengkara。英文名 Kettle-drnm。
　　（引張禮千注）

57、58　張禮千《馬六甲史》第一章馬六甲王國。

59　羅懋登《三寶太監西洋記通俗演義》卷之十第五十回《滿剌加誠心接待》
　　一節，大意是：當寶船行了二三日，望見一個處所，五個大山，奇峰並秀。
　　藍旗官報告前面又是一國，於是派遊擊大將軍馬如龍先去探路，只見這個

國東南是海，西北是岸，中有五個大山，國有城池，馬遊擊進城問土人，
回答說："我這裏又名叫滿剌加，地方窄小，也不叫做國。"馬遊擊又行
了一會，只見城裏有一條大溪，溪上架一座大木橋，橋上有一二十個木亭
子，一夥番人都在那裏做買賣。馬遊擊去拜見番王。只見番王住的房屋，
都是些樓閣重重，上面又不鋪板，只用椰子木劈成片條兒，稀稀的擺著，
黃藤縛著，就象個羊棚一般。一層又一層，直到上面。大凡客來，連床就
榻，盤膝而坐。飲食臥起，俱在上面。就是廚竈廁屋，也在上面。馬遊擊
站在樓下，早有一個小番報上番王。番王問他那裏來？來此何干？馬遊擊
遞上一面虎頭牌，番王讀了牌，連忙的請上馬遊擊，賓主相見，說道：我
三年前曾具些薄禮進貢，將軍你可知道麼？馬遊擊道：為因受你厚禮，我
大明皇帝欽差我等前來，齎着五花官詔、雙台銀印、烏紗帽、大紅袍、犀
角帶、纏朝靴，敕封你為王。又有一道御制牌，又敕封你國叫做滿剌伽國，
你做滿剌伽國王。番王聞之，有萬千之喜，連忙的叫過小番來，備辦牛、
羊、雞、鴨、熟黃米、菱藿酒、野荔枝、波羅密、芭蕉子、小菜、葱、薑、
蒜、芥之類，權作下程之禮，迎接寶船。寶船一到，只見番王頭上纏一幅
白布，身上穿一件細花布，就象個道袍兒，腳下穿一雙皮鞋，韃韃靸靸，
檯著轎，跟著小番，逕上寶船，參見元帥。賓主熱情相待。明日，大開城
門，滿城挂彩，滿城香花，伺候迎接。二位元帥檯了八人橋，前呼後擁，
如在中國的儀仗一般。更有五百名護衛親兵，弓上弦，刀出鞘。左頭目鄭
堂押左班，右頭目鐵榜押右班。人人精勇，個個雄威。那滿城的小番，那
個不張開雙眼，那個不吐出舌頭，番王迎接，叩頭謝恩，安奉了詔書，領
受了銀印，冠帶如儀。大排筵宴，二位元帥盡歡而歸。

再看《馬來紀年》第十五章《中國和滿剌加的親善邦交》。這一章中寫了
許多離奇可笑的故事，如中國的王送滿剌加王一船針、絹、金衣、織錦以
及其他珍奇物品，滿剌加王送給中國王一船西谷米。使者告訴中國王，這
米是一個人剝一粒來裝滿船的，所以王的子民，實在無法計算。所以中國

王說：“眞的，滿剌加王是一位有權威的王，他的子民實在無量數的多，並不比我低微，我實在應該和他聯絡。”中國王下令以後不再吃樁的米，而天天由人剝殼。而且中國是從滿剌加使者的飲食中學會吃雍菜（Kankung，即中國現在稱爲通菜）。還有中國王生病喝滿剌加王洗臉洗腳的水治病等笑話。在交往過程中，中國王對敦波羅缽底補底道：“我希望羅闍來探訪我一下，我打算將我的女兒皇麗寶（Hong Li-Po）公主嫁給他。”敦波羅缽底補底便道：“你的兒子滿剌加王不能隨便離開滿剌加，因爲他們四周都是仇敵，但如果你肯加惠于滿剌加王，那麼就請你准許我把公主護送到滿剌加去。”於是中國王便吩咐李寶備一隊船舶護送公主往滿剌加去，一共有一百艘船，由一位高級官員名叫第保（Di-Po）的統領。中國的王又挑選了五百名極美麗的官家小姐爲公主的侍婢。然後揚帆往滿剌加。當蘇丹芒速沙得悉中國公主的到來，不禁大稅，親自到沙佛島（Pulau Sabot）去迎接她。用了一千樣儀仗來尊重她，護送她到王宮。蘇丹一見中國公主的美麗不禁驚訝，用阿剌伯話說道：“呵！造物主美麗至極了！願造化的神祝福你！”於是令公主皇麗寶皈依回教，娶了她，生了一個兒子名叫波兜迦邁末（Paduca Maimut）。全體官家小姐也皈依了回教，王便指定一座沒有城堡的山給她們居住。因此那山得名爲定支那（Den-china），暹語的意思是“中國區”。中國人就在那中國山下造了一口井。這些人的子孫，就叫做毗檀陀支那（Beduanda China），意思是中國隨員。這次和親，兩國關係更加密切了。關於漢麗寶公主前往滿剌加和親的故事，中國典籍中沒有記載，而在《馬來紀年》中寫出了，不論所載是否眞實，但由此可見兩國之間的和平友誼之密切。直至現在，《漢麗寶》故事還被編爲歌劇，在馬來西亞演出。

60、61　梁啓超《飲冰室專集》之九《鄭和使》。

62　羅榮渠《15世紀中西航海發展取向的對比與思索》。見《鄭和·歷史與現實——首屆鄭和研究國際會議集萃》，雲南人民出版社1994年版。

第六章　滿剌加國前期與中國的友好關係

第一節　拜里米蘇剌王接受中國的影響

　　公元 1400 年，拜里米蘇剌（Parameswara）從單馬錫（現新加坡）帶兵到滿剌加建立了滿剌加王國;建國之初，規模未備，沒有嚴格的政府組織和國家制度，經常受到暹羅的武裝侵擾。拜裏米蘇剌無法抵禦，只好向暹羅求和，每年貢黃金四十兩，自稱藩屬。

　　自從永樂元年（公元 1403 年）尹慶出使滿剌加，"宣示威德及招徠之意"，拜里迷蘇剌大喜，遣使隨尹慶入朝貢方物。是時滿剌加尚未成爲獨立的國家。永樂三年（1405 年）九月，酋長遣使入貢，受封爲滿剌加國王。給與印誥，並賜采幣、襲衣。[1] 是年十月壬午，賜滿剌加國《鎮國山碑銘》。《明會典》記載："永樂三年（1405 年），其酋長拜里述蘇剌，遣使奉金葉表朝貢，詔封爲國王，給印誥；使者言王慕義，願同中國屬郡歲效職責，又請封其國西山，詔封爲鎮國之山，御制碑文賜之。"[2] 當時使者到中國時所獻的貢物有：犀角、象牙、玳瑁、瑪瑙珠、鶴頂、金母鶴頂、珊瑚樹、珊瑚珠、金鑲戒指、鸚鵡、黑熊、黑猿、白鹿、鎖服、撒哈剌、白芯布、薑黃布、撒都細布、西洋布、花縵、薔薇露、栀子花、烏爹泥、蘇合油、片腦、沈香、乳香、黃速香、金銀香、降眞香、紫檀香、丁香、樹香、木香、沒藥、阿魏、大風子、烏木、蘇木、番錫、番鹽、黑小廝等共計四十餘種。[3] 據張禮千判斷，這些貢物非永樂三年一次所貢，《明會典》中所載的這些貢物，有一部分不是馬六甲的土產。

　　馬六甲當時的物產，據張燮《東西洋考》記載有：貓睛石（《華夷考》曰：中含活光一縷）、珠（《一統志》：滿剌加出石榴子珠）、犀角（本朝充貢）、象牙（本朝充貢）、玳瑁（本朝充貢）、翠羽、靉靆（俗名眼鏡，《華夷考》曰：大如錢，質薄而透明如琉璃，色如雲母，每目力昏倦，不辨細書，以此掩目，精神不散，筆畫倍明，出滿剌國。靉靆：乃輕雲貌，如輕雲之籠日月，不掩其明也。若作目愛目逮亦可）、斗錫（《星槎勝覽》曰：內有山泉，流為溪，于溪中陶沙取錫，煎城塊，曰斗錫，每塊重一斤四兩。本朝充貢）、乳香（本朝充貢）、片腦（本朝充貢）、蘇合油、蕉心簟（見《星槎勝覽》。按《華夷考》稱滿剌加取茭葦葉織成細簟，闊二尺，長丈餘，即此類也）、明角、烏角、蠟、做打麻（《方輿勝覽》曰：樹脂結成者，夜點有光，塗舟，水不能入。《華夷考》曰：樹枝流落膠汁，土內掘出，如松曆青，內有明淨好者，都似金珀一般，出滿剌加國）、硫黃（見《一統志》）、沒藥、夷瓶、燕窩、檳榔、椰子、沙孤米（《華夷考》曰：山野有樹，名沙孤樹，將樹皮如中國葛根，搗浸澄濾，取粉作丸，曬乾賣之。出滿剌加）、茭葦酒（《華夷考》曰：茭葦葉，似苦筍，殼厚，性柔軟，結子如荔枝樣，雞彈大，取其子釀酒，飲亦醉人。出滿剌加）、犀、象、黑熊（本朝充貢）、火雞（《華夷考》曰：出滿剌加，大如鶴，多紫赤色，能食火，吐氣亦煙焰也。子如鵝胎，殼厚逾重錢，或斑或白，島夷采為飲盞，見者珍之）、鸚鵡（唐時來獻）。[4] 以《東西洋考》的記載與《明會典》中的貢品比較，有些貢品非滿剌加所有，由此也可見，馬六甲在建國之初，由於所處地理位置之優越，已成為海路交通的中轉站，商業也已趨繁榮。

　　自此以後，兩國邦交頻繁，中國史籍記載如下：

　　永樂五年（1407 年），拜里迷蘇剌又遣使入貢：

1、永樂五年（1407年）九月遣使入貢。[5]

2、永樂五年（1407年）九月壬子，蘇門答剌、古里、滿剌加、小葛蘭、阿魯等國遣使比者牙滿黑的等來朝，貢方物。賜其使鈔幣、銅錢有差，仍命禮部賜其王錦綺紗羅、鞍馬等物。[6]

3、永樂五年（1407年）冬十月辛醜，暹羅國王昭祿群膺哆羅諦剌遣使奈婆郎、直事剃等奉表，貢馴象、鸚鵡、孔雀等物。賜鈔幣、襲衣，命禮部賜王織金文綺紗表裏。先占城國遣使朝貢，既還至海上，颶風漂其舟至溢亨國，暹羅恃強淩溢亨，且索取占城使者羈留不遣，事聞於朝。又蘇門答剌及滿剌加國王並遣人訴暹羅強暴，發兵奪其所受朝廷印誥，國人驚駭，不能安生。至是，賜勒諭昭祿群膺哆羅諦剌曰："占城、蘇門答剌、滿剌加與爾均受朝命，比肩而立，爾安得獨恃強拘其朝使，奪其誥印。天有顯道，福善禍淫，安南黎賊父子覆轍在前，可以鑒矣。其即還占城使者及蘇門答剌、滿剌加所受印誥，自今安分守禮，睦鄰境，庶幾永享太平。"[7]

以上三條史實，均記載永樂五年（1407年）兩國之間往來之事。當時，暹羅恃強奪滿剌加等國所受朝廷印誥，拜裏迷蘇剌上告明永樂帝，於是明朝向暹羅發下文告，令其歸還滿剌加所受印誥，並囑其"安分守禮、睦鄰境"，目的是爲了維護東南亞和平的政治局面。

永樂六年（1408年），鄭和出使滿剌加，國王拜里迷蘇剌又遣使入貢，兩國之間又一次親密來往。此事中國史籍記載：

1、明年（即永樂六年），鄭和使其國，旋入貢。[8]

2、永樂六年（1408年）癸酉，遣太監鄭和等齎敕使……滿剌加……諸國，賜其國王錦綺紗羅。

這是永樂六年（1408年）的事，鄭和第一次到滿剌加。第二次是永樂七年（1409年），明朝廷又派遣鄭和賜印誥，封爲王，拜里迷蘇剌又派使者入貢。據中國史籍記載：

1、永樂七年（1409 年），命正使太監鄭和等，統官兵二萬七千餘人，駕海舶四十八艘，往諸番彝（夷）開讀賞賜，詔封滿剌加國王，賜銀印冠帶袍服，且建碑立界，暹羅始不敢侵擾。[9]

2、永樂七年（1409 年）二月乙亥滿剌加國王拜里迷蘇剌遣使阿卡剌賈信等人來朝，貢方物，賜鈔及文倚。仍命禮部賜其王彩幣。[10]

3、永樂七年（1409 年），遣太監鄭和賜印誥，封爲王。[11]

4、永樂七年（1409 年），上命中使鄭和，封爲滿剌加國王，賜銀印冠服，從此不復隸暹羅矣。[12]

5、永樂七年（1409 年）己丑，上命正使太監鄭和等，統（此下似脫寶船二字。）賚詔敕，賜頭目雙台銀印冠帶袍服，建碑封城，遂名滿剌加國。是後暹羅莫敢侵擾。[13]

6、永樂七年（1409），皇上命正使太監鄭和等賚捧詔敕，賜以雙台銀印，冠帶袍服，建碑封城，爲滿剌加國，其暹羅始不敢擾。[14]

此外，如嚴從簡《殊域周咨錄》卷八《滿剌加》、楊一葵《裔乘》南夷卷之二《滿剌加》、茅瑞征《皇明象胥錄》卷五《滿剌加》、查繼佐《罪惟錄》傳三十六《滿剌加》、愼懋賞《海國廣記·滿剌加國統》、鞏珍《西洋番國志·滿剌加國》等，都記錄下這一年的事。

爲什麼這一年的交往中國載籍特別注意呢？因爲這一次是明朝在尹慶出使滿剌加之後，以鄭和下西洋的龐大艦隊，浩浩蕩蕩來到滿剌加，同時鄭和的艦隊駐紮在滿剌加。過去尹慶來時，拜里迷蘇剌曾請封爲王，封山寫碑，目的是爲了鉗制暹羅，使暹羅不再侵犯，但在永樂五年，暹羅仍有恃無恐，強行奪取明廷所受印誥，而有永樂五年的誥文，令暹羅必睦鄰境；可見上次尹慶來後問題尚未解決。這次鄭和兩度來滿剌加，把此地作爲他下西洋的中轉站，不但又再次確認了拜裏迷蘇剌的國王及王國的崇高地位，而且通過明朝的一而再的支援，暹羅自此以後不再侵擾了。這是中國與滿剌加邦交史上的一次重大的勝利。同時，鄭和到滿剌加來，不但把大批的中國物品帶來，而且由於與東南亞各國經常進行文化上和貿易上的往來，使滿剌加頓時成為東南亞的中心，船舶密集，冠蓋如雲，促進了滿剌加的繁榮。當時拜里米蘇剌對中國文化十分傾慕，為了表達被保護國的熱情感謝，1411年鄭和回國時，拜里米蘇剌親自領了王妃、王子及臣下五百余人，隨同鄭和一起訪問中國。在中馬兩國關係史上又留下光輝的一頁。

這是滿剌加國王對中國的第一次出訪，其規模特別龐大，明廷也以最隆重的禮儀來接待他們；拜里迷蘇剌所得到的中國皇帝的禮遇，也是夠尊榮的了。在中國典籍中，對此事有詳細的記載：

1、永樂九年（1411年），其王率妻子陪臣五百四十餘人來朝。抵近郊，命中官海壽、禮部郎中黃裳等宴勞，有司供張會同館。入朝奉天殿，帝親宴之，妃以下宴他所。光祿日致牲牢上尊，賜王金繡龍衣二襲，麒麟衣一襲，金銀器、帷幔衾裯悉具，妃以下皆有賜。將歸，賜王玉帶、儀仗、鞍馬，賜妃冠服。瀕行，賜宴奉天門，再賜玉帶、儀仗、鞍馬、黃金五百、鈔四十萬貫、錢二千六百貫、錦綺紗羅三百匹、帛千匹、渾金文綺二、金織通袖膝襴二；妃及子侄陪臣以下，宴賜有差。禮官餞于龍江驛，複賜宴龍潭驛。[15]

2、永樂九年（1411年）七月甲申，滿剌加國王拜里迷蘇剌率其妻子及陪臣五百四十餘人入朝。初，上聞之，念其輕去鄉土，跋涉海道以來，即遣官往勞，復命有司供張會同館。是日，奉表入見，並獻方物，上御奉天門勞之，別宴王妃及陪臣等。仍命光祿寺日給牲牢上尊；命禮部賜王金繡襲衣二襲、麒麟衣一襲及金銀器皿帷幔裯褥，賜王妃及其子侄、陪臣、兼從文綺紗羅、襲衣有差。[16]

3、永樂九年（1411年）秋七月丁亥，賜滿剌加國王拜里迷蘇剌及其妃、兒迷速里等宴於會通館。[17]

4、永樂九年（1411）年八月庚寅朔，賜滿刺加國王拜里迷蘇刺金相玉帶、儀仗、鞍馬，並賜王妃冠服。[18]

5、永樂九年（1411 年）九月己未朔，宴滿刺加國王拜裏迷蘇刺……於午門。[19]

6、永樂九年（1411 年九月）癸酉，滿刺加國王拜裏迷蘇刺辭歸，賜宴於奉天門，別宴王妃、陪臣等。賜敕勞王曰："王涉海數萬里至京師，坦然無虞。蓋王之忠誠，神明所佑。朕與王相見甚歡，固當且留，但國人在望，宜往慰之。今天氣向寒，順風南帆實維厥時。王途中強飲食，善調護，以副朕眷念之懷。今賜王金鑲玉帶一、儀仗一副、鞍馬二匹、黃金百兩、白金五百兩、鈔四十萬貫、銅錢二千六百貫、錦綺紗羅三百匹、絹千匹、渾金文綺二、金織通袖膝?闌二、王其受之。"又賜王妃冠服一副、白金二百兩、鈔五千貫、錦綺紗羅絹六十匹、金織文綺紗羅衣四襲，賜王子侄冠帶，其陪臣等各賜白金、鈔錢、彩幣有差。[20]

7、永樂九年（1411 年）九月丙子，命禮部宴餞滿刺加國王……于龍江驛，仍賜宴于龍潭驛。[21]

關於這次拜裏迷蘇刺訪問中國的經過，《明史》、《明實錄》中作了詳細記載，足見朝廷對這次滿刺加王國國王親訪的重視。此外，馬歡《瀛涯勝覽》滿刺加國條裏，還提到"朝廷又賜與海船回國守土"。而費信《星槎勝覽》滿刺加國條誤寫為"永樂十三年（1415年）"，慎懋賞《海國廣記》的《滿刺加國統》中也詳細記載這一訪問始末，所不同的，寫明當拜裏迷蘇刺等人來貢時，"廣州驛聞，上念其跋涉海道，遣中官海壽，禮部郎中黃震等，往宴勞。"把廣州驛這一中轉站明確寫出來。又張燮《東西洋考》及嚴從簡《殊域周咨錄》，都有詳細記載，黃省曾《西洋朝貢典錄》卷上《滿刺加國》條中也有簡單記載。

　　我們從這次滿剌加國王來訪中明朝的饋贈單觀察，禮物不可謂不厚；爲了維護明朝對所謂"蕃國"的主從關係，以"厚往薄來"的原則，厚加賞賜。滿剌加國王與永樂帝"相見甚歡"。回國之後第二年又遣使前來朝貢，"永樂十年（1412 年）六月丁巳，禮部言滿剌加國……遣使朝貢將至，命差人往鎮江府宴勞之。"[22] 這次是拜裏迷蘇剌派其侄西裏撒麻剌箚牙等前來，"永樂十年（1412 年）六月壬申滿剌加國王拜裏迷蘇剌遣侄西裏撒麻剌桼牙等貢方物"。[23]"永樂十年（1412 年）六月丙子，賜……滿剌加使臣……等於會同館。"[24] 他們這次也在中國住了近三個月時間，至九月才回國。永樂十年（1412年）九月丁酉，滿剌加國王拜裏迷剌侄西裏撒麻剌桼牙等辭歸。賜鈔幣有差，仍遣中官甘泉往賜拜裏迷蘇剌錦綺紗羅、彩幣。[25]

　　公元 1412 年，鄭和第四次出使西洋。自從永樂三年（1405 年）六月以來，鄭和已三次出航，已在東南亞和南亞沿海諸國樹立起威望。從南洋群島到南印度一帶，航線完全打通。這一次四渡重洋，鄭和遂照明成祖意圖，進一步去訪問南亞以西的遠方國家，渡過印度洋，駛向波斯灣，穿越紅海，直率領著龐大的船隊沿東非之濱南下，最遠到達赤道以南的東非沿岸諸國。[26] 這次航路的中轉站，仍然是滿剌加國，"永樂十年（1412 年）十一月丙申，遣太監鄭和等齎敕往賜滿剌加、爪哇、占城、蘇門答剌、柯枝、古裏、喃渤利、彭亨、急蘭丹、加異勒、忽魯謨斯、比剌、溜山、孫剌諸國王錦綺紗羅彩絹等物有差"。[27] 這是鄭和第四次來滿剌加，已經是這裏的老朋友、老住戶了。到了第二年，即"永樂十一年（1413 年）八月，壬申，滿剌加國王拜裏迷蘇剌遣侄賽的剌者等百六十五人貢方物，賜紗、文綺、襲衣、紗羅有差"。[28] 在這一年中，拜裏迷蘇剌遣人至爪哇國索舊港地，並謂請于中國已許矣。永樂帝詔爪哇勿聽浮言。因爲舊港爲滿者伯夷所滅，與拜裏迷蘇剌與舊港有淵源之故。中國史籍載：永樂十一年（1413 年）九月癸末，爪哇國西王都馬板遣使亞烈沙麻耶等貢方物，既還，敕諭都馬板曰："……比聞王以滿剌加索舊港之地而懷疑懼。朕惟誠待人，若果許之，必有敕諭王。既無朝廷敕書，王何疑焉？下人浮言，慎勿聽之。"[29] 明朝廷對各國之間的矛盾，也從中作了調解工作。永樂十二年（1414 年），拜里迷蘇剌歿，在位十年。拜里迷蘇剌在位期間，與中國建立了友好的關係，尤其是訪問中國之後，對於中國文化，如朝廷禮儀，以及中國的風俗習慣，他都虛心學習，回國之後，借鑒中國的文化傳統，制定朝綱、法規，奠定滿剌加立國的基礎，使滿剌加王國逐漸走向繁榮。因此，拜裏迷蘇剌開創滿剌加王國，對馬來亞歷史的貢獻，是值得大力肯定的。

第二節　母干撒干的兒沙二次朝貢

滿剌加開國國王拜里迷蘇剌逝世後，兒子母干撒干的兒沙繼承王位。這是滿剌加第二代王朝。母幹撒幹的兒沙（Muhammad Lskander Shan）名 Raja Besar Muda，即王子之意，《馬來紀年》稱"幼大王"。《馬來紀年》載：拜里米蘇剌去世後，"他的兒子幼大王（Raja Besar Muda）即位。他萬分的溫文爾雅，完全按照他的父親的成規而統治國家，並任命大臣支援他的威權，安排他的法規。他又選拔四十多盤多羅（Bantara），坐在衙門裏，宣達王命給人民。王又關心民意和傳令官（Orang Beduanda）的消息。王有三個兒子，長名良君（Radin Bagus）次名仲君（Raja Tengah），幼名少君（Radin Anum）。這三位王子便娶敦波羅缽底頭路斯（Tun Parpa Tiulos）的女兒為妃，敦波羅缽底頭路斯逝世後，良君便受命繼任為闍陀訶羅，晉封為敦波羅底波缽底兒牟迦毗羅（Tun Parpatih Parmuka Bevjaja）。[30]

永樂十二年（1414 年），母幹撒幹的兒沙第一次親自到明朝廷訪問：

1、十二年（1414 年），王子母幹撒幹的兒沙來朝，告其父訃。即命襲封，賜金幣。嗣後，或連歲，或間歲入貢以爲常。[31]

2、永樂十二年（1414 年）九月壬辰，滿剌加國王子母干撒干的兒沙來朝，奏其父拜裏迷蘇剌卒。詔母幹撒幹的兒沙襲父職爵爲王，錫金銀、錦綺紗羅、冠帶、織金襲衣。[32]

母干撒干的兒沙回國後，繼承父志，勵精圖治，國力日強。當時的滿剌加，已成爲東南亞商業流通的集中點。甘乃迪（J.Kennedy）在他的《馬來亞史》中闡述公元 1400 年至 1459 年這段貿易情況時說：“麻六甲西面有從紅海、波斯灣來的商船。這些商船開往胡茶辣（Gujerat）王國的港口甘巴逸（Cambay）。在這個港口，波斯人、阿剌伯人、阿美尼亞人（Armenians）和土耳其人出售他們部分的威尼斯玻璃存貨及金屬製品、阿剌伯鴉片、香水、珍珠和飲料等等。購買衣料、花氈和香料等物。在這些混雜着地中海、阿剌伯、波斯和印度土產的貨物中，這批商人預訂胡茶辣商船的房艙和統艙位，乘下一季的信風直駛麻六甲。他們出售從印度販來的貨品。回航時攜歸香木、香料、瓷器、緞、絲、金、錫和其他各項貨物，包括朋大（Banda）海島的鳥。這種鳥的羽毛在阿剌伯與土耳其人中可以找到銷售市場。另一個印度的港口直航麻六甲的是布利克（Pulicat），在今孟德拉斯省（Madras）的南面。它是一個胡茶辣產品的貿易港，同時也是土制布匹的集散港。定期從胡茶辣、孟加拉（Bengal）和孟德拉斯來（麻六甲）的航商，和他們極相類似的情形，有被東北季候風定期送來的航商。這些航商來自臺灣（即雞籠、淡水等地；臺灣之名始見於清）、菲律賓（即明代史籍所記之呂宋）和摩鹿加（Moluceas）的。以上的都是大航線；此外，許多類型的小船來自蘇門答剌、爪哇、婆羅洲海岸和附近的島嶼。馬來半島本身的島嶼亦然。短程的航線帶來麻六甲的是錫和林產、胡椒和金以及糧食。緬甸南部的白古（Pegu）運來麻栗材、銀和米。也有經蘇門答剌北部，來自暹羅的米。麻六甲的貿易由此連系了地中海和歐洲、中東和東非以及大部分東南亞的地域和中國。"[33] 我們將西方史家所記載商業盛況來印證馬歡《瀛涯勝覽》及嚴從簡《殊域周咨錄》、慎懋賞《海國廣記》、鞏珍的《西洋番國志》中所載的商業交往，是符合實際的。馬歡隨鄭和下西洋時間，應是在母幹撒幹的兒沙王國的時候。

　　在這一段時間裏，滿剌加國幾乎年年派遣使者朝貢，中國與滿剌加的友好關係又進一步加強了。中國典籍詳細記錄下這段歷史：

　　1、永樂十三年（1415 年）九月癸卯，……滿剌加諸番國各遣使貢方物。[34]

　　2、永樂十三年（1415 年）冬十月癸未，……滿剌加……諸番國使臣辭歸，悉賜鈔幣及永樂通寶錢有差。[35]

　　3、永樂十四年（1416 年）十一月戊子朔，……滿剌加……彭亨……諸國各遣使貢馬及犀、象、方物。（丙申），賜滿剌加……彭亨諸國使臣宴。[36]

　　4、永樂十四年（1416 年）十二月丁卯，……滿剌加……彭亨諸國使臣辭還，悉賜文綺、襲衣，遣中官鄭和等齎敕及錦綺紗羅、彩絹等物偕往，賜各國王。[37]

　　5、永樂十六年（1418 年）八月辛巳，……滿剌加國王母幹撒幹的兒沙遣兄撒裏汪剌查貢方物，賜冠帶、金織文綺、襲衣及白金、鈔幣有差。庚子，賜占域、滿剌加等國王孫舍那挫等宴。[38]

　　以上各條，記錄下當年中國與滿剌加王國之間頻繁的外交關係，兩國相敬如賓，和平友好，承傳下來。

　　但滿剌加與暹羅兩國的關係，並未因中國從中調停而緩和下來。永樂十四年（1416 年）暹羅國王昭祿群膺卒，子三賴波摩剌剌的賴立，他見拜里迷蘇剌死後，滿剌加仍停止向他進貢，因此，屢次派兵侵略滿剌加，滿剌加國王母干撒干的兒沙于永樂十七年（1419年）九月第二次親自到中國來，上訴暹羅侵略事，明朝又一次敕諭暹羅與滿剌加和平共處。[39]中國史籍對此事也有詳細記載：

1、十七年（1419年）……以暹羅侵滿剌加，遣使責令輯睦，王複遣使謝罪。[40]

2、永樂十七年（1419年）九月丙午，滿剌加等十七國王亦思罕答兒沙等進金縷表文，貢寶石、珊瑚、龍誕香、鶴頂、犀角、象牙、獅子、犀牛、神鹿、天馬、駱駝……賜織金襲衣、白金、銅錢、紵絲紗羅、彩絹有差。壬子……宴滿剌加國王……于奉天門。[41]

3、十七年（1419年），王率妻子陪臣來朝謝恩。及辭歸，訴暹羅見侵狀。帝為賜敕暹羅，暹羅乃奉詔。[42]

4、永樂十七年（1419年）冬十月癸未，遣使諭暹羅國王三賴波磨梨剌的賴，敕曰："朕祇膺天命，君主華夷，體天地好生之心以為治，一視同仁，無間彼此。王能敬天事人，修職奉貢，朕心所嘉，蓋非一日。比者，滿剌加國王亦思罕答兒沙嗣主，能繼乃父之志，躬率妻子詣闕朝貢，其事大之誠與王無異。然聞王無故欲加之兵。夫兵者兇器，兩相對鬥，勢必俱傷，故好兵非仁者之心。況滿剌加國王既已內屬，則為朝廷之臣。彼如有過，當申理於朝廷，不務出此而輒加兵，是不有朝廷矣！此必非王之意，或者左右假王之名弄兵以逞私忿。王宜深思，勿為所惑，輯睦鄰國，無相侵越，並受其福，豈有窮哉。王其留意焉。"[43]

中國出面調解滿剌加與暹羅兩國的關係，避免兩國在戰爭中受到損害。永樂十九年（1421年）夏四月，辛亥，"暹羅國王三賴波磨梨剌的賴遣使柰懷等六十人貢方物，謝侵滿剌加國之罪。"[44]自此以後，滿剌加解除了暹羅國的威脅，對明朝連年朝貢。

1、永樂十八年（1420 年）九月戊寅，滿剌加國王母干撒干的兒沙遣使段姑麻剌什的……貢方物，皆賜鈔、紵絲紗羅、金織文綺、襲衣遣還。[45]

2、永樂十九年（1412 年）正月戊子，勿魯謨斯……滿剌加……十六國遣使貢名馬、方物。命禮部宴勞之。癸巳，忽魯謨斯等十六國使臣還國，賜鈔幣、表裏。複遣太監鄭和等賫敕及錦綺紗羅、綾絹等物賜諸國王，就與使臣偕行。[45]

3、永樂二十一年（1423 年）九月戊戌，禮部奏……滿剌加等十六國遣使千二百人貢方物至京。上敕皇太子曰：天氣向寒，西南番國貢使即令禮部于會同館宴勞之如例，賜賫遣還。其以土物來市者，盡給鈔酬其直。[46]

滿剌加對中國的朝貢關係，在二十年間保持著相當的熱度，明代張燮《東西洋考》說："滿剌加所得保境息肩者，皆中國賜也。"當然，這是站在封建統治的角度而言"賜"；而事實上，滿剌加之所以能獲得和平建設的安定環境，明朝出了大力。母干撒干的兒沙國王對於中國也極其尊敬，並學習中國的制度文化，以管理自己的國家，如鑄錢幣以便貨幣流通，雷佛士博物館現在還保存有 1900—1904 年於馬六甲河發掘的錢幣。據張禮千考證："滿剌加之錫幣，形圓無孔，頗不整齊。小者直徑為十九公釐（mm），大者二十五公釐，……均有馬來文字。達克斯（C.H.Dakes）謂母幹撒幹的兒沙回自中國，開始鑄錢，而其所鑄之錢，竟不染中國之影響，認為至奇。其實何奇之有？蓋錫性柔軟，遠不若銅之堅硬，設中穿一孔，鑄造困難耳。況且其鑄錢手續，非常簡單，先以錫熔解後，即注入模型中，此時取出者為兩面無字之幣。然後再用印模一對，印上文字。若幣有中孔，則字不連貫。馬來錫幣之無孔，即因此故。然馬來錫幣之圓形，即為得自中國影響之明證，否則曷不鑄方者乎？"[48] 母干撒干的兒沙國王在任期間，鄭和到過滿剌加一次，這是影響最大的一次，因為前三次已開通了東南亞和南亞的航線。這次艦隊的規模是鄭和統軍二萬七千餘，海舶四十八，極其壯觀，也駐紮在滿剌加。鄭和對滿剌加王國，優禮異於他國。

滿剌加的繁榮，日新月異。與中國間的友誼，也日益密切。

第三節　西里麻哈剌兩次訪問中國

母干撒干的兒沙在位十年，於永樂二十二年（1424 年）去世。他的弟弟仲君（Raja Tengan）嗣位，但歷史上對他在位情況沒任何記載，僅《馬來紀年》云：“仲君死後，大王子即位。”這位大王子，應是明史中所說的西里麻哈剌。西里麻哈剌（Sli Maharaja）嗣位後，是年三月，西里麻哈剌率其妻及陪臣至闕朝貢，中國古籍記載說：“二十二年（1424 年），西里麻哈剌以父沒嗣位，率妻子陪臣來朝。”[49] 又，《太宗實錄》也載：“永樂二十二年（1424 年）丁酉，滿剌加國王西裏麻哈剌者率其妃及頭目來朝，貢方物，以父歿新嗣位故也。”[50]

西里麻哈剌嗣位之初，與第二代國王母幹撒幹的兒沙一樣，馬上親自到明朝來訪問，受到永樂帝的熱情接待，回國時也賜以厚禮。“永樂二十二年（1424 年）夏四月丁未，滿剌加國王西里麻哈剌者還國，賜宴於玄武門，賜金百兩、銀五百兩、鈔三萬二千二百七錠、錦六段、采段五十八表裏、紗羅各二十二匹、綾四十六匹、絹五百三十六匹、綿布三百九十二匹、織金羅衣一襲、素羅衣十三襲，賜王妃素羅衣十二襲、絹女衣十七襲，其從人衣服有差。”[51] 也就在這一年（1424 年）8 月，永樂帝在最後一次遠征蒙古之役後回朝死去，長子朱高熾繼位，是為洪熙帝；即位後，致力於改革國內行政制度，糾正永樂帝耗費巨財後所陷入的財政困境，準備取消鄭和的遠航，收縮和穩定外事活動。他一方面讓精于軍事的將領守衛北方諸前哨，以防東蒙古入侵；一方面繼續保持與中亞和南洋各國的納貢關係。1425 年 5 月 29 日，洪熙帝突然死去（據說死于心臟病），終年 47 歲。洪熙帝被尊爲昭皇帝，廟號仁宗。其陵墓稱獻陵，建造得莊嚴簡樸，象徵著他的統治作風。長子朱瞻基繼其父而爲宣德帝。登基之後，就面臨對他權威的一次嚴重挑戰，國內朱高煦武裝叛亂，國際上是中國與安南外交的惡化。宣德帝在繼續他父親的收縮政策時，只和永樂帝時期定期前來納貢的南亞和東南亞諸國保持例行的接觸。在維持這些關係的同時，皇帝還繼續執行不准中國人出海到國外定居或經商的更早時期的禁令。其目的是加強沿海的治安，使之不受海盜的騷擾，和保持一切對外貿易的官方壟斷。[52] 而滿剌加國王西裏麻哈剌，在永樂二十二年（1424 年）夏四月回國後，是年十一月，又派遣使者“那剌迭扒那等貢方物，賜鈔幣、表裏、衣靴”，[53] 明宣宗即位之後，宣德元年五月，又遣使前往中國。

1、宣德元年（1425 年）乙巳，……滿剌加國王西哩麻哈剌者遣使臣一思馬等來朝，貢方物。[54]

2、宣德元年（1425 年）六月辛未，賜……滿剌加使臣一思馬等五人鈔、紗羅、綾絹有差。仍賜正副使頭目冠帶及鈔……給金織文綺、紗羅等物付一思馬等歸賜滿剌加國王。[55]

滿剌加王國與明朝新任皇帝宣德帝，保持密切來往。公元 1430 年 6 月，宣德帝命鄭和指揮第七次、事實上也是最後一次南洋的航行。重新集結的艦隊直到一年半以後才離開福建。按照宣德帝的設想，他們的使命是恢復永樂帝促進的納貢關係。艦隊沿着熟悉的航線重新訪問了約 20 個國家（其中包括滿剌加），航行遠及阿拉伯半島以及東北非洲沿岸。如同以往那樣，它們帶回了攜帶着寶石和異國動物等禮品的外國使團。這時已 60 多歲的鄭和於 1433 年 6 月回國，途中沒有親自訪問每個國家，有些次要的使命交由他的助手去完成。[56] 當公元 1430 年鄭和第七次出使西洋時，曾帶宣德帝詔書宣讀，也即通告他即帝位。史書有載：“宣德五年（1430 年）六月，戊寅，遣太監鄭和等齎詔往諭諸番國。詔曰：朕恭膺天命，祗嗣大統，君臨萬邦……已大赦天下，紀元宣德，咸與維新。爾諸番國遠處海外，未有聞知，茲特遣太監鄭和、王景弘等齎詔往諭。其各敬順天道，撫輯人民，以共用太平之福。凡所歷……滿剌加等二十四，其君長皆賜彩幣有差。”[57]

第二年，宣德六年（1431 年），西裏麻哈剌又因暹羅國的威脅，向明朝求援。中國史書有載：

1、宣德六年（1431 年）遣使者來言：“暹羅謀侵本國，王欲入朝，懼為所阻，欲奏聞，無能書者，令臣三人附蘇門答剌貢舟入訴。”帝命附鄭和舟歸國，因令和齎敕諭暹羅，責以輯睦鄰封，毋遺朝命。初，三人至，無貢物，禮官言例不當賞。帝曰：“遠人越數萬里來訴不平，豈可無賜。”遂賜襲衣、采幣，如貢使例。[58]

2、宣德六年（1431 年）三月壬寅，滿剌加國頭目巫寶赤納等至京，言：“國王欲躬來朝貢，但為暹羅國王所阻。暹羅素欲侵害本國，本國欲奏，無能書者。今王令臣三人，潛附蘇門答剌貢舟來京。乞朝廷遣人諭暹羅國王，無肆欺淩，不勝感恩之至。”上命行在禮部賜齎巫寶赤納等，遣附鄭和舟還國。令和齎敕諭暹羅國王曰：“……王宜恪遵朕命，睦鄰通好，省諭下人勿肆侵侮……”禮部言：“諸番貢使例有賜予，巫寶赤納非有貢物，給賞無例。”上曰：“遠人數萬里外來訴不平，豈可不賞。”遂賜紵絲襲衣、彩幣表裏、綿布，悉如他國貢使例。[59]

在宣宗斡通下，又緩和了滿剌加與暹羅兩國之間的矛盾。公元 1433 年，西裏麻哈剌又親自朝見明帝，《明史》載：“八年（1433

年），王率妻子陪臣來朝。抵南京，天已寒，命俟春和北上，別遣人
齎敕勞賜王及妃。洎入朝，宴賚如禮。及還，有司爲治舟。王復遣其
弟貢駝馬方物。時英宗已嗣位，而王猶在廣東。賜敕獎王，命守臣送
還國。因遣古里、眞臘等十一國使臣，附載偕還。"[60] 當時，西裏麻
哈剌在南京，受到明宣德帝的厚待，"賜王及妃並頭目，下至兼從、
文綺襲衣、綿布靴襪、胖襖等物。"[61]第二年，入朝朝貢，賞賜有加。
《宣宗實錄》載："宣德九年（1434）夏四月乙丑，滿剌加國王西哩
麻哈剌者及其弟剌殿把剌、頭目文旦等來朝，貢馬及方物。甲戌……
賜滿剌加國王西哩麻哈剌者等宴。五月……庚寅，賜滿剌加國王西哩
麻哈剌者及其弟剌殿把剌、頭目文旦等二百二十八人金銀、彩幣、綾
錦、紗羅、絹布及金織襲衣有差，加賜國王冠帶。及還，賜敕獎諭，
且命工部爲繕治海舟。蓋昔永樂中，王父舉國來朝，至是益修臣職。
上嘉其誠，待之加厚云。"[62] 這一次西裏麻哈剌在明朝獲得殊榮，宣
宗對南洋友好的國家，繼續保持前代的熱情態度。

　　在宣宗統治明朝的宣德年間，是明史中一個了不起的時期；那時
沒有外來的或內部的危機，沒有黨派之爭，也沒有國家政策方面的重
大爭論。政府有效地進行工作；儘管宦官日益參與了國家決策過程，
但及時的制度改革提高了國家行使職能的能力和改善了人民的生活。
後世把宣德之治作爲明代的黃金時代來懷念，這是不足爲奇的。[63]

　　但宣德帝在 37 歲時早死，時値公元 1435 年 1 月，由年僅 8 歲的
幼帝朱祁鎭繼位，號英宗。由於幼帝未成年，國家一切權力由張太皇
太后攝政。她是永樂帝的兒媳、洪熙帝之妻、宣德帝之母。攝政團中
的主要官員是楊士奇、楊榮和楊溥。前兩人從永樂朝起，已爲幾代皇
帝效勞過，他們都有豐富經驗，精明能幹，掌握大權。[64] 正是在這兩
朝新舊交替的時候，在明朝皇帝變動之中，滿剌加王西哩麻哈剌在中
國廣東等候季風尙未回國。於是他又派使者到明廷向英宗進貢，《明

實錄》載："宣德十年（1435 年）三月乙丁酉……滿剌加國王西哩麻哈剌者遣弟剌殿把剌……來貢馬、方物、器皿。賜彩幣等物有差。"[65]當西哩麻哈剌回國時，英宗對其誠意表示了特殊的謝忱。《明實錄》載："宣德十年（1435 年）四月壬寅朔，敕諭滿剌加國王西哩麻哈剌者曰：王在先朝躬來朝貢，已悉爾誠。朕嗣承大統，小大庶務悉遵祖宗成憲。今已敕廣東都司、布政使司厚具廪餼，駕大八櫓船送王還國，並遣古里、眞臘等十一國使臣附載同回。王宜加意撫恤，差人分送各國，不致失所，庶副朕柔遠之意。"[66]明皇朝盛情地用大船歡送滿剌加等國國王及合臣回國，俾使相互友誼在皇朝更?中不受影響。

　　在英宗正統年間，滿剌加王國繼續與中國保持極其友好的聯繫，中國史籍載："正統四年（1439 年）三月戊午，滿剌加國遣使臣末加者剌吒滿達利……來朝，貢馬及方物。賜宴並賜彩幣等物有差。丙寅……滿剌加國使臣末加者剌吒滿達利等陛辭，命各齎敕並織金文倚、錦段等物歸賜其國王及妃。"[67]

　　西裏麻哈被剌死於公元 1444 年，在位共廿年。在這段歷史時期，他學習中國，設立了各種政治制度及朝儀宮典，在政治改革上，成立首相（Bendahara）、司刑——天猛公（Temenggong）、司財（Penghulu Bendahara）及各部首長（Mentri），前面三名大臣幫助他治理國政，這是第一級官員，此外，第二級官員還有四位，叫"門特里"（Mentri），即大臣，還有第三級、第四級的官員，如傳令官、侍從官、御仆、御前衛等等。滿剌加國王的官吏等級及門第，以傘蓋顏色劃分，國王是白傘，白傘遮羅闍，黃傘遮貴族，其次是紫傘，再次是紅傘及青傘，最低一等是黑傘。凡有黃傘的人，可騎象，其餘各等只許騎馬。在《馬來紀年》第十一章中，有詳細記載。這裏不再贅述。總之，西裏麻哈剌在開創制度、確立典章等方面，其功勞不在他的祖父及伯父之下，但在他逝世之後，滿剌加王室因爭奪王位而產生了政治危機。

【注　釋】

1　《太宗實錄》卷六四。

2、3　《明會典》卷一百六《滿剌加國》。

4　張燮《東西洋考》卷四《西洋列國考·麻六甲》。

5　《明史》卷三百二十五《滿剌加》。

6　《太宗實錄》卷七十一。

7　《太宗實錄》卷七十二。

8　《明史》卷三百二十五《滿剌加》。

9　《明會典》卷一百六《滿剌加國》。

10　《太宗實錄》卷八八。

11　羅曰裝　《咸賓錄》。

12　張燮《東西洋考》卷四《西洋列國考·麻六甲》。

13　馬歡《瀛涯勝覽》中《滿剌加國》條。

14　費信《星槎勝覽》前集《滿剌加國》。

15　《明史》卷三百二十五《滿剌加》。

16、17　《太宗實錄》卷一一七。

18　《太宗實錄》卷一一八。

19、20、21、22、23、24　《太宗實錄》卷一一九。

25《太宗實錄》卷一三二。

26　見鄭鶴聲、鄭一鈞編《鄭和下西洋資料匯編》中冊下。中國齊魯書社 1983
　　年濟南版。參看 1589 頁—1593 頁。

27　《太宗實錄》卷一三四。

28　《太宗實錄》卷一四二。

29　《太宗實錄》卷一五四。

30 《馬來紀年》第十一章《滿剌加王的締造》。

31 《明史》卷三百二十五《滿剌加》。

32 《太宗實錄》卷一五五。

33 轉引自張奕善著《明代中國與馬來西亞關係》。其注曰：參閱 J Kennedy: A History of Malay.A.D 1400-1959 PP6-7。

34 《太宗實錄》卷一六八。

35 《太宗實錄》卷一六九。

36 《太宗實錄》卷一八二。

37 《太宗實錄》卷一八三。

38 《太宗實錄》卷二０三。

39、40 《明史》卷三百二十四《外國五‧暹羅》。

41 《太宗實錄》卷二一六。

42 《明史》卷三百二十五《外國六‧滿剌加》。

43 《太宗實錄》卷二一七。

44 《太宗實錄》卷二二六。

45 《太宗實錄》卷二二九。

46 《太宗實錄》卷二三三。

47 《太宗實錄》卷二六三。

48 張禮千《馬六甲史》第一章馬六甲王國。

49 《明史》卷三百二十五《外國六‧滿剌加》。

50 《太宗實錄》卷二六九。

51 《太宗實錄》卷二七０。

52 以上史料參見（美）牟復禮（英）崔瑞德編《劍橋中國明代史》中國社會科學出版社 1992 年北京版第 313 頁。

53 《仁宗實錄》卷四。

54 《宣宗實錄》卷一七。

55　《宣宗實錄》卷一八。

56　見《劍橋中國明代史》第4章第333頁。

57　《宣宗實錄》卷六七。

58　《明史》卷三百二十五《外國六·滿剌加》。

59　《宣宗實錄》卷七六。

60　《明史》卷三百二十五《外國六·滿剌加》。

61　《宣宗實錄》卷一０六。

62　《宣宗實錄》卷一一０。

63、64　參見（美）牟復禮（英）崔瑞德編《劍橋中國明代史》第四章。

65　《英宗實錄》卷三。

66　《英宗實錄》卷四。

67　《英宗實錄》卷五三。

第七章　滿剌加國後期與中國友好關係的變化

第一節　速魯檀無剳佛哪沙篡奪息力八密息瓦兒丟八沙王朝，回教在滿剌加國奠定堅實基礎

　　滿剌加王國從創業開始，就與回教結下了不解緣。公元 1924 年，一位阿拉伯商人在丁加奴州的一條小河邊，發現一塊回教徒所立的碑石，上面刻有回教的教義條文，和一些犯奸淫罪者應得的罰則。碑文是用阿拉伯文寫的，石碑是公元 1303 年建立的，現保存在吉隆坡的博物館中。由此可見，回教在十四世紀時已傳入馬來半島。

　　在《馬來紀年》中講到西里麻哈剌的一個夢的故事：大王子即位，他是一位公正的國王，保護他的人民，當時各國的羅闍無出其右者。有一晚，忽夢見謨罕默德夫子（Nabi Muhammed）對他說：“我證明上帝是獨一無二的，謨罕默德是他的先知。”大王子得先知賜號為蘇丹謨罕默德（Suetan Muhammed）。先知說，明天破曉，有一艘船從猶太國（Jidda）來，將在滿剌加海岸登陸祝頌，且聽他們說些什麼。大王子道：“很好，我一定如此，決不懈意。”謨罕默德夫子便立刻消逝了。……那船果然準時到達，船員登岸在海灘祝禱。統領這船的是盤逸押杜兒阿寂（Seyyad Abdail Azid）。王即忙跨象幸臨，大臣扈從。他覺得和他夢中所見的相同，他便告訴盤陀訶羅和其他頭人們。當船員們行完儀式，王便令象伏下，召船主（Makhdum）上他的御象，帶他進城。盤陀訶羅和全體頭人都奉了清真教門，其餘的人民

也都奉王命學他們的榜樣。船主便做他們的導師（Cura），並上王尊號為蘇丹謨罕默德沙（Sultan Mahammed），盤陀訶羅則晉爵為室利和羅闍（Sri Wa Raja），意思是王伯，差不多和父親同等的關係。[1]

　　這是一個夢境，但由此我們可以看到，滿刺加王國的繁榮與發展，雖然與中國鄭和下西洋的駐紮有關，也有靠于中國王朝的保護。但滿刺加的繁榮，也依靠回教力量來共同開拓。當滿刺加人口大增的時代，需要蘇門答臘島北部的巴散（Pasai）、巴碌頭（Perlek）以及附近的大小口岸的商人們來做生意，運輸糧食及進行其他貿易活動，因此，在商品流通過程中，回教也傳入滿刺加。

　　回教創始於阿拉伯島，在中東各地傳播之後，傳入印度，然後傳到蘇門答臘的一些通商口岸。滿刺加建國之後，前來貿易的很多是蘇門答臘人，他們大多是回教徒，有高度的傳教熱忱，藉貿易的機會，積極傳教。中國使者鄭和也是回教徒。兩股力量結合在一起，滿刺加的回教力量很快發展起來。滿刺加王國第二位國王母幹撒幹的兒沙，曾與蘇門答臘島上的回教國家巴散聯婚，娶了一位信奉回教的公主。對於回教在滿刺加的傳播，起了決定性的作用。再加上當年拜里迷蘇刺在淡馬錫曾經遭受信奉印度教的滿者伯夷王國所驅逐，被迫流亡到這個地方來，早就想把敵國的宗教壓倒，因此第二代國王信奉回教後，運用國王的權力，下令全國臣民一律改奉回教。從此，回教就取代了印度教的勢力。而滿刺加也成為東南亞回教中心，有“小麥加”之稱了。雖然滿刺加國王接受了回教的洗禮，但馬來人並沒有完全拋棄印度文化，他們仍以兼收並蓄的態度，把許多優秀的印度文化遺產保留下來，成了後來馬來亞文化的一大特色。[2]

　　西里麻哈刺（Sri Maharajah）娶過兩位王妃，正妃是蘇門答臘島上羅幹國（Roken）的公主，次妃是淡密爾（Tamil）商人之女，篤信回教。淡密爾王妃先生有一子，名叫羅闍迦審（Raja Kasim）。後來，羅幹國公主也生了一個兒子，名叫羅闍伊的拉欣，因其母是羅幹國公主，是王室血統，所以雖曰次子，但繼承王位，西里麻哈剌死後，成爲滿剌加第四位國王。王號爲息力八密息兒丟八沙（Sai Parameswara Dewa Shah）。即位後，派使者往中國朝貢，史籍有記載：

1、正統九年（1444 年）十一月，乙丑，滿剌加國遣使臣宋那的剌耶等……俱來朝，貢馬及方物。賜宴及彩幣表里、鈔、絹等物有差。[3]

2、正統十年（1445 年），其使者請賜王息力八密息瓦兒丟八沙護國敕書及蟒服、傘蓋，以鎮服國人。又言：“王欲親詣闕下，從人多，乞賜一巨舟，以便遠涉。”帝悉從之。[4]

3、正統十年（1445 年）二月甲子滿剌加國遣使臣謢者那、錫蘭山國遣使臣耶巴剌謢的里亞等齎捧表文來朝，貢馬及方物。賜宴並彩幣金織襲衣等物有差。仍命來使齎敕並彩幣表裏歸賜其國王及妃。[5]

4、正統十年（1445 年）三月丁亥，滿剌加國使臣謢者那、錫蘭山國使臣那巴剌謢的里亞等乞賜紗帽及鈒花金銀帶，從之。[6]

5、正統十年（1445 年）三月壬寅，滿剌加國使臣謢者那等奏：“請賜國王息力八密息瓦兒丟八沙護國敕書及蟒龍衣服傘蓋，庶仗天威，以服國人心。”又云：“國王欲躬親來朝，所帶人物數多，乞賜一巨舟，以便往來。”上命所司造與之。[7]

息力八密息瓦兒丟八沙繼承王位之後，雖然請求明王朝給予支援，請賜“敕書蟒服，傘蓋以鎮服國人”，但遠水救不了近火，一切無補於事。因當時息力八密息瓦兒丟八沙年紀尚幼，於是由羅幹王協助，羅幹王便統治了滿剌加國，儼爲副王，全國都在他的掌握之中。他將羅闍迦審放逐出去，在一個漁夫家裏，勤勤懇懇地當一名漁夫。於是羅幹國王在滿剌加執政，儼然是一位國王，他操縱了國家的大權，對前首相阿瑪兒（Dato Sri Amar Diraja）也不放在眼內，獨斷專橫，使滿朝文武爲之側目。後來羅闍迦審在流浪途中，遇到一位船長叫無羅那逝羅兒益丁（Moulana Jelal-ed-din），他同情王子的遭遇，決定幫助他報仇雪恨，並向迦審提出一個要求，成功之後，給他和羅幹公主富帝利羅幹（Putri Racan）結婚。於是經過一番周密的計劃之後，船長會同迦審和他的舅父多阿里一起，一同密訪首相阿瑪兒，假稱皇上已經駕到在門外，把他從家中騙了出來，告訴他羅闍迦審要驅逐羅幹王，請他協助，阿瑪兒無奈何說：“我也很喜歡，因爲羅闍迦審也是我的主子。”於是他們立刻發動進擊王宮。進入內宮時，羅幹王不肯放開蘇丹，陸軍統帥高聲叫道：“把蘇丹拉開，不要和羅幹王在一起，因爲羅幹王也許會殺死他的。”但士兵們毫不聽話，拼命刺羅幹王，羅幹王覺得自己受傷了，他便把蘇丹刺死。這位蘇丹息力八密息瓦兒丟八沙在位只有一年零五個月。由他的哥哥羅闍迦審嗣位，上尊號爲羅闍無劍佛哪沙（Raja Mudhaser Shah），《明史》作速魯檀無箚佛哪沙，爲滿刺加第五位國王。[8] 速魯檀無箚佛哪沙即位後，淡密爾人得勢，王室之間又產生了許多矛盾。

　　速魯檀無箚佛哪沙國王在位十四年期間，經歷了內憂外患；暹羅的兩次侵略戰爭，因全國同仇敵愾力戰而獲全勝。領導這場戰爭的將領是多霹靂，後來被任命爲滿刺加國的首相。他協助國王處理朝政，並且在與中國關係隔絕了十年之後，又恢復了兩國邦交，想藉和中國的友善，以鎮攝暹羅的野心。從正統十年（1445 年）三月息力八密息瓦兒丟八沙遣使到明朝要求“賜護國敕書及蟒服、傘蓋，以鎮服國人”之後，整整十年，中、滿兩國就斷絕來往了，起碼在史書中還沒有查到。一直到景泰六年（1455 年），滿刺加國又派遣使者到中國來了。

　　1、景泰六年（1455 年），速魯檀無箚佛哪沙貢馬及方物，請封爲王。詔給事中王暉往。已，復入貢，言所賜冠帶燃毀於火。命制皮弁服、紅羅常服及犀帶紗帽予之。[9]

2、景泰六年（1455 年）五月己未，滿剌加國王速魯檀無箭佛哪沙遣頭目哪吽等來朝，貢馬及方物。賜宴並彩幣表裏，金織羅衣等物。[10]

3、景泰六年（1455 年）秋七月丙申，滿剌加國遣使臣端麻古凌釘等奉表來朝，貢馬及方物。賜宴並彩幣表裏、金織紵絲、襲衣等物。仍命齎敕並彩幣表裏，賜其王及妃。凌釘等奏，其王原賜冠服毀於火。詔復賜皮冠弁服、紅羅常服及紗帽、犀帶。[11]

4、景泰七年（1456 年）五月己丑，初，滿剌加國正、副使李囂等來朝貢，至廣東新會縣，囂以犯奸，自戕死。副使巫沙等已訖事，還鴻臚寺。通事馬貴等，憑番人亞末首請，稱囂有夜光珍珠並貓睛石未進。朝廷信之，遣員外郎秦顯並貴帶回。亞末等乘傳至廣東，會官追取。至是，鎮守廣東並巡按三司等官及顯等會，奏將囂男女行李逐一檢閱，別無前項寶物。命擒貴等，送法司，如律治之。[12]

天順三年（1459 年）速魯檀無箭佛哪沙逝世，在位 14 年期間。他致力於國家建設，國力也日益強大，成了一個強盛的國家。同時，從這一代國王開始，在王名之前，冠以"蘇丹（Sultan）尊號，《明史》有"速魯檀"之號，系同音。第四位國王的名號息力八密息瓦兒丟八沙（Sri Paramesuara Deva Shan），是綜合興都教和國教意味的名稱。而美好速魯檀（Sultan）的無箭佛哪沙，則是回教意味的名稱。從速魯檀無箭佛哪沙開始，回教在滿剌加國奠定了堅強的基礎。

速魯檀無箭佛哪沙治國期間，建立國家法典，兩次擊敗暹羅進攻。過去滿剌加國王遇到暹羅侵略時，就請求中國從中調停幫助，要求保護。到他這一任上，則發揮自己軍隊的戰鬥力，對外來侵略奮起反擊，這是滿剌加王國強大的標誌。公元 1459 年（英宗天順三年），速魯檀無箭佛哪沙逝世，子蘇丹芒速沙繼位，是為滿剌加國第六位國王。

第二節　蘇丹芒速沙將兩國關係推向高潮

十五世紀下半期，是滿剌加王國的黃金時代，繁榮達到極點。英人達福特（G.P.Dartford）對這段歷史的繁榮原因曾作如是說：因為它的地位正當海峽的最狹處，深水道是靠近馬來亞這一邊。在那些日子，每一期季風，自中東到中國的船隻航行一次。船舶自紅海各口岸或波斯灣航行到印度去，都得利用西南季候風，在那裏交易貨物後，趁東北風回去。印度商賈，如甘琶逸的胡茶辣人，載了這些貨物，以及印度貨，趁西南季候風橫渡孟加拉灣（Bayof Bengal）抵達滿剌加，將貨物在那裏交換當地土產，如金子和錫，以及中國或東印度的貨物，再等東北季候風回印度。同樣情形，中國的大船乘東北季候風到滿剌加來，等西南季候風回國。東印度的船舶，也載群島各地的香料或其他土產到滿剌加來。因此，滿剌加便成為一方是西方的印度，一方是中國、東印度和越南的貨物交流的中心。葡萄牙史家阿蒲奎克（Albuquerque）[13] 曾對其地位作賅要地敘述云："滿剌加口岸是很安全，不受風暴的侵害，從來沒有船隻等失蹤。它成為季候風的起點和終點，滿剌加人呼印度人為西方人，而爪哇人、中國、琉球人（Gores）、以及一切島民為東方人；滿剌加安然居中央，航行穩定，遠非新加坡所可比擬，因為在迦波舍（Capacia）淺灘，已有船隻失事。從東方到西方去的人，在這裏看到西方貨品，便帶走了，留下了他們所要載往西方去的東西，西方的人亦如此。"巴伯奢（Duarte · Barbosa）也有下列的印象："滿剌加城，為最富庶的口岸，批發商人也最多，可算全世界船舶衆多，商業繁盛的地方。"阿蒲奎克曾作結論道："我極端相信，如果有另一個世界和另外一條可通的航程，而是我們所尚未知道的話，他們都仍將常往滿剌加，因爲他們在那裏，可以獲得各色各樣的藥材和香料，凡是世界上所能叫得出名稱的，無所不有。"[14] 我們從這段記載可以看到，公元 1403 年中國使臣尹慶訪問滿剌加國以來，至此已有半個多世紀，這五十多年間滿剌加的政治、經濟、文化等方面的發展，非常迅速。經歷了五個王朝之後，滿剌加國的國力，已經能自己獨立；有強大的武裝力量擊退暹羅的進攻，這是滿剌加有史以來的盛舉。很多年來，滿剌加懼怕暹羅的威脅，歷代國王都希望以中國的威力來防止暹羅的進攻，而到了第五代國王，已能依靠自己的國力來對付外來侵略了，這是滿剌加強大的象徵。同時，由於它處於如此有利的地理位置，所以航線一旦被開闢之後，經濟發展就突飛猛進。過去鄭和來到時所看到的景象，也即馬歡、費信所載錄的滿剌加剛開闢時的情景，現在已大爲不同了，蘇丹芒速沙的皇宮，建造得金碧輝煌，據《馬來紀年》載："王宮分廿七落，每落三尋闊，木柱都有兩臂合抱之大。屋頂凡七層，都有嵌窗及伸展的屋檐，正面且有弧形的窗子，兩翼相交，雕工精巧，並鍍上流金。尖頂爲紅玻璃所造成，裝著大小不同的飾物。"[15] 可惜這座富麗的皇宮建成後不久，屋頂突然起火，全部焚毀。不過由此我們已可看到滿剌加王國的富有了。這時的滿剌加，與五十年前比較，已不可同日而語。

公元 1459 年（天順三年），蘇丹芒速沙（Sultan Mansur Shan）繼任第六代滿剌加國王。他在即位之初，立刻向明朝朝貢。中國史籍有記載：

1、天順三年（1459 年）六月戊午，錫蘭山國並滿剌加國王子蘇丹芒速沙各遣使亞烈葛、佛陰等來朝，貢珊瑚、寶石、乳香、錦衣、鶴頂、薔薇露等物。賜宴，並賜冠帶、織金文綺衣服、布絹有差。[16]

2、天順三年（1459 年），王子蘇丹芒速沙遣使入貢，命給事中陳嘉猷等往封之。越二年，禮官言，"嘉猷等浮海二日，至烏豬洋，遇颶風，舟壞，飄六日至清瀾守禦所獲救。敕書無失，諸賜物悉沾水。乞重給，令使臣復往。”從之。[17]

3、天順三年（1459 年）八月丙寅，遣給事中陳嘉猷爲正使、行人彭盛爲副使，持節封故滿剌加國王子蘇丹茫速沙爲滿剌加國王。賜敕諭王曰：“爾先世恪守藩邦，傳及爾父，繼承未久，遽然長逝。訃音遠至，軫於朕懷。爾爲嫡嗣，乃能遣使，以方物來獻，請命於朝。眷惟象賢，宜紹國統。特遣使齎詔，封爾爲滿剌加國王。仍賜彩幣，用答勤意。尚其永堅臣節，益順天心，用修藩屏之恭，勿怠撫綏之政。庶承先志，以享安榮。欽哉！”復命嘉猷等諭祭其國王速魯檀無箚佛哪沙，並頒詔告其國人。[18]

4、天順五年（1461 年）三月戊午，禮部尚書石瑁奏：“先是遣禮科給事中陳嘉猷，行人司行人彭盛爲正、副使，往滿剌加國行册封禮。于廣東政司造船，浮海行二日，至烏豬等洋，遇颶風，船破，漂蕩六日，至海南衛清瀾守禦千戶所地方，得船來救。嘉猷等捧詔書、敕書登岸，令水手打撈，得紵絲等物，俱水濕有　　，乞行廣東布政司收買。應付其紵絲、羅、布，宜於內承運庫換給，遣人齎付嘉猷，仍往行禮。”從之。[19]

蘇丹芒速沙（Sultan Mansur Shah）國王即位之初，尚未得到明朝廷册封，故中國史書上仍稱王子。陳嘉猷等持節前往時，又遭受颶風，在海南衛清瀾港被救起，至天順五年（1461 年）才再赴滿剌加。明英宗（朱祁鎮）對其父王速魯檀無箚佛哪沙逝世，深表哀悼。並册封蘇丹芒速沙爲滿剌加國王，希望他繼承先志，“以享安榮”。陳嘉猷是明朝優秀的使臣，英宗特別派他前往滿剌加，也表示對滿剌加的重視和禮遇。《明實錄》載：“成化三年（1467 年）冬十月乙未，通政使司右通政陳嘉猷卒。嘉猷，字世用，浙江余姚縣人。景泰辛未進士，授禮科給事中，改刑科……使滿剌加國封王，航海值風，舟環，得不死歸。治舟再往，竣事還，升通政司左參議，尋升右通政。丁父憂，奪情起復，未幾卒，年四十七，遣官賜祭。嘉猷儀觀豐偉，善於敷奏，因宣彈文，音吐洪亮，嘗爲英宗屬意云。"[20] 這也足以瞭解英宗對滿剌加王國之特別重視，因此時的滿剌加國，已是南洋群島的強大國家。自此兩國之間來往，又間斷了八年時間，一直到憲宗（朱見深）成化四年，又繼續禮尚往來：

1、成化四年（1468 年）冬十月戊戌，滿剌加國頭目八剌思、通事無沙等來朝，貢象及龜同物。賜八剌思、無沙冠帶並番伴人等衣服、彩段等物有差。[21]

2、成化五年（1469 年）三月戊戌，滿剌加國王滿速沙兒遣使臣端亞媽剌的那答等奉表來朝，謝恩貢方物。賜宴並彩段、衣服等物有差，仍命齎敕及彩段等物歸，賜其王及妃。[22]

3、成化五年（1469 年）夏四月庚辰，賜滿剌加國正副使端亞媽剌的那答等十二人金銀帶、紗帽有差。[23]

此後又有五年時間的間斷，至公元 1474 年（成化十年），因明朝派使者至占城被阻而轉道滿剌加事，又恢復來往。中國史籍詳細記下此事始末：成化十年（1474 年）十二月乙未，工科右給事中陳峻等使占城，不果入而還，以原領詔敕及鍍金銀印、采段等物進徼。初，峻等使占城，封國王盤羅茶悅。航海至占城新州港口，守者拒不容進，譯知其地爲安南所據，而占城王避之靈山。旣而之靈山，則知盤羅茶悅舉家爲安南所虜，而占城之地已改爲交南州矣。峻等遂不敢入。然其所齎載私貨及挾帶商人數多，遂假以遭風爲由，越境至滿剌加國交易，且誘其王遣使入貢。至是歸，奏安南據占城；具奏滿剌加國王以薪米供饋，禮意甚備。事下所司，禮部言："宜候滿剌加入貢使還，降敕獎諭其王。"……上俱從之。[24] 我們從以上事實中，可以瞭解到明朝的所謂朝貢是與貿易緊密相連，這是一種公開的官方的朝貢貿易，每次兩國使者之間的來往，所載私貨及挾帶商人甚多。這次陳俊、李珊等人本來是奉使占城，但遇到意外就轉航滿剌加，可見滿剌加已成爲一個繁榮的商港，所以他們敢於假遭風爲理由，越境到滿剌加國進行商品交易，同時爲了欺騙皇帝，又引誘滿剌加王遣使入貢，第二年，即成化十一年（1475年）五月，滿剌加國也眞的備好貢物前往中國。

1、成化十年（1474年）給事中陳峻册封占城王，遇安南兵據占城不得入，以所齎物至滿剌加，諭其王入貢。其使者至，帝喜，賜敕嘉獎。[25]

2、成化十一年（1475年）五月甲寅，滿剌加國遣正、副使端馬密等進金葉表文，並象、馬、火雞、白鸚鵡、金錢豹等物。賜宴及襲衣、彩段表裏，並以彩段、紗羅、錦歸賜其國王及王妃、王子有差。仍令齎敕諭國王蘇丹茫速沙曰：“比者朝廷遣給事中等官往占城，爲風飄至爾國。王遣人供饋，備悉誠意。茲因使臣回，便特賜五彩段二表裏，用示褒答，至可領之。”[26] 兩國之間的友好往來如故。這時的滿剌加王國在蘇丹芒速沙的領導下，日益強大，他已經不象過去一樣處於防衛的狀態，而是在經濟發達、國力強大之後，企國向外擴張了。當蘇丹芒速沙兩次擊潰暹羅侵犯之後，便進一步派軍隊佔領當時暹羅的附屬國彭亨；攻下彭亨之後，又佔領了柔佛、邦加裏斯（Benkalis）、吉利門島（Carimon Lsland）、兵打（Bintang）、麻坡等國，滿剌加成了南洋群島的強大國家。現在，反過來由滿剌加國主動提出與暹羅友好。蘇丹芒速沙和大臣們商量，認爲友誼比仇怨更重要，於是命令盤陀阿羅起草一封信給暹羅，信中寫道：“夫兵凶戰危，人所患也，願息干戈，以安蒼生。昔日冒犯於波兜迦浮耶羅者，萬望海涵。是以特遣敦多尼羅及門帝利闍那波多羅（Mantri Jana Patra）奉使前來。”然後派使臣送往暹羅，暹羅國王聽讀國書後，甚爲稱讚，也回信及饋贈禮物，當蘇丹芒速沙聽讀國書後說：“現在我安心了，因爲我的仇人已經變成朋友。”自此以後，滿剌加與暹羅友好相處。這完全是依靠自己的強大國力。[27]

由於蘇丹芒速沙治理國家獲得成功，所以對明朝廷的態度也與過去的國王不一樣了，他在和中國親善邦交中，流傳了許多優越感的有趣的故事。如針和西谷米的故事，吃雍菜的故事，明皇旁飲滿剌加王洗臉洗腳水的故事，[28] 雖然這些故事看似荒誕，但也由此看到滿剌加國國王不甘於臣屬的地位，渴望與中國之間，互相平等對待；於此也折射出他們對於明朝廷那種以大國自居的態度的一種心理，並於詼諧中顯露出來。

同時，在《馬來紀年》中，還記載了蘇丹芒速沙要娶中國公主皇麗寶（Hongli-po）的故事，在中國史籍中沒有記載，（見第五章注[59]）此事在馬來西亞至今已傳爲美談。也由此可見當年兩國之間友好的善良願望。公元 1477 年（憲宗成化十三年）蘇丹芒速沙逝世，馬哈末沙繼位，是爲滿剌加第七任國王。

第三節　馬哈末沙朝兩國交往發生波折

蘇丹芒速沙臨終前，羅闍胡仙繼承王位，上尊號爲蘇丹剌益定（Sultan Ala，ud-din）也就是《明史》所載的馬哈木沙。馬哈木沙是首相多霹靂（Tun Perak）的外甥，可見當時首相力量已控制了滿剌加王國。

馬哈末沙即王位後，政治上整頓朝政，軍事上以和平爲重，極力避免戰爭。對中國仍修友好，自 1477 至 1488 年期間，曾入貢中國四次。

《明史》載：成化十七年（1481 年）九月，貢使言：“成化五

年，貢使還，飄抵安南境，多被殺，餘黥為奴，幼者加宮刑。今已據
占城地，又欲吞本國。本國以皆為王臣，未敢與戰。"適安南貢使亦
至，滿剌加使臣請與廷辯。兵部言事屬既往，不足深較。帝乃因安南
使還，敕責其王，並諭滿剌加，安南復侵陵，即整兵待戰。尋遣給事
中林榮、行人黃乾亨冊封王子馬哈木沙為王。二人溺死，贈官賜祭，
子蔭，恤其家，余敕有司海濱招魂祭，亦恤其家。複遣給事中張晟、
行人左輔往。晟卒於廣東，命守臣擇一官為輔副，以終封事"。[29] 這
一段史載，已大概說明馬哈木沙國王與明朝的關係。當時明朝所派遣
的使者林榮，海南島人，當他出使滿剌加時，海南人武英殿大學士丘
浚寫《送林黃門使滿剌加國序》送行。大贊滿剌加國的富庶，序曰：
"漢始通西域，開西南夷，皆由陸以通，隋唐以來，航海之使始至，
然皆自君長其國，未有受命天子者，有之，肇自今日，然多因其故而
封之。惟滿剌加之有國，實我文皇帝始為之開疆土也。其地在中國西
南大海之外，舊國于暹羅斛國。永樂初命中貴駕巨艦自福唐之長樂五
虎門，航大海西南行，抵林邑，又自林邑正南行八晝夜抵其地，由是
而達西洋古里大國，分綜遍往支阿舟榜葛剌忽魯謨斯等處。逮其回
也，咸至於是聚齊焉。歲己丑（1409 年），遣使封其酋為王，建以為
國，自是凡易世。必請封於天朝，世以為常。乃成化辛丑（1481
年），其國王卒，子當嗣位，遣使臣備方物來請封，上命禮科給事中
林榮、仲仁為正使，如故事持節以行。"此處已說明了馬哈木沙即位
後，像歷代國王一樣，派遣使者到中國請封。而張禮千的《滿剌加
史》中卻說"此王不見明史，至以為異，是否失載，抑未入貢，殊難
斷定"。此判斷有誤，連張禮千本人也不敢置信，他說："據余推
想，滿剌加自首王以至末王，無一不與中國發生關係，獨缺此王，寧
有是理？"他的推想不錯，不僅《明史》、《明實錄》有記載，而且
在子集中也有文載錄，此系張禮千細中有粗故也。丘浚在這篇序中，

還盛讚當時滿剌加的繁榮昌盛。他說："子聞滿剌加之地，諸番之會也。凡海外諸夷，歲各齎其所有，於茲焉貿易，種類怪詭，物產珍異。……俗尚和美，民物繁富，而無貧苦者。物產珍美，色色有之，罔有欠缺。且地無雨雪霜雹，惟夜霏濃露，以滋物生，浮屠氏之所謂極樂世界，似指是與。"他把滿剌加描繪成人間天堂，有如佛家的極樂世界，並希望"仲仁(林榮字)至彼諸番會集之地詰封禮畢，宣佈聖天子德威，徐觀其會通而詢察之，重譯其言，遍訪其俗。將必有瑰奇之見，詭異之聞，所以開廣其心胸，增益其志識者矣。"[30] 可惜丘浚對林榮的厚望不能實現，林榮在赴滿剌加途中遇颶風溺死海上。這一點《明史》有載。在《明實錄》中，對於成化年間兩國使者的互訪，以及這一事件的波折，也有詳細記錄。茲以備考：

1、成化十七年（1481 年）秋七月辛丑，遣禮科給事中林榮充正使、行人司行人黃乾亨充副使，封滿剌加國故王蘇丹速沙子馬哈木沙為國王。[31]

2、成化十七年（1481）年八月乙巳，滿剌加國遣正、副使端亞瑪剌的那查等來朝，貢象及方物。賜宴並衣服、彩段等物有差，仍以織金彩段、文錦等物付使臣，歸賜其國王及妃。端亞媽剌的那查等乞冠帶，與之。[32]

3、成化十七年（1481 年）九月壬申，滿剌加國使臣端亞媽剌的那查等奏："成化五年，本國使臣微者然那入貢還，至當洋被風飄至安南國。微者然那與其僚從俱為其國所殺，其餘黥為官奴，而幼者皆為所宮。"又言："安南據占城域池，欲併吞滿剌加之地。本國以皆為王臣，未敢興兵與戰。"適安南使臣亦來朝，端亞媽剌的那查乞與廷辯。兵部尚書陳鉞以為，此已往事，不必深校，宜戒其將來。上乃因安南使臣還，諭其王黎灝曰："爾國與滿剌加具奉正朔，宜修睦結好，藩屏王室。豈可自恃富強，以干國典，以貪夭禍。滿剌加使臣所奏，朝廷雖未輕信，爾亦宜省躬思咎，畏天守法，自保其國。"復諭滿剌加使臣曰："自古聖王之馭四夷，不追咎於既往。安南果複侵陵，爾國宜訓練士馬，以禦之。"[33]

4、成化十七年（1481 年）冬十月丙辰，使占城國行人司右司副張瑾有罪，下獄。先是，瑾與給事中馮義同奉命，齎敕、印封占城國王故齊亞麻勿庵爲王，多挾私貨，以圖市利。至廣東，聞齊亞麻勿庵已死，而其弟古來遣哈那巴等來請封，慮空還失利，亟至占城……又經滿剌加國，盡貨其私物以歸……[34]

5、成化十九年（1483 年）十二月乙丑，贈故禮科給事中林榮爲本科都給事中，行人司行人黃乾亨爲本司司副，賜祭並各錄其子一人爲國子監生。榮充正使，乾亨充副使，往滿剌加國封王，航海遇風溺死，同行者亦多死焉。巡撫兩廣都御史朱英以聞，且乞加恩典。事下禮部，覆奉，故有是命。其官軍人等死者，令有司於海邊設位招魂以祭，給其家：官各絹四匹、米三石，軍民人等各布二匹、米一石；生還者各布一匹、米五斗。[35]

6、成化二十年（1484 年）五月乙巳，遣吏科右給事中張晟充正使，行人司行人左輔充副使，捧詔敕、禮物，封故滿剌加國王男馬哈末沙爲滿剌加國王。以先遣給事中林榮等舟溺不至也。[36]

7、成化二十一年（1485 年）八月丁未，封滿剌加國副使、行人司行人左輔奏："正使、吏科右給事中張晟，至贛洲病死。今海舟已具，擇十月內開洋，若候再遣正使，恐風信過期。"詔報："既欲趁風信，正使不必遣，令輔即廣東選七品以上能幹有司官一員同往。"[37]

8、成化二十三年（1487 年）三月癸亥，行人左輔使滿剌加國歸，順帶國王謝表，又以國王所贈寶物及西洋布上進。禮部奏："輔順帶番表，有失大體，當罪，其贓物當送官。"有旨："左輔涉海險阻，其宥勿罪。寶物收之，西洋布仍與輔。"[38]

以上所列八條，均馬哈木沙國王與明朝廷的外交活動。從成化十三年（1477年）至成化二十三年（1487年）十年時間裏，兩國之間的使臣來往出現兩個問題：一是與安南國的關係。由於安南國的無理，憲宗諭滿剌加，"安南復侵陵，即整兵待戰"，表明明朝已非常瞭解滿剌加的實力，足以抵禦安南的侵略行爲。二是明朝派出的使臣左輔。出發時因正使張晟病故，他以副使主事前往，乃竟從中舞弊，歸航時除公務外，挾帶天方回回阿立的寶物累萬于滿剌加國至京進貢，因寶物爲內官韋眷所侵克，奏請查驗時揭發出來；左輔的攜帶，系貪贓枉法行爲，被禮部奏請"當罪"。但明朝官吏出使時循私舞弊的事太多了，所以憲宗仍下令從輕處理，以"涉海險阻，其宥勿罪"爲名而寬恕他，這也可見明朝官吏黑暗一面。

在馬哈末沙十年統治滿剌加期間，內政修明，對外威望更盛，附近各島商人，把滿剌加視爲樂土，紛紛移入。滿剌加國的黃金儲量也日益豐盈，[39] 因此，馬哈木沙決定去麥加朝聖，但由於宮庭內部的紛爭，他在啓程之際，忽然被毒死，據說主事者是彭亨與英得其利之蘇丹。馬哈末沙死於1488年（孝宗弘治一年），時年尚未滿30歲。

馬哈末沙逝世後，繼承王位問題在一番權力紛爭之後，宣佈羅闍牟陀承繼王位，於是尊號爲蘇丹媽末沙（Sultan Menawer Shah），《明史》作蘇丹媽末。

【注　釋】

1　《馬來紀年》第十一章《滿剌加王國的締造》。

2　參見馮汝陵《馬來亞史話》七《公主的柔情》。

3　《英宗實錄》卷一二三。

4　《明史》卷三百二十五《外國六‧滿剌加》。

5、6　《英宗實錄》卷一二六。

7　《英宗實錄》卷一二七。

8　見《馬來紀年》第十二章外威之禍。

9　《明史》卷三百二十五《外國六・滿剌加》。

10　《英宗實錄》卷二五三。

11、12　《英宗實錄》卷二五六。

13　此阿蒲奎克為攻陷滿剌加的亞風塞・阿蒲奎克（Afonso Albuquerque）的兒子，曾著書記載他父親的遠征勳績。

14　英・達福特（G・P・Dartford）著《馬來亞史略・三・滿剌加王國》引述葡萄牙史家阿蒲奎克及巴伯奢的論述。

15　《馬來紀年》第十六章杭迦斯頭利的故事。

16　《英宗實錄》卷三〇四。

17　《明史》卷三百二十五《外國六・滿剌加》。

18　《英宗實錄》卷三〇六。

19　《英宗實錄》卷三二六。

20　《憲宗實錄》卷四七。

21　《憲宗實錄》卷五九。

22　《憲宗實錄》卷六五。

23　《憲宗實錄》卷六六。

24　《憲宗實錄》卷一三六。

25　《明史》卷三百二十五《外國六・滿剌加》。

26　《憲宗實錄》卷一四一。

27　《馬來紀年》第十三章暹羅侵略滿剌加。

28　《馬亞紀年》第十五章中國和滿剌加的親善邦交，詳細情節見本書第五章的注 59。

29　《明史》卷三百二十五《外國傳六・滿剌加》。

30　丘浚《瓊台會稿》卷之三《送林黃門使滿剌加國序》。

31 《憲宗實錄》卷二一七。

33 《憲宗實錄》卷二一九。

34 《憲宗實錄》卷二二〇。

35 《憲宗實錄》卷二四七。

36 《憲宗實錄》卷二六六。

37 《憲宗實錄》卷二六九。

38 《憲宗實錄》卷二八八。

39 《亞伯奎疏解》中，謂滿剌加當時各色居民，其數已成四萬，而王之富有，
亦冠絕一時，僅黃金一項，已達一百四十寬且兒（quintal）（一寬且兒合一
百磅，或一百二十磅）。

第八章　蘇丹瑪末朝的使臣案和兩國交往中斷

第一節　使臣案的發生與經過

　　蘇丹瑪末是滿剌加國第八位國王，也是滿剌加王朝的末代君主。他年幼登王位，由老宰相端霹靂盡心輔助，繼而是宰相普泰（Tun Puteh）執政，先後征服了曼鍾（Manjang，在今吡叻州）和吉蘭丹，不久，北方的北大年和吉打亦來歸順，國勢大振。

　　但蘇丹瑪末內宮矛盾重重，權歸外戚，國家的隱患嚴重。

　　孝宗弘治時，在長長的十多年時間裏，蘇丹瑪末與明朝間斷了外交往來，就如弘治十八年（1505 年）給事中任良弼等對處理占城事時所說：“請封之事當酌量審處。皇祖之訓，以占城朝貢時內帶行商，多譎詐，嘗力阻之。……如往時給事中林霄之使滿剌加，不肯北面屈膝，幽餓而死，而不能往問其罪，君命國體不可不惜。大抵海之國，無事則廢朝貢而自立，有事則假朝貢而請封。”[1] 可見當時中國與滿剌加國之間，已存在芥蒂了。一直到弘治十六年（1503 年）冬十月辛丑，因琉球國的事而涉及滿剌加。先是，琉球國王遣人吳詩等乘舟之滿剌加國，遇風舟覆，詩等一百五十二人漂至海南登岸，為邏卒所獲，廣東守臣以聞。上命送詩等於福建守臣處給糧養贍，候本國進貢使臣去日，歸之。[2] 在弘治十七年（1504 年）十一月丁未，也因琉球國的事涉及滿剌加。“先是，琉球國遣人往滿剌加國收買貢物，遭風未回，致失二年一貢之期。至是，遣人補貢，福建守臣以聞，命如例納之。”[3] 這兩次均不是直接與滿剌加國的外交來往。整個孝宗弘治年間的十八年，兩國外交中斷了。究竟什麼原因，除任良弼所說的林霄事件外，史書沒有記錄，而林霄爲何"不肯北面屈膝，幽餓而死"的事實，也無法查考。不過任良弼所說的，"無事則廢朝貢而自立，有事則假朝貢而請封"，倒是說出了朝貢外交的本質。

到了武宗正德三年（1508 年），兩國之間才恢復友好往來。

1、正德三年（1508 年）十二月庚午，滿剌加國王遣副使端亞智等來朝，貢方物。回賜國王蟒衣、彩段、沙羅、文錦，及賞使人彩段衣服絹鈔有差。[4]

2、正德三年（1508 年）十二月乙亥，滿剌加國貢使火者亞劉等回以船爲颶風所壞，請令廣東布政司代造，禮部言："宜令鎮巡官驗實，俾自修理，果須重造，其材亦宜自備，所司但量給力役付之。"詔可。[5]

3、正德四年（1509 年），春正月丁未，以大祀禮成，上御奉天殿大宴文武群臣及四夷朝使。時滿剌加使臣端亞智來朝在館，禮部請如朝鮮使臣例，得與宴，位於殿東第七班中。[6]

但正在恢復往來的時候，又發生了使臣案。當蘇丹媽末遣副使端亞智等貢方物時，貢使火者亞劉等回以船爲颶風所壞，請令廣東布政司代造。正德五年（1510 年）亞劉與亞智在利益矛盾時火拼，這是中國與滿剌加國兩國官員貪贓枉法所引起的惡果。史籍載："正德五年（1510 年）春正月己卯，滿剌加國王所遣使有亞劉者，本江西萬安人蕭明舉也，以罪叛入其國，爲通事。至是，與國人端亞智等來朝，並受厚賞，因賂大通事王永、序班張宇，謀往渤泥國索寶；而禮部吏侯永等亦受賂，僞造符印，擾害驛遞。後與亞智等二十一人相忿爭，遂謀諸同事彭萬春等，共劫殺之，盡得其財物。事覺，逮至京，明舉擬淩遲，萬春等處斬，各梟首示衆！王永減死罰米三百石，張宇、侯永等戍邊，伴送千戶董源降二級，經管郎中裘壤罰米三百石，尙書白鉞等各奪俸三月，廣東鎮巡三司及所經地方失覺察者各罰米二百石，惟提督市舶司內官潘忠特宥之。至是，禮部議：'夷人存有婆結亞班者，宜差官伴送，及先所賜敕書勘合等物，俱付原留廣東夷人敦篤思領回。仍諭國王知之。'[7]自從這次事件之後，兩國邦交又中斷了。

實際上，所謂"朝貢"活動，本來應是兩國外交往來的一項外事工作。但由於中國封建王朝繼承了"天下一統"的觀念，把遠近國家對中國的訪問也稱爲"朝貢"，一國使節來訪必帶本國土特產，而中國也必須以本國特產"回賜"，往往是"厚往薄來"，所以後來很多朝貢都帶有貿易性質，外國及中國的私商都認爲朝貢活動是有利可圖的手段，借朝貢而進行官商勾結的貿易活動，因此往往是借"朝貢"之名，行貿易之實。鄭和下西洋之後，"朝貢"活動達到歷史的最高潮，利用"朝貢"進行貿易謀利已成不可避免的事實。這是由於明代實行海禁，貿易活動就必須依託"朝貢"進行了。所以"朝貢"的貿易化，已使傳統的朝貢改變了性質，成了兩國之間雙邊關係的貿易活動了。這次的使臣案，也屬於這類活動的個案之一。

不過我們也只能從史籍所載的朝貢活動中，看到兩國之間外交關係的友好的一面。中國封建王朝統治者的心目中，對周遭所謂"藩屬"的國家，和平共處，不去干涉別國的內政，只求禮尚往來。與滿剌加王國也是一貫執行和平外交的政策。儘管滿剌加王國的末代國王不來朝貢了，一旦他們又派使者來，明朝也不計前嫌，同樣以禮相待，即使滿剌加被葡萄牙武裝侵略之後，明朝也同樣想挽狂瀾於既倒，不過已經無能爲力罷了。

自從使臣案發生之後，明朝下令"非貢期而至"的番船，即阻回。正德五年（1510年）及正德九年（1514年），均對此事加以措施：

1、正德五年（1510年）秋七月壬午，廣東市舶司太監畢眞奏：

"舊例泛海諸船，俱市舶司專理。邇者，許鎮巡及三司官兼管，乞如舊便。"禮部議："市舶職司進貢方物，其泛海客商及風泊番船，非敕書所載例，不當預奏入。"詔如熊宣舊例行。宣，先任市舶太監也，常以不預滿剌加等國番船抽分，奏請兼理，爲禮部所劾而罷，劉瑾私眞謬以爲例云。[8]

2、正德九年（1514 年）六月丁酉，廣東布政司參議陳伯獻奏："嶺南諸貨出於滿剌加、暹羅、爪哇諸夷，計其產，不過胡椒、蘇木、象牙、玳瑁之類，非若布帛、菽粟，民生一日不可缺者。近許官府抽分，公爲貿易，遂使奸民數千駕造巨舶，私置兵器，縱橫海上，勾引諸夷，爲地方害，宜亟杜絕。"事下禮部議："令撫按等官禁約番船，非貢朝而至者，即阻回，不得抽分以啓事端，奸民仍前勾引者，治之。"報可。[9]

明朝的走私活動，已干擾了外交關係的正常進行。這也是封建王朝中不可避免的腐敗現象。

第二節　滿剌加國的衰亡

鄭和下西洋到了滿剌加，幫助滿剌加王國紓解與鄰國暹羅的緊張關係，並在開通航線的過程中，使滿剌加的貿易空前繁榮；僅僅半個世紀時間，滿剌加從一個漁村發展成爲繁榮的商港，滿剌加王國空前強盛。正當滿剌加聲譽日益隆盛之際，西方國家發現了新航線，給滿剌加帶來了前所未有的危機。

十五世紀中葉，葡萄牙亨利王子組織了深入大洋和南下非洲海洋的連續探險，在馬德拉、亞速爾、佛得角等群島建立了深入大西洋探險的前哨陣地。十五世紀末，在西班牙國王的資助下，哥倫布 4 次作橫渡大西洋的探險，到達了加勒比海群島與中美洲沿岸地區（1492—

1504 年）；與此同時，葡萄牙派出了瓦斯科·達·伽馬率領的船隊首次完成了繞道好望角到達印度的新航路（1497—1498 年）。舊大陸在一個世紀裏所"發現"、征服、擴張的未知大陸、島嶼和海洋，超過了以往所有世代的總和。[10] 他們發現了航線之後，採取了與中國鄭和下西洋的不同的態度：鄭和的遠航，僅僅是爲了王道的宣揚與異域風物的詩文唱和，藉以滿足中國封建統治者"際天極地皆王臣"的虛榮心；而西方人則是探測經濟情報和實施征服的可能性，並從此開始了向海外地區進行征服和殖民擴張的大進軍。

　　葡萄牙位於歐洲的伊比利安半島（Iberian P.），地小人稀，本來是一個貧困的小國，面積不及馬來半島的三分之二。1498 年達·伽馬首先繞過非洲，再東航而抵達印度南部的古里佛（Calicut）之後，葡萄牙的另一位航海者阿伯奎（Afouso d' Albuquerque）繼續東來，並於 1504 年受命爲葡萄牙駐印度的總督。他到了印度之後，發現了馬六甲不僅是一個繁榮富庶的商港，而且是東西方貿易的樞紐。他們野心勃勃，巴伯奢曾寫道："誰是滿剌加的主宰，誰便握住威尼斯的咽喉。"於是 1509 年薛魁剌（Lopez de Sequiera）奉葡王麥努爾（Manuel）的意旨，率領五艘兵船組成的艦隊，帶著葡萄牙王的國書和禮物，直航滿剌加，其使命是要求在滿剌加建立商站。

　　當葡萄牙的艦隊來到滿剌加的時候，滿剌加人還不懂得厄運已降臨到自己頭上。他們對這些未見過的白人感到非常好奇，在《馬來紀年》中，有一段十分眞實的描繪：有一艘佛朗機（葡萄牙人的別稱）船從臥亞（Goa）到滿剌加通商，看到滿剌加是個好地方，又美麗，又太平。全滿剌加人都擠擁著去看佛朗機，看見他們的樣子，很是奇怪，從未見過。他們道："這些都是白色孟加裏人嗎？"每一個人都給幾十個滿剌加人圍住觀看，捋他們的須，摸他們的頭，脫他們的帽，或者握著他們的手。那船主便去見盤陀訶羅。盤陀訶羅看待他像自己的兒子。船主卻送他一條二百圈長的金鏈，鑲著美麗無比的寶石，是呂宋（Manilla）的鑲工。他將它套在首相頸上。在場的人民見了都大起公憤，但首相卻道："不知者不罪。"他對待他們這樣的仁慈。船主也事奉首相如父親一般。季候風起了，船主便回臥亞去，將滿刺加的偉大和人煙稠密報告都督。那時的都督大人名叫亞風塞阿蒲奎克（Alphonsus　Albuquerquo），他聽到滿刺加是那麼好的地方，便渴望著。他吩咐預備一個艦隊，包括七艘海舶，十三艘樓船，命貢沙伏畢雷剌（Gonsalvo Pereira）為水師統領去攻打滿刺加。[11]

當葡萄牙人第一次登臨滿刺加，提出通商的要求時，卻被首相斷然加以拒絕。和談不成，就來武力威脅；葡萄牙人舉槍實彈的射擊，激起了舉國上下的公憤，同仇敵愾把葡軍擊退，首相打算一舉殲滅葡軍，但他的計劃卻被一位爪哇姑娘告密，因為她愛上了一個葡萄牙士兵，為了私情，她星夜泅水到葡萄牙兵艦通知這一消息，薛魁剌聞訊連夜逃竄。1511 年，葡萄牙駐印度的總督阿伯奎親自率領一支艦隊，包括戰艦十九艘，兵士一千四百人，武器和糧食配備充足，7 月 1 日駛進滿刺加港口，鳴炮吹號，聲震雲霄。蘇丹媽末不得不與之談判，葡萄牙要求釋放被拘禁的葡人，又要求賠款三萬三千鎊，以償焚燒倉庫的損失。談判破裂後，終於在 8 月 10 日，葡軍攻進滿刺加。曾經煊赫一時的滿刺加王國，終於淪入葡萄牙人手中。以後的一百三十年間，葡萄牙成了這個聞名東南亞的古城的統治者。滿刺加王朝經歷了八位蘇丹的統治，由公元 1403 年建國至公元 1511 年被滅，共有 108 年之久。

滿刺加國王蘇丹媽末，是一位頑強的君主，當滿刺加被葡萄牙佔領之後，他率領妻子及殘部，沿著麻坡河溯流而上，在吧莪（Pagoh）駐紮以備反攻，準備了九年之後，他聯絡彭亨的第一、二任蘇丹，在柔佛一帶建立了流亡王國，吧莪地方由他的兒子阿末留守。媽末曾二次攻打滿剌加葡軍，被打敗，吧莪也被佔領。1525 年，蘇丹媽末又分水陸兩路向滿剌加圍攻，圍城一月尚未攻下，無功而退，守在兵丹島，第二年又被莆萄牙軍打敗，逃到隔海的屬國甘巴。兩年以後，含恨死于甘巴。先後經歷了 17 年的流亡戰鬥的艱難年代。媽末逝世後，次子阿老定繼承王位，他也立志恢復滿剌加王國，以繼承先王遺志，並在柔佛河上游建立要塞。1536 年，與葡軍作戰失敗，被迫講和，住在麻坡，葡萄牙承認他為柔佛蘇丹，柔佛國正式誕生，阿老定遷都舊柔佛（Johore Lama），滿剌加王朝到此結束。　　附：滿剌加王統表

滿剌加王統表

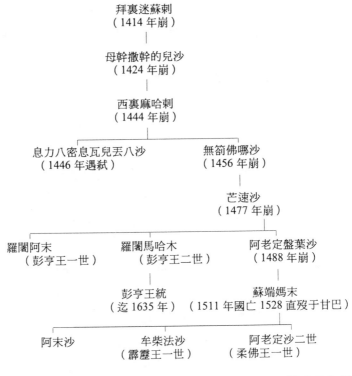

據英·達福特 G·P·Dartford《馬來亞史略》

第三節 走馬溪之役和兩國朝貢貿易的結束

當葡萄牙人侵佔滿剌加，國王蘇丹瑪末出走流亡的時候，曾派使臣到中國求援。時世宗已嗣位，從正德進入嘉靖年間了。史籍所載：

1、正德十六年（1521 年）六月壬寅，滿剌加國遣使齎金葉表文及方物來貢，經賞使臣並回賜國王、王妃如例。[12]

2、正德十六年（1521 年）秋七月己卯，正德間，海夷佛朗機逐滿剌加國王蘇端瑪末而據其地，遣使加必丹木等入貢請封。會滿剌加國使者爲昔英等亦以貢至，請省諭國王及遣將助兵複其國。禮部已議絕佛朗機，還其貢使。至是，廣東復奏：“海洋船有稱佛朗國接濟使臣衣糧者，請以所齎番物，如例抽分。”事下禮部，覆言：“佛朗機非朝貢之國，又侵奪鄰封，獷悍違法，挾貨通市，假以接濟爲名，且夷情叵測，屯駐日久，疑以窺伺。宜敕鎮巡等官亟逐之，毋令入境。自今海外諸夷及期入貢者，抽分如例。或不齎勘合，及非朝而以貨至者，皆絕之。滿剌加求援事宜，請下兵部議。”既而兵部議：“請敕責佛郎機，令歸滿剌加之地。諭暹羅諸夷以救患恤鄰之義。其巡海備倭等官，聞夷變不早奏聞，並宜逮問。”上皆從之。[13]

當時明朝爲了維護滿剌加王國的統治，作出了各種努力，令葡萄牙歸還滿剌加之地。在《明史》上也有記載：“後佛朗機強，舉兵侵奪其地，王蘇端瑪末出奔，遣使告難。時世宗嗣位，敕責佛朗機，令還其故土。諭暹羅諸國王以救災恤鄰之義，迄無應者，滿剌加竟爲所滅。時佛朗機亦遣使朝貢請封，抵廣東，守臣以其國素不列王會，羈其使以聞。詔予方物之直遣歸，後改名麻六甲云。”[14]明王朝的努力，也無法挽回滿剌加滅亡的命運。而葡萄牙是歐洲第一個向海外殖民的國家，他佔領滿剌加之後，目的還在於覬覦中國。到了清代，中國的澳門，也淪爲葡萄牙的殖民地。

明朝的朝貢貿易，客觀上促進了中國與周邊國家人民的友好往來，但朝貢是爲了海禁，禁止私人海上貿易。因此，海禁與反海禁鬥爭十分劇烈。

明統治者在實行海禁的同時，還打擊海上走私活動。[15] 當時有的人因利用朝貢貿易而獲巨利，於是冒充朝使到國外進行貿易。如成化七年（1471年），福建龍溪人丘弘敏一夥犯禁出海，到滿刺加等國貿易，在暹羅詐稱朝使。謁見暹羅王，其妻馮氏亦謁見國王夫人，並接受其珍寶等物。返航到福建時，爲官軍捕獲，除現場殺死者外，丘弘敏等29個被處斬，餘下3人因年幼被發廣西邊衛充軍，馮氏給功臣的家爲奴，弘敏隨船買回的4名外國人解京處理。[16] 明朝厲行海禁，鎮壓走私貿易的同時，也損害了參與走私貿易的豪門勢族利益；這些豪門勢族爲了攫取貿易巨利，無視海禁律法，公然參與走私貿易，他們或者"爲賊腹心，標之旗幟，勾引深入，陰相窩藏，展轉貿易"。[17] 或者"強截良賈貨物，驅令入舟"。[18] 更有甚者，則明目張膽地讓走私貿易船泊於近郊，張掛旗號，貼上官方封條，役官夫以送出境。[19] 而當海禁嚴厲，自己的利益受到傷害時，則勾結朝官，掀起一場反海禁的鬥爭，走馬溪之役就是典型的一例。[20]

自從葡萄牙佔領了滿刺加之後，曾遣使三十人從廣東入貢，他們企圖乘此打開通往中國的航線及作商業掠奪。明晉江人何喬遠，著有《名山藏》一〇六卷，成于萬曆末（1619年），其中有《滿刺加條》，記載了這一段史實。何喬遠寫道：當時明朝"廣東守臣以佛郎機故不列于王會，羈其使以聞，詔給方物遣之歸。使者留不去，劫奪行旅，掠食小兒，廣人苦之。會滿刺加來訴，御史丘道隆、何鼇相繼疏言，佛郎機擅奪天朝受封之夷，據有其地，且駕大舶、操兇器，往來交易，爭鬥殺傷，此南服禍始也。昔祖宗時，夷貢有期，毋敢闌入，自吳廷舉議弛禁，於是夷心無厭，射利如隼，揚帆如馳，以致佛朗機伺隙而侮，今宜絕之，毋留。詔從之。而佛朗機有使者亞三（Hassan），能通番語，賄江彬，薦之武宗從巡幸。武宗見亞三時，時學其語以爲樂。他日有事四夷館，兀坐而見禮部主事梁焯，焯怒杖亞三。彬聞，大詬曰：彼嘗與天子遊戲，肯下跪一主事耶？世宗即位，佛朗機複以接濟使臣衣糧爲名，請以所齎番物如例抽分，詔複絕之。率其屬疏世利等千餘人，破巴西國，入寇新會縣西草灣，指揮柯榮、戶王應恩截海禦之，生擒別都盧、疏世利等四十二人，斬首三十五級。余賊復來接戰，應恩死之。海道副使汪宏，遂得其銃以獻，名佛朗機銃。自是佛朗機諸夷舶，不市粵而潛之漳州。"[21]可見當時葡萄牙侵佔滿剌加後，又千方百計進入中國，擴大其圖利的野心。而葡人之所以能使其活動得逞，是因爲明朝在海禁與反海禁鬥爭中，他們得到反海禁者的支援。因此，嘉靖二十六年（1547年），發生了走馬溪事件。《名山藏》中載此事的開頭，《明實錄》載此事的經過及結果。

先看《名山藏》記載：二十六年（1547年），"巡視浙福都禦使朱紈，嚴海禁，漳人不敢與貿易，捕逐之，夷人憤起格鬥，盡爲我所殺，語在日本記。而廣東督臣更言，許佛朗機市有四利焉。中國之利，鹽鐵爲大，山封水火氣，仡仡終歲，僅充常額，一有水旱，勤民納粟，猶懼不蔋舊規，番舶朝貢之外，抽解俱有則例，足供御用，利一也。兩廣用兵連年，庫藏日耗，藉以充軍餉，備不虞，利二也。廣西一省，全仰廣東，今小有徵發，即措辦不前，科擾于民，計所不免，若異時異舶流通，公私饒給，利三也。貿易舊例，有司擇其良者，如價給之，其次資民買賣，故小民持一錢之貨，即得握椒，展轉交易，可以自肥，利四也。助國給軍既有所賴，在官在民又無不給，此因民之所利而利之也。非所謂開利孔，爲民罪梯也。以此佛郎機得入廣東香山澳爲市。香山澳之有佛朗機，若懸疣然，而滿剌加國竟爲佛郎機所據，漸奉之爲眞主矣。"²² 這裏記錄了葡萄牙佔領了滿剌加又覬覦佔領中國的澳門，而澳門終於成爲葡萄牙的的殖民地。明代人對於葡萄牙的侵略行爲，喩爲三害之一："佛郎機，點夷也。貓睛鷹咀，拳髮赤須，而貌皆白，屬干系臘國，行賈無所不至，至則謀襲其國人。滿剌加海有龍龜（即鱷魚）高四尺，四足，有鱗甲，露長牙，齧人立死；山有里虎或變人形，入市殺人；合佛郎機爲三害云。汪宏旣擒佛朗機，傳其銃，後爲吏部尙書，會北虜入寇，宏請頒佛朗機銃于諸邊，邊鎭賴其用。"²³ 由於明朝海禁與反海禁鬥爭極端激烈，所以葡萄牙人有機可乘，他們到澳門建立商埠之後，慢慢地侵略的野心就原形畢露，進而把澳門侵佔爲殖民地了。這是後話。

在《明實錄》中，記載了走馬溪之役中的詳細經過及其後果：

嘉靖二十九年（1550 年）秋七月壬子，先是，（朱）紈奏海夷佛朗機國人行劫至漳州界，官軍迎擊之於走馬溪，生擒得賊首李光頭等九十六人，已遵便宜斬首訖，章下兵部，請俟核實論功。會御史陳九德疏論紈專殺，濫及無辜，法司覆請官會勘，上從之，遂革紈職，命兵科都給事中杜汝禎往。至是，汝禎及御史陳宗夔勘上："前賊乃滿剌加國番人，每歲私招沿海無賴之徒，往來海中販鬻番貨，未嘗有僭號流劫之事。二十七年，復至漳州月港、語嶼等處。各地方官當其入港，旣不羈留人貨，疏聞廟堂；反受其私賂，縱客停泊，使內地奸徒交通無忌；及事機彰露，乃始狼狽追逐，以致各番拒捕殺人，有傷國體。其後諸賊已擒，又不分首從，擅自行誅，使無辜並爲魚肉，誠如九德所言者。紈旣身負大罪，反騰踔告捷，而鎧、喬相與佐成之，法當首論。其冒功坐視諸臣，通判翁燦，指揮李希賢等罪次之，指揮僉事汪有臨、知府盧壁、參將汪大受又次之。拒捕番人方叔擺等四名當處死，余佛南波二者等五十一名，當安置見存，通番奸徒，當如律發配、發遣。"於是,兵部三法司再覆如汝禎等言,紈、鐺、喬遂得罪,翁燦等下巡按御史提問,汪有臨等奪俸有差。[24]

這次走馬溪之役,朱紈嚴厲打擊勾結倭人及佛朗機諸國入互市的走私者,不讓走私者肆無忌憚地往來南海販賣私貨。因此勢家失利,誣言"被擒皆良民,非賊黨,用搖憾人心"。[25] 由於朱紈嚴厲打擊海上走私而損害了參與走私的官吏的利益,所以反而受到報復。"朱紈,為人清廉,勇於任事。開府閩、浙首嚴通番之禁,海中為之肅清。走馬溪之役,雖張皇太過,然勘官務入其罪,功過未明。紈竟坐憂恐,未就訊仰藥而死,公論惜之。"[26]

可見,反海禁勢力之大,足以使執行海禁法令的清廉官吏,在他們的攻擊下,憂恐而服毒自殺,這是明朝政治黑暗的悲哀。另一方面,走馬溪之役也反映了明朝統治階段內部反海禁鬥爭的激烈,又表現了沿海人民迫切要求出海貿易的願望。朱紈在反對派勢力的打擊下,又得不到沿海群眾的支援,深知走私者與權臣貪贓勾結已成一股勢力,無法肅清,朱紈說:"去外國盜易,去中國盜難。去中國瀕海之盜猶易,去中國衣冠之盜尤難。"[27] 由於閩、浙沿海私人出海貿易已成大勢所趨,無法阻擋,最後,御史陳九德遂劾紈擅殺。落紈職,命兵科都給事杜汝禎按問。紈聞之,慷慨流涕曰:"吾貧且病,又負氣,不任對簿。縱天子不欲死我,閩、浙人必殺我。吾死,自決之,不須人也。"制壙志,作俟命詞,仰藥死。二十九年,給事汝禎、巡按御史陳宗夔還,稱奸民鬻販拒捕,無僭號流劫事,坐紈擅殺。詔逮紈,紈已前死。[28] 朱紈為了執行明朝海禁的命令,終於當了犧牲品。同時,朝廷"罷巡視大臣不設,中外搖手不敢言海禁事。"[29] 而浙中衛所四十一,戰船四百三十九,尺籍盡耗。朱紈的捕盜船,也盡數遣散,撤備弛禁。明朝統治者同意在福建漳州、海澄、月港部分開放海禁,准許私人出海貿易,從而結束了明代前期維持近 200 年的朝貢貿易，使明代後期私人海外貿易得以迅速地發展。[30]

　　中國廢除了海禁，滿刺加國被葡萄牙殖民主義者佔領，中滿兩國維持了一個世紀的朝貢貿易關係也跟着結束。

【注　釋】

1　《武宗實錄》卷二。

2　《孝宗實錄》卷二〇四。

3　《孝宗實錄》卷二一八。

4　《武宗實錄》卷四五。

5　《武宗實錄》卷四五。

6　《武宗實錄》卷四六。

7　《武宗實錄》卷五九。

8　《武宗實錄》卷六五。

9　《武宗實錄》卷一一三。

10　參見羅榮渠《15 世紀中西航海發展取向的對比與思索》。載《鄭和‧歷史與現實——首屆鄭和研究國際會議集萃》，雲南人民出版社 1995 年 7 月第一版第 26 頁。

11　《馬亞紀年》第十四章滿刺加與六坤大泥佛朗機。

12　《世宗實錄》卷三。

13　《世宗實錄》卷四。

14　《明史》卷三百二十五《外國六‧滿刺加》。

15　《明史》卷七五《職官志‧市舶提舉司》。

16　《憲宗實錄》卷九七。

17　屠仲律《禦倭五事疏》，載《明經世文編》卷二八二《聞屠二公奏疏》。

18　《嘉靖東南平倭通錄》，載神州國光社《中國歷史研究資料叢書》。

19　《籌海圖編》卷四《福建事宜》。

20　參見李金明、廖大珂《中國古代海外貿易史》第三編第六章第一節。

21、22、23　何喬遠《名山藏‧滿剌加條》。

24　《世宗實錄》卷三六三。

25　《明史》卷二百五《朱紈傳》。

26　《世宗實錄》卷二六三。

27、28、29　《明史》卷二〇五《朱紈傳》。

30　李金明、廖大珂《中國古代海外貿易史》，第 291 頁。

第九章 中國與渤泥、彭亨、吉蘭 丹國的密切關係

第一節 中國和渤泥國的關係在 明代永樂年間達到高峰

在明代，中國與渤泥國交往極為密切。渤泥是加裏曼丹（舊稱婆羅洲）的西北面的渤泥和汶萊兩個古國的統稱；過去史家為正名而爭論不休。渤泥、汶萊和婆羅都是 Brunai、Brunei、Brune、Burnai、Burni 等不同的譯音，在明宣德五年（1430 年）以前多譯為渤泥或婆羅，這之後開始譯為汶萊。[1] 這裏的"汶萊"是古稱的汶萊，包括今天的汶萊、馬來西亞的砂勞越州、沙巴洲以及印度尼西亞的西加裏曼丹的一部分。明初，渤泥又曾附庸於闍婆，15 世紀末，汶萊又強盛起來，成為東南亞有影響的國家。關於明代與渤泥（汶萊）的交往，歷史上的記載極為密切。當公元 1292 年（元世祖至元 29 年）元軍南征爪哇時，往返都經過渤泥，當元軍敗退之後，就有一批人馬留居在渤泥。後來闍婆勃興，恢復三佛齊盛世，渤泥曾成為闍婆的屬國。明朝朱元璋建國之後，即主動派遣使者前往渤泥國訪問，洪武年間，兩國來往有七次之多。中國史籍輯錄如下：

1、洪武三年（1370 年）八月命御史張敬之、福建行省都事沈秩往使。自泉州航海，閱半年抵闍婆，又逾月至其國。王馬合謨沙傲慢不為禮，秩責之，始下座拜受詔。時其國為蘇祿所侵，頗衰耗，王辭以貧，請三年後入貢。秩曉以大義，王既許諾，其國素屬闍婆，闍婆人間之，王意中沮。秩折之曰："闍婆久稱臣奉貢，爾畏闍婆，反不

畏天朝邪？”乃遣使奉表箋，貢鶴頂、生玳瑁、孔雀、梅花大片、龍腦、米龍腦、西洋布、降眞諸香。[2]

　　2、洪武三年（1370）八月，戊寅，遣使持詔，往諭三佛齊、渤泥、眞蠟等國。趙述等使三佛齊，張敬之等使渤泥，祁征等使眞臘。[3]

　　3、洪武四年（1371年）八月從敬之等入朝。表用金，箋用銀，字近回鶻，皆鏤之以進。帝喜，宴齎甚厚。[4]

　　4、洪武四年（1371年）八月癸巳，渤泥國王馬合漠沙遣其臣亦恩麻逸進表箋，貢方物。先是，上命監察御史張敬之、福建行省都事沈秩使其國，至是其王遣使隨秩等入貢。有鶴頂生、玳瑁、孔雀、梅花、龍腦、米腦、糠腦、西洋白布及降香黃蠟等物，表用金，箋用銀，皆刻番書字體，仿佛回鶻。詔賜其國王織金文綺紗羅，及其使者綺帛有差。渤泥在西南大海中，所統一十四州，闍婆屬國也。去闍婆四十五日程，產名香異物。國王以金佩刀、吉貝布遺敬之等，悉辭不受。[5]

　　這是《明史》、《明實錄》中記載渤泥與明朝的第一次往來，這時候，渤泥是闍婆的附屬國，所以在與中國交往中，顧慮重重；經過明使者的說服，兩國開始恢復來往。渤泥國王馬哈沙謨的顧慮，明‧嚴從簡《殊域周咨錄》中記載了這段歷史的詳細實況。他寫道：當張敬之、沈秩持詔往諭時，國王馬哈沙謨倨傲無禮，秩令譯言曰：“皇帝撫有四海，日月所照，霜露所墜，無不奉表稱臣。渤泥以彈丸之地，乃欲抗天威耶？”國王大悟，舉手加額曰：“皇帝乃天下主，即吾君父，安敢云抗。”秩乃折之曰：“王既知君父之尊，為臣子奈何不敬。”亟撤去座，更設藜幾，置詔書其上，命國主帥官屬列拜於庭。秩奉詔立宣之，王俯伏以聽，因曰：“近者蘇祿來侵，子女玉帛，盡為所掠，必俟三年後，國事稍舒，當造舟入貢。”秩曰：“皇帝登大寶，已有年矣。四夷之國，東則日本、高麗，南則交趾、占城、闍婆，西則吐蕃，北則蒙古諸部落，使者接踵于道，王即行已晚，何謂三年。”國王曰：“地瘠民貧，愧無奇珍以獻，故將遲遲爾，非有他也。”秩曰：“皇帝富有四海，豈有所求，但欲王之稱藩，一示無外爾。”國王曰：“容與相臣圖之。”又明日，其相王宗恕來曰：“使者之言良是，請於五月五日成行。”爪哇有人間國王曰：“蘇祿來攻，王帥師卻之，今聞歸誠中國，無我闍婆矣。”國王惑之。秩復走見國王，國王辭以疾，秩大言謂宗恕曰：“爾謂闍婆非中國臣耶？闍婆尙稱臣，于爾國乎何有？使者還朝，天兵且夕至，雖欲噬臍，悔何及乎？”宗恕悚然曰：“敬聞命矣。”入白國王，大會其屬，共議遣亦思麻逸等入朝；更以金佩刀、吉貝布爲贈。秩毅然辭之。國王顧近侍曰：“中國使者廉潔，乃如是耶！闍婆來人，討索每無厭，況強之而不受耶？”秩以涉海萬里，不可無紀，仍與敬之各賦一詩，國王大悅，書於板懸之。既別，舟行至海口，國王又惑左右言，令人與亦思麻逸曰：“使者不受刀布，爾等必不還矣。”秩恐國王不安，復走其所，反復譬曉之，王曰：“使者之言如此，予中心釋然矣。”王舉酒酹地祝曰：“願天使早還中國，願區區微介亦早歸敝邦。”於是，亦思麻逸隨秩等至朝見，奉上金表，皇太子銀箋，各獻方物。賜宴于會同館。已而遣歸。嚴從簡詳細記錄下兩位元使者不辱使命的舉動及渤泥王國當時的處境和顧慮，讀來眞實可信！但自從這一次之後，由於海域各國朝貢太過頻繁，明朝對朝貢貿易負擔太重，同時也認爲海路太遠，“入貢旣煩，煩勞太甚”，所以幾次下國書告其不必朝貢過密。

1、洪武五年（1372年）冬十月甲午，上以高麗貢使往來煩數……因謂中書省臣曰：“……宜令遵三年一聘之禮，或比年一來，所貢方物止以所產之布十匹足矣，毋令過多，中書其以朕意諭之……渤泥等國新附遠邦，凡來朝者，亦明告以朕意。[6]

2、洪武七年（1374 年）三月癸巳，……詔中書禮部曰："古者中國諸侯之于天子，比年一小聘，三年一大聘，九州之外番邦遠國則每世一朝，其所貢方物不過表誠敬而已……其他遠國如……渤泥等處新附國土，入貢既頻，煩勞太甚，朕不欲也。令遵古典而行，不必頻煩，其移文使諸國知之。"[7]

3、洪武八年（1375 年）二月癸巳，……中書及禮部奏："以外夷山川附祭於各省，如……福建則宜附祭渤泥，京城更不須祭……"上可其奏，命中書頒行之，將祭則遣官一人往監其祀。[8]

4、洪武八年（1375 年）命其國山川附祀福建山川之次。[9]

由於明朝對各國朝貢貿易作出調整，所以渤泥與中國的外交又中斷了二十二年之久，一直到洪武二十七年（1394 年），兩國又恢復了來往。《明實錄》上載："洪武二十七年（1394 年）四月庚辰，更定蕃國朝貢儀。是時，四夷朝貢……南有……渤泥……上以舊儀頗煩，故復命更定之。凡蕃國來朝，先遣禮部官勞于會同館，明日各服其國服，如嘗賜朝服者，則服朝服於奉天殿朝見，行八拜禮畢，即詣文華殿朝皇太子，行四拜禮，見親王亦如之。親王立受後，答二拜，其從官隨蕃王班後行禮。凡遇宴會，蕃王班次居侯、伯之下，其蕃國使臣及土官，朝貢皆如常儀。"[10]在簡化了禮儀之後，使臣來往仍不通暢，其原因是明朝胡惟庸謀亂，導至海外三佛齊國阻攔使者的事情發生。《明實錄》中也記下這一事件："洪武三十年（1397 年）八月丙午，禮部奏諸番國使臣，客旅不通"。上曰："洪武初海外諸番與中國往來，使者不絕，商賈便之。近者安南、占城、眞臘、暹羅、爪哇、大琉球、三佛齊、渤泥……等凡三十國，以胡惟庸謀亂，三佛齊乃生間諜，紿我使者至被，爪哇國王聞知其事，戒飭三佛齊禮送還朝。是後使臣、商旅阻絕，諸王之意遂爾不通，惟安南、占城、眞臘、暹羅、大琉球自入貢以來，至今來廷……"[11]由此看來，渤泥與中國隔斷交往二十三年，其客觀原因是由於海路的不安及明朝的內亂，並非兩國友誼的主觀因素。

到了永樂年間，可以說是中國與渤泥國兩國和平外交的高峰期。

永樂三年（1405 年），兩國互派使者聯絡及朝貢，中斷了二十多年的友好往來又恢復了。見史書記載：

1、永樂三年（1405 年）冬十月丁卯，遣使齎撫諭番速兒米囊、葛卜、呂宋、麻裏甕、南座裏、婆羅六國。[12]

2、永樂三年（1405 年）丙午，渤泥國麻那惹加那乃遣使臣生阿烈伯成等奉表，貢方物。命禮部宴勞之，並賜文綺襲衣。[13]

3、永樂三年（1405 年）十二月癸亥朔，遣使齎詔封渤泥國麻那惹加那乃（Marajakali）爲王，給印誥敕符勘合，並賜之錦綺采幣。[14]

4、永樂三年（1405 年）冬，其王麻那惹加那乃（Marajakali）遣使入貢，乃遣官封爲國王，賜印誥、敕符、勘合、錦綺、彩幣。王大悅，率妃及弟妹子女陪臣泛海來朝。次福建，守臣以聞。遣中官往宴賚，所過州縣皆宴。[15]

上引文的"王大悅"之後一段，不是永樂三年的事，而是永樂六年，前往中國的國王外交訪問，這裏的日期沒有寫清楚，容易造成誤解。自從永樂三年（1405 年）恢復邦交之後，永樂四年（1406 年）及五年（1407 年）兩年間，兩國使臣來往頻繁。

1、樂永四年（1406 年）春正月己酉，渤泥國使臣生阿烈伯成、通事沙扮等陛辭，賜鈔及文綺襲衣。生阿烈伯成等言："遠夷之人，仰慕中國衣冠禮儀，乞冠帶還國。"上嘉而賜之生阿烈伯成鍍金銀帶，沙扮素銀帶。[16]

2、永樂四年（1406 年）十二月丙戌朔，婆羅國王遣使勿黎都等來朝貢珍珠等物。賜鈔及彩幣有差。[17]

3、永樂四年（1406 年）十二月辛亥，渤泥國王、婆羅國東王、西王各遣使奉表朝貢。命禮部賜其王文綺紗羅，而賜其使各鈔百錠、文綺四匹、羅四匹，通事、傔從有差。[18]

4、永樂五年（1407 年）二月丁未，婆羅國王遣使莫剌加遁等貢玳瑁、瑪瑙、硨磲等物。賜鈔、紵絲紗羅有差。[19]

這兩年的朝使交往，使兩國之間增添信任感，因而有永樂六年（1408 年）渤泥國王親自率衆來中國朝貢的盛舉。

1、永樂六年（1408 年）八月乙未，渤泥國王麻那惹加那乃（Marajakali）率其妃及弟妹、男女、並陪臣來朝。初麻那惹加那乃等至福建，守臣以聞，上念其遠涉海道，遣中官杜興等往宴勞之，仍命所過諸郡設宴。至是，奉金鏤表文及貢龍腦、帽頂、腰帶、片腦、鶴頂、玳瑁、犀角、龜簡、金銀、八寶器諸方物入朝見上。上嘉勞之，麻那惹加那乃（Marajakali）跪曰：“陛下膺天寶命，統一華夷。臣國海外，遠在海島，荷蒙大恩，賜以封爵。自是國中雨暘時順，歲屢豐稔，民無災厲，山川之間珍寶畢露，草木鳥獸皆蕃育，國之長老咸謂此陛下覆育大恩所致。臣願睹天日之光，少輸微誠，故不憚險遠，躬率家屬國人詣闕朝謝。”上嘉勞再三。時王妃所進中官箋及王所進東宮箋皆金鏤文，皆有貢獻方物，上命以中宮箋及所獻中宮方物陳幾筵。麻那惹加那乃退朝文華殿，進箋及方物畢，自王及妃以下悉賜冠帶襲衣。是日，上親餉麻那惹加那乃於奉天門，賜其妃以下宴於舊三公府。[20]

2、永樂六年（1408 年）八月癸卯，賜渤泥國王麻那惹加那乃……等宴。[21]

3、永樂六年（1408 年）九月丙午朔，禮部言渤泥國王禮儀未有定制，上曰：“渤泥國王，蕃臣也。准公侯大臣見親王禮。”[22]

4、永樂六年（1408）九月丙午朔，賜渤泥國王儀仗、交椅、水罐、水盆、俱用銀；傘扇，俱用白羅；銷金鞍馬二，及賜金織文綺、紗羅、綾絹衣十襲；王妃及王之弟妹、男女、陪臣，賜各有差。自王以下衣服之制如中國，女服從其本俗。[23]

渤泥國王麻那惹加那乃（Marajakali）在中國訪問期間，受到永樂帝的熱情款待，相處極其歡樂。那知大禍來臨，麻那惹加那乃（Marajakali）突然生病逝世，年剛 28 歲。埋葬在南京。1958 年 5 月 12 日，中國在雨花臺鐵心鄉東向石子崗的烏龜山上，發現渤泥王麻那惹加那乃的墓，並引用《明史》卷三二五《渤泥傳》、《皇明文衡》卷八十一、《明史》著錄的渤泥國長寧鎮國山碑、《明文會》卷七十四渤泥國恭順王墓碑，證明爲渤泥王之墓。當年渤泥國王前來明朝朝貢及病逝情況，《明史》及《明實錄》均有記載：

1、六年（1408 年）八月入都朝見，帝獎勞之。王跪致詞曰："陛下膺天寶命，統一萬方。臣遠在海島，荷蒙天恩，賜以封爵。自是國中雨暘時順，歲屢豐登，民無災厲，山川之間，珍奇畢露，草木鳥獸，亦悉蕃育。國中耆老咸謂此聖天子覆育所致。臣願睹天日之表，少輸悃誠，不憚險遠，躬率家屬陪臣，詣闕獻謝。"帝慰勞再三，命王妃所進中宮箋及方物，陳之文華殿。王詣殿進獻畢，自王妃以下悉賜冠帶、襲衣。帝乃饗王於奉天門，妃以下饗於他所，禮訖送歸會同館。禮官請王見親王儀，帝令准公侯禮。尋賜王儀仗、交椅、銀器、傘扇、銷金鞍馬、金織文綺、紗羅、綾絹衣十襲，餘賚有差。十月，王卒於館。帝哀悼，輟朝三日，遣官致祭，賻以繒帛。東宮親王皆遣祭，有司具棺槨、明器，葬之安德門外石子崗，樹碑神道。又建祠墓側，有司春秋祀以少牢，諡曰恭順。賜敕慰其子遐旺，命襲封國王。[24]

2、永樂六年（1408 年）十月乙亥朔，渤泥國王麻那惹加那乃以疾卒于會同館。上輟朝三日，遣官祭之，賻以繒帛。東宮暨親王各遣祭。命工部具棺槨、明器葬于安德門外，樹碑神道，求西南夷人之隸籍中國者守之，立祠於墓，命有司歲於春秋用少牢祭之，仍賜敕撫慰其子。[25]

　　渤泥國王麻那惹加那乃逝世後，其子遐旺襲封國王，關於朝貢之事，也給予他們許多優待。明帝對其厚贈送行，其詳細經過，《明實錄》記載較爲詳細。

　　1、永樂六年（1408年）十一月戊申，賜故渤泥國王麻那乃諡曰：“恭順”，命其子遐旺襲封。渤泥國王遐旺與其叔施裏難那諾等言：“本國歲貢片腦，供爪哇片腦四十斤，乞敕爪哇罷供，請以歲進朝廷。”又言：“今者還國，請遣使臣護送，就留鎮一年，以慰國人之望。”復乞限年次朝貢及傔從許帶若干人，上皆從之。朝貢以三年爲期，[24] 傔從多寡任便，遂敕爪哇國王都馬板，令罷渤泥所供片腦。[26]

　　2、永樂六年（1408年）十二月丁丑，遣中官張謙、行人周航護送嗣渤泥國王遐旺等還國，賜遐旺金相玉帶一、金百兩、銀三千兩及錢鈔、錦綺紗羅、衾褥帳幔、器皿，王母、王叔以下各有賜。初，故渤泥國王麻那惹加那乃言：“蒙朝廷厚恩賜封王爵，國之境土皆屬職方，而國有後山，乞封表爲一國之鎮。”至是，其子遐旺復以爲請，遂封其山爲長寧鎮國之山，命謙等即其地樹碑。上親制文曰：“上天佑啓我國萬世無窮之基肆，命朕太祖高皇帝全撫天下，休養生息，以治以牧，仁聲義聞，薄極照臨，四方萬國，奔走臣服，充韗於庭，神化感動之機其妙如此！朕嗣守鴻圖，率由典式，嚴恭祗畏，協和所統，無間內外，均視一體，遐邇綏寧，亦克承予意。乃者，渤泥國王麻那惹加那乃誠敬之至，知所尊榮，慕尚聲教，益謹益虔，率其眷屬陪臣，不遠數萬里浮海來朝，達其志通其欲，稽顙陳辭曰：‘遠方臣妾丕冒天子之恩，以養以息，既庶且安，思見日月之光，故不憚險遠，輒敢造庭。’又曰：‘覆我者天，載我者地，而凡使我有土地人民之奉，田耕邑井之聚，宮室之居，妻妾之樂，和味宜貼利用，備器以資其生，強罔敢侵弱，衆罔敢暴寡，皆天子之賜也，是天子功德加于我者與天地同其大矣！然天仰則見之矣，地蹐則履之矣，惟天子遠而難見，故誠有所不通。是以，遠方臣妾不敢自外，逾歷山海，躬請闕下以伸其悃。'朕曰：'惟天惟皇考付予以天下，子養庶民。天與皇考視民同仁，予其承天與皇考之德，惟恐弗堪，弗若汝言。'乃又拜稽首曰：'自天子建元之載，臣國年和時豐，山川之藏珍寶者皆流溢焉，草木之無葩葯者皆華而實焉，異禽和鳴而走獸蹌舞焉。國之叟曰："中國聖人德化所曁，斯多嘉應。"臣土雖遠京師，然實天子之氓，故奮矜而來覲也。'朕觀其言文貌恭，動不逾則，悅喜禮教，脫備故習，非超然卓異者不能若此也。稽之載籍，自古逖遠之國奉若天道，仰望聲教，身至闕庭益有之矣。至於舉妻子、兄弟、親戚、陪臣頓首稱臣妾於階陛之下者，惟渤泥國王一人而已。西南諸蕃國長未有如王之賢者也。王之至誠貫于金石，達於神明，而令名傳于悠久，可謂有光顯矣。茲特錫封王國中之山爲長寧鎮國之山，賜文刻石以著王休於昭萬年，其永無斁。"系之以詩曰："炎海之墟，渤泥所處，煦仁漸義，有順無忤。悷悷賢王，惟化之慕，導以象胥，遹來奔赴。同其婦子，兄弟陪臣，稽顙闕下，有言以陳。謂君猶天，遺其休樂，一視同仁，匪偏厚薄。顧茲鮮德，弗稱所云，浪舶風檣，實勞懇勤。稽古遠臣，順來怒赴，以躬或難，矧曰家室。王心宣誠，金石其堅，西南君長，疇與王賢。矗矗高山，以鎮王國，鑱文于石，懋昭王德。王德克昭，王國攸甯，於期萬年，仰我大明。"[27]

《明史》所載，與《明實錄》類似，不再錄引。永樂帝熱情地滿足渤泥幼王的所有要求，爲的是前渤泥國王麻那惹加那乃對中國最爲友善，"西南諸蕃國長未有如王之賢者也"，因爲故王之至誠"貫于金石"，於是寫碑刻石傳于悠久，一直至現在，碑文及詩流傳下來，使後代人能瞭解中國與渤泥當年的友好往來。這種友誼，延續至今日。

　　新渤泥國王遐旺辭別回國後，中官張謙及行人周航護送他們。隔了一年，他們從渤泥回來，又帶來一個龐大的朝貢團。

　　1、永樂八年（1410 年）九月己卯，中官張謙、行人周航使渤泥國還。其國王遐旺遣其叔蔓的裏哈盧等百八十人偕來，貢方物謝恩。賜文綺、襲衣、鈔幣有差。[28]

　　2、永樂八年（1410 年）十一月丁丑，賜渤泥國王叔蔓的裏哈盧等及……宴。[29]

　　3、永樂九年（1411 年）二年癸巳，遣中官張謙等賚敕使渤泥國，賜其王遐旺錦綺紗羅、彩絹百二十匹，並賜其頭目有差。[30]

　　兩國之間交流密切，勝於其他國家。渤泥國王及其母又感於明代的恩遇，又親自前來中國訪問。

　　1、永樂十年（1412 年）九月，遐旺偕其母來朝。命禮官宴之會同館，光祿寺旦暮給酒饌。明日，帝饗之奉天門，王母亦有宴。越二日，再宴，賜王冠帶、襲衣，王母、王叔父以下，分賜有差。明年二月歸。賜金百、銀五百，鈔三千錠，錢千五百緡，錦四，綺帛紗羅八十，金織文繡文綺各一，衾褥、幃幔、器物咸具。[31]

　　2、永樂十年（1412 年）八月辛酉，禮部言：“渤泥國王遐旺偕其母、妻等來朝，已至福建。”命遣郎中高謙、行人柳昌往宴勞之。”[32]

　　3、永樂十年（1412 年）九月丁未，渤泥國王遐旺等入朝貢方物。自王以下皆賜襲衣，命禮部宴之會同館，光祿寺旦暮給酒饌。戊申，宴渤泥國王遐旺等於奉天門，賜王之母宴前三公府。庚戌，賜渤泥國王遐旺等宴，別賜宴其母。[33]

　　4、永樂十年（1412 年）十一月庚寅，賜渤泥國王遐旺冠帶、金織文綺衣，並賜其母冠服，其叔及頭目冠帶。[34]

　　5、永樂十年（1412 年）十一月辛丑，宴渤泥國王遐旺等。[35]

6、永樂十一年（1413 年）二月癸亥，渤泥國王遐旺等辭歸，賜金百兩、銀五百兩、鈔三千錠、銅錢千五百緡、錦四段、綺帛紗羅八十四、金織金繡文綺衣各一襲，並賜器皿、衾褥、帷幔諸物；賜王母及叔以下有差。[36]

渤泥國王遐旺再次到中國來，他繼承父業，對中國的和平外交政策繼續下去。自從這一次親自到中國朝貢之後，從永樂十三年（1415 年）到洪熙元年（1425 年），又有四次入貢。以後貢使漸稀。[37]

1、永樂十三年（1415 年）二月己丑，渤泥國王遐旺遣使生阿烈微喏耶沙扮等二十九人貢方物，賜鈔幣及文綺表裏。[38]

2、永樂十五年（1417 年）冬十月庚戌，渤泥國王遐旺遣叔祖麻木等貢方物。[39]

3、永樂十五年（1417 年）十二月癸巳，賜渤泥國王叔祖麻木……等宴。[40]

4、永樂十六年（1418）三月己未，渤泥國王遐旺叔祖麻木……等辭還，賜鈔、文綺表裏有差。[41]

5、永樂十九年（1421 年）五月壬申，渤泥國王叔祖須麻億等九十二人來朝，貢方物。賜文綺表裏百匹、羅絹衣七十二襲，仍賜須麻億等五人紗帽及金銀花帶一、銀鈒花帶二、素銀帶二。[42]

永樂年間的友好往來至此宣告結束。公元 1424 年 8 月，永樂帝在最後一次遠征蒙古之役後死去，洪熙帝（朱高熾）即位。他登基後改革內政，對外繼續執行和平政策。不到一年時間，突然於 1425 年 5 月 29 日死去，終年 47 歲，廟號仁宗。其子朱瞻基繼其父而為宣德帝。他統治明朝也僅有十年時間。洪熙、宣德之際，渤泥國曾兩度派使前來，一是在仁宗登位之後，一是在德宗登位之後，新主登基，渤泥國很注意禮儀，前來朝貢。

1、洪熙元年（1425 年）十二月戊辰，渤泥國王遐旺遣叔沙那萬喏耶率頭目阿烈等來朝，貢方物。上謂禮部臣曰：“夷人涉海道遠來艱險，且時當寒凍，凡宴勞賜予皆宜加厚。”[43]

2、宣德元年（1426 年）春正月丙辰，賜渤泥國王叔沙那萬喏耶及頭目生阿烈等八十八人銀鈔、彩幣表裏、沙羅及金織紵絲襲衣、靴襪有差，沙那萬喏耶加賜冠帶、銅錢，生阿烈等十七人亦賜冠帶。[44]

3、宣德元年（1426 年）三月庚子，渤泥國使臣沙那萬喏耶等陛辭。上謂行在禮部臣曰：“渤泥國王遐旺之父在皇祖太宗時，舉家來朝，乃還，沒于路，因命遐旺襲爵。朝廷待之既優，彼之忠誠逾篤。今復遣使遠來，可嘉，宜優賜之。”於是，賜遐旺文錦、金織文綺、彩幣、紗羅倍諸番國。[45]

自此以後八十年左右的時間裏，明朝放棄下西洋的政策，但仍與南洋各國有聯繫。自英宗（1436—1449 年）以來，對各國頻繁入貢中的各種弊端，引以爲煩，限定各國定期入貢。繼而朝貢貿易結束，民間出海貿易轉盛，這段時間，渤泥也沒與中國繼續來往。

一直至明世宗嘉靖九年（1530 年），渤泥又入貢中國，但已是伴隨貿易而來，有諸多弊端。

1、嘉靖九年（1530 年），給事中王希文言：“暹羅、占城、琉球、爪哇、渤泥五國來貢，並道東莞。後因私攜賈客，多絕其貢。正德間，佛郎機闌入流毒，概行屏絕。曾未幾年，遽爾議復，損威已甚。”章下都察院，請悉遵舊制，毋許混冒。[46]

2、嘉靖九年（1530 年）冬十月辛酉，給事中王希文言：“廣東地控夷邦，而暹羅、占城、琉球、爪哇、渤泥五國貢獻，道經東莞，我祖宗立法，來有定期、舟有定數，比對符驗相同，乃爲伴送附搭貨物，官給鈔買，載在《祖訓》，可考也。洪武間，以其多帶行商，險行詭詐，絕不許貢……今撫按以折俸缺貨，遂議開複……。”疏下，都察院覆：“請自今諸國進貢，宜令依期而至，比對勘驗，收其番貨抽分，交易如舊……”得旨，如議行。[47]

　　由於明朝對朝貢貿易多方控制，民間貿易日益轉盛，海禁也已逐漸鬆弛乃至廢除。而在新航路發現之後，葡萄牙人佔領了滿剌加，歐洲各國以東南亞作爲跳板，目的是爲了進入中國貿易，爭奪東方的殖民地。因此渤泥與中國也沒有什麼來往了。一直至明神宗萬曆年間，渤泥國王逝世，國內大亂，後立其女爲王，自此不復朝貢，但民間商人，卻往來不絕。

　　1、萬曆（1573——1619 年）中，其王卒，無嗣，族人爭立。國中殺戮幾盡，乃立其女爲王。漳州人張姓者，初爲其國那督，華言尊官也，因亂出奔。女主立，迎還之。其女出入王宮，得心疾，妄言父有反謀。女主懼，遣人按問其家，那督自殺。國人爲訟冤，女主悔，絞殺其女，授其子官。後雖不復朝貢，而商人往來不絕。[48]

　　2、萬曆三十二年（1604 年）三月甲子，雲南巡撫陳用賓題：“阿瓦與猛乃聚兵相攻，事在夷狄，利在中國……惟是猛乃歸漢，爲我藩籬，彼所必爭，我所必救。調兵聚餉，相機征剿。一面宣諭猛乃連屬各夷竭力堵截，一面嚴趣木邦協力從征，一面移令兩廣督臣檄行暹羅、渤泥、占城等國並力滅攻瓦酋。酋平，升賞裂地，俱所不靳……”報可。[49]

　　也就是說，到公元 1604 年（萬曆三十二年）我們在中國史書中還看到中國與渤泥的聯繫，明朝下檄渤泥與其他各國“並力滅攻”阿瓦。

　　這是明代萬曆年間與渤泥國之間關係的開端及其結束的過程。這段歷史也是兩國之間友好的歷史。

　　十五世紀前後，渤泥國地區極其複雜。在宋代，渤泥的國土已包括現在的汶萊國以及馬來西亞的砂勞越州、沙巴州以及印度尼西亞的西加裏曼丹的一部分地方。到了明初，渤泥受到蘇祿的進攻，成爲闍

婆的附庸國。而到 15 世紀末，由於它與明朝建立友好的關係，以及明
王朝所實行的扶助弱小國家的政策，對渤泥特別厚愛，於是渤泥在國
內安定，國外擺脫爪哇的控制之後，逐漸強盛起來。到 15 世紀後期，
其版圖不僅包括今天的汶萊和砂勞越州、沙巴洲，差不多包括了整個
婆羅洲，連當年進攻它的蘇祿也向它稱臣納貢了。[50] 明時，在這個地
方，還有幾個國家，與明朝有各種聯繫；當時中國與這片古老的土
地，不僅國與國之間和平往來，人民之間也已相互移居，許多華人移
居到婆羅洲上了。婆羅以及道乾港是十分典型的：

一、 婆羅：

婆羅，又名汶萊，東洋盡處，西洋所自起也。永樂三年（1405
年）十月遣使者賚璽書、采幣撫諭其王。四年十二月，其國東、西二
王並遣使奉表朝貢。明年又貢。

其地負山面海，崇釋教，惡殺喜施。禁食豕肉，犯者罪死。王剃
發，裹金繡巾，佩雙劍，出入徒步，從者二百餘人。有禮拜寺，每祭
用犧。厥貢玳瑁、瑪瑙、硨磲、珠、白焦布、花焦布、降眞香、黃
臘、黑小廝。

萬曆時，爲王者閩人也。或言鄭和使婆羅，有閩人從之，因留居
其地，其後人竟據其國而王之。邸旁有中國碑。王有金印一，篆文上
作獸形，言永樂朝所賜。民間嫁娶，必請此印印背上，以爲榮。後佛
郎機橫，舉兵來擊。王率國人走入山谷中，放藥水，流出，毒殺其人
無數，王得返國。佛郎機逐犯呂宋。

《明史》中記載萬曆年間有福建人在此地爲王。張燮的《東西洋
考》也有相同的記載："傳今國王爲閩人，隨鄭和征此，留鎮其地，
故王府旁舊有中國碑。"《東西洋考》的《形勝名迹》中，有"浮納
招廟"，有注云："神爲國初時押工總管直庫三人陣亡合葬於此。因
廟食其地，賈舶到必屠牛烹雞，並獻茉莉花、紅花、梳篦等物以祭。

舟中有人不拜則病。彼國人將行賈，亦獻花禮神，得利回，取雙雞系刀於足，俾辟墓前，雞死，即以謝神，亦大奇也。"這說明兩國人民已共同生活了很長時間，共同的心理習俗已超越了兩國人民不同的宗教信仰。生活習俗已經相互同化了。

有關中國人在北婆羅洲及汶萊為"王"的史事，溫雄飛《南洋華僑通史》、劉子政的《婆羅洲史話》都詳細加以考證。

1、據《汶萊王室世系書》記載，汶萊第一世回教君主名蘇丹謨罕默（Paduka Sri Sultan Mohamed）之獨生女，嫁與中國欽差王三品（Ong Sun Ping），且傳禪為第二世主蘇丹阿默（Sultan Ahmed），生一女，招贅大食囤宗室名阿裏（Ali），受禪為第三世君王，名蘇丹柏克（Berkct）。

按王三品為總兵，中國運糧官員，因逾期運糧送到目的地，乃畏罪與士兵逃入汶萊，頗為蘇丹所器重，與蘇丹獨生女一見傾心，然後入回教而結婚，其墓今尚在，約離汶萊市二英哩。每年皇族循例，親臨祭墓。王三品的遺物尚留者有刀、槍、鐵甲、藤牌、太子帽等存皇宮，而王三品之士兵流入北婆羅洲亞庇，與杜順族女性結婚，子孫蕃衍。這是三百年前的事。

2、《汶萊王室世系書》的史料為：

先是中國皇帝遣二官吏名王公（Ong Kong）及王三品（Ong Sun Ping）至，以取中國寡婦山之龍珠，華人為龍所吞者甚眾，龍蓋欲護其寶珠也。該山以是得名，嗣王三品思得一法以欺龍，彼以一燭置玻璃匣中，乘龍不備，以易其珠，而龍猶以為明珠無恙也。寶珠既得，即群起揚帆返國，離山未遙，王公欲索其珠，乃相勃溪，王公強奪之，王三品大恚，遂不返國。轉棹去汶萊娶蘇丹謨罕默德之女，受禪，是為蘇丹阿瑪德。蘇丹阿瑪德有一女，美豔絕倫，時有一大食宗室，系出阿彌阿哈森（Amir-al Hasan），入汶萊，慕公主之絕色，乃賦好述，蘇丹因招之入贅，並傳禪焉，是爲蘇丹柏克特。王虔奉教律，建清眞寺城中，以得華僑之助，築石城（Kota Batu）焉。[51]

這段故事說明當年汶萊蘇丹與中國有血統關係。記載於《汶萊王室世系書》中的這段話，跟中國《明史》及《東西洋考》裏所載相近似："萬歷時，爲王者閩人也。""俗傳國王爲閩人，隨和征此，留鎭其地，故王府旁舊有中國碑。""其地故有一石城，一木城，後折石城於長腰嶼，築岸閉潮，今所遺者木城耳。"王三品的傳說，不十分確實。這也從一個側面印證明代中國人與婆羅洲的密切關係。

二、道乾港：

萬歷初，有林道乾者，福建泉州人，明嘉靖年間（公元 1522—1566 年）爲海盜，集衆于南澳島，1563 年，戚繼光平福建倭寇，林道乾乃率黨衆至婆羅洲渤泥西北邊地，渤泥王贅以女，劃所屬地，使道乾居住，道乾遂立國於是，名所居港曰道乾港，且稱王。今砂勞越之雙峰黎，相傳爲林道乾所部徒衆之遺裔，雖已與土著同化，但尙多姓林的華人。[52]

萬歷年間，有中國人在婆羅洲建立國家，可見中國人到渤泥之後，已深得渤泥人的信任。

明代中國與渤泥（汶萊）的貿易活動，極爲活躍。張燮《東西洋考》載："華人流寓者甚衆，趾相踵也。舶至，獻果幣如他國。初，亦設食待我，後來此禮漸廢矣。貨賣彼國，不敢徵稅，惟與紅毛（洋人）售貨，則湖絲百斤，稅紅毛五斤，華人銀錢三枚，他稅稱是。若華人買彼國貨下船則稅爲故。"[53] 這裏，講到明代中國人到渤泥進行貿易的人數之多，以及商業貿易中稅收情況和對華商的禮遇、優待。渤泥與中國的朝貢往來中，中國商人也隨之而來。鄭和下西洋時，其分船也曾抵達渤泥。因此，兩國商賈在交易往來中非常友好。渤泥的物產有金、犀角、象牙、鶴頂、玳瑁、翠羽、錫、檀香、降片腦、吉貝布、明角、懶皮、錦魷皮、燕窩、西國米、檳榔、椰子、荖藤、巴尾樹、貝多樹、加蒙樹、犀象、孔雀、鸚鵡。[54] 其中，好些是歷年朝貢的貢品。《東西洋考》中的汶萊物產有眞珠、玳瑁、瑪瑙、車渠、片腦、黃蠟、荖藤。關於交易情況，記載中說：華船到，進五方物，其貿易則有大庫、二庫、大判、二判、秤官等，酋主其事。船既難出港，最宜蚤行，有時貿易未完，必先駕在港外。[55] 朝貢貿易中夾帶著私人商家的貿易；這也同時證明，華人海上自由貿易，明代時已很繁榮。即使明王朝採取了多方的控制和嚴禁政策，限制海上私人貿易，但也無濟於事。這是歷史趨勢所使然！

第二節　中國與彭亨、吉蘭丹等國的關係

現在的彭亨州，位於馬來西亞半島中部，東臨南中國海，西南與森美蘭、柔佛相接，西界吡叻、雪蘭莪，北連吉蘭丹、丁加奴。

明代的彭亨，《明史》載："彭亨，在暹羅之西。"[56] 費信《星槎勝覽》也說："彭坑國（Pahang），在暹羅之西，石崖周匝崎嶇，遠如平寨。"楊一葵《裔乘》載："彭亨，在東南海島中，暹羅迤西。"其他明代典籍的記載，大體相同。

明代鄭和七下西洋，有兩次到達彭亨。一次是永樂十一年（1413年），《明史》作十年（1412年）；一次是永樂十五年（1417年）。彭亨是鄭和船艦兩次經航的主要地區之一。

中國古籍，有十種以上，記載彭亨與明朝交往的歷史，多數是大同小異。其中記錄比較詳細的是《明史》和《東西洋考》。

1、《明史》：

彭亨，大暹羅之西，洪武十一年（1378年），其王麻哈刺惹答饒遣使齎金葉表，貢番奴六人及方物，宴賚如禮。永樂九年（1411

年），王巴剌密瑣剌達羅息泥遣使入貢。十年（1412 年），鄭和使其
國。十二年（1414 年），復入貢。十四年（1416 年）與古里、爪哇諸
國偕貢，復令鄭和報之。……至萬曆時，有柔佛國副王子娶彭亨王
女，將婚，副王送子至彭亨，彭亨王置酒，親戚畢會。婆羅國王子為
彭亨王妹婿，舉觴獻副王，而手指有巨珠甚美，副王欲之，許以重
賄。王子靳不予，副王怒，即歸國發兵來攻。彭亨人出不意，不戰自
潰。王與婆羅王子奔金山。渤泥國王，王妃兄也，聞之，率眾來援。
副王乃大肆焚掠而去。當是時，國中鬼哭三日，人民半死。渤泥王迎
其妹歸，彭亨王隨之，而命其長子攝國。已，王重定，次子素兇悍，
遂毒殺其父，弒其兄自立。[57]

2、《東西洋考》：

彭亨者，東南島中之國也。……洪武十一年（1378 年）遣使奉金
葉表朝貢，永樂十二年（1414 年），遣蘇麻固門的裏來朝，並貢方
物，其後二百數十年而有柔佛之事。先是婆羅王子者，彭亨王妹之婿
也。贅于彭亨。柔佛之副王精悍好鬥，其子娶彭亨王女將婚，副王送
子之彭亨，彭亨王宴柔佛副王，戚屬俱會，酒半，婆羅王子舉觴為
壽，手指一巨珠，光輝倍常，副王心欲之曰：“王子以是珠見餉者，
不惜重貲為報。”王子固靳之，副王恚甚，歸而起兵攻彭亨矣。二國
初為婚媾，賊出意外，彭亨人人惴恐，不戰自散。王與婆羅王子奔金
山。彭亨王妃者，渤泥王之妹也，率眾來援，副王焚掠其城郭宮室以
歸。是時彭亨國中，鬼哭三日，渤泥王迎其妹還渤泥。彭亨王隨之而
命其長子攝國，久之王歸彭亨，其次子驍而多智，遂毒殺父，誅兄自
立，至今尚為王。每為毛思賊捕逃主買所掠人，遠迫苦之。（毛思賊
者，婆羅屬夷也。劫掠海上生人至彭亨賣之，代作昆侖奴，不如指者
則殺以供祭，每人值三金。）

其他古籍記載均大同小異。從這兩則史錄中，見出彭亨在明代與

中國的交往，雖不如滿剌加、渤泥等國密切，但在洪武、永樂年間也有使臣來往，尤其是鄭和下西洋時兩過其國，築起了兩國友好關係的橋梁，是馬來半島上的友好邦交。

賴乃亨（W·Linehan）著有《彭亨史》（History of Pahang）一書，他提出："在滿剌加王國興起之前，彭亨王朝擁有整個馬來半島的南部。滿者伯夷（Majapahit）把彭亨代表馬來半島，便是這個古邦重要性的一種表示。"[58]彭亨國在14世紀時是馬來半島上的強國，與明朝的往來也見於《明實錄》記載：

1、洪武十一年（1378年）滛亨國王麻哈剌惹答饒遣其臣淡罔麻都等奉金衣，貢蕃奴六人，胡椒二千斤，蘇木四千斤及檀、乳、腦諸香藥。[59]

2、永樂五年（1407年）冬十月辛丑，占城國遣使朝貢，既還至海上，颶風漂其舟至滛亨國。暹羅恃強淩滛亨，且索取占城使者羈留不遣，事聞於朝。[60]

3、永樂九年（1411年），彭亨國王巴剌密瑣剌達羅息泥遣人奉表貢方物。除賜其冠帶鈔錠外，又命禮部賜宴。[61]

4、永樂十年（1412年）遣太監鄭和齎敕往……彭亨，賜國王錦綺、紗羅、采絹等物有差。[62]

5、永樂十二年（1414年）遣蘇麻固門的里入貢，貢物有金水罐、象牙、速檀、片腦諸香、花錫。[63]

6、永樂十四年（1416年）十一月，偕古里、爪哇等國貢馬及犀象方物。……丙申日賜宴。[64]

7、永樂十四年（1416年）十二月丁卯，遣鄭和等齎敕及錦綺、紗羅、采絹等物偕往賜各國王。[65]

《明實錄》中的記載，基本與《明史》相同。彭亨對中國的關係在明代是熱情的。在兩國互相訪問的過程中，貿易渠道也逐漸暢通。彭亨國，"土田沃，氣候常溫，米粟饒足，煮海爲鹽，釀漿爲酒。上下親狎，無寇賊。然惑於鬼神，刻香木爲像，殺人祭賽，以禳災祈福。所貢有象牙、片腦、乳香、速香、檀香、胡椒、蘇木之屬。"[66] 這是《明史》對其國物產風俗的描繪。《東西洋考》中更爲詳細："國並山，山旁多平原，草樹繁茂，然鳥獸希少，沃土宜穀，蔬果亦饒。其城以木圍之，方廣可數裏，誅茆覆屋，男女椎髻，衣長布衫，系單衣，富者頭着金圈數枚，貧人則五色燒珠爲圈束之。煮海爲鹽，釀椰漿爲酒。古稱上下親狎，民無寇盜，好佛誦經，而久乃寢漓也。俗漸好怪，刻香木爲人像，殺生人血以祭，云用此祈禳。"[67] 彭亨的物產及貢物，《明史》中已略有所述，《東西洋考》中記述得更爲細緻，並對有的物產加以說明。如：沙金（即金山所采者，排沙揀金，金末在溶，雖黃光閃鑠，視亦復類沙，旣煎，乃始成塊）、犀角、象牙、鶴頂、玳瑁、花錫（見一統志）、沈香（見一統志）、速香（本朝充貢）、降香、片腦（是狼賓所出者，本朝充貢）、嘉文席（嘉文草、蔓生有脊，用刀刺脊，踢去之，織以爲席，溫柔妍雅，貼人肌，夏微涼而多微溫，故價直逾侈。其制狹而長，蓋夷中一席，只臥一人，故狹。等身之外，卷以作枕，故長。）、燕窩、胡椒（本朝充貢）、西國米、椰子（見《一統志》）、檳榔、菶吉柿、科藤（蔓抽披地，無枝葉，有皮裹其外如竹皮，剝之則落。藤長數丈，又值剪伐，可繚繞數圍，狼賓出者爲多）、犀、象。"[68] 其他明代典籍如《明會典》、丘浚《寰宇通志》、費信《星槎勝覽》、羅曰褧《咸賓錄》、黃省明《西洋朝貢錄》等，其記載大體相同，故不再錄。至於彭亨與中國的貿易情況，《東西洋考》中也載曰："舟抵海岸，國有常獻。國王爲築鋪舍數間，商人隨意廣狹，輸其稅而托宿焉。即就鋪中，以與國人爲市，鋪去舟亦不甚遠，舶上夜司更，在鋪中臥者，音餉輒相聞。"[69]《星槎勝覽》載："貨用金銀、色段、爪哇布、銅鐵器、鼓板之屬。"[70]《皇明象胥錄》記載:"今附舶香山、濠鏡澳貿易。"[71] 從以上情況看來,明朝與彭亨的商貿,不及滿剌加國及渤泥國的繁榮。

彭亨曾被滿剌加所佔領。上文講到滿剌加國時曾說過,滿剌加國王蘇丹芒速沙兩次擊潰暹羅侵犯之後,便進一步派軍隊佔領了彭亨、柔佛等國。時間應在公元 1459 年之後,因蘇丹芒速沙 1459 年(天順三年)八月才被明朝冊封爲滿剌加國王。《馬來紀年》中載:"在彭亨有一座城名補羅(Pura)。那裏河很淺,沙很美麗,水又清潔,一直流到海中都如此,在河的上游,有一座金礦。再向內地,則土地廣袤,森林中產象,犀牛及猿無數。據說野牛和猿只有象的四分之一。彭亨以前是一個廣大的國家,服屬於暹王名叫摩訶羅訶闍提婆蘇羅(Maha Raja Dewa Sura,和波兜迦浮般耶羅[即暹王]是平等的)。蘇丹芒速沙知道有這個國家後,極想占爲己有,便命陀訶羅波兜迦羅闍去侵略他,盤陀訶羅立刻會同敦毗迦羅闍(Tun Vicrama)敦毗闍耶摩訶門帝利(Tun Vijaya Maha Mantri)等揮軍前進。……經過一個長時間的行軍,他們到達彭亨,用全力去進攻彭亨,很容易便將他們擊潰了。彭亨人全部出走,摩訶羅迦提婆蘇羅也逃到內地去,拋下一個絕色的女兒,名叫補帝利洹娘室利(Puti Wanang Sri),爲盤陀訶羅所執,載她在一艘八櫓,照她的身份款待她。"[72] 後來蘇丹芒速沙納了公主補帝利洹娘室利,生了兩個兒子,一個名叫羅闍阿末(Raja Ahmed),另一個是羅闍媽末(Paja Muhammed),極爲得寵,將立爲嗣君,蘇丹芒速沙死後,羅闍媽末(《明史》作蘇端媽末)繼位爲滿剌加國王。

彭亨盛產黃金,葡萄牙人伊利地亞在《黃金半島題本》中說:"彭亨王國領土之內,其地莫不產金,不論懸崖絕壁,人迹難達之區,皆已覓得巨量之黃金,即今日運往滿剌加求售者。以是,彭亨王嘗自 Aden 奉美麗之金石一方，長二碼半，以贈滿剌加統領兼太守涓提濕爾婆（Joao da Silva）；氏異而欲觀其中之黃金，當場即命碎之；則內含金脈闊一碼：是 1586 年事也，喧傳于時。"

在馬來半島上，15 世紀時還有幾個島國與中國有來往。記述如下：

1、柔佛：現位於馬來半島南端，東臨南中國海，南以柔佛海峽與新加坡相隔，西瀕馬六甲海峽，西北接馬六甲及森美蘭，北與彭亨為鄰。三面臨海，境內多平原，物產豐富，海岸線特長。是馬來西亞南部最大的一州。在明代，鄭和下西洋，沒有記載柔佛名。《明史》載："柔佛，近彭亨，一名烏丁礁林。永樂中，鄭和遍歷西洋，無柔佛名。或言和曾經東西竺山，今此山正在其地，疑即東西竺。萬曆間，其酋好搆兵，鄰國丁機宜、彭亨屢被其患。華人販他國者多就之貿易，時或邀至其國。國中覆茅為屋，列木為城，環以池。無事通商以外，有事則召募為兵，稱強國焉。"[73]《東西洋考》中載："柔佛，一名烏丁礁林。……其酋好鬥，屢開疆隙，彭亨、丁加宜之間，迄無寧日。"其形勝名迹有"東西竺"，《星槎勝覽》曰："山與龍牙門相望，海洋中，山形分對，若蓬萊方丈之間。"[74] 其他典籍如茅瑞征《皇明象胥錄》和查繼佐《罪惟錄》等，皆有柔佛的記載，內容相同。

柔佛的習俗，據《明史》云："男子薙髮徒跣，佩刀，女子蓄髮椎結，其酋則佩雙刀。字用茭葦葉，以刀刺之。婚姻亦論門閥。王用金銀為食器，群下則用磁。無匕筋。俗好持齋，見星方食。節序以四月為歲首。居喪，婦人薙髮，男子則重薙，死者皆火葬。"[75]《東西洋考》所載也大同小異。

柔佛的物產，《星槎勝覽》載："田瘠不宜稼穡，歲藉鄰邦淡洋米穀以為食。""煮海為鹽，釀椰子為酒。""地產檳榔、木綿、椰心簟。（《島夷志略》云：番人取其椰心之嫩者，或素或染，織而爲簟，以售唐人。其簟多暖而夏涼，亦可貴也。可參考《諸蕃志》椰心簟條。）"[77]《明史》載有"所產有犀、象、玳瑁、片腦、沒藥、血竭、錫、蠟、嘉文簟、木棉花、檳榔、海菜、燕窩、西國米、蚕蠶吉柿之屬。"[78]其他如《東西洋考》的記載也大體相同。至於商業活動，《東西洋考》有云："柔佛地不產谷，土人時駕小舟載方物走他國易米。道逢賈船，因就他處爲市。亦有要之人彼國者。我舟至止，都有常輸，貿易只在舟中，無覆鋪舍。"[79]雖然在現有資料中未有涉及直接與中國的交往，但《明史》中所說的"華人販他國者多就之貿易，時或邀至其國。"[80]可以知道已與中國民間通貿易。

　　2、急蘭丹（KELANTAN）：即現吉蘭丹州。位馬來半島北部，東以大漢山脈與丁加奴爲界，南接彭亨。西以中央山脈爲本州與霹靂的分界線，西北一角與泰國爲鄰，東北臨南中國海。《明史》對急蘭丹記載極爲簡單，僅記下兩事："急蘭丹，永樂九年（1411年），王麻哈剌查苦馬兒遣使朝貢。十年（1412年）命鄭和齎敕獎其王，賚以錦綺、紗羅、采帛。"[81]《明實錄》中的記載也相同：①永樂九年（1411年）吉蘭丹國王麻哈剌查馬兒遣人奉表貢方物，使臣受賜冠帶、鈔錠及宴勞。[82]②永樂十年（1412年），成祖遣太監鄭和賚敕往賜西洋各國，急蘭丹也在其列。獎其王，賚以錦綺、紗羅、采帛。[83]

　　鄭和下西洋時到過吉蘭丹。《明史》卷三百四《鄭和傳》中載："和經事三朝，先後七奉使，所歷占城、爪哇……彭亨、急蘭丹……凡卅余國……"急蘭丹即今吉蘭丹。鄭和於公元1412年抵達吉蘭丹時，是暹邏素可泰王朝（1251—1427）的全盛時期，素可泰三世王坤蘭甘杏曾經征服馬來亞，其勢力南達柔佛，吉蘭丹當時即在暹羅的勢力範圍之下。[84]

　　《東西洋考》中謂"吉蘭丹即渤泥之馬頭也"，從地域考察不符合，因此問題有關"渤泥"與"北大年"、"大泥"等地名的考證問題，此處不贅述。在《馬來紀年》中記敘了蘇丹媽末曾征服吉蘭丹，蘇丹媽末在位期間是公元 1488 年（明孝宗弘治元年）至 1511 年（明武宗正德六年），其記載是："王命室利摩訶羅闍去征討吉蘭丹（Calantan）。那時的吉蘭丹比北大年（Patani）強得多。國王名叫蘇丹孟蘇兒沙（Sultan　Mansur　Shah），他是蘇丹斯幹陀沙（Sultan　Secnnder　Shah）的侄兒，不肯臣服滿剌加。他系出羅闍朱蘭（Raja Cholen）。當室利摩訶羅闍到了吉蘭丹，便開始作戰，這一場惡鬥，雙方拚命的亂殺，都有重大死亡。因爲吉蘭丹人不善用火工，便相形見絀而敗北，城堡便爲滿剌加佔領了。吉蘭丹王有子女四人，三女一男，兒子逃去了，女兒都被捕。三個女兒名叫烏娘迦儂（Onang-Kanung）、昭華（Chaw-fa）和昭拍（Chaw-buak）。王子名叫羅闍甘婆（Raja　Gam-bau）。三個公主都被俘往滿剌加獻與蘇丹。蘇丹大悅，賜錦衣給寶利摩羅闍和他的部屬。蘇丹娶了吉蘭丹的長公主，生了兒女三人，長名羅闍摩訶（Raja Maha），次名……（原本脫，希本作 Raja Mathaffir，許雲樵注），幼名羅闍提毗（raja Devi），是一位公主。"[85] 滿剌加王對吉蘭丹的統治，書中記載，雖不大可靠，也錄以備考。

　　3、九州山：九州山在滿剌加國附近，鄭和下西洋時曾上山采香。《星槎勝覽》記載："其山與滿剌加國接境，產沈香、黃熟香，水（疑爲林之訛）木叢生，枝葉茂翠。永樂七年（1409 年），正使太監鄭和等差官兵入山采香，得徑有八九尺，長八九丈者六株。香清味遠，黑花細紋，其實罕哉。番人皆張目吐舌，悉皆稱讚天兵之力，晶晶之神，蛟龍走，兔虎奔也。詩曰：

　　　　九洲山色秀，遠見鬱蒼蒼，
　　　　四面皆環海，滿枝都是香。

樹高承雨露，歲久表禎祥，

採伐勞天使，回朝獻帝王。"[86]

在《西洋朝貢典錄》中，也記載了這件事："其與滿剌加接境有九洲之山，其中多沈香、黃熟香。永樂之歲，鄭和采香於此，獲六株焉。其徑八九尺，其長八九丈，皆是黑細花紋，人所未睹焉。"[87]

在 15 世紀期間，中國與馬亞半島上的滿剌加、彭亨、吉蘭丹、柔佛、九洲山和婆羅洲的渤泥國之間有著密切來往，有的是鄭和下西洋所經之地，有的是兩國雙方使者的互訪，把中國的古老文化帶到馬來半島及婆羅洲上。可以說，這種雙邊友好的關係，自唐宋之後又推進一個新的階段。但是，16 世紀之後，馬來亞的歷史發生了重大的變化。自從葡萄牙佔領滿剌加之後，隨著西方殖民者的到來，滿剌加王國和馬來半島上其他小國又淪為殖民地，時間長達 450 多年之久。中馬之間的友誼在長期的反殖民主義的鬥爭中，相互支援著、延續著。

第三節　華人從宋元時期的流寓到明代初、中葉定居當地初期的峇峇和娘惹社會文化群

華人在悠遠的時代已經到過馬來半島及婆羅洲。在考古發現中，砂勞越尼亞群洞（Nian Caves）的壁畫和銅棺葬，彭亨淡美嶺河（Sungai Tembeling）的漢代銅鼓，以及馬來西亞一些州發現兩漢至明清的中國陶瓷與錢幣，都說明了中國與馬來半島歷史悠久的友好往來。但這些都沒有文字記載。

漢代以後，中國船隻或專使到馬來半島、婆羅洲的漸多，據蔡永蒹所記敘的："唐開元八年（720 年）東石林知祥之子林鑾，字安東，曾祖林智慧航海群蠻，熟知海路。林鑾試舟至勃泥，往來有利，沿海

畬家人，俱從之去，引來番舟，晉江商人競相率渡海。"[88] 說明中國人在唐代已渡海到渤泥。他們到這裏經商，其中有的因季候風或貿易等原因就停留下來或長遠居住在這裏了。

　　《島夷雜誌》一書中曾提到"佛囉安"國。據史家考證，佛囉安國應在今丁加奴龍運（Dungun）河口附近，在宋代，已有華人居住在這裏。書中記載："佛囉安，自淩牙蘇家風帆四晝夜可到，亦可遵陸。有地主，亦系三佛齊差來。其國有飛來銅佛二尊，名毗沙門王。佛內一尊有六臂，一尊有四臂。每年六月十五日系佛生日，地人並唐人迎引佛六尊出殿，至三日復回。其佛甚靈，如有外國賊舡欲來劫奪佛殿珠寶，至港口即風，發舡不得，多是就港口劫他人往別國賣，每人響金四兩或五兩。"[89] 這裏所說的唐人即華人。在《島夷志略》中，也記載了華人的蹤迹："歲之始，從見月為正初，酋長戴冠披服受賀。今亦遞相傳授。男女兼中國人居之。多椎髻，穿短布衫，系青布梢。"[90]《諸番志》中記載宋代渤泥國與中國十分友好，中國商船到渤泥國，"抵岸三日，其王與眷屬率大人到船問勞，船人用錦藉跳板迎肅，用金銀器皿褥席涼傘等分獻有差。既泊舟登岸，皆未及博易之事，商賈日以中國飲食獻其王，故舟往佛泥者必挾善庖者一二輩與俱。"[91] 在滿刺加國建立之後，中國人到滿刺加定居下來已見史籍記載。費信已提到他所見到的滿刺加居民中，"間有白者，唐人種也。"[92] 張變也說及"間有白者，華人也。"[93] 黃衷提到滿刺加"俗禁食豕肉，華人流寓或有食者，輒惡之，謂厭其穢也。"[94] 這裏說明華人"流寓"時間已較長，在回教盛行的地方，尚能破俗吃豬肉，足見已在這一地方長久居住了。馬歡還提到滿者伯夷的華人"多有從回回教門，受戒持齋者"。[95] 可見華人的生活習慣已融合在回族之中，從回教而受戒持齋了。當年華人到麻六甲王國，大多數是商人。在十七世紀，葡人伊利地亞（De Eredia）的《黃金半島題本》中記載當時

馬六甲市內有一個"華人村"（Campon China），並且有漳州人
（Chincheos）住在那裏。他所繪的地圖也表明"華人村"漳州門和中
國溪三個地名，這說明十六世紀的滿刺加已經有華人定居的村落。在
《馬來紀年》裏記載的皇麗寶（Hong Lipo）的故事，前面已提及，
她從中國來時，有一百艘船載了五百多極美麗的官家小姐為公主的侍
婢，皇麗寶公主皈依回教後嫁給蘇丹，生了皇子，而五百位中國姑娘
也定居在馬六甲，說明中國人不僅與當地人通婚，而且有與皇室通婚
的社會現象。滿刺加國中的官員也有中國人，滿刺加王國任命華人為
沙班達爾（Shahbandar），即港長，或港務官；由華人擔任的沙班達
爾，負責接待來自中國和印度支那的船隻的事宜。據皮雷斯說，沙班
達爾負責接待帆船船主，引見盤陀阿羅，給他們分配貨棧，發送貨
物，安排宿舍和預定象只。馬六甲是華人聚居的地方。在明代，也即
滿刺加王期時代，據葡萄牙殖民當局的非正式文件記載，在他們統治
期間（1511—1641 年），滿刺加已有華人村落，大多數華人經商，其
中多數是福建漳州或泉州人。直到荷蘭人統治馬六甲時，福建其他地
區的人，才大量湧入馬六甲。據非正式估計，在荷蘭人統治時期，馬
六甲的居民是四千八百二十四人，其中四百二十六名是華人。在 1751
年，華人人口迅速增加到兩千一百六十一人，幾乎增加五倍。華人人
口的遽增，也許是因為異族通婚及明朝滅亡，華人大量外逃所造成。
[96] 在馬六甲三寶山上有一座古墓，碑文云："皇明顯考維弘黃公姚壽
姐謝氏墓，壬戌年仲冬穀旦，孝男黃子，辰同立"，可見此墓立於公
元 1622 年。這也是華人定居馬六甲的佐證。

從以上資料，我們可看出華人從宋元時期流寓到明代初、中葉定
居當地的一條簡單的線索。這些居住在馬來半島上的華人，早期因是
遠航經商的多，因此多是男性，女性極少。所以早期的華人大多與當
地的婦女通婚，因而有許多華人是混血種，就形成了一個峇峇和娘惹

的華人社會文化群體。

　　這個文化群體的華人，都是因與當地婦女通婚之後所繁殖的混血種，譬如華人與馬來人通婚之後，在華人家裏也講馬來話，因此，馬來話也成爲兒女的語言。這些具有馬來血統的男孩稱峇峇，女孩稱娘惹。而且，在當年華人定居馬來半島的時候，馬來人已經信奉回教。馬歡《瀛涯勝覽》中記載當時馬六甲"國王、國人皆從回回教，持齋受戒誦經。"那麼，華人與馬來人通婚時，一種情況是華人皈依回教後，與馬來女性通婚，兒女被馬來人同化；另一種情況是回教婦女自願離教與華人結婚，遵守華人風俗；或者華人名義上皈依回教以娶馬來婦女，婚後雙雙脫離回教，而拜華人的神明和祖宗，兒女也成爲華人。這種婚姻正好促進了峇峇文化與社會的形成。[97]

　　華人與當地婦女結婚之後，孩子一輩也會講馬來話，華人社會便產生一群講馬來話的華人，形成了峇峇社會與文化。因此，峇峇社會、文化與認同是華人生活在馬來半島上長期演變而來的，是早期的華人移民適應當時多元種族的社會的結果。這其中不存在任何政治勢力強迫華人同化，在華人族群與馬來人族群之間的結構關係也不存在任何矛盾和衝突。

　　由於峇峇華人會講馬來話，也通曉馬來半島的文化與社會情況，有的峇峇商人通英語，所以他們作爲東西方貿易的中間人，而產生了發財致富的資本家，峇峇商人成爲峇峇社會的活躍人物，到了十九世紀以後，峇峇華人成爲華人社會的優越階層，在經濟與政治上都支配了海峽殖民地的華人社會。[98] 這是後話。

　　在明代的二百七十多年的漫長歲月裏，華人已逐漸在馬來半島及婆羅洲上定居及形成了華人社會的文化群體，但人數並不很多，峇峇社會也剛開始初步形成，一個新的社會文化層面在馬來半島上興起，以致以後成了馬來多元種族和多元文化的組成部份。

【注　釋】

1　見林遠輝、張應龍著《新加坡馬來西亞華僑史》，廣東高等教育出版社1991年版。

2　《明史》卷三百二十五《外國六・渤泥》。

3　《太祖實錄》卷五五。

4　《明史》卷三百二十五《外國六・渤泥》。

5　《太祖實錄》卷六七。

6　《太祖實錄》卷七六。

7　《太祖實錄》卷八八。

8　《太祖實錄》卷九七。

9　《明史》卷三百二十五《外國六・渤泥》。

10　《太祖實錄》卷二三二。

11　《太祖實錄》卷二五四。

12　《太宗實錄》卷四七。

13　《太宗實錄》卷四八。

14　《太宗實錄》卷四九。

15　《明史》卷三百二十五《外國六・渤泥》。

16　《太宗實錄》卷五十。

17、18　《太宗實錄》卷六二。

19　《太宗實錄》卷六四。

20、21　《太宗實錄》卷八二。

22、23　《太宗實錄》卷八三。

24　《明史》卷三百二十五《外國六・渤泥》。

25　《太宗實錄》卷八四。

26　《太宗實錄》卷八五。

27　《太宗實錄》卷八六。

28 《太宗實錄》卷一〇八。

29 《太宗實錄》卷一一〇。

30 《太宗實錄》卷一一三。

31 《明史》三百二十五《外國六‧渤泥國》。

32 《太宗實錄》卷一三一。

33 《太宗實錄》卷一三二。

34、35 《太宗實錄》卷一三四。

36 《太宗實錄》卷一三七。

37 《明史》卷三百二十五《外國六‧渤泥國》。

38 《太宗實錄》卷一六一。

39 《太宗實錄》卷一九三。

40 《太宗實錄》卷一九五。

41 《太宗實錄》卷一九八。

42 《太宗實錄》卷二三七。

43 《宣宗實錄》卷一二。

44 《宣宗實錄》卷一三。

45 《宣宗實錄》卷一五。

46 《明史》卷三百二十五《外國六‧渤泥》。

47 《世宗實錄》卷一一八。

48 《明史》卷三百二十五《外國六‧渤泥》。

49 《神宗實錄》卷三九四。

50 見林遠輝、張應龍《新加坡、馬來西亞華僑史》。

51 轉引自劉子政《婆羅洲史話》。

52 見林氏《坤甸歷史》卷首《婆羅洲地圖說略》按語，轉引自羅香林《西婆羅洲羅芳伯等所建共和國考》第 13 頁。

53、54 張燮《東西洋考》卷三《大泥‧交易》。

55　同上卷五《汶萊‧物產‧交易》。

56、57　《明史》卷三百二十五《外國六‧彭亨》。

58　W Linehan：History of Pahang,P.P.1.（Journal Malayan Branch,Royal Asiatic, Soc,Vol.xiv Part II.June,1936）。

　　"Before the rise of Malacca the Kingdom of Pahang embraced the whole of the southern Part of the Peninsula,Majapahit used the name Pahang to designate the Malay Peninsula-anindication of the importance of this ancient state。"

　　轉引自張奕善《明代中國與馬來亞關係》。

59　《太祖實錄》卷一二一。

60　《太宗實錄》卷七二。

61　《太宗實錄》卷一一七。

62　《太宗實錄》卷一三一。

63　《明史稿》列傳卷一九0。

64　《太宗實錄》卷一八一。

65　《太宗實錄》卷一八三。

66　《明史》卷三百二十五《外國六‧彭亨》。

67、68、69　張燮《東西洋考》卷四《彭亨》。

70　費信《星槎勝覽》後集《彭亨國》。

71　茅瑞征《皇明象胥錄》卷四集《彭亨》。

72　《馬來紀年》第十三章，暹邏侵略滿剌加。

73、75　《明史》卷三百二十五《外國六‧柔佛》。

74　張燮《東西洋考》卷四《柔佛》。

77　費信《星槎勝覽》後集《東西竺》。

78、80　《明史》卷三百二十五《外國六‧柔佛》。

79　張燮《東西洋考》卷四《柔佛》。

81　《明史》卷三百二十六《急蘭丹》。

82　《太宗實錄》卷一一九。

83　《太宗實錄》卷一二九。

84　黃昆福《吉蘭丹與道北古史再探》，載《吉蘭丹道北華人聯合會特刊》1996年8月第67頁。

85　《馬來紀年》下卷第八章《寵臣列傳》。

86　費信《星槎勝覽》前集《九洲山》。

87　黃省曾《西洋朝貢典錄》卷上《滿刺加》。

88　蔡永蒹《西山雜誌》中《林鑾官條》。

89　陳元靚《島夷雜誌》。

90　汪大淵《島夷志略》中《龍牙門》條。

91　趙汝适《諸蕃志》卷上《渤泥國》。

92　費信《星槎勝覽》滿刺加條。

93　張燮《東西洋考》卷四《麻六甲》。

94　黃衷《海語》滿刺加條。

95　馬歡《瀛涯勝覽》滿刺加條。

96　引自子虛譯《三保山課題》，見《文道》48期。

97、98　陳志明《海峽殖民地的華人——峇峇華人的社會與文化》，見林水檺、駱靜山編《馬來亞華人史》。

第四編　葡、荷、英佔領時期中國和馬來亞的關係（1511－1937 年）

第十章　葡屬馬六甲與中國的關係

第一節　公元 1511 年葡萄牙佔領馬六甲前後對中國情況的刺探

　　公元 1511 年，葡萄牙殖民者佔領了馬六甲，並開始了在馬六甲長達一百二十九年之久的殖民統治。當公元 1498 年瓦斯科·達·伽馬（Vasco da Gama）及其船員航行到達印度時，中國鄭和下西洋的艦隊，因爲種種原因，已經停止了在印度洋上的航行。但是東西洋沿海的海岸線上的居民們，對鄭和龐大艦隊的威力仍記憶猶新。因此，葡萄牙人在亞洲發現航線的過程中，就開始對中國人感興趣。早在迪奧戈·洛佩斯·德·塞凱拉（Diego Lopes　de　Sequeira）自里斯本啓航前去 " 發現 " 聖·勞倫斯島（St,Laurenca I.）以西直至馬六甲的這一地區之前，葡王唐·曼努埃爾（Dom Manoel）就向他下達了一系列指示（時間是 1508 年 2 月 13 日），其中有一條指示 [1] 是：" 你必須探明有關秦 [2] 人的情況，他們來自何方？路途有多遠？他們何時到馬六甲或他們進行貿易的其他地方？帶來些什麼貨物？他們的船每年來多少艘？他們是否在來的當年就回國？他們在馬六甲或其他任何國家是否有代理商或商站？他們是富商嗎？他們是懦弱的還是強悍的？他們有無武器或火炮？他們穿著甚麼樣的衣服？他們的身體是否高大？

還有其他一切有關他們的情況。他們是基督教徒還是異教徒？他們的國家大嗎？國內是否不止一個國王？是否有不遵奉他們的法律和信仰的摩爾人或其他任何民族和他們一道居住？還有，倘若他們不是基督教徒，那麼他們信奉的是什麼？崇拜的是什麼？他們遵守的是什麼樣的風俗習慣？他們的國土擴展到什麼地方？與哪些國家爲鄰？"可見，當時的葡萄牙人，對中國毫不瞭解，一無所知，他們極力想瞭解這支鄭和艦隊以及中國的實際情況，以便於決定他們建立海上商業霸權的步驟。他們發現航線的目的是爲了侵略，又爲了建立商業基地而對中國野心勃勃，虎視耽耽。而中國龐大的艦隊發現這條航線之後，所到之處，只是爲了宣揚國威，和平共處；當國家爲此消耗了國庫大量資金之後，就停止活動。這是葡萄牙與中國之間的迥然不同的態度。因此，當葡萄牙到達馬六甲之後，一方面是侵佔馬六甲，建立商業基地；一方面是從馬六甲進軍中國，侵佔中國島嶼，進而實行其海上霸權。可惜當時明王朝缺乏政治敏感性，沒有預防對方的險惡用意，而致以後也與馬六甲一樣遭遇不幸的命運。

在葡萄牙來到馬六甲之後，他們對馬六甲的中國人多方進行刺探，力圖瞭解中國情況。1509 年 9 月 11 日，迪奧戈·洛佩斯到達馬六甲，發現港內停泊着三四艘中國帆船。然而，由於馬來人的敵對行爲，他旣無法接近中國人，也無法向他們詢問。1510 年，他不得不返回葡萄牙，沒有帶回任何他們的主子所想知道的有關中國人的情報。

1511 年 7 月 1 日，葡萄牙人侵佔馬六甲。當時，葡萄牙人發現港內有五艘華人的帆船，它們被馬六甲國王扣留了好幾天，蘇丹媽末原意是打算利用他們攻打和他在交戰中的達魯（Dara）國王，華人不滿意這種處置，所以他們一有機會就逃跑出來，投奔阿伯奎（Affonso de Albuquerque），供給他情報並允其隨意調度他們的船，用小舢板把葡萄牙軍送上海岸。而且還把阿伯奎的使臣送回暹羅又接了回來。

1514 年，阿伯奎派遣了一支先遣隊到廣州，但歷史上找不到這次去中國的記錄。最早提到此次訪問的是義大利人安德雷·科薩里（Andrea Corsali），他在 1515 年 1 月 6 日致朱利安奧·德·梅迪奇公爵（Duke Giulianode Medici）的信 [3] 中說道："中國商人也越過大海灣航行至馬六甲，以獲取香料，他們從自己的國內帶來了麝香、大黃、珍珠、錫、瓷器、生絲，以及各種紡織品，如錦緞、緞子和非常華麗的花緞。中國人手藝精巧，可與我們媲美，就是眼睛小，外貌難看些。他們的穿著與我們十分相似，也像我們那樣穿長統襪的鞋子。儘管許多人說他們信奉或部分地信奉我們的宗教，可是我相信他們是異教徒。去年，我們葡萄牙人中有些人乘船往中國。中國人不許他們登陸，因為中國人說，讓外國人進入寓所是違背常規的，不過，這些葡萄牙人賣掉了自己的貨物，獲得厚利。他們說，將香料運到中國去，所獲得利潤與載往葡萄牙所獲的利潤同樣多，因為中國是一個處於寒帶的國家，人們大量使用香料。從馬六甲前往中國的航程是向北航行五百里格 [4]。"

當時正在為葡萄牙人服務的另一個意大利人焦萬尼·達·埃姆波裏（Gioavnni de Empoli），也提到這次開路的運航。他在 1515 年 11 月 15 日發自科欽（Cochin）的信 [5] 中寫道："商船和帆船自馬六甲航抵此地，……他們還發現了中國，我們的人曾經到過中國，這些人現在正在此地。中國是世界上最富饒的國家。其國境達韃靼高原，人們稱之為'巴拉西亞'（Balascia）[6]。中國人像我們一樣，都是白種人；他們像日爾曼人那樣穿著他們各種式樣的長袍，以及毛皮襯裏的帽子和一種短的緊身上衣。中國有像我們國內那樣的圈地和石頭砌成的房子。他們有很好的秩序和法律，對我們十分友好。這個國家盛產各種白色細蠶絲，每一坎塔羅 [7] 價值三十克羅箔多 [8]。十六匹一捆的優質錦緞，每匹價值五百里爾 [9]；緞子、花緞以及每盎司售價為半個達

卡 [10] 或不到半達卡的麝香。各種各樣的珍珠極多,還有各種帽子。因此,從中國運到此地,這些貨物可獲利三十倍。中國還有許多令人驚異的事,說實話,我可以告訴你,那裏稱得上是無所不有。船舶從那裏載來香料 [11];因此,每年從蘇門答臘運來胡椒大約六萬坎塔羅;從科欽和馬利巴里,僅胡椒一項就運來一萬五千坎塔羅至二萬坎塔羅,每坎塔羅價值一萬五千甚至二萬達卡。用同樣方式運來的還有生薑、肉豆蔻幹皮、肉豆蔻、乳香、蘆薈、天鵝絨、我們的金線、珊瑚、羊毛衣和長袍。從中國則運來索梅德羅姆(Somedrom) [12] 以及和我們的衣料極爲相似的織物、大量白明礬和優質朱砂。他們國家裏有着許多馬和大馬車。所有的東西都按重量出售,無論是商品還是糧食,活的還是死的動物,一律以重量計價。中國的糧食富庶,這種重要的東西從那兒運來的竟是如此之多,令人大爲吃驚。所以,只要我不死,我在離開此地之前,眞想一步跳到那兒去見見大汗。大汗即國王,人們稱之爲契丹之王。人們騎馬取陸路而往,行程計三個月,路上始終沿着一條類似萊茵河的河流行走,沿途上處處可見熱鬧的城鎭,最終抵達刺桐 [13],據說國王就住在那裏。” [14]

這封信即使所報導的有些地方講得不正確,但是它不失爲那種被第一次出訪所鼓舞起來的熱情的寫照。對那些喜歡冒險的葡萄牙人來說,這份有關中國財富的報導,以及與中國進行有利可圖的貿易前景,可以說是一種刺激。 [15]

當葡萄牙人刺探到中國的情報之後,他們就下定決心,在佔領馬六甲之後,艦隊啓航向中國進發,以實現他們獲取暴利的野心。

第二節　葡萄牙與中國的鬥爭

葡萄牙佔領了馬六甲之後,從海路向中國進迫。開始以朝貢爲名，事實上是以朝貢爲幌子到中國尋找機會。

中國史籍稱葡萄牙爲佛郎機，《明史》還專門列出《佛郎機》傳。當年，對於如何對待葡萄牙的方針問題，在明朝廷內部，存在着兩種截然不同的態度。一種是爲了和平和防止葡萄牙入侵，應盡力防禦葡萄牙的陰謀得逞；一種是爲了自身的謀利，力主與葡萄牙合作。兩種意見的鬥爭，在明廷越演越烈。《明史》在介紹佛郎機時，比較能切合實際地記錄下歷史的事實。

《明史》載：“佛郎機，近滿剌加。正德中，據滿剌加地，逐其王。十三年遣使臣加必丹末等貢方物，請封，始知其名。詔給方物之直，遣還。其人久留不去，剽劫行旅，至掠小兒爲食。已而夤緣鎮守中貴，許入京。武宗南巡，其使火者亞三因江彬侍帝左右。帝時學其語以爲戲。其留懷遠驛者，益掠買良民，築室立寨，爲久居計。”[16]在《明實錄》中，也有記載：

1、正德十二年（1517 年）五月辛丑，命番國進貢並裝貨舶船榷十之二解京，及存留餉軍者，俱如舊例，勿執近例阻遏。先是，兩廣奸民私通番貨，勾引外夷，與進貢者混以圖利，招誘亡命，略買子女，出沒縱橫，民受其害。參議陳伯獻請禁治之，其應供番夷，不依年分，亦行阻回。至是，右布政使吳廷舉巧辯興利，請立一切之法，撫按官及戶部皆惑而從之。不數年間，遂啓佛朗機之釁，副使汪鋐盡力剿捕，僅能勝之。於是，每歲造船鑄銃爲守御，計所費不貲，而應供番夷，皆以佛朗機故，一概阻絕，舶貨不通矣。利源一啓，爲患無窮，廷舉之罪也。[17]

2、正德十三年（1518 年）春正月壬寅，佛郎機國差使臣加必丹末等貢方物，請封，並給勘合。廣東鎮巡等官以海南諸蕃無謂佛朗機，況使者無本國文書，未可信，乃留其使者以請。下禮部議處，得旨：“令諭還國，其方物給與之。”[18]

這些記載，其他史籍也可得到驗證。在《中葡早期通商史》中，闡述得更爲詳細。書中載："1519 年（正德 14 年），西芒・德・安德拉德離開科欽往馬六甲。從馬六甲，他的艦隊與另外三艘帆船一道航往中國。三艘帆船的船長是：若爾熱・博特爾澳（Jorge Botelho），阿爾瓦羅・富澤羅（Alvaro Fuzeiro)和弗郎西斯科・羅德格茲（Francisco Rodriguez）。這支艦隊於八月間駛抵屯門。天性受好浮華誇耀、輕舉妄動的西芒・德・安德拉德很快就犯下了一連串暴行，完全破壞了他的兄弟所建立的葡萄牙人與中國人之間的友好關係，甚至於使中國變成死敵。他下令修建一座石木結構的要塞，架起火炮，其藉口是海盜猖獗而中國艦隊卻不給航海者以足夠的保護。此舉當然會被中國人視爲非法侵佔他們的一塊土地。更使局勢惡化的是，他下令在附近一個小島豎起絞刑架，並將一名水手吊死在那裏。執行絞刑的場面十分誇耀，一切都按葡萄牙人慣常的儀式進行。這又被視爲對中國的法律和習俗的侵犯，因爲按照中國的法律和習俗，宣判外國人死刑的權力應屬於中國當局。除此之外，當暹羅、柬埔寨、北大年和其他地方的商船像往常那樣在每年的這個時候乘信風前來時，西芒・德・安德拉德竟然不准他們在葡萄牙人售完貨物之前將貨物運上岸。據說葡萄牙人甚至掠劫旅客和其他國家的商船。最令人髮指的是他們綁架和購買了大批兒童，其中有許多兒童是從名門望族的家中偷走的。這些兒童可能被擄掠去當奴隸。"[19] 這裏所記述的，出自于《明史》、顧亭林的《天下郡國利病書》，以及嚴從簡的《殊域周咨錄》等書。至於《明史》中所記載的"掠小兒爲食"和"偷走兒童去當奴隸"一事，在葡萄牙人來訪時或其後不久撰寫的《月山叢談》中，詳細地記述了葡萄牙人如何以每名金錢百文的價格市易小兒，然後又怎樣將他們蒸食之，在顧亭林的《天下郡國利病書》和嚴從簡的《殊域周咨錄》中都有此記載，在《第三個十年》一書裏，巴羅斯也說，中國官員指控葡萄牙人蒸食這些小兒（e que os comiamos assdos）。[20]

　　當公元 1520 年（正德 15 年）葡萄牙人因賄賂中國官員而獲得到北京朝見明武宗時，卻遭到朝廷官吏的反對。《明史》載：十五年，御史丘道隆言："滿剌加乃敕封之國，而佛郎機敢並之，且啗我以利，邀求封貢，決不可許。宜卻其使臣，明示順逆，令還滿剌加疆土，方許朝貢。倘執迷不悛，必檄告諸蕃，聲罪致討。"御史何鰲言："佛郎機最凶狡，兵械較諸蕃獨精。前歲駕大舶突入廣東會城，炮聲殷地。留驛者違制交通，入都者桀驁爭長。今聽其往來貿易，勢必爭鬥殺傷，南方之禍殆無紀極。祖宗朝貢有定期，防有常制，故來者不多。近因布政吳廷舉謂缺上供香物，不問何年，來即取貨。致番舶不絕於海澨，蠻人雜遝於州城。禁防既疏，水道益熟。此佛郎機所以乘機突至也。乞悉驅在澳番舶及番人潛居者，禁私通，嚴守備，庶一方獲安。"疏下禮部，言："道隆先宰順德，鰲即順德人，故深晰利害。宜俟滿剌加使臣至，廷詰佛郎機侵奪鄰邦、擾亂內地之罪，奏請處置。其他悉如御史言"。報可。[21]明武宗採納了丘道隆及何鰲的意見，因為皇帝深知丘道隆曾任順德太守，何鰲是順德人，瞭解沿海情況。葡萄牙人在中國的行為，使中國人反感。而對滿剌加的侵略，更使中國難以忍受。因為中國與滿剌加是友好之邦，滿剌加名義上是中國的屬國，但實際上是各自獨立的友好國家，葡萄牙對滿剌加的蠻橫侵略行為，也同樣引起中國朝廷的憤怒。《明實錄》跟《明史》大體一樣記錄下這一段歷史：

　　1、正德十五年（1520 年）十二月乙丑，海外佛郎機前此未通中國，近歲吞併滿剌加，逐其國王，遣使進貢，因請封，詔許來京，其留侯懷遠驛者，遂略賣人口，蓋房立寨，為久居計。滿剌加亦嘗具奏，求救朝廷，未有處也。會監察禦史丘道隆言："滿剌加朝貢詔封之國，而佛朗機並之，且啖我以利，邀求封賞，於義決不可聽。請卻其貢獻，明示順逆，使歸還滿刺加疆土之後，方許朝貢。脫或執迷不悛，雖外夷不煩兵力，亦必檄召諸夷聲罪致討，庶幾大義以明。"御史何鰲亦言："佛朗機最號凶詐，兵器比諸夷獨精……今聽其私舶往交易，勢必至於爭鬥而殺傷，南方之禍殆無極矣。且祖宗時，四夷來貢皆有年限，備倭官軍防截甚嚴，間有番舶，詭稱遭風飄泊，欲圖貿易者，亦必核實具奏，抽分如例，夷人獲利不多，故其來有數。近因布政使吳廷舉首倡，缺少上供香料及軍門取給之議，不拘年分，至即抽貨，以致番舶不絕於海澳，蠻夷雜遝於州城，法防既疏，道路益熟，此佛朗機所以乘機而竄至也。乞查復舊例，悉驅在澳番舶及夷人潛往者，禁私通，嚴守備，則一方得其所矣。"禮部覆議："道隆先為順德令，鰲順德人，故備知其情。宜俟滿刺加使臣到日，會官譯詰佛朗機番使侵奪其國，擾害地方之故，奏請處置。廣東三司掌印並守巡巡視備倭官，不能呈詳防禦，宜行鎮巡官逮問。以後嚴加禁約，夷人留譯者，不許往來私通貿易，番舶非當貢年，驅逐遠去，勿與抽盤。廷舉倡開事端，仍行戶部查例停革。"詔悉如議行之。[22]

　　2、正德十六年（1521 年）秋七月己卯，正德間，海夷佛朗機逐滿刺加國王蘇端媽末而據其地，遣使加必丹木等入貢請封。會滿刺加國使者為昔英等亦以貢至，請省諭諸國王及遣將助兵復其國。禮部已議，絕佛朗機還其貢使。至是，廣東復奏："海洋船有稱佛朗國接濟使臣衣糧者，請以所賫番物，如例抽分。"事下禮部，覆言："佛朗機非朝貢之國，又侵奪鄰封，獷悍違法，挾貨通市，假以接濟為名，且夷情叵測，屯駐日久，疑有窺伺。宜敕鎮巡等官亟逐之，毋令入境。自今海外諸夷及期入貢者，抽分如例。或不賫勘合，及非朝而以貨至者，皆絕之。滿刺加求援事宜，請下兵部議。"既而兵部議："請責佛朗機，令歸滿刺加之地。諭暹邏諸夷以救患恤鄰之義。其巡海備倭等官，聞夷變不早奏聞，並逮問。"上皆從之。[23]

　　以上史載，看出中國政府對葡萄牙的明確態度：第一，不容許葡萄牙侵佔滿剌加。第二，不接受葡萄牙邀求封貢。令其歸還滿剌加疆土，方許朝貢。第三，希望滿剌加的鄰國如暹邏諸國出兵幫助滿剌加。第四，加強海防，拒絕葡萄牙商船假借其他名義侵入中國。與此同時，賽坦羅闍的使臣，即滿剌加國王的兒子端・穆罕默德（Tuan Mohammed）到了北京，他在皇帝面前歷數葡萄牙人對他們的種種欺凌，認爲葡萄牙人的確是強盜和探子。他還隨身攜帶一封信，其內容按照什裏斯托旺・維埃拉記述如下："這夥佛朗機強盜用大軍蠻橫地闖入馬六甲，侵佔土地，大肆破壞，荼毒生靈。洗劫眾人而把其他人投入牢獄。那些留在當地的人處於佛郎機統治之下。爲此，馬六甲國王終日心驚膽戰，愁悒不寐。他攜帶着那顆中國國王賜予的印璽逃往賓坦（Bentao），現在仍在該地。我的兄弟們和親友們則逃往其他國家。那個現在正在中國土地上的葡萄牙國王的使臣是個騙子。他並不是抱著誠意前來，而是想欺騙中國。仰乞中國國王對憂心忡忡的馬六甲國王表示憐憫，特獻呈禮物，懇求得到救助和援軍，使他得以收復失土。"[24] 這封信交給明朝廷禮部。《明實錄》中也有記載："正德十六年（1521 年）六月壬寅，滿剌加國遣使賚金葉表文及方物來貢，給賞使臣並回賜國王、王妃如例。"[25] 但也正在這個時候，明武宗朱厚照病重。未能滿足滿剌加使團要求。1522 年 4 月 20 日，武宗逝世，明世宗朱厚熜即位，是爲嘉靖皇帝。

　　早在皇帝逝世之前，朝廷上的高級官員對葡萄牙人強烈指控，希望對他們能採取強硬行動。在皇帝逝世之後，葡萄牙使團奉命攜帶自己的禮物返回廣州。朝廷還命令廣州的高級官員把葡萄牙使團的成員扣押起來，停止對外貿易，只有在馬六甲和印度的葡萄牙當局允將侵佔的地方歸還其合法的國王之後，這些葡萄牙人方可獲釋。

　　當時，葡萄牙人不斷派遣在滿剌加的華人進入中國，探聽情報。

有一名叫亞三的，到中國陪侍武帝，藉此獲得武帝歡心，而驕恃群臣。《明史》載：“亞三侍帝驕甚。從駕入都，居會同館。見提督主事梁焯，不屈膝。焯怒，撻之。彬大詬曰：‘彼嘗與天子嬉戲，肯跪汝小官邪？’明年，武宗崩，亞三下吏。自言本華人，爲番人所使，乃伏法。”[26] 於是對葡萄牙“絕其朝貢。其年（1522 年）七月，又以接濟朝使爲詞，攜土物求市。守臣請抽分如故事，詔複拒之。其將別都盧旣以巨炮利兵肆掠滿刺加諸國，橫行海上，複率其屬疏世利等駕五舟，擊破巴西國。”[27] 公元 1521 年四月或五月，一支葡萄牙艦隊駛入屯門港，船上載有胡椒、檀香木以及其他商品。這支艦隊來自滿刺加。他們在屯門和廣州進行貿易活動。當武宗去世消息傳到廣州，中國命令外國人離開中國國境，但葡萄牙人拒絕服從此項命令，於是全部葡萄牙人包括船長迪奧戈・卡爾沃（Diogo Calvo）的兄弟斯科・卡爾沃（Vasco Calvo）以及當時從北大年和暹邏航抵的葡萄牙船上的人也一一被中國捕獲。中國一支武裝帆船隊，把迪奧戈・卡爾沃的船隻以及其他七八艘仍停泊在屯門港內的葡萄牙帆船封鎖起來。1521 年六月二十七日，葡萄牙以杜瓦爾特・科爾奧爲船長，率領一艘裝備良好的帆船到達屯門外，廣州艦隊司令汪鋐聞知敵方援兵已至，十分惱火。決定向葡萄牙人進攻，當五十艘中國戰船排成半圓陣形把葡萄牙人包圍起來時，科爾奧求和不允，因葡萄牙火炮精良，中國船隊未能獲勝，汪鋐採用圍困戰略，戰事持續了大約四十天後，葡萄牙又派來一艘由阿姆布羅濟澳・多・雷戈（Ambrosio do Rego）指揮的船隻與港內的葡萄牙船隻會合，由於他們傷亡慘重，於是他們於 1521 年 9 月 7 日夜把人員集中在三艘船上準備突圍，中國艦隊馬上反擊，戰鬥非常激烈，“簡直就像籠罩在煙火之中的一座地獄”。這時突然下了一場雷暴雨，使中國帆船陷入混亂之中，而葡萄牙人才得以逃脫駛回滿刺加。1522 年 4 月，葡萄牙又派一支艦隊前往廣州，分別由艦隊司令馬爾廷·阿方索·德·梅洛·科廷奧（Martjm Affonso de Mello Coutinho）、他的兩個弟兄瓦斯科·費爾南德斯·科廷奧（Vasco Fernandes Coutinho）和迪奧戈·德·梅洛（Diogo de Mello），以及佩德羅·奧門（Pedro Homen）指揮，葡萄牙國王命馬爾廷·阿方索與中國簽訂和約，試圖在屯門建立一個要塞讓他們駐紮。在駛入屯門港之前，他們與中國巡邏的艦隊發生了炮戰，最後還是進入屯門，捎信給廣州當局。葡萄牙的建議遭到拒絕，雙方發生了激戰！此前，葡萄牙襲擊了新會地區的西草灣，這顯然是對中國拒絕他們恢復貿易關係並監禁托梅·皮雷斯及其隨員的報復。這場戰鬥中，雙方損失慘重，中國成功地捕獲了葡萄牙的兩艘船，生擒四十二人，活着的戰俘于1523年9月23日被槍決。中國陣亡者有百戶王應恩。在這場戰鬥中繳獲的葡萄牙炮和其他武器被命名爲“佛郎機”，並被作爲戰利武器進呈朝廷。幾年後，中國人仿造了葡萄牙火炮並用之於防衛。海道汪鋐因這次的勝利而得到擢升。[28] 從此中葡通商關係在其後數年中宣告中斷。

　　關於這次作戰的史實，《明史》中有記載：“嘉靖二年（1523年）遂寇新會之西草灣，指揮柯榮、百戶王應恩禦之。轉戰至稍州，向化人潘丁苟先登，衆齊進，生擒別都盧、疎世利等四十二人，斬首三十五級，獲其二舟。餘賊複率三舟接戰。應恩陣亡，賊亦敗遁。官軍得其炮，即名爲佛郎機，副使汪鋐進朝。九年（1530年）秋，鋐累官右都御史，上言：‘今塞上墩台城堡未嘗不設，乃寇來輒遭蹂躪者，蓋墩臺止瞭望，城堡又無制遠之具，故往往受困，當用臣所進佛郎機，其小止二十斤以下，遠可六百步者，則用之墩台。每墩用其一，以三人守之。其大至七十斤以上，遠可五六里者，則用之城堡。每堡用其三，以十人守之。五里一墩，十里一堡，大小相依，遠近相應，寇將無所容足，可坐收不戰之功。’帝悅，即從之。火炮之有佛郎機自此始。然將士不善用，迄莫能制寇也。”[29] 明朝因此而建炮臺，是因爲擔心葡萄牙人捲土重來，而葡萄牙也常常擔心中國的進攻，所以兩國都僵持著。後來，隨着時光的流逝，雙方的警惕也鬆懈下來了。

第三節　在中國海禁與反海禁的鬥爭中葡萄牙人又從中得利

葡萄牙人被驅逐出廣州後，接着有三十年的時間，在中國，一方面是朝廷實施海禁十分嚴厲，一方面是在豪勢的掩護下，走私貿易十分活躍。在兩股勢力的鬥爭中，葡萄牙人勾結中國走私的力量，活動極爲猖獗。

葡萄牙人過去所刺探的中國情報，深知中國官員內部的矛盾及某些腐敗的豪強權勢力量可以利用，因此他們勾結中國官員中的黑暗勢力以及沿海的走私者，以多種渠道與中國進行貿易。《明史》記錄這一史實：“初，廣東文武官月俸多以番貨代，至是貨至者寡，有議復許佛郎機通市者。給事中王希文力爭，乃定令，諸番貢不以時及勘合差失者，悉行禁止，由是番舶幾絕。巡撫林富上言：‘粵中公私諸費多資商稅，番舶不至，則公私皆窘。今許佛郎機互市有四利。祖宗時諸番常貢外，原有抽分之法，稍取其餘，足供御用，利一。兩粵比歲用兵，庫藏耗竭，藉以充軍餉，備不虞，利二。粵西素仰給粵東，小有徵發，即措辦不前，若番舶流通，則上下交濟，利三。小民以懋遷爲生，持一錢之貨，即得展轉販易，衣食其中，利四。助國裕民，兩有所賴，此因民之利而利之，非開利孔爲民梯禍也。’從之。自是佛郎機得入香山澳爲市，而其徒又越境商于福建，往來不絕。”[30] 這段史實，在《明實錄》中也有記載：

　　　　嘉靖八年（1529 年）冬十月己巳初，佛朗機火者亞三等既

誅，廣東有司並絕安南、滿剌加，諸番舶皆潛泊漳州，私與爲
市。至是，提督兩廣侍郎林富疏其事，下兵部議言："安南、滿
剌加自昔內屬，例得通市，載在《祖訓會曲》。佛郎機正德中始
入，而亞三等以不法誅，故驅逐之，豈得以此盡絕番舶？且廣東
設市舶司，而漳州無之，是廣東不當阻而阻，漳州當禁而反不禁
也。請令廣東察番舶例，許通市者毋得禁絕，漳州則驅之，毋得
停舶"。從之。[31]

由此可見，作爲巡撫官林富以"四利"爲由，支援走私及自由貿
易，這正是葡萄牙人的需要。此前的三十年，當他們在廣州受挫之
後，即轉向福建的泉州和漳州、浙江的寧波以及江蘇的南京等地經
商，因爲是非法走私，所以大部份買賣只能在近海的島嶼上進行。由
於中國上層官吏和豪紳爲走私者撐腰，下層官吏也不敢得罪，所以走
私活動越演越烈。葡萄牙人深知自己在中國不得人心，所以隱瞞葡萄
牙人的身份，喬裝成暹邏商人或馬來商人前往。但中國人對葡萄牙的
侵犯記憶猶新，1530 年，當廣州重新開放貿易時，葡萄牙人被挑出來
歸入不准入港之列。但他們並不死心，多年來都在中國沿海暗中進行
貿易，1542 年，一艘屬於安東尼奧・達・莫塔（Antonio de Mota）、
弗朗西斯科・澤莫托（Francisco Zeimoto）和安東尼奧・佩肖托（An-
tonio Peixoto）三個葡萄牙人合夥的帆船，載有獸皮和其他商品，駛往
廣州港後不得進入，他們又駛往泉州，在官員的默許下，於海上進行
貿易。[32] 由於福建方面的不合作，以及廣州閉關之後經濟的衰退，而
有上述《明史》中所載的巡撫林富的上書。而他的上書獲得批准，廣
州的門戶又再一次向外開放。這樣一來，走私活動日益猖獗，而葡萄
牙人本身就是走私販子，他們必然與中國的走私集團有著密切交往，
在中國沿海大肆活動。

公元 1547 年（嘉靖二十六年），葡萄牙人又一次侵入福州。《明

實錄》載：嘉靖二十六年（1547年）十一月癸巳，佛郎機國夷人入掠福建漳州，海道副使何喬禦之，遁去。巡撫御史金城以聞，且劾浯嶼指揮丁桐及去任海道副使姚翔鳳受金黷貨，縱之入境，乞正其罪。詔："以桐及翔鳳，令巡按禦史執來京究治。防禦事宜，兵部詳議以聞。"[33]於是，派朱紈爲巡撫："其年三月，佛郎機國人行劫至詔安。紈擊擒其渠李光頭等九十六人，複以便宜戮之。"[34]朱紈對佛郎機走私者的鬥爭，實際上是與中國沿海走私活動鬥爭的一部份。與葡萄牙交戰的走馬溪之役，不過是對葡萄牙走私者大膽妄爲的懲罰。但因此而觸犯了豪勢者的利益，於是起而陷害朱紈，假言葡萄牙是滿刺加，以亂是聽，欺騙嘉靖皇帝。《明史》有載："至二十六年（1547年）朱紈爲巡撫，嚴禁通番。其人無所獲利，則整衆犯漳州之月港、浯嶼。副使何喬等禦卻之。二十八年（1549年）年又犯詔安。官軍迎擊於走馬溪，生擒賊首李光頭等九十六人，餘遁去。紈用便宜斬之，怨紈者御史陳九德遂劾其專擅。帝遣給事中杜汝禎往驗，言此滿刺加商人，歲招海濱無賴之徒，往來鬻販，無潛號流劫事。紈擅自行誅，誠如御史所劾。紈遂被逮，自殺。蓋不知滿刺加即佛朗機也。"[35]當葡萄牙人爲了獲利而聚衆向月港和浯嶼進攻時，被擊退，第二年（即二十九年，1550年）又夥同一批中國走私者襲擊福建詔安，在走馬溪被徹底打敗。這是歷史上打擊走私活動的著名的走馬溪之役。但權勢者代表走私集團的利益，反而指控朱紈妄殺無辜，而致朱紈及將士被捕，朱紈自殺，一場反走私鬥爭宣告失敗。關於走馬溪之役，此處與上文，從不同側面作敘述。

　　朱紈死後，海禁又一次鬆弛下來，葡萄牙人得以在海上橫行無阻。他們佔據香山澳、壕鏡，像在自己國境一樣，而那些貪官污吏反視爲外府。葡萄牙人利用貪官的私欲，得以在中國打開一個缺口。《明史》有載："自紈死，海禁復弛，佛郎機遂縱橫海上無所忌。而其市香山澳、壕鏡者，至築室建城，雄踞海畔，若一國然，將吏不肖者反視爲外府矣。壕鏡在香山縣南虎跳門外。先是，暹邏、占城、爪哇、琉球、渤泥諸國互市，俱在廣州，設市舶司領之。正德時，移于高州之電白縣。嘉靖十四年（1535 年），指揮黃慶納賄，請于上官，移之壕鏡，歲輸課二萬金，佛郎機遂得混入。高棟飛甍，櫛比相望，閩、粵商人趨之若鶩。久之，其來益衆。諸國人畏而避之。遂專爲所據。四十四年（1565 年）僞稱滿剌加入貢。已，改稱蒲都麗家。守臣以聞，下部議，言必佛郎機假託，乃卻之。”[36] 由是葡萄牙人橫行海上，澳門也被他們所佔據。雖然中國多方加以防範，但還是無濟於事。《明史》載：“萬曆中，破滅呂宋，盡擅閩、粵海上之利，勢益熾。至三十四年（1606 年），又于隔水青州建寺，高六七丈，閎敞奇閎，非中國所有。知縣張大猷請毀其高埔，不果。明年（1607 年），番禺舉人盧廷龍會試入都，請盡逐澳中諸番，出居浪白外海，還我壕鏡故地，當事不能用。番人既築城，聚海外雜番，廣通貿易，至萬餘人。吏其土者，皆畏懼莫敢詰，甚有利其寶貨，佯禁而陰許之者。總督戴燿在事十三年，養成其患。番人又潛匿倭賊，敵殺官軍。四十二年（1614 年）總督張鳴岡檄番人驅倭出海，因上言：‘粵之有澳夷，猶疽之在背也。澳之有倭賊，猶虎之傅翼也。今一旦驅斥，不費一矢，此聖天子威德所致。惟是倭去而番尚存，有謂宜剿除者，有謂宜移之浪白外洋就船貿易者，顧兵難輕動。而壕鏡在香山內地，官軍環海而守，彼日食所需，咸仰於我，一懷異志，我即制其死命。若移之外洋，則巨海茫茫，奸宄安詰，制禦安施。似不如申明約束，內不許一奸闌出，外不許一倭闌入，無啓釁，無弛防，相安無患之爲愈也。’部議從之。居三年，設參將于中路雍陌營，調千人戍之，防禦漸密，天啓元年（1621 年），守臣慮其終爲患，遣監司馮從龍等毀其所築青州城，番亦不敢拒。”[37] 關於這段史料，《明實錄》也有詳細記載。

1、嘉靖四十四年（1565 年），夏四月癸未，有夷目啞喏喇歸氏者浮海求貢者，初稱滿剌加國，已復易辭稱蒲麗都家。兩廣鎮巡官以聞，下禮部議：“南番國無所謂蒲麗都家者，或佛朗機詭托也。請下鎮巡官詳審，若或詭托也。即爲謝絕，或有漢人通誘者以法治之。”奏可。[38]

2、萬曆四十年（1612 年）九月戊戌，兵部復兩廣總督張鳴岡條防海五議：……一、澳夷狡猾叵測，宜虎頭欽總改箚鷹兒浦，仍於塘基灣等處壘石爲關，守以甲士四百人，餘兵棋布緝援……俱依議行。[39]

3、萬曆四十五年（1617 年）五月辛巳，兵部復廣東巡撫按田生金會同總督周嘉謨條陳六款：“……酌衆論以定機宜。澳夷去故土數萬里，居境澳六十年，驅之未必脫屣，殲之恐干天和，且也僅彈丸黑子，無險可恃，所通止香山一路，有關可絕，僅同孤雛腐鼠，似可相安無事。第浪子野心終屬叵測，凡所以防患未然，隨宜禁戢在該省督按加之意耳。”[40]

4、萬曆四十六年（1618 年）十一月壬寅，總督許弘綱、巡按御史王命璿奏：“澳夷，佛郎機一種，先年市舶於澳，供稅二萬以充兵餉，近且移之島中，列屋築台增置火器，種落已至萬余，積谷可支戰守，而更蓄倭奴爲牙爪，收亡命爲腹心。該澳去渭城咫尺，依山環海，獨開一面爲島門，脫有奸雄竄入其中，一呼四應，誠爲可慮……”[41]

5、天啓元年（1621 年）六月丙子，廣東巡按王尊德以拆毀香山澳夷新築青州島具狀上聞，且敘道將馮從龍、孫昌祚等同心任事之功，乞與紀錄，部覆從之。按：澳夷所據地名壕鏡，在廣東香山縣之南虎跳門外海滂一隅也。先是，暹邏、東西洋、佛朗機諸國人入貢者附省會而進，與土著貿遷，設市舶提舉司稅其貨。正德間移泊高州電白縣。至嘉靖十四年，指揮黃瓊納賄請于上官許夷人僑寓壕鏡澳，歲輸二萬金，從此雕楹飛甍，櫛比相望，番舶往來，有習於汎海者謂之黑鬼刺船護送。萬曆三十四年於對海築青州山寺，高可六七丈，閎敞奇秘非中國梵刹比，縣令張大猷請毀其垣不果。萬曆四十二年（1614年）始設參將府于中路雍陌營，調千人守之。至是，稍夷其居，然終不能盡云。[42]

明朝對葡萄牙佔據澳門，已成為一塊心病，幾十年來，雖設謀多種辦法加以阻攔，但未能收到預期效果，而致使葡萄牙人在澳門長期佔領下去。

澳門被葡萄牙人佔據之後，他們甚至在澳門組織自己的政府，包括一名地方長官（Capitao de Terra），一名執掌治安權力的大法官（Ouvidor）以及一名主教。皇家艦隊司令官在政府也佔有一個席位。幾年時間，葡萄牙人在澳門有一個相當規模的殖民地。1563年，不包括孩童在內，在澳門的葡萄牙人數達九百人，其他的馬六甲人、印度人和非洲人幾千名，其中有些是商人，但大多數是僕役和奴隸。而在中國政府方面，仍拒絕同葡萄牙人建立任何正式關係，遲至1565年，朝廷仍下令拒絕一個攜帶貢品的葡萄牙使團。[43]但是，事實上葡萄牙人已經利用澳門為基地，在海上建立他們的霸權，《明史》也有載："其時，大西洋人來中國，亦居此澳。蓋番人本求市易，初無不軌謀，中朝疑之過甚，迄不許其朝貢，又無力以制之，故議者紛然。然終明之世，此番固未嘗為變也。其人長身高鼻，貓睛鷹咀，拳發赤鬚，好經商，恃強陵轢諸國，無所不往。後又稱干系臘國，所產多犀象珠貝。衣服華潔，貴者冠，賤者笠，見尊長輒去之。初奉佛教，後奉天主教。市易但伸指示數，雖累千金不立約契，有事指天為誓，不相負。自滅滿刺加、巴西、呂宋三國，海外諸蕃無敢與抗者。"[44]葡萄牙人滅滿刺加國之後，計謀佔領中國的島嶼澳門，他們雖然多次進攻失敗，最後終於達到他們侵佔的目的。

第四節　葡萄牙殖民者在滿剌加的橫徵暴斂

　　葡萄牙人佔領滿剌加，最大的目的當然是為了貿易，獲得高額的利潤。於是他們從印度運來棉布、珊瑚、象牙、阿剌伯香、葡萄牙酒等物品，由馬來半島運來胡椒、錫、松脂、黃金、檀香等物，由中國、柬埔寨運來米、糖、絲綢、瓷器等物，當時葡萄牙人把西方的物品轉賣給東方，把東方物品轉賣給西方，從中賺取厚利。但是由於葡萄牙人太過貪婪，他們用重稅進行橫徵暴斂，使許多商人不願到滿剌加來，於是葡萄牙人又採用強迫手段，在滿剌加海峽巡邏，如果捕捉到逃避往滿剌加的商船，就加以焚船及百般虐待，所以過去繁榮的港口，到了葡萄牙人手中，就大大不如以前了。因此，自從葡萄牙佔領滿剌加之後，中國與滿剌加的交易也斷絕了。張燮說："本夷市道稍平，既為佛郎機所據，殘破之，後售貨漸少。而佛郎機與華人酬酢，屢肆輈張，故賈船希往者。直詣蘇門答剌必道經彼國。佛郎機見華人不肯駐，輒迎擊於海門，掠其貨以歸。數年以來，波路斷絕。然彼與澳夷同種，片帆指香山，便與奧人為市，亦不甚藉蔄舶彼間也。"45自從葡萄牙佔領滿剌加之後，與中國的貿易也從稀少到斷絕。而葡萄牙殖民者在馬六甲，在血洗全城之後，建立了一整套的行政、市政、宗教和社會制度。對於滿剌加人和其他黑色人種，都由一個甲必丹長（Captainmor）管轄，而每一個種族又各有他們自己的甲必丹。葡萄牙人在滿剌加的稅收制度，促使它在經濟和政治方面的崩潰。由於他們的橫徵暴斂，印度的船舶寧可放棄前來馬六甲而轉航到柔佛、日里、霹靂、亞齊和萬丹等地去，中國的商業則轉向北大年。葡人因此而在海上巡邏，強迫所有船隻停靠滿剌加，繳付港稅。於是，沒有船舶肯通過海峽區域而在滿剌加靠岸，來繳納稅率爲値百抽十的稅；此外又征百分之二的市政府加稅，作爲炮臺和炮兵的經費。1544 年，他們規定所有進口的貨物，不管它的產地是哪一國，一律徵稅百分之六。兩年以後，從孟加拉運來的貨物改征百分之八，從中國運來的貨物改征百分之十。而且葡萄牙艦隊司令勞倫斯・勃利都（Lourence de Brito）搶劫兩艘土船的糧食，不給任何代價，又縱容手下的艦長們俘獲兩艘中國艇。[46] 葡萄牙人在滿剌加的巧取豪奪和海盜行徑，使中國商船堅持駛往柔佛、吉蘭丹等地，而不再駛往滿剌加，以示抗議葡萄牙對滿剌加的佔領。中國與滿剌加的貿易從此長期中斷。旅居在滿剌加的華人也紛紛轉至北大年、吉蘭丹、柔佛、汶萊等地居住和進行貿易，使葡萄牙佔領的馬六甲商業、貿易衰退。直到 1641 年荷蘭人征服葡萄牙的時候，滿剌加僅有華人三百到四百人。

　　在葡萄牙吞併滿剌加一百二十九年的時間裏，公元 1580 年，葡萄牙爲西班牙所幷，至 1640 年又恢復獨立。馬六甲的史書中，都不再區別。

　　十六世紀末葉，葡萄牙人在滿剌加的勢力已經衰落了。由於他們統治殖民地的官員爲所欲爲，營私舞弊，貪贓枉法，再加上他們的本土又被西班牙所兼併，本土既不能保，對海外殖民地更無法顧及。因此，當荷蘭勢力東來的時候，就取代了葡萄牙人在滿剌加的地位了。

【注　釋】

1　轉引自張天澤著，姚楠、錢江譯《中葡早期通商史》中華書局香港分局 1988 年 1 月初版，第二章《中葡早期通商關係》，其注 2 說明這條材料來自托雷・多・通博國家檔案館中有關葡萄牙人航海與征服的文獻（A Journal of the First Voyaha of Vasco da Gama），第一三一頁。Da Torre do Tombo acerca das Navegacoes e Conquistas Portugue zas），一八九三年，里斯本，第一九

四——一九五頁;在《航海與殖民地》(Maritimos e Conqnistas)第三輯
(一八四三年)第四九〇頁上也可見到同樣的記載。

2　張著注:秦人原文為 Chijns,即中國人。

3　這段材料引自張天澤著《中葡早期通商史》,其注 12 中說明他採用的是裕
爾在《東城紀程錄叢》中的譯文,哈克盧伊特學會本,第二版;第一卷,
第一八〇頁。

4　里格(League),約等於三英里。(張注)。

5　這封信引自《中葡早期通商史》第 39—40 頁。張天澤注:關於他的情況,
見《義大利歷史檔案》(Archivo Storico Italiano),附錄三,第 9 一 91 頁。
採用的是 D ‧弗格森(D ‧ Ferguson)的譯文,載《印度古物志》(Tne
Indian Antiquery),第三〇卷(1901 年),第 423—424 頁。

6　張注:疑是巴達克山(Badakshan)。

7　坎塔羅(Cantaro)為中世紀義大利那不勒斯的重量單位,約等於一百磅
(姚楠、錢江譯注)。

8　克羅箭多(Cruzado)是葡萄牙古金幣(姚楠‧錢江譯注)。

9　里爾(real)是過去西班牙及其殖民地所通用的小銀幣,折合八分之一比索
(Peso)(姚楠‧錢江譯注)。

10　達卡(ducat)是中世紀在歐洲各國流通的銀幣。(姚楠‧錢江澤注)

11　疑是"往那裏運去香料"(姚楠‧錢江譯注)。

12　弗格森對這個詞無法解釋,這或許是抄寫人員的筆誤(姚楠‧錢江譯注)。

13　刺桐:即泉州。

14　這顯然是錯誤的,中國朝廷應在北京。

15　以上均引自張天澤著、姚楠‧錢江譯的《中葡早期通商史》。

16、21　《明史》卷三百二十五《外國六‧佛郎機》。

17　《武宗實錄》卷一四九。

18　《武宗實錄》卷一五八。

19　張天澤著、姚楠錢江譯《中葡早期通商史》第 55-56 頁。

20　詳見上書第 74 頁注 7。

22　《武宗實錄》卷一九四。

23　《世宗實錄》卷四。

24　此資料轉引自張天澤著《中葡早期通商史》第三章，其注 20 又說明這份資料來自《第三個十年》第六卷，第一章，第六頁。

25　《世宗實錄》卷三。

26、27、29、30、37、43　《明史》卷三百二十五《外國六・佛郎機》。

28、32　見《中葡早期通商史》第三章。

31　《世宗實錄》卷一〇六。

33　《世宗實錄》卷三三〇。

34、35　《明史》卷二百五《朱紈傳》。

38　《世宗實錄》卷五四五。

39　《神宗實錄》卷四九九。

40　《神宗實錄》卷五五七。

41　《神宗實錄》卷五六七。

42　《熹宗實錄》卷十一。

43　見《中葡早期通商史》第五章《澳門的興起》。

44　《明史》卷三百二十五《外國六・佛郎機》。

45　張燮《東西洋考》卷四《西洋列國考・麻六甲》。

46　見溫斯泰德著，姚梓良譯《馬來亞史》。

第十一章　荷屬馬六甲與中國的關係

第一節　荷蘭殖民主義者從葡萄牙人手裏奪取馬六甲

　　荷蘭（Holland）原是西班牙的屬國，十六世紀末期，荷蘭人所需的香料和其他東方物品，都由里斯本（Lisbon）供給，他們以此轉賣至北歐各國牟利。但到公元 1584 年，西班牙和葡萄牙合併，以荷蘭人反抗天主教爲名，遏制荷蘭人在里斯本（Iisbon）的貿易。這樣一來，荷蘭人爲了取得香料和東方物品，只好自己組織力量向東方發展。1583 年，有一名荷蘭人名叫約翰‧林斯豪登（John Huyghen Vav Linschoten）到了果亞，任葡籍大主教的僕役，一共住了六年，又在東方許多葡屬領土廣泛旅行，回到荷蘭後，於 1592 年出版一本《航海圖鑒》（Spieghel de Zeevrt）和一本《葡屬東印度航行記》（Itinererio：Voyageafte Schipuaet Jan Huyen Van Linschoten naer Oost of the Portugaels Indien 1579—1592）。前者敘述從海道到東方的經過和路程，後者則描繪東方的富庶與繁榮。他把赴東方的經驗寫出來，並畫好東行路線，鼓勵荷人到東方去冒險。荷蘭人於公元 1595 年開始東來以後，二三年之間，曾一共派出六十五隻船，作十五次航行，於是各貿易公司紛紛成立，當時他們在東南亞的主要市場是萬丹至香料群島，與土人貿易。1602 年，在荷蘭聯省共和國議長奧爾登巴勒費爾特（Oldenbarnevelt）敦促下，荷蘭從事亞洲貿易的十余家公司聯合組成一個巨大的貿易實體——荷蘭聯合東印度公司（VDC，簡稱荷屬東印度公司），以便與葡萄牙、西班牙競爭。聯省共和國議會賦予公司好望角以東、麥哲倫海峽以西的貿易獨佔權。同時，公司在亞洲尚可行使政權職能，如以共和國名義開闢殖民地、與外國締約等，還可行使司法裁判權，有權建築炮臺、進行戰爭等。荷屬東印度公司集資 645 萬荷幣，由十七名董事主持，是東南亞他們財產的真正主人，並擁有一個治外的朝廷。公司成立當年，即派遣韋麻郎・范・華威克（Wijbrant van Warwijck），率艦隊前往遠東。[1]

中國典籍中對於荷蘭的記載有多處：

1、和蘭，又名紅毛番，地近佛郎機。永樂、宣德時，鄭和七下西洋，歷諸番數十國，無所謂和蘭者。其人深目長鼻，髮眉鬚皆赤，足長尺二寸，頎偉倍常。萬曆中，福建商人歲給引往販大呢、呂宋（今菲律賓呂宋[Luzon]）及咬嚼巴（即今印度尼西亞雅加達[Jakarta]（市）者），和蘭人就諸國轉販，未敢窺中國也。自佛蘭機市香山，據呂宋，和蘭聞而慕之。二十九年（1601 年）駕大艦，攜巨炮，直薄呂宋。呂宋人力拒之，則轉薄香山澳。澳中人數詰問，言欲通貢市，不敢為寇。當事難之。稅使李道即召其酋入城，遊處一月，不敢聞於朝，乃遣還。澳中人慮其登陸，謹訪禦，始引去。[2]

2、紅毛番自稱和蘭國，與佛郎機鄰壤，自古不通中華。其人深目長鼻，毛髮皆赤，故呼紅毛番云。一名米粟果。佛郎機據呂宋而市香山，和蘭心慕之，因駕巨艦橫行爪哇、大泥之間，築土庫，為屯聚處所。竟以中國險遠，垂涎近地。嘗抵呂宋，呂宋拒不納。又之香山，為澳夷所阻，歸而狼卜累年矣。[3]

3、紅毛鬼不知何國。萬曆二十九年多，大舶頓至濠鏡。其人衣紅，眉髮連鬚皆赤，足踵及趾長二寸，壯大倍常。澳夷數詰問，輒譯言不敢為寇，欲通貢而已。當道謂不宜開端，李榷使召其酋入見，遊處會城，一月始還。諸夷在澳者，尋共守之，不許登陸，始去。[4]

在中國史籍的記載中，萬曆年間，中國與荷蘭尚未開始來往，互不瞭解。但荷蘭人見鄰國葡萄牙人在馬六甲、澳門等地得利，於是虎視耽耽，野心勃勃，蓄謀進入中國。因此，當韋麻郎、范‧華威克（Wijbrantvan Wavwijck）到北大年之後，儘量謀求福建海商、水手的合作，雇請恩浦（Impo）等數位華僑作爲導航員，籌備往中國的航行。5 荷蘭人之通向中國，多由海外的中國奸民及海盜爲嚮導；他們佔領澎湖，即由海澄人李錦所帶引。此事見諸於中國史籍。

1、海澄人李錦及奸商潘秀、郭震，久居大泥，與荷蘭人習。語及中國事，錦曰：" 若欲通貢市，無若漳州者。漳南有彭湖嶼，去海遠，誠奪而守之，貢市不難成也。" 其酋麻韋郎（應爲韋麻郎）曰：" 守臣不許，奈何？" 曰：" 稅使高寀嗜金銀甚，若厚賄之，彼特疏上聞，天子必報，守臣敢抗旨哉。" 酋曰：" 善。" 錦乃代爲大泥國王書，一移寀，一移兵備副使，一移守將，俾秀、震齎以來。守將陶拱聖大駭，亟白當事，系秀於獄，震遂不敢入。" 6

2、澄人李錦者，久駐大泥，與和蘭相習。而猾商潘秀、郭震亦在大泥，與和蘭貿易往還。忽一日與酋麻韋郎談中華事。錦曰：" 若欲肥而橐，無以易漳者。漳故有彭湖嶼在海外，可管而守也。" 酋曰：" 倘守臣不允，奈何？" 錦曰：" 寀在閩，負金錢癖，若第善事之，當特疏以聞，無不得請者。守臣敢抗明詔哉！" 酋曰：" 善。" 乃爲大泥國王移書閩當事，一移中貴人，一備兵觀察，一防海大夫，錦所起草也，俾潘秀、郭震齎齊之以歸。防海大夫陶拱聖聞之大駭，白當道，系秀於獄。震續至，遂匿移文不投。" 7

3、萬曆三十五年（1607 年）十一月戊午，福建巡撫徐學聚以稅監高寀征解不納又上章詆己，乃疏臚寀諸不法事言：" ……所最可異者，三十二年以撫按並缺令奸商潘秀等往販荷蘭，勾引紅夷，詐韋麻郎銀錢三萬，許以澎湖通市，臣已奉旨拒逐。今臣已告歸，而紅夷又至，殺戮商漁。薦窺內地。使沿海將士不得安寢者，是誰啓之乎……"疏入亦不報。學聚之在閩以卻紅番事原有功於閩，而獨委曲高宗為朝論不推。蓋自高宗後紅夷無歲不窺澎湖矣。[8]

4、三十二年（1604 年）七月，西洋紅毛番長韋麻郎駕三大艘至澎湖，求互市，稅使高宗召之也。有容白當事，自請往諭。見麻郎，指陳利害。麻郎悟，呼宗使者，索還所賂宗金，揚帆去。[9]

從以上數則史料中，可知荷蘭人對中國覬覦已久，但無從下手，荷蘭人在福建沿海多次搔擾，並試圖用武力打開通商門戶，但因中國海疆守備甚嚴，無法攻入，因此又回到北大年。

荷蘭人在與葡萄牙人爭奪通商門戶中，進行了明爭暗鬥。公元 1603 年二月，荷蘭人知道有十七名荷蘭水手，在澳門被葡萄牙人殺害，於是荷蘭東印度公司便派出兵船，在柔佛海岸，把一艘剛從中國開返的葡萄牙商船擄獲，並把船上所載的陶瓷和絲綢等貨物，劫掠一空，作為對葡萄牙的報復。[10] 因此，葡萄牙和荷蘭的矛盾加深了。1604 年（萬曆三十二年）及 1607 年（萬曆三十五年）荷蘭人兩至廣東，欲與中國通商，皆為澳門的葡萄牙人所阻撓。1622 年（天啟二年）荷蘭海軍大將拉佑遜（Kornelis Rayerszoon）率軍艦十五艘，兵士二千人攻澳門，失利而退。往東佔據澎湖群島。1624 年（天啟四年）遂進而佔據臺灣，于安平港建紅毛城（Zelandia），至 1662 年（康熙元年）為鄭成功所逐。這是荷蘭人對中國侵佔的失敗。[11]

荷蘭人為了取得東南亞海上霸權，決心侵佔馬六甲。

當荷蘭人進軍馬六甲時，因柔佛仇恨葡萄牙人，首先與柔佛國聯盟。公元 1606 年，荷蘭將領馬蒂烈夫（Matelief）與柔佛蘇丹阿拉烏丁三世簽署進攻馬六甲的盟約，即率領聯軍圍攻葡軍，佔領城外的船島（Ship lsland）為戰略的據點，高架大炮，猛攻馬六甲，守軍損失慘重，是時果亞開來援軍為葡萄牙解圍，使葡萄牙在馬六甲的主權得再延長三十年。1639 年，荷督戴門（Antonio Van Diemen）與柔佛蘇丹阿都查裹沙二世又一次共謀制服葡萄牙人。1640 年，荷蘭委派安東尼遜（Antonissoon）負責這場戰鬥，以十二艘荷艦及六支小船封鎖海道，用一千五百名柔佛陸軍堵陸路，冀圖斷絕馬六甲一切外援。同年八月二日，荷軍登陸馬六甲，迫葡軍逃守堡壘，雙方猛戰，相持了一百多天，雙方死傷嚴重。[12]

　　1641 年 1 月 14 日，荷蘭軍隊從城堡缺口沖入，與疲憊的葡萄牙守軍血戰，佔領了馬六甲各重要據點。這是一場殘酷的戰爭，溫斯泰德對這場大戰曾作過這樣的敘述："對於這一個著名的堡壘進行攻擊，是在 1640 年 6 月由巴達維亞總督狄門下的命令，他的參事會諸公把此事付託給一位年老勇敢而富有經驗的戰士安東尼上士（Sergeant-Major Adriaen Antonissoon），結果他在圍城時陣亡。當時有十二艘戰船和六隻小艇列成半圓形，封鎖海岸，斷絕糧草，進行炮擊，而守將蘇沙・考丁和（Manuel de Souza Coutinho）勇敢沈着地用重炮應戰。到了 7 月底，柔佛派來了一個由 40 艘帆船組成的艦隊。裝載著 1400 或 1500 人，8 月 2 日安東尼又派來了同樣多的人，其中一部分是荷人，一部份是德人。聯軍在外堡（Tranquerah）之北登陸，逼退了第一道防線的葡軍數百名，進入外堡，把防軍趕入要塞。在距離法摩沙射程以內的地方，荷人建立了兩個炮臺，配備著能發射重二十四磅炮彈的重炮十六尊，把寇羅沙（Curassa）和聖・多明古斯（S.Domingos）兩個堅固的棱堡打開了缺口，轟平了包勃斯醫院（Hospital dos Pobres）的圓頂，毀滅了聖・保羅教堂大堡和其他大廈，其數難以計算；這種轟擊是用來反擊聖・保羅山上的葡萄牙重炮的，因為這些重炮曾把堡壘邊上荷蘭人區域的房屋全部掃平。到了 12 月，瘟疫蔓延，防軍和圍軍都被傳染。從荷蘭方面逃亡的人鼓勵防軍堅守，可是守軍因不堪饑餓之苦，逃亡的很多，據報城中只有歐人 200 名，混血種人 400 名。這時大米一加侖（英國一加侖為 4.546 公斤），要賣英幣十

元，一磅水牛皮，賣到葡幣 5、6 元。婦孺被棄不管，有一個母親掘出
她親生孩兒的的屍體，啖食其肉。估計城中死亡的有 7000 人，逃到鄉
下去的為數更多，因此荷蘭人原來估計城中有人口 20000 人，現在只
剩下了 3000。荷蘭人方面，死亡了 1500 人，連續三個司令員，都患
病而死，機密會議的全體成員都去世，於是荷蘭官員派卡德高（Cap-
tain Minne Willemssoon Krtekoe）指揮全軍。1641 年 1 月 14 日，經過
一整天祈禱後，聚集了壯健兵丁 650 名，陸軍持搶，海軍持梯，向聖
‧多明古斯棱堡進攻，高呼口號‘上帝助我’。多聖‧明古斯陷落
後，聖母（Madrt de Deus）、女貞（As Virgens）、聖帝安古（Santi-
ago）和寇羅沙等堡和巴羅特醫院（Baluarte Hospital）也相繼失守。荷
軍進攻凡爾哈堡（Forteleza Velha）時，損失了二十四人，只得撤退到
巴羅特醫院，使能躲在敵人火炮射程以外。於是卡德高從病榻起來，
前往城壘，與葡萄牙太守協商條款，所有被圍者，除王軍外，一律准
予安全撤走。”[13] 在這場殘酷的戰爭中，馬六甲人遭遇了一場浩劫，
荷蘭人進入馬六甲後，馬六甲已成為一片廢墟。

第二節　荷蘭人佔領馬六甲後對中國商船和華人的仇視以及鄭成功與荷蘭殖民主義者的鬥爭

　　馬六甲被荷蘭人佔領之後，已是滿目瘡痍，戰爭和瘟疫使人口死
亡大半。全馬六甲剩下的人數，包括荷蘭人、葡萄牙人、奴隸及華人
總共不過 2150 人。

　　三十多年之後，據 1678 年浦德的人口調查統計，除了守備隊和公
司文官之外，總計 4884 人，詳細分析如下：

荷蘭籍市民（歐亞混種）　　　　　　145 人

葡萄牙人	1469 人
華人	426 人
印度人（謨兒人 Moors 及著 Gentoos）	547 人
馬來人	588 人
武吉士人	102 人
各籍奴隸	1607 人
總　計	4884 人

各籍自由市民擁有的奴隸，占總人口最多數。[14]

荷蘭人 1641 年奪得馬六甲，1651 年建設好望角殖民地，1656 年取哥倫坡，1664 年取馬拉巴爾沿岸的葡萄牙殖民地，更驅逐西里伯島的葡萄牙人，於 1667 年征服望加錫，於是葡萄牙人的領土，完全轉入荷蘭人手中。當荷蘭人佔領馬六甲之後，他們因為已經打通了好望角的航線，所以以爪哇（Java 即今印度尼西亞的雅加達）為經營東印度公司的大本營，馬六甲的港口僅居於次要地位。同時，由於馬六甲海港逐漸淤淺，大型船泊無法停泊。而荷蘭人對海港壟斷之後，以海軍進行封鎖，他們採取壟斷貿易和海盜掠奪的政策，比葡萄牙人表現出更加貪婪和兇殘。荷蘭人繼續維持葡萄牙人的實行賦稅，發給牌照和巡邏海峽的制度。其政策內容規定為：

一、對於過境船泊，不論起貨與否，凡在馬六甲港口及海峽者，不僅應徵收進出口稅，還須徵收船舶稅。

二、南寧屬邦應付各項什一稅和其他稅款。

三、實行壟斷政策，特別是對於馬來亞的最重要物產，即霹靂、吉打、雪蘭莪和寧宜的錫。然而東印度公司雖然仿效葡萄牙人的習慣，努力保留所有錫、香料、胡椒和檀香的採購權，並控制棉布貿易的專賣權；但並未生效。[15]

而東印度公司在執行政策的過程中，又隨著“國別”而有所不同，對英國船隻，有一個時期對暹邏的船隻，可獲准免稅，對柔佛免納進出口稅，但是對華人、馬來人和穆斯林印度人，即所謂"摩爾人"的船舶，則手段特別殘忍，儘量加以壓迫虐待。對亞齊、霹靂和吉打等國，東印度公司和他們訂約，不准同摩爾人和馬來人以及爪哇人和中國人交易。[16]

　　為什麼荷蘭人這樣仇視中國人呢？這是因為荷蘭人的殖民主義者野心及由此引發出的不軌行為決定的。在侵佔馬六甲的同時，也力圖打開中國的大門；他們侵犯廈門、澳門等地，均被中國擊退。於是荷蘭人轉而侵佔澎湖和臺灣。據《明史》載："後又侵奪臺灣地，築室耕田，久留不去，海上奸民，闌出貨物與市。已，又出據澎湖，築城設守，漸為求市計。守臣懼禍，說以毀城遠徙，即許互市。番人從之，天啓三年（1623年）果毀其城，移舟去。巡撫商周祚以遵諭遠徙上聞，然其據臺灣自若也。已而互市不成，番人怨，複築城澎湖，掠漁舟六百餘艘，俾華人運土石助築。尋犯廈門，官軍禦之，俘斬數十人，乃詭詞求款。再許毀城遠徙，而修築如故。已又泊舟風櫃仔，出沒浯嶼、白坑、東椗、莆頭、古雷、洪嶼、沙洲、甲洲間，要求互市。而海寇李旦復助之，濱海郡邑為戒嚴"。[17] 荷蘭人每次入侵中國都與中國海盜及走私者相勾結，以期賄賂中國貪污官吏或對付海上的中國軍艦。因當時明朝海禁甚嚴，無法得逞。雖被擊退，但仍盤踞澎湖島，"乘汛出沒，擄掠商船，焚毀民廬，殺人如麻。"[18] 他們把從中國商船俘獲的600多人，"日給米，督令搬石築禮拜寺於城中"。[19] 而且"奪漁舟六百餘，築城媽宮，役死者千三百人"，[20][20] 自從荷蘭人佔據澎湖群島之後，中國商船"內不敢出，外不敢歸。"[21] 十余萬聚集在月港的海商、船工、"忍饑就斃"。[22] 天啓四年（1624年），福建巡撫南居益集中了150艘戰船和4000名士兵攻佔澎湖島，迫使荷蘭人離開澎湖，《明史》載：巡撫南居益又"遣將先奪鎮海港而城之，且築且戰，番人乃退守風櫃城。居益增兵往助，攻擊數月，寇猶不退，乃大發兵，諸軍齊進。寇勢窘，兩遣使求緩兵，容運米入舟即退去。諸將以窮寇莫追，許之，遂揚帆去。獨渠帥高文律等十二人據高樓自守，諸將破擒之，獻俘於朝。澎湖之警以息，而其據臺灣者猶自若也。"[23] 中國軍隊守住了澎湖島；迫使雷耶斯佐恩的繼任者松克（Mrten Sonck）不得不拆除碉堡離開了。松克在失敗之後不得不承認："我們在中國沿海使用的手段使所有中國人都劇烈地反對我們，把我們看成殺人犯、侵略者和海盜。我們使用來對付中國人的辦法的確是殘酷無情，依我的看法，這樣做永遠也無法和中國建立貿易。"[24] 荷蘭人在澎湖島雖是失敗了，但仍然佔據臺灣。把臺灣作爲對中國貿易的基地，然後再想辦法勾結中國內部奸民打通官吏的關節，以圖進入中國內地。《明史》又載："崇禎中，爲鄭芝龍所破，不敢窺內地者數年，乃與香山佛郎機通好，私貿外洋。十年（1637年）駕四舶，由虎跳門薄廣州，聲言求市。其酋招搖市上，奸民視若金穴，蓋大姓有爲之主者。當道鑒壕鏡事，議驅斥，或從中撓之。會總督張鏡心初至，力持不可，乃遁去。已，爲奸民李葉榮所誘，交通總兵陳謙爲居停出入。事露，葉榮下吏。謙自請調用以避禍，爲兵科凌義渠等所劾，坐逮訊。自是，奸民知事終不成，不復敢勾引，而番人猶據臺灣自若。"[25]

荷蘭人爲了打開貿易大門，在中國沿海一帶進行走私掠奪，他們佔據了臺灣之後，又壟斷了中國與日本、馬尼拉等地的貿易。利用中國成爲他們開拓殖民市場的有利條件。據科克（Richard Coch）的日記記載：1617年6月8日有兩艘荷蘭船航行在通往交趾的航道上，把這年所有開往馬尼拉的我國商船全部掠走，估計有十四、五艘，甚至更多。後來他又寫道，拉拇（J.D.Lamb）派了兩艘船遊弋在中國沿海，並從那裏到馬尼拉，他們已經搶劫了16艘中國船，把他們想要的東西裝進他們的船，餘者用火燒毀，並把這些中國船連同他們的船一起帶走。[26] 他們甚至還同英國殖民者聯合起來，共同搶劫往馬尼拉貿易的中國商船。[27] 荷蘭殖民者駐臺灣的第二任總督皮特・納依茨在1629 年寫信給東印度公司董事會說："我們必須盡最大努力去破壞中國同馬尼拉之間的貿易，因爲這樣做，我們即可堅定地相信，閣下將看到西班牙人離開馬魯古，甚至主動地離開馬尼拉。"[28] 爲了達到這種卑鄙的目的，他們一直對中國沿海進行封鎖，所有過往船舶，除了在公司船隻護航下打算到巴達維亞的外，其餘到馬尼拉、澳門、印度支那以及整個東印度貿易的船隻均會遭到掠奪。[29] 荷蘭殖民者的強盜行徑對明代後期的馬尼拉貿易造成極其不良的影響，耶蘇會大主教萊德斯馬（Valerio de Ledesma）在 1616 年向腓力普三世報告說，由於荷蘭的掠奪，馬尼拉同中國的貿易大幅度地下跌，這一年到馬尼拉的帆船僅有 7 艘，而前些年有 50—60 艘。[30] 另一位佚名的編年史家 1618 年在馬尼拉寫道，中國人因受荷蘭的搶劫，不敢駕船到馬尼拉，這裏的商業將停止，每一件東西都將失去，因爲這些島的繁榮唯一是依靠同中國的貿易。[31] 在明代後期，隨著私人海外貿易的迅速發展，中國商品在源源不斷輸往外國的過程中，也改善了當地人民的生活，南洋各國因中國貨物的流通而繁榮，對發展中外友好關係起到了良好的作用。隨著海外商船的往來，中國還有大量的外貿商人和移民。他們或者因"壓多"等待季候風，或犯禁出洋"懼罪不敢返國"，有的則遭遇海難，因此不得不"流寓土夷，築廬舍，操擁賈雜作爲生活"。[32] 也有的被殖民者掠奪到海外。如荷蘭殖民者燕・彼得遜・昆企圖把中國人移居到新建的巴達維亞城，利用中國人的勤勞，建設他們的商業中心。"在他任職的 10 年裏，有數千名不幸的中國人在中國領海被荷蘭殖民者綁架走，其中僅有極少數人活着到達巴城。"[33] 就以在澎湖列島被綁架的 1150 人來說，死掉很多，到 1623 年 9 月，剩下來的只有 571 人，留待運往巴達維亞，而這些人到 1624 年 1 月活着上岸的只不過 33 人。[34] 再如 1616 年荷蘭東印度公司船隊俘獲了一艘裝載食品到馬尼亞的中國商船到萬丹，當場就有不少中國人跳船逃跑，而後每天又有近 80 人跑掉，餘下的人亦由於害怕被送到苦力船，或者到安汶、班達當奴隸而拚命要逃跑。荷蘭殖民者害怕由此引起其他事故，或者激起萬丹華人和爪哇人的憤懣，於是不得不准許這些被俘獲的中國人自由選擇，如願留下者，將保全他們的貨物，並成爲安汶和班達的自由人；不願留下者，其貨物將全部被作爲俘獲品送到岸上。[35]

荷蘭人的罪惡行徑，激起中國人的憤慨。1641 年荷蘭佔領馬六甲前後，以鄭成功爲首的鄭氏海商集團，在東南沿海大部份地區建立龐大的海外貿易網絡，而在他開拓貿易活動的過程中，多次遭到侵佔臺灣的荷蘭殖民者的破壞。因此，鄭成功決心對抗荷蘭人的商業掠奪，把他們從臺灣趕出去。

荷蘭東印度公司爲了通過中國商船獲取中國貨物，他們一方面與鄭成功假意交往，希望鄭成功的船隊到巴城和臺灣進行貿易；另一方面又製造種種籍口，搶劫鄭成功的商船，甚至提出不許鄭成功商船到馬六甲。1655 年 6 月 17 日，東印度公司總督馬埃祖克（Maetsuyker）在致鄭成功一封信中，要求鄭成功“不要再派遣商船前往馬六甲和巴林邦（Palembang）交易。”[36] 面對荷蘭人的挑釁，鄭成功以牙還牙。他在 1655 年 8 月 13 日致當時任東印度公司通譯斌官（何廷斌）的信中說：“荷蘭人新近頒佈的不許中國商船前往六坤、彭亨、馬六甲、巴林邦等地貿易的法令，目的在於欲將此間的通商利益攬爲己有。而中國商船在巴城和大員由於屢受荷蘭人的留難，一再錯過了回航的信風，未能如期歸來，損失巨大。”因此，鄭成功告訴荷蘭人：“如果繼續執行這種損人利己的法令，那麼，他將以牙還牙，斷絕與荷蘭的通商關係，讓荷蘭人自食其果。”[37]1656 年 6 月，鄭成功頒發了對荷蘭殖民者實行貿易制裁的法令，嚴禁中國商船前往巴城、臺灣以及馬尼拉進行交易，"違此令者，船貨沒官，人員處斬。"[38] 這一禁令在中國史籍中有記載："永曆十一年（1657年）六月，因先年我洋船到彼，紅夷每多留難，本藩遂刻示傳令，各港澳並東西夷國州府，不准到臺灣通商。由是禁絕兩年，船隻不通，貨物湧貴，夷多病疫。"[39] 由是荷蘭人只好向鄭成功妥協。1657年5月，東印度公司駐臺灣長官揆一（Coyett）派遣通譯何廷斌前來廈門拜見鄭成功，以荷蘭人不再妨害鄭成功派遣商船前往暹邏、占卑、彭亨、馬六甲及巴林邦等地通商為條件，要求鄭成功解除禁航令。同時還表示"年願納貢，和港通商"，每年向鄭成功"輸銀五千兩，箭杯十萬支，硫磺千擔。"[40] 於是鄭成功遂解除禁令。

但是荷蘭人不遵守諾言，於1657年至1658年間，先後有四艘中國商船被荷蘭劫掠，1659年當荷蘭人得知鄭成功北伐失利，又四出擄掠中國商船，而且迫巴城及臺灣商民不向鄭成功交納稅款。荷蘭殖民者的海盜活動，危害了中國海外貿易的利益，破壞了中國領土的完整，於是，鄭成功堅決驅逐荷蘭人，收復中國的領土臺灣。1661年3月，鄭成功大軍進攻臺灣。臺灣是鄭成功之父鄭芝龍過去開闢經營的地方，崇禎時，福建大旱，鄭芝龍遷數萬福建饑民去臺灣墾荒："崇禎中，閩地大旱。芝龍請于巡撫熊文燦，以舶徙饑民數萬至臺灣，人給三金一牛，使墾島荒。"[41] 因是，鄭氏家族在臺灣早有聲望。當鄭成功進攻臺灣時，臺灣人"聞風歸附者接踵而至"。臺灣商人何斌又向鄭成功送來準確的情報和地圖；由於情報準確，地理狀況熟悉，鄭成功的軍隊繞過荷蘭殖民軍的炮臺，於北淺尾島和禾寮島迅速登陸，很快包圍了荷蘭人的據點赤嵌城，迫使荷人投降。徐鼐記載道："成功乘風縱火燒其夾板，荷蘭益困，猶死守王城。……有土人獻計曰：'城內無井，塞城外水源，三日必亂。'從之，且告之曰：'此地乃先人故土，珍寶不急之物，聽爾載歸，土地倉庫歸我。'揆一乃罷兵約降，以大舶遷其國。成功以臺灣平，祭告山川神祇，改為東都。"
[42] 鄭成功收復臺灣後，仍稱桂王所封延平郡王。他寓兵于農，傳授給高山族人民耕作技術，送給耕牛農具，使臺灣經濟發展，致成為中國富庶的寶島。

鄭成功將荷蘭殖民者驅趕出臺灣，因此，荷蘭人認為國姓爺華人（因鄭成功被明朝賜姓為朱，故稱為國姓爺）是荷蘭人的大敵。中國船隻不論大艦小泊，航行至新加坡海峽及柔佛河口附近的，就被佔據馬六甲的荷蘭人拘捕。荷蘭殖民者統治馬六甲達 183 年之久（其中1787 年－1795 年由英國接管），這段時間在馬六甲的華人很少，中國許多商船也繞道不經馬六甲。

第三節　17 世紀中葉至 18 世紀末中國與荷蘭殖民者的關係

1661 年鄭成功奪回臺灣，動搖了荷蘭在遠東的霸權基礎，對荷蘭殖民者是一個沈重的打擊。由於鄭成功在中國是反清複明的勢力，因此，荷蘭人改變了掠奪的策略，他們打著"支援大清帝國"的旗號，與清廷聯合進攻臺灣，企圖捲土重來。

鄭成功驅逐荷蘭人之後不久死去，子鄭經繼位。荷蘭水師提督巴連衛林（Balthasar Bort）率兵船十二艘，士兵一千二百餘人進攻廈門，但未能佔領。儘管此時清朝極欲掃除鄭氏以靖海疆，但對荷蘭人還是有防範的。史載："康熙二年（1663 年）荷蘭助剿海逆，並請貿易。奉旨：'着二年貿易一次。'"[43] 荷蘭人連續三年派遣艦隊來華，但康熙朝只准許兩年貿易一次。而在他們參與了清軍奪取金門、廈門兩島的海戰之後，又再次提出聯兵攻臺灣的無理要求，被福建當局拒

絕。康熙二年（1663 年）十一月，靖南王耿繼茂上疏清廷：“外夷本
性貪利，察其（指荷蘭人）來意，一則欲取臺灣，二則以圖通商。”
[44]福建總督李率泰也在遺疏中說：“紅毛（指荷蘭）甲板船雖已回國，
然而往來頻仍，異時恐生釁端。”[45]清廷官吏對荷蘭殖民者有所警惕。
但荷蘭人不斷前來，史載：“康熙三年（1664 年）大兵渡海攻鄭錦
（鄭經）等，進克廈門。荷蘭國率舟助剿，以夾板船乘勢追擊，斬首
千餘級，遂取浯嶼、金門二島。事由靖南王耿繼茂奏聞。上嘉其功，
賜國王文綺白金等物。”[46]清兵及荷蘭人奪廈門、金門兩島之後，鄭
經遂奉及明宗室渡海來台。後來廈門、金門又為鄭經收回。1665 年
（康熙四年），荷蘭水師提督巴連衛林又到雞籠港口，據而守之，企
圖重占臺灣。但清軍有所警惕，未助，故荷蘭人難以有所進展。三年
後，鄭經派水路師齊攻，荷人乃退去。自從金廈之戰以後，荷蘭人變
本加厲，一方面擅自派兵攻打臺灣，一方面向清廷提出建立商埠和永
久通商的要求，都遭到清廷的拒絕。康熙八年（1669 年），清廷甚至
明令禁止與荷蘭通商，“不許他們再來中國。”[47]清廷為了東南海疆
的安全，拒絕荷蘭人進行貿易活動，認為“海寇未經剿除，荷蘭國不
時互市，實有未便”，“若令不時互市，恐有妄行。”康熙也表示：
“外國人不可深信，在外官員奏請互市，各國自利耳。”[48]1679 年
（康熙十八年）清廷因平三藩亂接近尾聲，欲乘勢規取廈門、金門：
“上欲乘勝蕩平海逆，乃厚集舟師規取廈門、金門二島，以圖澎湖、
臺灣。……特諭荷蘭國王，令具夾板船二十艘，載勁兵，協力攻取二
島。”但後來康熙又命令“速靖海氣”，特令“不必專候荷蘭舟
師”，遂攻略廈門、金門二島。[49]說明康熙對荷蘭人是有防範的。
1683 年（康熙二十二年），清廷派施琅率戰船三百，水師二萬，攻取
澎湖、臺灣。一再強調“今諸路逆賊俱已殲除，應以現在舟師破滅海
賊。”[50]杜絕了某些官員依賴荷蘭人的幻想，而是用清朝自己的兵力

統一臺灣。清廷在對待荷蘭人及臺灣的問題上，康熙與大臣意見不一致。康熙一貫認爲，對臺灣的招撫政策應放寬，始終堅持"不可與琉球、高麗外國比"，[51] 但康親王傑書和福建總督姚啓聖等則在招降鄭經時，答應照朝鮮例，不剃發，"稱臣入貢可也，不稱臣，不入貢，亦可也"的條件。後來康熙排除衆議，支援施琅平定臺灣，完成了清朝統一版圖的大業。因此，在不能把臺灣置之中國版圖之外大政方針上，康熙維護了國家的統一和尊嚴。

　　清廷統一臺灣之後，海禁政策也放鬆了。康熙二十三年（1684年），實行開海解禁；清廷宣佈江蘇的松江、浙江的寧波、福建的泉州、廣東的廣州爲對外貿易港口，並分別設立江、浙、閩、粵四海關負責管理海外貿易事務。這是中國歷史上正式建立海關的開始。開海貿易之後，清廷對外的寬容政策，給荷蘭人到中國的通商貿易大開方便之門。荷蘭於1686年（康熙二十五年）派使者來中國，進一步作商務交涉："康熙二十五年（1686 年）六月，（荷）遣使……表獻方物，請定進貢限期五年一次。又貢船例由廣東入，但廣東路近而泊地險，福建路遠而泊地穩。嗣後請由福建入。部議；應如所請。是年，定減荷蘭貢額。康熙帝降敕獎諭，並賜王文綺白金等物。……由是職貢彌謹。雍正初年通市不絕。夏秋交來廣，由虎門入口，至冬乃回，歲以爲常。"[52] 於是荷蘭人得以在廣東、福建兩省貿易。公元1729年（雍正七年），荷蘭人在廣州設立商館。1762年（乾隆二十七年），准荷蘭商人每船買土絲五千斤，二蠶湖絲三千斤。當年十月，荷商稱本國無織紉之人，求量帶綢緞。經兩廣總督蘇昌奏准，許帶綢緞八百斤，扣生絲一千斤，並著爲例。1793年（乾隆五十八年），廣州荷蘭公司大班向巴達維亞省局建議，委派使者祝賀乾隆御極六十周年，以乘機謀得若干商業利益。1795年2月25日（乾隆六十年正月十六日）巴達維亞派正使德勝來華之後離京，乾隆帝降敕諭一道："今來使雖

非爾國之王所遣，而公班衙等能體爾國王平時慕化情殷，囑令探聽天
朝慶典，具表抒忱，……則感被聲教之誠，即與爾國王無異，是以一
律優待，示朕眷懷。……賜賚爾王文綺珍物如前儀，加賜彩緞羅綺文
玩器具諸珍……"53 於是荷蘭正使德勝由陸路去廣州，一路上，朝廷
命令沿途州縣一切支應用心備辦，"以便遄行無誤。"雖然以優禮相
待，但在商務上未取得任何進展。

另一方面，荷蘭人與中國民間走私貿易也打開渠道，他們販買中
國的絲綢、茶葉，又向中國走私鴉片，其銷售價值，在1780年和1790
年間增長了67%。54 至1795年，荷蘭本土爆發革命，領土被法國佔
領，荷蘭東印度公司的船隻被出售或被擊沈，已經破產。因此，"無
船到中國"，中荷的貿易關係也宣告結束。

自從1641年荷蘭人佔領馬六甲之後，馬六甲比以前任何時候更加
貧困。這裏成為一個碇泊碼頭，已不再是過去交易的市場了。即使有
東亞船隻到來，也僅是偶爾載些食糧、衣料和其他日用品。馬六甲的
繁榮時代已經過去。同時，荷蘭人以馬六甲為基地之後，也不斷向馬
來半島內地各邦圖謀發展，他們曾完全控制過霹靂、吉打、柔佛、亞
齊等地。到了1795年，法國革命軍攻佔了荷蘭本土，威廉第五逃亡至
英國，為了與英國合作和避免法國的掠奪，便下令把海外領地全部交
給英國代管，因此馬六甲又落入英殖民主義者手中。直至1815年，法
國革命戰爭結束，英國又歸還荷蘭領地，馬六甲又重新被荷蘭統治。
不過英國於1786年開闢檳城，1819年開拓新加坡，馬六甲的價值也
由此減低了。1824年，英、荷兩國又簽訂協定，英國將他在蘇島兩岸
所佔據的明古獠島與荷蘭人佔據的馬六甲交換，從此馬六甲又被英國
管理，荷蘭人的勢力也從此退出馬來半島。

【注　釋】

1、5　見吳鳳斌主編《東南亞華僑通史》第三章《殖民者東來後東南亞各國對
　　　華僑的政策的態度》，福建人民出版社 1993 年版第 50 頁。

2、6　《明史》三百二十五《外國六·和蘭》。

3、7　張燮《東西洋考》卷六《外紀考·紅毛番》。

4　《廣東通志》。

8　《神宗實錄》卷四四 0。

9　《明史》卷二百七十《沈有容傳》。

10　馮汝淩著《馬來亞史話》，香港上海書局 1961 年再版第 100 頁。

11　李長博《中國殖民史》第四章《中西勢力接觸時代》，商務印書館 1937
　　版。

12　見鄭文輝編著《馬六甲古今談》三《馬六甲滄桑史》，峇株京華書店 1962
　　年版第 18 頁。

13　溫斯泰德著、姚梓良譯《馬來亞史》第六章《荷蘭東印度公司》第一節
　　《1602 年至 1641 年》第 134 頁。

14　（英）達福特（G.P.Gartford）著《馬來亞史略》六《荷人時代》，星加坡
　　聯營出版有限公司印行第 65 頁。

15、16　同注 13 第二節《荷蘭人在馬六甲》第 144 頁。

17　《明史》三百二十五《外國六·和蘭》。

18　《兵部題〈澎湖捷功〉殘稿》載《明清史料》乙編第 7 本。

19、21　《熹宗實錄》卷三七。

20　《臺灣通史》卷一《開闢紀》。

22　《崇禎長編》卷四一。

23、25　《明史》三百二十五《外國六·和蘭》。

24　轉引自李金明廖大柯著《中國古代海外貿易史》第 345 頁，松克的話其注
　　②引自 Sino-Portuguese Trade，第 128 頁。

26　The Manila Galleon.P352。此資料及注 27、28、29、30、31，皆轉引自《中國古代海外貿易史》第 346—347 頁。

27　H.B.Morse,The Chroniclcs of the EastIndia Company Trading to China,Vol.l.p.12。

28　The Manila Calleon.P.357。

29　Asian Trade and European Influcsoe.p.267。

30　The Manila Calleon.p.352。

31　Lbid.p.353。

32　顧炎武《天下郡國利病書》卷九三《洋稅》。

33　Notes on Chinese Abroad in the Late Ming and Early Manchu Periods Compiled from Contemporary European Sources.pp.461-462。

34　邦特庫《東印度航海記》，1982 年中華書局版第 19 頁。

35　Jan Pietersz.Coen,Vo1.3.p.391 連同注 33 皆引自《中國古代海外貿易史》第 360 頁。

36　1655 年 6 月 17 日《巴城總督致鄭成功書》載 Johannes Huber,The Correspordance Batween Zheng Cheng gong and the netherlandds East lndia Company in the 1650's,pp.23。

37　1655 年 8 月 13 日《鄭成功致大貢何廷斌等人書》載 Johannes lhrber, ibid PP, 28-30。

38　1656 年 6 月 25 日，《鄭成功禁令》（Droree of Zheng Chenggong），載 Johannes Huber,ibid,pp.35-37。

39　楊英《從征實錄》，永曆十一年（1657 年）條。

40　Wm Campbell,Formoss Vnder thd Dutch,參見《鄭成功收復臺灣史料選編》⑨，福建人民出版社，1982 年 P 117—120。

41、42　徐鼐《小腆紀年》卷十二。

43　《大清會典事例》卷三九八。

44　《康熙統一臺灣檔案史料選輯》，福建人民出版社第 31 頁。

45　《清聖祖實錄》卷一八。

46　《清朝文獻通考》卷二九八《四裔六》。

47　約翰‧小韋爾科《胡椒‧槍炮及敵對雙方之談判》，美哈佛大學出版社 1974年版第 83 頁。

48　《康熙起居注》第一册。

49　《聖祖聖訓》卷十五。

50　《聖祖聖訓》卷九十六。

51　姚啓聖：《憂畏奸奏疏》，《明清史料》丁編第 3 本第 272 頁。

52　《清朝文獻通考》卷二九八《四裔六》。

53　《文獻叢編》第五輯《荷蘭國交聘案》。

54　Chinese Trade to Batavia in the 18th Centuries。轉引自《中國古代海外貿易史》第 514 頁。

第十二章　英屬馬來亞與中國的關係

英國進入馬來半島比葡萄牙、西班牙、荷蘭遲，因爲英國在東方的經營主要是在印度。公元 1588 年，英國在海上擊敗西班牙的無敵艦隊；1600 年成立英國東印度公司，正式向東方作貿易活動；1602 年英國東印度公司的船隊第一次遠航東南亞，先後到達蘇島的亞齊和爪哇的萬丹。1604 年英國東印度公司開始與荷蘭人爭奪葡萄牙人在東方的勢力範圍，荷蘭人奪得安汶島、香料群島、班達群島等地，英國仍處劣勢，僅向孟加錫、馬辰、亞齊、大城等地發展商業勢力。1620 年，英荷訂立防守條約，共同對付葡萄牙，但英國人還是受制于荷蘭。

公元 1795 年，法國革命軍攻佔荷蘭，荷蘭把海外屬地轉讓英國代管。1815 年法國革命結束，又交回給荷蘭，其中包括爪哇、蘇島、馬六甲等地。1824 年英荷兩國訂立條約，劃定香料群島、班達群島、爪哇、蘇島、廖島等處，作爲荷蘭勢力範圍；印度、錫蘭、馬來亞、檳城、新加坡等地，是英國勢力範圍；英國又以蘇島兩岸的明古僯交換荷蘭在馬來亞的馬六甲。從此，馬來亞就開始被英國殖民者所統治。

第一節　英殖民主義者在馬來半島
合併海峽殖民地

英國人涉足於馬來半島的，最早是英人賴富蘭・菲治，他於 1563 年從印度來到馬六甲。1593 年，英人蘭加斯德（Lancaster），繞過好望角到達蘇島，來到檳榔嶼。英國人的勢力到達馬來半島，開端于蘭加斯德。他早年畢業于英國水手學校，畢業後曾追隨德類克環遊世界，是時正值英國在“無敵艦戰爭”中戰勝西班牙，英國開始在海上稱雄。1591 年 4 月，蘭加斯德率領三艘艦船向東航行，目的是與葡萄牙人爭奪香料貿易的利益。1592 年 6 月爲避風而進入檳城海港，在檳城，船員有三分之一死於血枯症。但蘭氏仍勇往直前，率領僅存的三十三人及一童子，繼續入海，在海上劫得葡萄牙人三船香料，回歸英國。船員 198 人，存者僅 25 人。蘭加斯德報告檳榔嶼地位之優良：可以恃爲根據地，進窺各地；可以隱伺葡人，劫其貨物；可以從事開闢，拓土殖民。英國人久慕東方的富源，聞蘭氏介紹之後，於 1600 年 12 月 31 日組織不列顛東印度公司，決心向東方進行掠奪。[1]

　　英國在馬來亞最早的殖民地檳榔嶼（Penang）的開發者是芳濟萊特（Fraricis Ligh）。他 1740 年生於英國蘇福克（Suffolk）郡，1761 年投身英國海軍，在亞蘭茄（H.M.S.Arrogant）戰艦上充侯補士官四年後辭職，赴印度搜覓寶藏，後得當時不列顛東印度公司總督華倫黑玲氏（Warren Hastings）的信任，任其爲往來貿易於印度、暹羅及馬來亞各埠之國家船舶的司令。又任蘇利和寶若素（Messrs.Jourdan,Sullivan and deSouza）在馬德拉斯的代表，此公司自 1763 年以後，在吉打有着牢固的貿易基礎。當萊特致書于馬德拉斯政府時，年僅 32 歲。他精明幹練，遠見卓識，熟諳馬來語及熟習馬來各國情況，於是深受馬來人歡迎。萊特娶了東方的妻子；在馬來半島的吉打等地從事商業和刺探情報活動。1771 年，吉打蘇丹與雪蘭莪蘇丹發生矛盾，求助於萊特，於是他致函馬德拉斯的主人，稱吉打是一個商務要區，有良港足供修葺赴華船隻。後因該公司拒絕參加馬來人內部紛爭而停止。一直至 1785 年，他們開拓東方殖民地的計劃又死灰復燃，萊特又利用吉打蘇丹的內部矛盾，與吉打蘇丹簽訂條約。企圖以檳榔嶼爲基地，“將商業擴展至東印度群島，再由群島間接而達中國。”並以此擊破荷蘭人的“香料專利權”。1786 年 8 月 11 日，萊特氏正式佔領檳榔嶼，名之爲威爾斯太子島（8 月 11 日是威爾斯太子生日的前夕），由他任首任督辦。當他率水師抵檳時，滿目荒涼，除有少數華人外，人罕至。他著手辟林莽，斬雜草，排除荷蘭人及海盜的騷擾。萊特認爲檳榔嶼具有軍事價值，供戰艦及赴華商船寄泊之用。當時吉打蘇丹之所以願意把檳榔嶼讓給英國，目的是爲了求得外援；那知當暹羅又威脅吉打時，蘇丹向英人求助，英國不予理采。於是吉打提出收回檳榔嶼。萊特先發制人，擊潰吉打軍隊。於是蘇丹求和，又重新訂立條約，英國答應每年給六千元予吉打蘇丹，作爲割讓檳榔嶼的酬金。1800 年，又迫使吉打割讓檳榔嶼對面一大塊陸地，命名爲威斯利省（Wellesley）。

當萊特開闢檳榔嶼時，這裏只有 58 人。至十九世紀初，已發展成爲一個相當繁榮的商埠，島上居民有華人、馬來人、注輦人、暹邏人、緬甸人、阿拉伯人、武吉斯人等，其中以華人數最多。在檳城開埠的基礎奠定後，華人移殖馬來亞的人數大大地增加。

1819 年萊佛士（Raffles）率衆在新加坡登陸，與柔佛的統治者"三猛公"簽訂臨時協定，准許英國人在新加坡設立商館。萊佛士利用柔佛王朝的矛盾達到自己的目的。原來，新加坡是柔佛的領土，由一天猛公管理，當時柔佛王朝建都廖內，受荷蘭人控制。在位的蘇丹鴨都拉曼系武吉斯人所立，而其哥哥東姑隆，才是有資格繼位的太子。因之，萊佛士便和天猛公合作，暗中將東姑隆由廖內迎回柔佛，宣佈他爲柔佛蘇丹，尊號曰：胡森（Sultan Hussein）。

當時萊佛士在新加坡設立商棧，條件爲每年給蘇丹酬金五千元，並給天猛公三千元，於是英國取得新加坡。萊佛士取得新加坡後，只在這裏逗留三個星期，便回明古辨去，留下法古哈負責開發工作。他按萊佛士意見辦事。新加坡發展很快，三年後，新加坡已定爲自由港，打破了荷蘭人的獨佔地位。1824 年 3 月，英荷條約簽訂後，馬六甲正式成爲英國所有。因此，英國在馬來半島上已擁有三個商業基地，即檳榔嶼、新加坡、馬六甲。1826 年，英國東印度公司組織一個統一機構，管理以上三地的行政、稅收、開支等，合稱爲海峽殖民地（Straits Sattlements），俗稱"三州府"。首府設在檳榔嶼，由總督管理。另在馬六甲、新加坡各設一參事常駐官。1832 年，首府移到新加坡，檳城改設參事常駐官。新加坡、馬六甲、檳榔嶼的佔領和海峽殖民地成立後，英國對馬來半島的侵略和掠奪已建立了有利的基地。而英國殖民主義者的根本目的，是企圖以此爲中轉站建立其東方的霸權和向中國侵略。當時的《泰晤士報》曾說："取得該居留地，殖民地，或者你願意稱它什麼都好，它的眞正目的是在於作爲英國在東方海上的威力中心，和大不列顛與中國之間的大行泊站。"[2] 英國在馬來半島建立商業基地的野心是很明顯的。

第二節　1896 年馬來聯邦成立，1909 年英暹條約與馬來屬邦的成立

英國人在馬來半島成立海峽殖民地之後，着手實現其全面吞併馬來半島的陰謀。當時，暹邏對馬來半島仍具有強大的控制力量，英國對待暹邏的態度是步步小心。吉打蘇丹向英國割讓檳榔嶼時，害怕暹邏干涉，要求英國保護；但 1791 年和 1800 年兩次約章內英國乃竟違約置之不理。1821 年，暹軍攻打吉打，馬來人慘遭殺害，吉打蘇丹逃亡到檳榔嶼，要求幫助，但英國不予出兵。1831 年和 1838 年，馬來人曾兩度自威斯利省沖入吉打把暹人趕走。這兩次事變後，英國檳榔嶼政府封鎖沿海地方，防止馬來人的反抗活動。吉打不得已又成爲暹邏屬國。東海岸的吉蘭丹（Kelantan）和丁加奴(Trengganu)，也是暹邏屬國。柔佛和彭亨兩國，則在暹邏勢力範圍之外，以前都是廖內的

領土，1824 年英荷條約訂立後，廖內歸入荷人勢力之內。自從 1867
年海峽殖民地改爲倫敦殖民部管轄後，謂之皇冠殖民地（Crown Colo-
uy），英國進一步向馬來半島擴展其勢力範圍。於是，他們的掠奪行
爲，進入了馬來各邦。1873 年，英國安德烈克拉克（Andrew Clarke）
蒞任總督時，利用霹靂蘇丹內部的矛盾和華人礦業之中私會黨義興
（Ghee Hin）和海山（Haison）的矛盾，派英籍參政司駐進霹靂。義
興是廣府人（Cantonese），海山是客家人（Hakkas），兩家在分區開
採錫礦中發生衝突，互相械鬥。於是英殖民者乘機而入。英國駐霹靂
的首任參政司白啓（J.W.W.Birch）於 1875 年 11 月被摩訶羅閣黎拉
（Maharaja Lela）在巴絲沙叻（Pasir Salak）暗殺。這件血案引起英
國的武裝鎮壓，並統治了霹靂。

　　馬來半島上的雪蘭莪洲，1874 年也被英國收爲保護邦。處理完霹
靂及雪蘭莪之後，1874 年英國又開始干預森美蘭州，受到雙溪芙蓉那
督萬陀（Dato Bandar）的反抗，於是派兵鎮壓，森美蘭洲在多次的反
抗後，最後也不得不於 1895 年接受英政府派參政司進行統治。公元
1888 年，英國又乘彭亨內政的混亂，以強權而勒令彭亨蘇丹接納英國
參政司的統治。

　　在十八世紀，歐州發生七年戰爭時，因西班牙人支援法國，於是
1762 年英國由印度出兵佔領馬尼拉。在佔領期間，曾釋放被西班牙人
囚禁的蘇祿土王。他爲了報答英國人，把婆羅洲北部的巴蘭邦幹島送
給英國，這是英國經營北婆羅洲的開始。1773 年東印度公司在巴蘭邦
幹島上設立辦事處，1845 年英軍在馬魯都灣擊退海盜之後，英國人企
圖在北婆羅洲獲得一個穩固的立足點，1872 年和汶萊蘇丹蘇錄王談
判，將婆羅洲大部份土地永久讓渡給亞夫勒鄧氏兄弟（Alfred Dent &
Brothers）經營的一個私人企業公司。1881 年成立英屬北婆羅洲臨時
會社有限公司（British Provisional Association Ltd），1882 年 5 月又成

立英屬北婆羅洲公司（Britsh North Borneo Company），1888 年成爲英國保護，1906 年 1 月 1 日改爲殖民地，由英國直接管理。

英殖民者對馬來半島及婆羅洲，採取不同的手段不斷蠶食，他們每每當各邦內部發生混亂和困難的時候，便乘機而入，推行所謂保護的參政制度（Resi dential System），因此霹靂、雪蘭莪、森美蘭、彭亨四邦，便先後接受英國派駐參政司。至 1895 年，爲了統治上的方便，英國把四邦聯合，組成馬來亞聯邦（Federated Malay States）。馬來亞聯邦組成後，各邦政府和原設的參政司仍舊保存，另一聯邦政府設立一總參政司，作爲最高首腦，但仍受海峽殖民地管轄。當時，第一任總參政司，由瑞天咸擔任，聯邦政府辦公處設在吉隆坡。從這時起，吉隆坡成了聯邦首都。馬來半島上除了這四邦之外，尚有柔佛、吉打、玻璃市、丁加奴及吉蘭丹等五邦，均未並入已聯合的馬來四邦，直至 1909 年英國與暹邏訂約，以貸款建築暹馬接軌鐵路爲代價，把宗主權含糊不定的吉打、吉蘭丹、玻璃市、丁加奴四邦正式從暹羅割離出來，加上柔佛共五邦，接受英國派顧問官駐紮，以協助政務，因此，稱之爲非馬來聯邦（Unfederated Malay States），或稱馬來屬邦。在屬邦中，1909 年，玻璃市最先接受英國派顧問官及保護。1910年，吉蘭丹和英訂約，英國派顧問官協助該邦行政。1910 年與 1919年，丁加奴兩次與英訂約，接受英保護與派顧問官。1909 年與 1923年，吉打兩次和英國訂約，接受英派顧問官和保護。柔佛則於 1914年，接受英國派顧問官和保護。自從 1786 年英國殖民者強佔檳榔嶼，經過 120 年的擴張，英國把馬來亞和北婆羅洲變成了它的殖民地。自此以後，英國以馬來亞爲根據地，進一步向中國擴展貿易，侵略領土。1840 年中英鴉片戰爭爆發，中國也逐步淪爲半殖民地。中馬兩國在反對殖民統治者的鬥爭中，鞏固了傳統的友誼。

第三節　英國開發馬來半島時對中國勞工的需求以及罪惡的"豬仔貿易"

英國在侵佔、開發馬來半島的過程中，第一步是以武力開闢殖民地和建立殖民政權；他們以暴力爲手段，以通商爲目的，作爲殖民地政權的基本策略。因此，當他們佔領了馬來半島之後，以馬來半島有利的地理位置，更多地獲取中國商品的同時，也發現過去已移居半島上的華人勤勞、聰慧和馴服；英國殖民者對開闢馬來半島勞力的需求，其注意力很自然地落在華人身上。

當萊特於1786年侵佔檳榔嶼的時候，檳榔嶼一片荒蕪，到處是原始森林，鬱鬱榛莽。是時這個荒島上已有58個漁民。這58人中，有3個是華人，第一個叫張理，廣東大埔人，在十八世紀中葉的乾隆十年間，偕同同鄉丘兆祥以及福建永定人馬福壽，一起乘帆船南來，萊特到檳榔嶼的時間是乾隆51年，這三位華人比萊特早到了四十年。張理等三人到檳榔嶼之後，捕漁爲生。當58個漁民見到萊特時，他們三人也在其中。萊特到檳榔嶼居住了八年；他於1786年8月11日登陸，至1794年10月逝世，在他家中養了七個華人奴隸，這七位不幸的華人名字是：阿文、阿曾、阿忠、阿淡、多章、阿三、多章的弟弟。當時，萊特家中還有兩個僕役，名叫阿寶和阿老，卻並不是奴隸。[3] 萊特到檳榔嶼之後，在家中，在社會活動中，接觸了許多華人，所以他對華人非常瞭解。1794年他逝世前最後一封致總督的信中說："華人最堪重視，男女老幼約三千人，凡木匠、泥水匠、鐵匠皆屬之，或管商業，或充店夥，或爲農夫，常雇小艇遠送，冒險牟利之徒於附近各地。因華人以興利，可不廢金錢，不勞政府，而能成功，故得其來，頗是自喜。惟其言語非他族所能通曉，善秘密結社，以反抗政府法律之不稱其意者，其人勇而敏，恐必爲禍於將來，但缺乏膽略，乘其叛志未萌，可重其賦斂也。華人牟利不倦，旣得之，則與歐人相若，但知恣其耳目口腹之欲，並不待‘腰纏萬貫’‘騎鶴’而返故鄉，每年常以贏利若干匯寄家中，稍有積蓄，即娶婦成室，度其單純不變的家庭生活，至於終老。隨在皆有師傅教誨兒童，亦有遣送男兒回國求學者。女子居家防範甚嚴，至出嫁爲止；旣嫁，乃大解放。華人嗜賭，無約束，因而身敗家亡者，蓋比比焉。"[4] 可見萊特對開闢檳榔嶼的主力軍華人移民的重視及研究的細緻。華人在這地方除商業外，還墾植胡椒、河仙藥（檳榔膏）、椰子、煙草、佬葉（吃檳榔時一起咀嚼之葉）和甜菜。華人在檳榔嶼參加開發的功績，由此可見。

英國人開闢檳榔嶼時，極力吸引華人到檳榔嶼爲他們開闢新殖民地。謝清高記載："新埠海中島嶼也，一名布路檳榔，又名檳榔士，英咭利於乾隆年間開闢者，在沙喇我西北大海中，一山獨峙，周圍約百餘裏，由紅毛淺順東南風約三日可到，西南風亦可行，土番甚稀，本無來由種類。英咭利招集商賈，逐漸富庶，衣服飲食，房屋俱極華麗，出入悉用馬車，有英咭利駐防番二三百，又有敍跛兵千餘。閩粵到此種胡椒者萬餘人。每歲釀酒、販鴉片及開賭場者，榷稅銀十余萬兩。"[5] 當時，檳榔嶼在開闢過程中，招募華人前去當苦力；謝清高經過那裏，已親自見到閩粵中國人開闢胡椒園的蹤迹。當檳榔嶼被佔領之後，每年都有受到東印度公司商館招雇、並用公司的船隻裝運來的中國工匠和工人。

在英國侵佔馬來亞以前，中國已有華工到達馬來半島的礦區或墾殖場當勞工，不過他們是自己因各種原因而自由前往貿易或當勞工的。華人的開創精神及勤勞已被馬來半島的統治者所公認。如在馬六甲，據旭登（Schouten）的報告書說："介於三寶山與南郊間已毀的田園，務宜租於荷人、葡人與華人墾殖，將來可成爲東印度公司的良田。於是各種生果，可供城市的需要，而農業免致凋落，欲達此目的，則居留於斯邦的八百至一千華人，至爲有用。"[6]萊佛士佔領新加坡時，新加坡是一個荒涼的漁村，在他進行移民的過程中，他認爲中國人是最重要的勞力。他說："從這一地區對此勤勞民族的特殊吸引力來說，都可以斷言他們將永遠是社會中的最大部分。"[7]在馬來半島居住約二十年的戴維斯（John Davis），於1834年說過："華人是熱烈、有進取心的商人，尤精於交易，對於他們居留地方的貿易性質，極有心得，可以說比其他民族更勝一倍，他們似乎有確切的情報，而且得之極速，那些擁有聲譽的人，都是做事堅強的，他們對交易極守時刻，在商人方面來說，我不相信任何國家的人，包括歐洲國家在內，能超越過他們……"[8]馬來總督有言："馬來亞之有今日，實爲華僑辛苦經營所致：良非虛言！如米勒士（l.a.Mills）云，英屬馬來亞之繁榮，建在華僑之勞力之上。"溫士德（Sir Rlchord Winstedt）說："馬來亞如無中國人，永無開發。"前海峽殖民地總督瑞天咸（Sir Frank Swetten Ham）在其所著《英屬馬來亞》一書中也說："當歐州人尚未至馬半島之前，華僑已在該地採礦、捕魚，並經營各項貿易。英人初經營馬來亞時，其鐵道建築及其他公共工程經費，及一切政府費用，皆由華僑之力所供應。彼等昔爲礦場之先驅，投身蠻荒，披荊斬棘，偶或冒萬死而幸獲巨利，然犯瘴癘而犧牲者比比者是。華僑不僅爲礦工，且兼煉錫及燒炭窟工、樵夫、木匠、磚窯工，莫所不爲。彼等幾承包全部政府建築工程，及公路、橋梁、鐵道，與自來水工程。歐人不敢冒險投資時，華僑則傾囊以赴。又如爲經營商業，開闢殖民地與土邦間最初航線時，到處瘴疫叢生，毒蛇猛獸遍地，而華人仗義以赴。且招致其國人，數以萬計，從事開發。即今全馬來稅收十分之九，皆取自華僑之消費。凡事雖既成，仍宜究其由來，以備借鑒，讀者閱此應知華僑勞工有功于馬來聯邦之爲何如也！"可見華人對馬來亞貢獻的巨大,是昔日開發馬來亞富強的功臣。

　　但萊佛士又殘酷地說到華人的另一面,他說華人是他們國家的渣滓,雖然他們性喜活動與有進取心,但爲人狡猾、詭詐、貪婪、浮躁和無勇武精神。他認爲他們雖應被允許居留,以及甚至入境,還必須受管理才行。[9]這是從英殖民者的角度來看待華人的負面。因此,他們利用華人的長處和短處,採取了以華人制華人的策略,利用華商及私會黨的力量,來誘騙、雇買中國苦力爲他們開墾荒地,開闢礦山,成爲新一代的奴隸。

　　英殖民者在十八世紀末侵佔馬來亞之後,就採用契約華工的制度招募華人前來當苦力。

　　在 16 世紀的明朝中期至 19 世紀鴉片戰爭以前的 300 年間,中國已進入封建社會的晚期,封建剝削和壓迫日益加重,迫使廣大農村農民和手工業者破產。他們紛紛冒險出洋。再加上明清之際政治動亂,不少人也因此避居南洋。與此同時,16 世紀以後,歐州殖民者開始侵略南洋地區,爲了掠奪東方的財富,殖民者需要大批廉價而又有較高技能的中國勞動者。因此,出自于他們對中國人的性格的瞭解,他們把勞動力需求的目標對準中國。尤其是英國侵佔馬來半島之後,他們採用各種手段將中國東南沿海的青壯年誘引到南洋去當華工;這樣一來,華僑中除原先的商人、政治避難者外,華工的人數越來越多。到鴉片戰爭前夕,南洋華僑人數已接近 100 萬,檳榔嶼、新加坡等地的華人在一萬人以上。

　　英殖民者利用華人來販賣華人的手段是很毒辣的。他們爭相勾結中國地方的買辦,四出招募廉價勞工。招募沒有成效就進行拐騙,拐騙不成則採取綁架方式,強擄少壯勞工到“豬仔館”,然後押上專供運載勞工前往南洋各地的“豬仔船”。這種勾當,造成歷史上慘無人道的“豬仔販賣”或“豬仔貿易”。這些豬仔,大量來自中國閩粵地

十九世紀離鄉背井下南洋的中國移民。

清初施行酷刑直至斬首，以制止違禁出海者。

一九一七年，人口販子從廈門私運「豬仔」出洋，爲共和社截獲，「豬仔」得慶生還。此爲他們還鄉前之合影。

資料來源：吳鳳斌主編《東南亞華僑通史》福建人民出版社 1993 年版

▲馬來半島早期的華人村。

▶20 世紀 30 年代新加坡
　的華人村。

▼1822 新加坡總督萊佛士將新
　加坡河以南大坡一帶劃爲華
　人區。圖爲福建社區。

資料來源：吳鳳斌主編《東南亞華僑通史》福建人民出版社 1993 年版

▶20 世紀初新加坡華農在橡膠樹上
　細心地劃溝取膠

▼19 世紀新加坡的胡椒園，潮洲華
　僑在細心栽培。

資料來源：吳鳳斌主編《東南亞華僑通史》福建人民出版社 1993 年版

運載華南移民南來的中國帆船。

資料來源：崔貴強《新加坡華人》──從開埠到建國，新加坡宗鄉會館
　　　　　聯合總會，1994 年版。

船隻運抵大批「豬仔」（契約勞工），他們在船上待價而沽，被送往
農場或錫礦場作無補償的勞役。

「豬仔」身不由主，慘遭非人虐待。
資料來源：崔貴強《新加坡華人》——從開埠到建國，新加坡宗鄉會館
聯合總會，1994 年版。

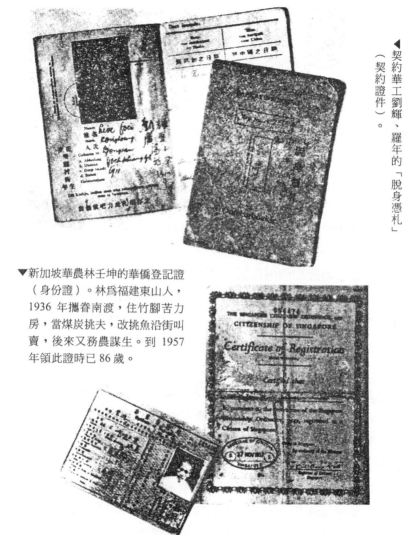

▲
契約華工劉輝、羅年的「脫身憑札」（契約證件）。

▼新加坡華農林壬坤的華僑登記證
（身份證）。林爲福建東山人，
1936 年攜眷南渡，住竹腳苦力
房，當煤炭挑夫，改挑魚沿街叫
賣，後來又務農謀生。到 1957
年領此證時已 86 歲。

資料來源：吳鳳斌主編《東南亞華僑通史》福建人民出版社 1993 年版

區，而且閩粵一帶的華人生性勤勉刻苦，具有順從的特性，還能夠迅速適應熱帶地方的水土、氣候與環境。他們最大的目的是在於經濟方面的，絲毫沒有政治上的野心。1844年間，許多華工在英殖民者擺佈下通過葡萄牙所佔據的澳門，大規模地被運送到馬來半島，打開了馬來亞"豬仔貿易"的門戶。英國進行豬仔貿易，在中國是通過兩種辦法進行的：一種是由英國東印度公司駐廣州商館經手招雇，並用公司船裝運。據1804年的有關記載："自從東印度公司於1785年佔領庇能（檳榔嶼）以來，庇能每年都要收到由公司駐廣州商館經手招雇、並用公司的船裝運來的中國工匠和工人。"[10]另一種辦法是以中國人作為代理人回國招誘勞工出洋。據庇能（檳榔嶼）副總督R·T·法庫哈爵士在1804年6月11日信中透露說，這是以絕對保密的方式借給庇能華人甲必丹一筆款，然後叫他返回中國招募大批中國人前來庇能。[11]英殖民者鑒於使用東印度公司船裝運中國人出洋容易被中國查獲，因而轉用中國船隻，由華商代理人到澳門或廈門等地去招誘工人出洋。1805年，檳榔嶼正式設立招募中國勞工的機構，並以此作為中轉站把勞工再轉運到南洋各地。這樣一來，檳榔嶼成為販運"豬仔"的中心。因此，每年一、二月份，當載著中國勞工的船隻到達檳榔嶼港口未及拋錨碇泊，買主便爭先恐後地湧到船上去挑選和按級付價，"一名熟練工匠——裁縫師、鐵匠或木匠——10—15元；一名苦力售6—10元，一名虛弱有病的苦力3—4元或更少"，其後，這名勞工就得為雇主工作12個月，只供食物、衣服和幾元零用錢[12]。他們把中國勞工作為商品進行販賣，而且可不斷地一賣再賣，因此又稱為"賣豬仔"。而當檳榔嶼和新加坡成為販運"豬仔"的中心之後，原來的苦力介紹所就發展成為"豬仔館"，後來南洋的"豬仔館"與中國沿海的賣人行或"豬仔館"形成一個壟斷"豬仔"買賣的機構。在新加坡的苦力經紀人和汕頭、廈門、廣州、香港、澳門等地的苦力經紀人，建立起經常聯繫的制度，根據新加坡和檳榔嶼市場需要勞力的情況，然後派出"客頭"或"買人"（即豬仔頭）攜帶鉅款赴閩、粵各地進行招募。[13]

　　這些豬仔頭回中國後，採用各種不正當手段招募勞工，有的乘異姓衝突或幫派毆鬥之際，將對方生擄；有的利用當地地痞用奸詐手段誘拐沿海漁民，強迫他們出洋充勞工；有的在賭場布下陷井，迫那些輸得不名一文的人上船；有的對青年人以甜言密語進行拐騙。在福建、廣東一帶，孩子長成到了16歲，父兄便特別警戒地囑咐說："行路時須警惕著，提防別人拐你去賣豬仔！"吳稚暉曾在一篇文章中論誘騙豬仔的辦法："其騙誘之法，首出於賭博，次取于冶遊，更雜得於酒食招邀，道路劫奪之中。道路劫奪者，直伺伏於僻徑，待可欺者經過，即一人突出遮其口，數人強納於麻袋中，負之而徑行。……其酒食招邀之法，即借種種之姻緣，輾轉而得親近，漸為酒食之往來，或久或暫，視乎機會，乘醉或下藥，引於下手地即迷之入小船，或強納於麻袋，而後負之入艙，各隨所便。……至於冶遊場中，則牽引自易，而酒食之緣亦多，而其最後，亦不外乎酒醉藥迷，遮口入袋等之結果。若賭博之法，既為粵中最流行，而又為最穩便，以賭博而接近酒食，接近冶遊，仍當用上舉之老戲法者，固亦有之。然對於強硬者，皆就輸錢過多，虧負甚鉅，即劫而勒贖，此固振振有詞，常可以於白晝通衢行其遮攔，至十六七之願者，因負博資之故，而賣其身，或聽信作工之獲利，能暢續其博興，皆自願入小船之艙，與麻袋客同行。"[14]英殖民者利用中國的"豬仔頭"到沿海地帶誘騙"豬仔"，每一名"豬仔"可得1—2元的介紹費。他們把"豬仔"買到手之後，這批"新客"被驅至帆船上，被稱為"海上的浮動地獄"，他們把"豬仔"置於密不透風的艙底，"日則並肩疊膝而坐，夜則交股架足而眠。"[15]有許多人受到可怕的折磨：在暴風雨中，他們被釘牢在船底下；因爲船裏空氣混濁，衛生條例惡劣，致使疾病滋生。克力福（Clifford）曾經描寫過一隻中國帆船發生霍亂的可怖的事。[16] 在這海上的 "浮動地獄" 中 "豬仔" 們要忍受肉體上病、餓、渴、悶及打的煎熬和人格的侮辱，死亡率高達 20％—30％，如果在船上死亡，就 "搏以鐵而沈之以海"，命運十分悲慘。當年有民間竹枝詞云："關船批驗勢如梭，英督持平政不苛。除卻潮嘉與廣肇，豬船還算海南多。"[17] 眞實記載清末華工被販賣南洋情況。

運到馬來亞的 "豬仔"，陸續被賣往各地的礦場和胡椒、香料、甘蔗等種植園。每一名 "豬仔"，從招募到達目的地，盤纏食宿費用約五六十元，售價二三百元。根據契約合同，每月工資五元，期限三年，工資共 180 元，但落到 "豬仔" 本人手中，僅有幾十元而己，如無其他嗜好，三年約滿可恢復自由。但殖民者往往在種植園或礦場設有妓煙、酒、賭、鴉片的引誘，稍被引誘沾染，就要欠債，期滿時只能再當 "豬仔" 抵債。在礦井裏，"豬仔" 的勞動條件得不到保障，勞動強度大，勞動條件惡劣，生命有如草芥。當這些人熬過了 "豬仔" 生涯之後，獲得了人身自由，他們雖想回到家鄉，但因環境變化很難圓自己的夢想，很多人就子子孫孫在異國他鄉生活下去。面對那些在馬來亞征服和掠奪的殖民者，這些被賣到馬來亞謀生的中國人，是憑著自己的勞動和智慧開闢新世界，與馬來人一起用血和淚共同譜寫歷史的新篇章。

在開闢馬來半島的艱苦歲月裏，中國與馬來亞之間，應該說華工成了聯結中馬關係的紐帶。馬來人和華人在共同勞動中，不堪忍受英殖民者的迫害和虐待，於是他們無數次進行了怠工、逃跑、罷工等鬥爭。1875 年，霹靂州爆發了馬來亞第一次反英武裝起義。起義很快波及雪蘭莪及森美蘭各地，華人礦工也參加了起義，但終因力量單薄而失敗。這年 12 月，馬六甲華僑回應霹靂反英鬥爭而發動了反英武裝起義。經過一個星期的英勇奮戰，終因寡不敵衆而失敗。從 1887 年到 1890 年，馬來亞各地礦區的華工反對英殖民者的鬥爭源源不斷。1891 年，彭亨的反英起義，華工也群起回應，他們奪回了彭亨境內的大部份英國租借地，焚燒英國公司的建築物，一直堅持到 1895 年才被英殖民者鎮壓下去。在北婆羅州，1857 年 2 月，砂勞越石龍門的華僑礦工舉起反英義旗，搗毀英國殖民政府機構；後來起義也慘遭失敗。這些鬥爭都是配合了馬來亞人民的反英鬥爭，體現了馬來亞本土人民與華工的團結一致。

自從 1786 年檳榔嶼被佔領到 1957 年馬來亞聯合邦獨立，在英國殖民者 170 年的殖民統治中，先後約有八九百萬華工被販運輸入英屬馬來亞和婆羅洲，他們爲開發這塊富饒的土地付出了極其艱辛的勞動，承擔了巨大的犧牲。在馬來亞的礦山、種植園以及城市的建設，都灑下了華工的血淚和汗水。英國歷史學家米爾斯（Lennox A.Mills）在他的著作《1824 —— 1867 年的英屬馬來亞》（British Malaya,1824— 1867）一書中說："關於海峽殖民地的記述，忽視了華人在其發展中所起的作用這樣重要的部分，將是一種殘缺不全的記錄。英屬馬來亞的繁榮是建築在中國勞工上面，這種說法毫不過分。"[18]

第四節　"開海貿易"、鴉片戰爭和中國駐新加坡、檳榔嶼領事館的設置

1840 年的鴉片戰爭，英殖民者以堅船利跑打開了清朝閉關自守的大門，使中國淪爲半封建半殖民地。1857—1860 年英法發動第二次鴉片戰爭，強迫清朝簽訂《北京條約》，條約第五款規定："凡有華民，情甘出口……或在外洋別地承工，俱准與英民（或法民）立約爲憑。"[19] 因此，從 19 世紀 20 至 70 年代，是契約華工出國的高潮。我

們從下列表格中可以看到當時的情景：

1881 年—1915 年進入馬來半島契約華工人數表

年　　份	到新加坡、檳榔嶼人數	到馬六甲人數
1881	32473	
1882	33601	
1883	31663	
1884	29088	
1885	32180	
1886	45717	
1887	51859	
1888	44451	
1889	32666	
1890	26204	
1891	17538	491
1892	——	311
1893	38326	194
1894	22302	478
1895	——	922
1896	29825	680

資料來源：《東南亞華僑通史》第 297 頁

自從 1860 年移民合法化之後，清政府對於國人被拐賣的情況以及他們在海外經商的活動，才開始給予關懷和瞭解。1866 年（同治五年）七月，廣東巡撫蔣益灃建議清政府派官吏駐紮這些埠頭。他說："內地閩粵等省，赴外洋經商者人非不多，如新加坡約有內地人十余萬人，新老金山約有內地二十余萬人，檳榔嶼、伽拉巴（今印尼雅加達）約有內地數萬人，……若得忠義使臣，前往各處聯絡羈維，居恒固可窺彼腹心，緩急亦可藉資指臂。"[20]1867 年（同治六年）曾任李鴻章幕僚的江蘇布政使丁日昌也提出設領事管理華僑的建議："查閩粵之人，其赴外洋經商雇工者，于暹邏約有三萬餘人，……新加坡約有十數萬人……。精選忠勇才幹官員如彼國之領事，至該處妥為經理，凡海外貿易皆為之扶持維繫，商之害官為厘剔，商之利官不與聞，則中國出洋之人必系戀故鄉，不忍為外國之用。”[21] 清朝的有識之士紛紛向朝廷建議，希望能設一機構保護海外華人的利益。這一思想，被後來的洋務派李鴻章等人所接受。1876 年（光緒二年）郭嵩燾前往英國，路過馬來半島之威利斯（檳榔嶼威利斯省），“華民制忠勤正直四字旗以頌功德”。[22] 新加坡、小呂宋、印尼等處華僑多次具稟清朝，願自籌領事經費。[23] 郭嵩燾在《新加坡設立領事片》中指出：“竊揆所以設領事之議，約有二端。一曰保護商民。遠如秘魯、古巴之招工，近如南洋日國（西班牙）所轄之呂宋（菲律賓）、荷蘭所轄之婆羅洲、噶羅巴（雅加達）、蘇門答臘，本無定立章程，其政又近於苛虐，商民間有屈抑，常苦無所控訴。是以各處民商聞有遣派公使之信，延首 望，深盼得一領事，與為維持。揆之民情，實所深願。此一端也。一曰彈壓稽查。如日本之橫濱、大阪各口，中國流寓民商，本出有戶口年貌等費，改歸中國派員辦理，事理更順。美國之金山、英國之南洋各埠頭，接待中國人民，視同一例。美國則盼中國自行管理，英國則務使中國人民歸其管轄，用心稍異，而相待一皆從優。領事照約稍聯中國之誼，稽查彈壓，別無繁難，准之事勢，亦所易為。此一端也。”[24] 郭嵩燾到英國之後，根據《中英續增天津條約》向英國提出在新加坡設置領事的要求，但受到英國的阻撓，經過多方周折之後，終於在 1877 年（光緒三年）英政府同意清政府在新加坡設置領事，領事由新加坡著名華商胡璇澤擔任。

胡璇澤又名胡亞基（Hoo Ah Kay），1816 年生於廣州黃埔。他的父親和他的叔祖，在萊佛士開發新加坡時就來到了，開了一家雜糧店，店名叫“黃埔公司”，胡亞基 15 歲時（1830 年）南來新加坡，做他父親的幫手，因店中生意是供應來往軍艦商船和上下市民的，顧客中各國人都有，需要用各種語言交談。於是他留心學習各國語言，把各國語言都說得朗朗上口，成了他父親的外交大臣。父親死後，他成了黃埔公司的主人。他的名望在新加坡如旭日東昇，而"黃埔"的名字，也跟著各國的輪船，飄行到英、法、德、奧、美、俄、日等國。他成爲負責承包供應歐洲人食品的批發商。1877 年（光緒三年）清政府要在新加坡設立領事，當時英國政府堅持：第一，領事的設置必須是一種臨時性安排；第二，首任領事人選必須是"一位具有高尚品格與良好社會地位的新加坡華族居民，而不是一位來自中國的華人。"[25] 因此，在兩國的磋商下，選中了胡亞基。胡亞基於是改名爲胡璇澤，因他認爲"亞基"之名有失官雅，他當時已捐有道員銜。1867 年，被任爲俄國代理領事，並有領事制服與佩劍。1879 年，又擔任日本的新加坡領事官，一身兼中、俄、日三國領事。1880 年 3 月 27 日，胡璇澤 64 歲時去世，中、英、俄、日四國都爲他下半旗。

　　胡璇澤死後，清政府新任駐英公使曾紀澤，委任蘇湔清爲代領事。於是，蘇湔清於 4 月 1 日致函海峽殖民地政府請求承認其代領事職位。[26] 四天後，海峽殖民地總督史密斯（Cecil C.Smith）復函拒絕給予承認，因爲海峽殖民地政府並沒有同意在新加坡設立一個永久性的中國領事館。[27] 史密斯更在一份致殖民部的報告書中建議倫敦英國政府勿在此時承認任何人士繼任領事。[28] 雖然如此，倫敦英國政府還是在 6 月認可了蘇氏代領事作爲一項臨時性措施。至 1881 年，曾紀澤在倫敦和英國外交部就此事商談成功，[29] 清廷立刻由北京派一外交官左秉隆到新加坡就任領事取代蘇湔清。領事館地位的轉變具有歷史意義，因爲清廷第一次派一具有外交專門學識的專員到新加坡作爲殖民地政府、尤其是華民護衞司的對手。因此，1881 年以後兩者就新加坡華人事務方面的對抗在一種新的基礎上展開。[30]

　　左秉隆（1850—1924），字子興，駐防廣州正黃旗漢軍忠山佐領人，為同文館高才生，後充英文副教習。光緒四年（1878年）十月隨曾紀澤使英，以五品銜都察院學習都事充英文三等翻譯官。1881年（光緒七年）受曾紀澤推薦，到新加坡擔任領事。左秉隆到任後，為華僑做了許多有益的事。如把被拐騙、綁架的豬仔送回國，清肅誘劫僑民的盜党，倡辦同濟醫院及保護婦女，振興文教，大力提倡開辦學校，創辦文會，名為“會賢社”，以自己的薪俸捐作獎勵金，並親自評閱學生課藝。後有詩云：“欲授諸生換骨丹，夜深常對一燈寒，笑餘九載新洲住，不似他官似教官”。足見他對華僑文化教育方面用心之良苦。左秉隆在開展華文教育之外，又提倡英語教育，在設立會賢社後，又主辦英語雄辯會（Celestial Reasoning Association），每兩星期在領事館開會一次，提出政治、社會、文化等方面的各種問題，公開辯論。左氏自任主席，僑生中的知識份子，參加者甚眾。據宋旺相《新加坡華人百年史》記載：該會於1883年5月26日舉行一周年紀念會時，由秘書劉清玉宣讀會務報告。其中提到：“全體會員已經開始體會到在他們中間辯論同他們有利害關係的問題所得到的利益，他們的思想豁然開朗和進步，他們的才智也得到啓發了。”[31] 左秉隆因創設英語雄辯會而得到當地一支主要力量僑生的支援，並藉以溝通中國領事館與殖民地政府的關係，做到“與英官皆浹洽”。因此，他在新加坡任中國領事達九年之久。

　　1890年12月，英國同意清政府駐新加坡領事館作為總領事館，兼轄檳榔嶼、馬六甲及英屬附近各島的交涉事宜。首任總領事是著名外交家、詩人黃遵憲。

　　黃遵憲（1848—1905），字公度，別號人境廬主人。廣東客家梅縣人。詩集有《人境廬詩草》。1858年太平天國攻破梅縣，他才十二歲。於1870年初次到香港，27歲—29歲時在北京，1876年中舉人，

1877 年何如璋推薦他爲參贊，到日本，他到日本後學習日文，研究日本書籍，完成了《日本國志》一書。1882 年調美國舊金山總領事館，1885 年解任回國。1890 年又赴英國任外交官，1891 年 7 月經過法國到新加坡，繼左秉隆接任星加坡總領事，一直到 1894 年 11 月中旬，才交卸職務回國。[32] 他在任時，不但對居住在新加坡的華人出力保護，更爲那些要回唐山的華人，爭到了利益，一改清代欺壓淩辱在南洋華人的"海禁"法律，替不少華人造了福。他在調查研究的基礎上，對華僑不願回國的現象作了考察，1893 年向薛福成公使提出：

> 南洋各島華僑不下百余萬人，約計沿海貿易，落地產業所有權，歐洲、阿拉伯、巫來人，各居十之一，而華人仍占十之七。華人中如廣、瓊、惠、嘉各籍，約居七之二；粵之潮州，閩之漳、泉，乃占七之五，粵人多往來自如；潮人則去留各半；閩人最殷富，惟土籍多而流寓少，皆置田園，長子孫。雖居外洋已百餘年，正朔服色，仍守華風，婚喪賓祭，亦沿舊俗。近年各省籌賑籌防，多捐鉅款，競邀封銜翎頂，以志榮章。觀其拳拳本國之心，知聖德之浹洽者，深矣！惟籌及歸計，則皆蹙額相告，以爲：官長之查究，胥吏之侵擾，宗堂鄰里之訛索，種種貼累，不可勝言，凡挾資回國之人，有指爲逋逃者；有斥爲通番者；有謂爲偷運軍火，接濟海盜者；有謂其販賣豬仔，要結洋匪者；有僞造積年契券，籍索逋欠者。海外羈民，孤行子立，一遭誣陷，控訴無門，因是不欲回國。間有從商賈至者，不稱英人，則稱荷人，反倚勢挾威，干犯法紀，地方有司，莫敢誰何。今欲掃除積弊，必當大張曉諭，申明舊例既停，新章早定，俾民間耳目一新，應有裨益。

這篇奏文，寫出當時華人在南洋的生活及其心態，更寫出華人爲什麼要入英藉、荷藉的原因。因爲清朝政治的腐敗，官吏的不明理與民的不智，成爲在南洋的華人和中國脫節的原因。黃遵憲不僅在外交上與海峽殖民地據理力爭，而且向清朝廷力爭保護華僑，當時薛福成看了這份奏摺之後，加了兩句按語：“爲淵驅魚，爲叢驅雀。”感情極爲痛切。1893 年清朝光緒皇帝才下諭准許華人回唐山，並且嚴禁唆擾勒索等惡弊，這可以說是中國有史以來第一次爲保護海外華僑做實事。[32] 其功勞始於黃遵憲。

　　黃遵憲在新加坡也提倡研究學術。左秉隆時已設有“會賢社”，黃遵憲加以改組，“按月課題，獎勵學人，一時文風丕振”，易名曰“圖南社”。他對華僑的文化教育和華僑社會的團結，也做了許多有益的工作。黃遵憲在任內努力維護華僑利益，和英殖民政府公開抗爭，因此，英殖民官員對他十分不滿，認爲“如果他再留職五年，此地華僑對我們的忠誠將極大地削弱，華僑對我們的好感也會大受損害。”最後他終於被誣而離開新加坡。正如左秉隆的詩中所寫的：“世無公理有強權”，“外侮頻來緣國弱”。一介領事在惡劣政治環境中也難以有所作爲。1894 年（光緒 20 年）繼黃遵憲爲署總領事的是張振勳。以後歷屆總領事見下表：

清朝駐新加坡①〔英屬〕領事年表

時　間	西曆時間	姓　名	其　他
光緒三年九月至六年二月	1877.10—1880.3	胡璇澤	原道員，廣東人，當地華商
光緒六年二月至七年八月	1880.3—1881.9	蘇淮清〔署〕	原監提舉衛布政司經歷
光緒七年八月至十七年三月	1881.9—1891.5	左秉隆	原五品衛都察院學習都事
光緒十七年三月至廿年六月	1891.5—1894.7	黃遵憲〔總〕	原二品衛分省補用道
光緒廿年六月至廿三年	1894.7—1897	張振勳〔署總〕	原三品衛候選知府
光緒廿三年至廿五年四月	1897—1899.5	劉玉麟〔署總〕	原分省補用道
光緒廿五年四月至廿七年十二月	1899.5—1902.1	羅忠堯〔總〕	原駐英三等參贊，布政使衛候選道
光緒廿七年十二月至廿八年四月	1902.1—1902.5	吳世奇〔署總〕	
光緒廿八年四月至三十一年十二月	1902.5—1906.1	鳳儀〔總〕	原候選知府
光緒三十一年十二月至三十年九月	1906.1—1907.10	孫士鼎〔總〕	原廣東候補知縣
光緒三十九年九月至宣統二年九月	1907.10—1910.10	左秉隆〔總〕	
宣統二年九月至三年	1910.10—1911	蘇稅劍〔總〕	原候選道

附注①　光緒三年（1877）九月廿五日，總署奏准在新加坡領事一人，兼轄海門等處交涉事務。光緒十七年（1891）七月出使英國大臣薛福成奏准改設總領事一人，統轄檳榔嶼、麻六甲及附近英屬各島交涉事務。

資料來源：《清季中外使領年表》，中華書局 1985 年。

　　1888 年（光緒十六年），湖南按察使薛福成曾出任使英、法、比、意四國大臣，辦理外交事務，他回國後於 1890 年寫下《記南洋各島設立領事始末》一文，詳細敘述英屬馬來半島設立領事館經過。薛福成文中說："北洋海軍提督丁汝昌文稱：去冬奉令巡洋，抵新加坡各島，目擊流寓華民，交涉棼遷，尚稱安謐，惟未設領事之處，多受洋人欺凌剝削，環求保護，未便壅不以聞。查新加坡附近英屬各島，曰檳榔嶼，曰麻六甲，曰柔佛，曰芙蓉，曰石蘭莪（現稱雪蘭莪州），曰白蠟（即卑力國，現稱霹靂州），華商亦頗繁多。新加坡領事既無兼管各埠明文，亦遂無遙制各埠權勢，擬請以新加坡領事爲總領事，其餘各島設立副領事一員，即以華民公正殷實者攝之，統轄于總領事。""新加坡領事左秉隆稟稱：南洋英屬各地，除香港、仰光、薩拉瓦（即現砂勞越），北慕娘（即現北婆羅洲，又改稱沙巴 Sabah）、納閩、汶萊暨澳大利亞各埠暫置不論外，其歸新加坡巡撫（即新加坡總督，應是英國海峽殖民地總督）統轄者，若檳榔嶼、麻六甲，皆全屬英者也，若白蠟（霹靂）、石蘭莪（雪蘭莪）、芙蓉（森美蘭）、彭亨，皆歸英保護者也。柔佛名爲自主之國，實受英約束者也。其距新加坡道裏，柔佛不及一邁（即英里），芙蓉一百六十邁（英里），石蘭莪二百三十邁（英里），白蠟三百二十邁（英里），檳榔嶼三百八十邁（英里），彭亨二百邁（英里）。各處華民之數，新加坡約十四萬，檳榔嶼及其附近屬地，共約十萬，麻六甲約三萬，白蠟約八萬，石蘭莪約十一萬，芙蓉、彭亨各約二萬，柔佛約十萬，通共約六十萬人。若欲設官統轄，宜先與英外交部議請以新加坡領事爲新加坡、檳榔嶼、麻六甲暨其附近保護諸國之總領事，並准其酌派領事或副領事等官，大約檳榔嶼、麻六甲應作一起辦法，白臘、石蘭莪、芙蓉應作一起辦法，柔佛作一起辦法。彭亨新歸英國保護，生理尚不甚旺，似可從緩。檳埠宜派正領事，麻埠可派副領事。

至白蠟等國，半屬英國，半屬土酋，須兩國允准，方能派員。該國各有華商一人，充當甲必丹，旣爲華民所仰望，如飭兼充領事，或可允許。……駐新加坡者，擬派使署二等參贊黃遵憲任之，非僅爲新加坡一處之領事館，其檳榔嶼各處，有應選派副領事者，俟審定後，當再奉聞。"　"新加坡總領事黃遵憲稟稱：大小白蠟及石蘭莪之吉隆坡一地，華人日增，氣象方興未艾，擬請大小白蠟共設副領事一員，吉隆坡設副領事一員。去歲，吉隆坡出錫益多，集工益衆，商賈彙集，華物雲屯。英官方於大小白蠟之間，建大車路以資運轉，數年之後，將成一大都會。華人之商于大小白蠟、吉隆者，多獲厚利。一年之中，大小白蠟增工役數萬，吉隆增工役二萬有餘。今歲，傭工由閩越至新加坡者，已有三萬六千，大抵散居于白蠟、吉隆者爲多。流寓日衆，良莠不齊，舉凡財產錢債賭博鬥毆之事，慮其輕於犯法，易於啓事，必設領事，可資約束，而籌保護。此雖系英人保護之土，各國尚未設官，然此處寄寓，只有華民，並無他族，是中國設官，更屬名正言順。先是，總督施密司（即 Smith，全名 Cecil Clementi Smith,1887—1894 年任海峽殖民地總督）謂白蠟、石蘭莪等處皆華民，系英國保護之邦，不必盡用英律，因囑將大清律例財產各條抄出，已爲抄戶律戶役門凡八條。施督即譯英文，箚交各處承審官一體遵辦，爲英人絕無僅有之事。施督于華民保護甚周，其行政時有將就華民之處。趁其在位，趕設領事，此亦事機之不可失者也。（光緒十九年[1893 年]六月記）"　[33] 從薛福成這篇文章中，我們就可明瞭當年清政府對在馬來半島設領事館的打算了。

1891 年在新加坡設立總領事館之後，1893 年才在檳城成立領事館，屬總領事館管轄。1877 年出使英國大臣郭嵩燾抵英後，認爲在檳榔嶼應設立領事官。由於當時檳榔嶼的地位已降在新加坡之下，郭氏建議以新加坡富商胡璇澤爲南洋總領事，統管南洋各埠華人，受南北洋大臣與兩廣總督節制；但被總理衙門批駁，認為"新加坡須設領事，該大臣（指郭嵩燾）擬委胡璇澤承充，應即作為新加坡領事官。南洋各埠相隔甚遠，南北洋大臣等勢不能節制。該大臣擬飭胡璇澤作為南洋總領事等情，應從緩安籌。"這樣一來，就使華人眾多的檳榔嶼既不屬於新加坡領事館管轄，本身又無領事館的設立。因此，1885年出使美國、西班牙和秘魯的大臣張蔭桓於1888年（光緒十四年）所寫日記中寫道："惟英屬島除新加坡外，不能設領事，徒知民艱，無緣保護，殊感焦煩。"也為檳榔嶼等地不能設領事而感到焦慮。直至1893年（光緒十九年）薛福成咨請總理衙門在檳榔嶼設立副領事，實際上副領事署除副領事外，只有一名秘書和一名翻譯，都屬義務性質。自1893年至1911年，中國駐檳榔嶼的副領事、領事如下表：

清朝駐檳榔嶼①〔英屬〕領事年表

時　間	西曆時間	姓　名	備　註
光緒十九年一月至廿年六月	1893.3—1894.7	張振勳〔副〕	原候選同知，當地華商。
光緒廿年六月至廿四年四月	1894.7—1898.5	張煜南〔副〕	
光緒廿四年四月至廿八年十二月	1898.5—1903.1	謝榮光〔副〕	原儘先選用知府。
光緒廿八年十二月至三十二年十月	1903.1—1906.12	梁廷芳〔代副〕	原福建試用同知。
光緒三十二年十月至三十三年十一月	1906.12—1907.12	謝榮光〔副〕	
光緒三十三年十一月至宣統三年	1907.12—1911	戴春榮	宣統三年（1911）二月廿日改為正領事。

附注①　檳榔嶼兼威利斯雷省並丹定斯等處，光緒十九年設副領事一人，至宣統三年（1911）二月廿日改為正領事一人。

資料來源：《清季中外使領年表》，中華書局1985年版，第73頁。

　　張弼士（1840—1916 年），字振勳，號肇慶。童年時即在鄉里間
嶄露頭角，頗有才幹，但家貧無以展抱負。乃于 1856 年（清咸豐六
年）16 歲時南渡至當時的荷屬東印度巴達維亞（即今印度尼西亞首都
雅加達），爲人雇用，開墾荒地，搬運泥土；但心懷大志，勤敏過
人，經常調查研究當時的社會、經濟情況，瞭解致富之道。他稍有經
驗和積蓄後，即與當時的荷蘭殖民者周旋，博取信任，從而承包各種
稅收，開闢礦藏，不久即擁有鉅資。光緒元年（1875 年），他的墾荒
種殖事業，擴展到當時荷屬東印度蘇門答臘島北岸的亞齊（Atjieh），
繼而與巴達維亞等華人甲必丹李亞義與王文星合夥開設土產商店于當
時英屬海峽殖民地的檳榔嶼，營業範圍逐漸擴大，後又發展至蘇門答
臘島的日里（Deli），開闢農場，種植樹膠、咖啡、茶葉等農產品，
還開辦日里銀行，成爲蘇門答臘大富翁。至光緒十二年（1886 年），
他又在檳榔嶼獨資創辦萬裕興公司，造輪三艘，航行於檳榔嶼與亞齊
之間，後又在今馬來西亞彭亨州的文東（Bentong）開設東興公司，建
立商場，兼營礦業，並在今馬來西亞雪蘭莪州的巴生（Klang）一帶開
採錫礦，其擁資之巨，經營範圍之大，在當時的南洋實屬罕見。

　　張弼士既成大富翁，且交際廣闊，辦事幹練，當然得到清廷官員
的賞識和當地華人的擁戴。有一年，清朝派去英國的欽差大臣龔照瑗
路過檳城，與弼士見面，問他西人用什麼方法，使南洋諸島的商務能
夠如此隆盛？又問弼士致富有什麼方法？弼士回答：“盡地利，觀時
變，人棄我取，人取我與，征貴販賤，操奇置贏，行勤儉，擇人任
時。”把當時的龔照瑗說得欽佩之至，向李鴻章專函推薦：“君非商
界中人，乃天下奇才。……”於是由李鴻章奏派爲清代駐檳城第一位
華人領事，第二年又被調到新加坡去當總領事。他在檳城創辦第一家
華校中華學校，在星加坡也創辦第一家華校應新學校。1902 年 3 月被
光緒召見兩次，1903 年又召見三次。獲太僕寺正卿的榮銜。在中國也

創辦很多企業，如廣廈鐵路公司、廣西三岔銀礦公司、惠州福惠玻璃廠、佛山裕益機器制磚公司、廣州亞通織造公司、雷州墾牧公司和平海福裕制鹽公司等，其中最著名的是煙臺張裕釀酒公司，該公司今還存在，其產品葡萄酒與白蘭地，久亨盛名，屢次獲得國際博覽會獎狀。

　　繼張弼士爲檳城領事的是張煜南（1854—1911 年），字榕軒，廣東梅縣人。本儒生，17 歲即南渡，至荷屬東印度巴達維亞（今雅加達），後又至蘇門答臘，與其弟鴻南在當時已成東南亞巨商的張屬下任職，不久即自立門戶，投資墾殖荒地，開採錫礦，種植樹膠，養殖淡水魚等，並經營房地產業、承辦荷屬東印度政府的軍需用品，又參加張弼士創辦的蘇門答臘日裏銀行與航運公司，此外並在新加坡開設八打威（即巴達維亞）銀行。後遷至檳榔嶼居住，被公認爲當地有財有勢的華人領袖之一。據估計，至十九世紀末，他與其弟鴻南（耀軒）擁有財產荷幣七八千萬盾，可見其財力之雄厚。清光緒二十年（1894 年），張弼士擔任中國駐新加坡署理總領事，所遺駐檳榔嶼副領事一職，即由張煜南繼任（其官銜爲一品頂戴），直至光緒二十四年（1898 年），翌年奉召回國，覲見光緒皇帝，備受獎勉。晚年熱心家鄉公益事業，曾集資支援湘、鄂、豫紳士收回路權運動。清宣統三年（1911 年）卒。

　　張煜南不僅擅長經營農工商礦等業，而且頗喜文墨，他與弟張鴻南，共輯《海國公餘輯錄》，共六卷，記述檳榔嶼的天時、地理、物產、稅餉與設領事經過等。卷一爲“檳榔嶼記事本末”；卷二爲“辨正《瀛寰志略》”；卷三爲“名臣籌海文鈔”；卷四爲“槎使遊歷詩歌”；卷五爲“海國軼事”；卷六爲“海國記事”。書中收集了許多報紙材料、檔案文件、詩歌雜文，對研究新馬歷史與早期馬華文學，頗有價值。[34]

　　各地領事館的建立，在一定的歷史階段中，其立意是爲了保護華僑的利益，與英殖民地政府進行各種交涉。但到後來，隨著世界形勢的變化及中國清廷的滅亡，領事館的性質也發生變化。這是後話。

【注　釋】

1、4　參閱顧因明、王旦華編譯《檳榔嶼開闢史》第 3 頁、第 139 頁。

2　Frank A.Swettenham British Malaya,London,1929.p.101。轉引自朱傑勤主編《新加坡馬來西亞華僑史》，廣東高等教育出版社 1991 年版第 96 頁。

3　黃堯著《星・馬華人志》，香港明鑒出版社 1967 年版第 44 頁。

5　謝清高口述、楊炳南筆錄、馮承鈞注釋《海錄注》卷上《新埠》。

6　宋哲美《馬來西亞華人史》，香港中華文化事業公司印行 1963 年版第 55 頁。

7　巴素《東南亞的中國人》第 27 章第 42 頁。

8、9　巴素《馬來亞華僑史》第 3 章第 37 頁。

10、11　H.B.馬士：《1634—1834 年東印度公司對華貿易系年紀事》（H.B. Morst：The Chronicles of East Indea Company Trading to China, 1634-1834）第二卷，第 427 頁，1804 年。1926 年，牛津版。轉引自吳鳳斌《略論馬來亞契約華工制的發展與變化》，見 1982 年《南洋問題》第二期，廈門大學南洋研究所出版，又見吳鳳斌主編《東南亞華僑通史》第八章第一節，福建人民出版社 1994 年第 285 頁。

12　巴素：《馬來亞華僑史》第 3 章第 41—42 頁。

13　參閱吳鳳斌《略論馬來亞契約華工制的發展和變化》，見《南洋問題》1987 年第 2 期，廈門大學南洋研究所出版。

14　吳稚暉《拙盦客座談話》。

15　溫雄飛《南洋華僑通史》第 16 章第 117 頁。

16　巴素《馬來亞華僑史》第三章第 41 頁。

17　陸驥：《哭豬仔並序》，轉引自吳鳳斌《略論馬來亞契約華工制的發展與變化》。

18　轉引自郭威白《馬來亞中國人在發展當地經濟中的作用》，見《中山大學學報》（廣州）1959 年第 4 期。

19　《籌辦夷務始末》咸豐朝卷 67。

20　《籌辦夷務始末》同治朝卷 43。

21　《籌辦夷務始末》同治朝卷 55。

22　劉錫鴻《英軺日記》。

23　《清季外交史料》卷 11。

24　《郭嵩燾奏新加坡設立領事片》見《清季外交史料》卷一一第 14 頁。

25　林孝勝《新加坡華社與華商》第三章《華社控制權之爭：清領事館與英國官員的糾紛》新加坡研究會，1995 年 3 月版第 68 頁。

26　同上。其注 27 說明引自："Letter From Su Kwei-ching to Colomial Secretary, S,S,April 1,1880," C.O.103/103。

27　"Letter From Colomial Secretary to Su,April 5,1880," op cit。

28　"Reportson Chinese Consulin Singaport,April 12,1880," op,cit

29　《曾惠敏公日記》15。

30　以上資料均引自林孝勝《新加坡華社與華商》第三章。

31　宋旺相《新加坡華人百年史》，新加坡中華總商會出版 1993 年版第 177 頁。

32　見黃堯《星馬華人志》。

33　薛福成《記南洋各島設立領事始末》載於《星軺日記類編》（清光緒壬寅本），轉引自姚楠《南天余墨》遼寧大學出版社 1995 年版，第 173—176 頁。

34　以上張弼士及張煜南資料，均見姚楠《南天餘墨》中《記晚清駐檳榔嶼和客屬兩領事 —— 張弼士與張煜南》，第 161—168 頁。

第十三章　中國和英屬馬來亞的經濟關係

馬來亞介於印度洋與南中國海之間，扼中西交通之要衝。19世紀成爲英國殖民地之前，馬來亞的經濟是自然經濟占統治地位；當時馬來亞廣大地區還未經開發。英國殖民者佔領馬來半島和婆羅洲之後，首先在檳榔嶼與新加坡建立據點，着重進行商業的掠奪。隨著歐洲資本主義從商業資本階段轉入工業資本階段，殖民地對於宗主國的經濟意義也隨之發生變化。英國把馬來亞變爲工業品的銷售市場和工業原料的供給地，於是，馬來亞走上了殖民地經濟發展的道路。

在這一歷史階段中，中國與英屬馬來亞的經濟關係，多體現在居住馬來半島及婆羅洲的華僑的經濟發展和聯繫上。

第一節　英屬馬來亞華人經濟地位的變化及其經濟實力的發展

英國海峽殖民地經濟的發展，關鍵在於英國人揷手馬來亞半島上豐富資源的開發；英國對馬來亞的開發，與中國華僑充當先驅有著密切的關係。自1786年英國把檳榔嶼確定爲遠東貿易據點之後，便逐步著手開發馬來亞。他們採取自由主義的殖民政策，吸引所需要的勞動力。華人大量流入馬來亞，主要是爲了經商發財；他們中許多人在到馬來亞之後，首先是當苦力，有的就發展成爲行販或店員，然後自己經營，成爲小攤主或大商家。慢慢地一些華人的經濟地位的變化，促進了英屬馬來亞和中國經濟的交流。

1786年檳榔嶼開埠的時候，吸引了四面八方的移民，尤其是華人的商賈、工匠、農民和勞工。剛開始時，島上的中國人和馬來人合計起來只有 58 人，至 1788 年增至 1000 人，其中中國人 400 人，1804 年有 12000 人，1818 年劇增至 35000 人。根據佈雷得爾的統計數位，檳榔嶼島的人口增長變化如下表：

檳榔嶼島的人口增長（單位：人）

年　份	華　僑	馬來人	其他①	總人口
1818	7858	12190	14952	35000
1830	8963	11943	13053	33959
1842	9715	18442	12342	40499
1851	15457	16570	11116	43143
1860	28018	18887	13051	59956
1937	150789	40542	39161	230500

附注①　包括了英國人，印度人等。

資料來源：《南洋資料譯叢》1983 年第 4 期第 110 頁。

從 1818 年到 1842 年，檳榔嶼島的華僑人口僅增加 1857 人。這裏因爲 1819 年新加坡開埠把華僑吸引去了。但進入十九世紀五十年代以後，1860 年華僑人口便占了檳榔嶼總人口的 46.7 %，1937 年又劇增至占 65.4 %，這是英國殖民政府積極促進華僑人口入境所導致的結果。萊特談過當時的華人是政府稅收的來源，當局設立煙酒賭餉碼制度（Fanning System），利用華人的嗜好充實殖民地的財庫。克勞福氏在他呈給當時的孟加拉殖民政府的報告中說：“中國人是亞洲人口人數最多、最勤勞、最有用的部分”，甚至“在許多方面還勝過歐洲人，他們在開發馬來半島的資源方面是最爲活躍，最起作用的代表人物。”弗蘭克・瑞天咸評價說：“目前馬來亞各州之所以會有今天，

全靠中國人的精神和事業。"查爾斯·羅卡斯說："他們在開發海峽
殖民地的重要地位,無論怎樣加以讚揚,也不會過份的。"[1]在十九
世紀中葉以後,錫礦業發展成爲大規模的企業,是華裔移民苦心經營
的結果。例如在雪蘭莪,1824年蘆骨(Lukut)的華工礦工是200名,
十年後增加到400名。後來雪蘭莪重要的礦場如幹征(Kanching)、
暗邦(Ampang)以及雙溪芙蓉(Sungai Vjong)都是依靠蘆骨的客家
華人采錫去經營。吡叻州的錫礦地區,1862年就擁有二萬多名華人,
過了十年,人數增加到四萬人。[2]從1850年到1882年,華人幾乎包
辦了馬來亞的錫礦業;他們從家鄉帶來刻苦耐勞的精神,以及用"水
車"抽水的方法,成爲馬來亞錫出口的生產者。[3]十九世紀中葉以後,
在馬來各邦中開採錫礦,已爲海峽殖民地中中國人經濟活動的延展,
華人礦區集中在霹靂和雪蘭莪中西部山麓以及彭亨、森美蘭一些地
區。根據調查,1901馬來聯邦共三十萬華人,其中十六萬三千人,或
者半數以上以開礦爲業,其餘在礦區經營雜貨店和茶室等小生意。
1887年單在雪蘭莪的大礦區便有103個。

　　根據1937年馬來亞礦務局的報告,全馬礦工數目如下:

區域:	霹靂	雪蘭莪	森美蘭	彭亨	柔佛	吉打
礦工總數	47,530	31,960	2,273	6,522	4,528	832
華工數目	37,231	27,350	1,740	5,342	3,483	757
百分比	78	86	77	82	77	91

	玻璃市	丁加奴	吉蘭丹	馬六甲	
礦工總數	3,457	5,536	706	165	103,509
華工數目	3,401	3,237	440	133	83,114
百分比	98	58	62	81	80.3

　　資料來源:林水檺、駱靜山:《馬來西亞華人史》第243頁。

　　表上顯示，華工占全馬礦工百分之八十以上，其中大部分是錫礦工人。[4] 除了錫礦業之外，1895 年以後又生產了商業性橡膠。樹膠業和錫礦業一樣，都是華人的主要富源之一。當時華人從錫礦業賺來的錢，大量投向樹膠種植業。馬來亞樹膠業雖起源於英國人的提倡，但華人也很快介入。先種植樹膠的華人是陳齊賢，他接受"馬來亞樹膠之父"、新加坡植物園長黎特禮（H.N.Ridley）的建議，于 1897 年向馬六甲政府申請五千多英畝土地；一半種木薯，一半種樹膠。他先後投資二十萬元，後來以二百萬元的高價賣給英國人。陳嘉庚的膠園 1920 年初期已擴展到一萬六千英畝。他還在新馬各大城市設立樹膠加工廠，又創設熟膠成品廠，製造鞋靴、輪胎、醫藥用具和日用膠品等；銷售遍佈東南亞通都大邑，共計八十多家分行，成爲華人樹膠之王。[5] 馬來亞經濟的繁榮得助于華族移民的力量。凡是預知可以得利的事業，就必定有華僑參與。日本福田省三說："英屬馬來亞是近代殖民史上的一個奇迹。因爲他們不需任何建設資金，一開始就建設起了堂皇富麗的公共建築物，國家的財政收入是依靠向具有好、壞兩面性但卻十分勤勞的華人課稅得來的。由於馬來亞人是回教徒，他們不吸鴉片煙也不飲酒。因此，這些稅全都是向華人征課的。"[6] 直至 1890 年，在馬來各邦中，所有的投資幾乎完全是中國人的資產，從中國人所開採的錫礦而得的稅收，就是發展經濟的來源。包括鴉片入口稅和賭館、當典的牌照稅以及錫產。出口稅成爲英國參政司在各州賴以奠定行政機構基礎的歲入。日本田川一巳說："華人的活躍的經濟活動是所謂當地的主人、土著人、即馬來人所無法與之比擬的。"英國人範漢（Vaughan）在其所著的《海峽殖民地華人的風俗與習慣》（Mannersand Customs of the Chinese of the Straits Settlements）一書中，提到馬來亞華僑從事的職業達 100 多項。指出："幾乎所有的行業，莫不有華僑的活動。並且馬來亞的華人移民歷史比較短，他們完全保持了中國南部地區的鄉土觀念，這一點也使他們在民國革命時期保持有爲其他殖民地華僑所不能比擬的高昂的民族意識，他們爲民國革命捐獻了許多捐款，這就是馬來亞華僑的特點。"7

　　當年，許多中國的窮苦新客在一代人的時間裏，發家成爲腰纏萬貫的巨富。宋旺相著的《新加坡華人百年史》和阿諾德·賴特主編的《二十世紀英屬馬來亞印象記》等書中，記載了許多富有的華人傳記，提供了研究這一問題的豐富資料。象新加坡的陳送、佘有進，檳榔嶼的張弼士，吉隆坡的葉亞來，怡保的姚德勝等。例如張弼士，是一位介於馬中兩國之間的人物。他 1840 年生於廣東，1856 年到印度尼西亞，1865 年在岳父幫助下開設裕和公司，成爲爪哇有名的商人，1877 年商業擴展到北蘇門答臘。十九世紀八十年代，張弼士把他的企業王國擴展到馬來半島；以檳榔嶼作爲基地，他的東興公司在文冬和巴生經營錫礦業，並從事商業城的建設。到十八世紀末，也被公認爲東南亞最富有的華人資本家之一。鑒於他的財富、聲望及同清朝駐海峽殖民地總領事黃遵憲的特殊關係，於 1893 年被任命爲檳榔嶼的第一位中國副領事。1895 年被任命爲海峽殖民地代理總領事。1903 年得到慈禧太后的接見，官封三品京堂侯補，官銜侍郎生，並被委任在即將成立的商部任職。1904—1905 年任命爲考察商務大臣，同時兼任閩粵兩省農工路礦督辦大臣。這樣，張弼士就肩負著現代中國經濟（包括鐵路建設、礦業、農業和製造業）發展的重任。8 這樣的馬來亞華人，對於聯繫兩國之間經濟的往來，起着極其重要的作用。又如葉亞來，1837 年生於廣東惠州，客家籍。1854 年到馬來亞，當礦工、店員、廚師等，1859 年開始經營生豬和錫礦的買賣。在雙溪烏絨，甲必丹盛明利任命他當副隊長。1862 年吉隆坡華人甲必丹劉壬光召他到吉隆坡，任錫礦經理，1868 年繼劉壬光任吉隆坡華人甲必丹。他以鐵腕手段管理吉隆坡華人社會，利用手中的政治權力牟取經濟上的利益，成了雪蘭莪富有的錫礦主之一。從 1873 年 3 月至 1880 年，他成爲吉隆坡眞正的統治者。[9] 象這一類華人，是從馬來亞社會的底層迅速上升到上層社會，這除了他們自己的智慧和社會關係促進他們社會地位的變化外，還有一個重要的原因，是因爲檳榔嶼和新加坡的轉口貿易，以及馬來亞各州經濟的迅速發展，爲華人移民發家致富提供了良好機會。

英國侵佔檳榔嶼和新加坡的目的，是要以此作爲向中國和東南亞進行貿易的基地，推銷英國的工業品，並取得馬來亞及其周圍地區以及中國的土產和原料。因此他在轉口貿易的過程中，需要大批的仲介商和零售商，通過他們把英國的工業品送到中國和東南亞地區的消費者手上，又通過他們把中國和東南亞地區的土產和原料收集起來出口到英國去。大批的華商就充當了這一角色。[10]

第二節　英屬馬來亞與中國貿易的消長

中國與英屬馬來亞的貿易，在十九世紀中葉以前，雖然經歷了很長遠的時間，但在中國並沒有準確的數位記載。康熙二十三年（1684年）中國開放海禁後，清廷分別于廣東、福建、浙江、江蘇四省設立粵海關、閩海關、浙海關和江海關。目的是管理海上貿易與徵收進出口關稅。這是中國歷史上正式設立海關的開始。英國對華的貿易基本上是由英國東印度公司所壟斷，其貿易額遠遠超過其他來華貿易各國。據記載，在道光九年（1829 年）左右，每年僅英國商船在粵海關繳納的稅銀就達六、七十萬兩之多。[11] 他們從中國輸出的貨物絕大多數是茶葉，在 1719—1833 年間，茶葉占廣州出口貨物的 70—90％。1828 年英國國內消費的 7000 萬磅茶葉幾乎全由中國進口。[12] 19 世紀以後，英國東印度公司每年從中國進口茶葉都占其總貨值的 90％以上，在其壟斷中國貿易的最後幾年中，茶葉成爲唯一的出口商品。

茶葉在英國東印度公司從中國進口總貨值中的比例（1722－1833）

年份	總貨值（兩）	茶 葉		占總貨值%
		數量	貨值	
1722	211850	4500	119750	56
1723	271340	6900	182500	67
1730	469879	13583	374311	73
1733	294025	5459	141934	48
1736	121152	3307	87079	71
1740	186214	6646	132960	71
1750	507102	21543	366231	72
1761	707000	30000	653000	92
1766	1587266	69531	1370818	86
1770	1413816	67128	1323849	94
1775	1045433	22574	498644	48
1780	2026043	61200	1125983	55
1785	2942069	103865	2564701	87
1790	4669811	159595	4103828	88
1795	3521171	112840	3126198	89
1799	4091892	157526	2545624	62
1817	4411340	160692	4110924	93
1819	5786222	213882	5317488	92
1822	6154652	218327	5846014	95
1825	5913462	209780	5913462	100
1833	5521043	220270	5521043	100

1 英鎊=3 兩，1 兩=1.383 銀元（西班牙銀元）

資料來源：Chaudhuri,P.538.Pritchard P.395-396,Morse,Vol.2-Vol.4

自從 1868 年，中國實施海關統計之後，中國與英屬馬來亞的貿易可以從出入口數位上進行觀察。[13]

（一）貨易總額的消長

從 1868 年到 1933 年，共有 66 年，其間中國與馬來亞的貿易發展,逐漸繼起增高,平穩進行。1868 年時,兩地間貿易總值,已有 92 萬余關兩之多。從此以後,貿易額年有增進,至 1909 年,逐突破千萬關兩的數額,指數以 1868 年爲基準,竟達 1.254 之高,即較十年前已增加 12 倍。第一次世界大戰發生,中國與馬來亞的貿易卻未受到多少影響,而且兩地貿易數位仍愈見增長。66 年間推進的程式,可分爲四個時期。

(1)平穩時期(1868 年－1908 年)

自 1788 年之後,英國陸續租得檳榔嶼、威士利、新加坡,並交換馬六甲等地。馬來半島逐次第入了英國勢力範圍。馬來亞在英國人經營之下,商務日漸發達,對外貿易也續有增長。中國與馬來亞的貿易也繼續向上。自 1868 年以後,開始有海關統計,1868 年—1908 年 41 年間的中國與馬來亞的貿易總額,由 1868 年的 92 萬余關兩,增加到 1908 年的 900 余萬關兩,指數 837。見下表。

年別	貿易總數(單位關兩)	指數
1868	923,251	100.0
1869	1,483,419	106.7
1870	971,823	105.3
1871	970,672	105.1
1872	1,139,978	123.5
1873	1,015,568	110.0
1874	1,241,694	134.5
1875	1,492,950	161.7
1876	1,463,202	158.6
1877	1,978,257	214.3
1878	1,901,013	2045.9
1879	1,713,366	185.6
1880	1,838,245	198.0

1881	2,312,133	250.4
1882	2,593,117	280.9
1883	2,361,980	255.8
1884	2,324,560	251.8
1885	2,724,225	295.1
1886	2,175,572	235.6
1887	2,727,829	295.5
1888	3,392,869	256.7
1889	3,161,221	342.4
1890	3,236,919	350.6
1891	3,148,584	341.0
1892	3,324,157	360.0
1893	4,240,581	459.3
1894	4,255,926	461.0
1895	4,422,458	479.0
1896	4,978,335	539.2
1897	4,713,905	510.6
1898	4,771,758	516.8
1889	5,877,987	636.7
1900	5,060,613	548.1
1901	6,512,842	705.4
1902	7,135,848	772.9
1903	7,301,757	790.9
1904	7,729,070	851.8
1905	7,864,596	897.0
1906	7,398,562	801.4
1907	9,407,153	1018.9
1908	9,204,570	837.2

資料來源：謝懷清《中國與馬來亞貿易之消長及其趨勢》見
本節注[13]，下同。

　　從此表中可看出，入口較出口佔優勢。中國對馬來亞的入口貿
易，在 1868 年已有 66 萬余關兩，以後平穩增進，至 1908 年達 540 余
萬關兩，指數 818，是 1868 年的八倍以上。而出口貿易，在 1868 年

僅 26 萬余關兩，但以後進展較入口則稍速，到 1908 年已達 370 余萬兩之多，指數 1488，爲 1868 年的十四倍以上，所有各年出入口貿易數位之增進狀況如下表：

年別	入口貿易（單位關兩）	指數	出口貿易（單位關兩）	指數
1868	661,918	100.0	261,333	100.0
1869	827,322	125.0	656,097	251.1
1870	708,095	107.0	263,728	100.9
1871	613,658	92.7	357,014	136.6
1872	727,018	109.8	412,960	158.0
1873	568,927	86.0	446,641	170.9
1875	699,660	105.7	793,290	303.6
1876	869,948	131.4	949,840	363.5
1878	823,698	124.4	1,077,315	412.2
1879	834,208	126.0	879,158	336.4
1880	863,026	130.0	975,210	373.2
1881	1,137,017	171.8	1,175,116	449.7
1882	1,565,387	236.5	1,027,739	393.3
1883	1,429,767	216.0	932,213	356.7
1884	1,469,665	222.0	854,895	327.1
1885	1,725,286	260.6	998,939	382.2
1886	1,235,970	186.7	939,602	359.5
1887	1,391,169	210.6	1,336,660	511.5
1888	2,040,610	308	1,352,259	517.4
1889	1,874,150	283.1	1,287,071	492.5
1890	1,771,815	262.7	1,465,104	560.6
1891	1,769,492	267.3	1,379,092	527.7
1892	1,919,768	290.0	1,404,389	537.4
1893	2,448,419	369.9	1,792,162	685.8
1894	2,332,841	352.4	1,923,085	735.9
1895	2,535,612	383.1	1,886,646	721.9

1896	3,239,776	489.5	1,738,559	665.3
1897	2,855,586	431.4	1,858,319	711.1
1898	2,620,128	395.8	2,151,630	823.3
1899	3,646,195	550.9	2,231,792	854.0
1900	2,625,258	547.7	2,435,355	931.9
1901	3,828,142	578.3	2,684,700	1,027.3
1902	4,108,926	620.8	3,026,922	1,158.3
1903	3,803,322	574.6	3,498,435	1,338.7
1904	4,061,919	613.6	3,667,151	1,402.9
1905	4,061,088	613.5	3,803,481	1,455.4
1906	3,662,427	553.3	3,736,135	1,429.6
1907	5,347,638	807.9	4,059,515	1,553.4
1908	5,418,410	818.6	3,786,160	1,448.8

(2)進展時期（1909 年——1918 年）

馬來半島自 1909 年起，完全隸屬於英國統治之內。自此以後，貿易總額每年都超過一千關兩以上。即由 1909 年的 1150 余萬關兩的貿易總額，指數 1254，增高至 1918 年 1670 余關萬兩，指數達 1812。1909 年較之 1868 年增加 12 倍以上。而 1918 年更增加到 18 倍以上。

年別	貿易總額（單位：關兩）	指數
1909	11,578,345	1,254.1
1910	13,926,830	1,508.5
1911	13,395,610	1,450.9
1912	14,944,387	1,618.7
1913	16,488,126	1,785.9
1914	14,632,239	1,584.9
1915	14,274,426	1,546.1
1916	12,951,580	1,402.8
1917	13,552,644	1,467.9
1918	16,732,066	1,812.3

　　若將中國與馬來亞在此十年中出入口貿易分別觀察，可看到入口貿易實無甚進展，當 1909 年爲 660 餘萬關兩，指數 1024，至 1918 年雖增爲 1030 餘萬關兩，指數 1560，但十年中尚有兩年不及 1909 年之數額。至於出口貿易，則顯有進步，在 1909 年爲 470 餘萬關兩，指數 1836 而至 1918 年增爲 640 萬關兩，指數 2449，且十年中更有兩年超過 800 萬關兩以上者。本時期中之出入口貿易的詳細數額，可參看下表：

年別	入口貿易（單位關兩）	指數	出口貿易（單位關兩）	指數
1909	6,778,823	1,024.1	4,799,522	1,836.6
1910	8,308,521	1,255.2	5,618,309	2,149.9
1911	7,735,880	1,168.7	5,659,732	2,165.7
1912	8,604,904	1,300.0	6,335,483	2,425.8
1913	8,935,416	1,349.7	7,552,710	2,890.1
1914	7,663,720	1,157.8	6,968,519	2,666.5
1915	5,381,386	813.0	8,893,040	3,403.0
1916	4,602,845	695.4	8,348,735	3,194.7
1917	6,877,792	1,039.1	6,674,852	2,554.2
1918	1,0331,544	1,560.8	6,400,522	2,449.2

(3)繁榮時期（1919——1931 年）

　　當第一次世界大戰時，中國與馬來亞均未波及，故未受影響。而戰後的馬來亞，因世界需要膠、錫數量遞增，商務突飛猛進。同時，華工人數也日益增加，遂形成自 1919 至 1931 年共計 13 年的中國與馬來亞貿易之繁榮時期。在 1919 年的貿易總額爲 2130 餘萬關兩，指數 2.311。過去 51 年來所未衝破的 2000 萬關兩的紀錄，現在已超過了。以 1919 年較之 1868 年的基年，貿易總額超過 23 倍。最盛的 1926 年，其貿易總額達 4130 餘萬關兩，指數 4.484，爲 1868 年的 44 倍多。造成中國與馬來亞歷年貿易總額之最高紀錄。1926 年後雖有低減，但在此繁榮時期之最後一年（1931 年），其貿易總額仍有 2470 余萬關兩，指數 2.682，而且 13 年間，每年貿易總額，都在 1919 年之上，可惜未能保持久遠，乃至 1932 則突然降跌下來。這時期歷年貿易總額，見下表：

年別	貿易總額（單位關兩）	指數
1919	21,336,448	2,311.0
1920	24,342,078	2,636.6
1921	27,492,634	2,977.8
1922	23,482,965	2,543.5
1923	27,141,534	2,939.8
1924	28,938,876	3,134.4
1925	33,266,274	3,603.2
1926	41,399,602	4,484.1
1927	32,541,065	3,524.6
1928	32,005,715	3,466.6
1929	35,441,938	3,838.9
1930	28,765,526	3,115.7
1931	24,767,299	2,682.6

從表格上看，1919 年發展的速度是迅速的。在 1919 年以前，中國對馬來亞的出口貿易，從沒有超出一千萬關兩的紀錄。到 1919 年，出口貿易數位升至 1120 余萬關兩之高，指數達 4.293，為 1868 年的 42 倍以上。至 1926 年，猛增為三千余萬關兩，指數達 11.502，為 1868 年的 115 倍以上，造成有史以來中國對馬來亞的出口貿易的最高紀錄。以後雖漸見跌落，但至 1931 年仍保持 1590 余萬關兩，指數 6.090 的位置。至於入口貿易，雖較 1919 年前稍有增進，但遠不如出口貿易的進展。在此十三年中之中國對馬來亞的入口貿易值，每年都保持在 1000 萬關兩左右，從未降落至 700 萬關兩以下。由此看來，自 1919

年起至 1931 年止的 13 年間之所以形成繁榮的時期，其最大原因，是中國對馬來亞貿易的快速發展。見下表：

年別	入口貿易（單位關兩）	指數	出口貿易（單位關兩）	指數
1919	10,115,656	1,528.2	11,220,790	4,293.7
1920	7,803,083	1,178.9	16,538,995	6,328.7
1921	8,031,246	1,213.3	19,461,388	7,447.0
1922	8,168,720	1,234.1	15,314,245	5,860.0
1923	92,137.22	1,392.0	17,927,812	6,860.1
1924	9,321,664	1,408.3	19,617,212	7,506.6
1925	9,480,650	1,432.3	23,785,624	9,101.6
1926	11,339,947	1,713.2	30,059,655	11,502.4
1927	10,266,488	1,551.0	22,274,577	8,523.4
1928	12,510,506	1,890.0	19,495,229	7,459.9
1929	11,882,494	1,795.2	23,560,444	9,015.5
1930	9,588,686	1,448.6	19,176,840	7,338.1
1931	8,851,273	1,337.2	15,916,026	6,090.3

(4)降落時期（1932──1933）

自世界性經濟恐慌以來，世界各國貿易均受嚴重影響。馬來亞的膠、錫市場也不景氣，商業日益凋敝。在馬來亞從事商業活動的華僑，也有很多失業。而且英屬馬來亞一再限制華人入口，居住在馬來亞華人也大為減少。因此，中國與馬來亞貿易總額，自 1932 年以來猛烈降跌。1931 年中國與馬來亞的貿易總額，還保持在 2470 余萬關兩的地位，但在 1932 年則僅有 1910 余萬關兩的數位，降跌 20％以上。如果與最盛期的 1926 年比較，則減去 60％以上了。這兩年間的貿易總額，列表如下：

年別	入口貿易（單位關兩）	指數	出口貿易（單位關兩）	指數
1932	10,701,315	1,616.7	8,416,415	3,220.6
1933	9,349,677	1,412.5	8,758,093	3,351.3

（二）貿易平衡的消長

中國對馬來亞的貿易平衡，自 1868 年起至 1933 年止的 66 年間，可分三個時期：

(1)入超時期（1868 年——1914 年）

從 1868 年起到 1914 年止，共計 47 年爲入超時期。內中如 1875、1878——1881、1906，共 6 年則爲出超數額，共計 616,157 關兩。其餘 41 年的入超數額，共計 30,776,500 關兩，除去出超數額，淨入超爲 30,160,44 關兩，但此數額並不算大，以 47 年之久遠的入超時期，平均每年入超不過 641,709 關兩，於中國對外貿易的入超地位，其渺小當可想見了。

(2)出超時期（1915 年——1931 年）

從 1915 年起到 1931 年止，共計 17 年爲出超時期。內中如 1917、1918 兩年，則爲入超。兩年入超數額，共計 4,133,962 關兩。其餘 15 年的出超數額，共計 135,032,247 關兩，除去兩年入超數額，淨出超爲 130,898,285 關兩。以 17 年間的出超時期，平均每年尙出超 7,699,898 關兩，較之入超時期每年平均的入超數額，則多至 12 倍了。中國對馬來亞貿易自 1915 年後所以轉爲出超的原因，則因爲中國輸往馬來亞的紙煙、生油、棉布與土產大量的增加，由此可見華僑居留海外，其本身的消耗與中國的對外貿易的關係極大。

(3)再度入超時期（1932 年——1933 年）

1932 及 1933 兩年，正當世界經濟恐慌尖銳化的年代。而馬來亞因商務跌落，市場不振，以致居留在馬來亞的華僑人數，驟然減少，因此中國運往馬來亞的土產銷路也大大減少。而中國對馬來亞的貿易，也從出超轉爲入超。在此兩年中的入超數額，共計 2,776,484 關兩，平均每年有 1,388,242 關兩之多。

　　總上所述，自 1868 年起至 1933 年的 66 年間，共有 45 年是入超年份，而出超年份不過共爲 21 年。但是，入超年份較久，而入超數額則較小，計入超數額共 37,786,946 關兩，出超數額共 135,648,404 關兩，相抵後，又還有淨出超 97,861,459 關兩。中國與馬來亞貿易平衡的消長實際數位列表如下：

年別（入超時期）	入超（單位關兩）	出超（單位關兩）
1868	400,585	
1869	171,225	
1870	444,327	
1871	256,644	
1872	314,058	
1873	122,286	
1874	29,642	
1875		93,630
1876	276,694	
1877	78,572	
1878		253,617
1879		44,950
1880		112,193
1881		38,099
1882	537,657	
1883	497,544	

1884	614,770	
1885	726,347	
1886	296,368	
1887	54,509	
1888	688,351	
1889	587,079	
1890	306,711	
1891	390,400	
1892	515,379	
1893	656,257	
1894	409,756	
1895	648,966	
1896	1,501,217	
1897	997,267	
1898	468,498	
1899	1,414,403	
1900	180,903	
1901	1,143,442	
1902	1,082,004	
1903	304,887	
1904	394,768	
1905	257,607	
1906		73,668
1907	1,288,123	
1908	1,632,250	
1909	1,979,301	

1910	2,690,212	
1911	2,076,148	
1912	2,265,421	
1913	1,382,706	
1914	695,201	
出超時期		
1915		3,511,654
1916		3,745,890
1917		
1918		
1919	202,940	1,105,136
1920	3,931,02	8,735,972
1921		11,430,142
1922		7,145,525
1923		8,714,090
1924		10,295,548
1925		14,304,974
1926		18,719,708
1927		12,008,089
1928		6,984,723
1929		11,677,950
1930		9,588,154
1931		7,064,753
再度入超時期		
1932	2,284,900	
1933	591,584	

（三）各在對外貿易總額中所占地位的消長

　　中國與馬來亞貿易各在其對方的對外貿易總量中所占的地位，其消長情形，則中國在馬來亞的貿易總額中所占的地位，實較馬來亞在中國的貿易總額中所占的地位爲進展。從馬來亞在中國對外貿易總額中的地位看來，可說自 1868 年至 1932 年的 66 年間，歷來沒有多大的變動。就輸入而言，在 1870 年馬來亞在中國的輸入貿易中所占的地位，不過 1.11 ％，此後雖有增減，但總不離 1 ％左右，從沒有超過 2 ％的範圍。若以 1933 年馬來亞在中國入口貿易所占 1.07 ％，較之 60 年以前，其所占地位，反略有減退。更就輸出而論，則 66 年間的增進，遠非入口所能企及。1870 年馬來亞在中國輸出所占的地位，僅有 0.8 ％，以後繼續增高，到 1915 年已增至 2 ％以上，而 1926 年更增至 3.47 ％。但 1926 年後的各年，又漸次減退，大概不離 2 ％左右。總觀馬來亞在中國對外貿易總額中所占地位，僅 1926 年達 2.08 ％以上，其餘都沒有超過 2 ％。茲將馬來亞在中國歷年對外貿易總額中所占的百分比，詳示如下表：

年　　別	輸　　入	輸　　出	貿易總額
1870	1.11	0.47	0.81
1880	1.08	1.25	1.16
1890	1.39	1.68	1.51
1900	1.24	1.53	1.36
1905	0.90	1.66	1.16
1910	1.79	1.47	1.65
1915	1.18	2.12	1.63
1920	1.02	3.05	1.86
1925	1.00	3.06	1.90
1926	1.00	3.47	2.08

1927	1.01	2.42	1.68
1928	1.04	1.96	1.46
1929	0.93	2.31	1.55
1930	0.73	2.14	1.30
1931	0.62	1.75	1.06
1932	1.01	1.70	1.22
1933	1.07	2.23	1.43

　　至於中國在馬來亞對外貿易總額中所占的地位，在 66 年中，有漸次增高的趨勢。就輸入方面講，可說 1919 年前，所占地位實小，但 1919 年後，便逐漸增進，若就出口方面而論，則歷年無甚變動。不過，馬來亞地當東西要衝，而且新加坡是自由港埠，所以對外貿易頗為發達。大約輸入貿易約當中國輸入貿易 50％，輸出貿易約當中國輸出貿易 70％以上。不過轉口貨物很多，大部分不是馬來亞本身消費，而是入口後再出口輸往歐洲。現將 1930 至 1932 年中國在馬來亞對外貿易所占的百分比列表如下：

年　別	入　口	出　口	貿易總額
1930	5.3	1.2	3.25
1931	6.7	1.2	3.85
1932	5.9	1.2	3.51

　　關於英屬馬來亞與中國的貿易，已如上述。但當時兩個國家的工業均很落後，相互之間的貨品來往，容量均不大。主要是英殖民主義者利用中國的產品和馬來亞優良的地理環境作轉口貿易。而當時華人進行轉口貿易，主要是從事新加坡和檳榔嶼的貿易，他們從中國輸入的貨物有陶瓷器、磚瓦、花崗石板、紙傘、羽緞、緞子、粉條、乾果、線香、紙錢、煙草、糖果、樟腦、茶葉及土布、生絲等，而中國輸入的則是海峽的土產、印度的鴉片和英國的工業品。

第三節　英屬馬來亞華人經濟對中國的影響

　　隨著馬來亞殖民經濟的發展，華僑同當地各民族居民一樣，也在不斷分化之中。華僑中有產者已在開發經濟過程中逐步增加，有的已積累了一些財富，擴展而成一個企業王國，從而成為富有的資本家。尤其是第二代華人，他們大都在本地出生，還接受了英語教育，這些人對於同殖民地政府及歐洲資本家進行聯絡是至關重要的。他們比較熟悉當地情況，是積累財富的有利條件。許多華僑致富之後，為中國經濟發展牽針引線，發揮了良好的作用。

　　在中國史籍中，對於馬來亞經濟的開發與華僑經濟發展，記載了不少實例。如光緒34年（1908年）楊士琦奏摺中說：“地股之極南，有島曰新嘉坡，幅員甚小，農產亦稀。自英人開埠後，免稅以廣招徠，由此商舶雲集，百貨匯輸，遂為南海第一巨埠。華僑十二余萬人，工商而外，擅陂沼園林之利，商會成立最早，勢力甚雄。英官頗假以事權，而海外各商會亦以此為樞紐。學堂四所，課程規則，悉遵學部定章，宗旨純正。英人法令頗為寬簡，商民尚得自由，惟五方雜處，良莠不齊，奸宄之萌，尚難盡絕。地股之西岸，有島曰檳榔嶼，商務亞於新加坡，而農產過之，果品海產，尤為出口大宗。華僑二十余萬人，自商會成立以來，公訂規條，自相約束，遊惰者資之回籍，貧寠者教以營生，英官頒行新例，有不便商民者，商會得援律駁阻。故華人許可權，以此埠為最寬。中華學校一所，為前太仆寺卿張振勳等所設。經臣部奏明立案，蒙恩賞給區額一方，圖書集成一部，宸翰褒題，規模遂為各校冠。從前商人子弟肄業英校者，僅以律師醫生起家，今則講求政學，研究中文，商智漸形發達。由檳榔嶼東渡海峽，登大陸逾山南行，而至大小霹靂，亦海門屬部之一。四山皆礦，產錫最饒，華人來此，往往以赤手致富，所產之錫，歲值九千余萬元。由檳榔出口，運銷東西洋，近歲錫價低賤，年甚一年，業此者頗多折閱。若礦業一停，則華工二十萬人皆虞失所，而新、檳兩埠商務，亦視此爲盛衰，關係至爲巨要。以上所曆，皆系通都大埠，華僑薈萃之區，商務以新加坡、檳榔嶼爲最繁。……故論南洋者輒謂西人雖握其政權，而華人實擅其利炳，其中不乏開敏通達豪傑有志之士。"[14] 從楊士琦的奏摺中，可瞭解到光緒年間中國對已經富起來的華僑的看法，而且在清朝末年，中國還促使華僑向國內進行經濟投資。現列舉幾例如下：

一、築鐵路。檳榔嶼的第二屆領事張煜南對廣東潮汕鐵路（1904年——1908）的投資，是一個突出的例子。

1896 年 10 月，以盛宣懷爲總理的中國鐵路總公司成立。中國鐵路的建設危及那些企圖通過控制鐵路來箝制中國的列強的利益，這成爲中國和外國利益衝突的焦點。於是中國在籌措鐵路資金的問題上，清政府害怕外國的控制，不敢用外債作爲資金的主要來源。而中國商人對"官督商辦"的形式又不放心，於是清政府把注意力轉移到華僑身上。在籌建鐵路總公司的時候，召張弼士回國磋商興辦蘆漢鐵路籌股事宜，並委派他爲東南亞地區籌集蘆漢鐵路建設資金的負責人。但張弼士在新加坡、馬來亞的籌款活動遭到失敗。1904年至1905年間，張煜南在張弼士的影響下，爲華僑投資潮州鐵路樹立了榜樣，這條鐵路的資金主要來自東南亞，特別是英屬馬來亞和荷屬東印度的華僑，資金總額超過 300 萬銀元。張煜南籌建潮汕鐵路有限公司，得到了廣東省政府的保護；根據北京政府批准的潮汕鐵路有限公司章程，公司共發行一萬份股票，總金額爲 200 萬銀元。每張股票爲 200 銀元，先交 50 銀元，其餘分兩次繳付。該章程還規定，政府不參與投資，盈虧概由張煜南和其他發起人負責。渡過了多次的挫折，潮州鐵路終於在

1906 年 11 月正式通車，鐵路全長僅 24 公里，估計耗資在 300 萬美元以上。雖然後來無法繼續延伸，這條由華僑投資的第一條中國人辦的鐵路沒有多大商業價值，但這一事實使中國人相信自己有能力建設現代化的鐵路，爲現代私人企業經營管理樹立了一個榜樣，說明新的商辦形式取代舊的官督商辦形式是切實可行的。也爲華僑投資中國鐵路建設開了先例，對後來中國海內外資本家從事這一類建設具有很重要的意義。張煜南由於投資潮州鐵路而名垂青史，潮州鐵路也因華僑投資而在中國經濟史冊上佔有一頁地位。[15]

二、開礦。清政府從南洋礦業的開發獲得啓示。光緒三十三年十二月二十四日李國傑的奏摺中說："富國善策，莫如振興礦務，我國人民勤儉耐勞，于開礦性質尤爲相近。英人經營南洋礦務，利用華僑，先以寬大廣爲招徠，礦業既興，乃逐漸修改章程以爲限制。是以民樂其利而不覺其嚴，徵稅雖多而民不以爲苦。若中國仿而行之，合二十餘省之礦地，歲入當可想見。……向來南洋各處華僑多以採礦致富，近因感服朝廷德意，漸知攜資內響，興辦實業。前經臣部招致礦業起家之前檳榔嶼領事梁廷芳，辦理廣東儋州等處錫礦。上年臣楊士琦奉命考察南洋商務，複經招致著名辦礦之巨商胡國廉，辦理閩粵等處礦地，業經發給執照。並咨行地方官妥爲保護，聞風興起，當不乏人。……其海外華商返國辦礦，更宜相孚以誠信，勿得苟責以繁文，庶足以資提倡而示招懷。"當時中國極力吸引英屬馬來亞華人礦主來中國開礦，利用各種優惠政策，使華僑能回國開發礦藏。[16]

三、吸引華商集資開發海南島。光緒三十四年七月，楊士琦在"華商集資創興瓊崖地利辦法"奏摺中說："茲接胡國廉函稱瓊崖事件艱巨，非厚集商力，不足相與有成，擬先設總公司，爲開闢瓊崖之根本，一面招致僑商，分設各項小公司，廣興實業，資本不足，總公司資助之。俟其獲利，則總公司酌提津貼，以示報酬，大小相維，厥效自著。現已招股一百萬元，設立僑興總公司，先辦墾礦、畜牧、匯兌事宜。又招股一百萬元，設立僑豐公司，專辦鹽務。"當年清廷認為海南島地位很重要，開發海南島，需要巨大資力，所以要依靠華僑的力量。此奏摺中還說："瓊崖全島爲古儋州、珠崖等郡，地多炎瘴，山海崎嶇，數千年來，未經墾辟。然其地內屏兩粵，外控南洋，與香港、小呂宋、西貢等埠，勢若連雞，隱然爲海疆重鎭，而土脈膏腴，農礦饒衍，尤爲外人所豔稱。未雨綢繆，誠爲急務。"[17] 海南島旣然處於如此重要的地理位置，所以急需開發，這是清末有識者的眼光，而開發的步驟，楊士琦提出兩項急迫措施：一是開銀行。因百業以資本爲根源，而資本以銀行爲樞紐。銀行是實業之母，所以總公司的第一件事是開設銀行。二是開發礦業。他說瓊崖礦產饒富，地不愛寶，而人棄之，至可惜也。今旣力圖開闢，則開採礦產，亦其要矣。再則，總公司必須進行三項工作：一是清丈土地。因瓊崖十三州縣，井裏寂寞，動憂土曠，振興農業，必始查荒。二是查勘土地工作完竣之後，由該公司承領開墾。開發農業時，必須廣種植，講畜牧。對於鹽業、漁業的開發，也提出一系列方案。並希望清政府對海外華商，"寬稅則以紓商力，簡文法以順商情，將來百貨萬商，駢闐充溢，公司蒙其利，國家亦必受其成。萬一權多旁掣，功廢半途，前者寒心，後者裹足。事機一誤，隱患方深。"看來，楊士琦當年的憂慮，因清末政府的腐敗無能而不幸言中了。[18]

　　四、賑災及國內投資。舉凡中國發生天災，南洋領事就配合清廷募捐，組織華僑賑災。光緒初年，晉豫饑荒，清朝派員紳到南洋各埠"會同領事商董勸辦"，"募得鉅款"。[19] 新加坡領事胡亞基對中國水災、旱災都參加捐募，並自捐鉅款。1886 年左秉隆也征得一筆鉅款，用於廣東水災。[20] 新加坡設領事十三年間，支銷經費未滿十萬金，"然各省賑捐海防捐所獲之款實已倍之。而商雇十四五萬人，其前後

攜寄回華者當亦不下一、二千萬。"[21] 黃遵憲當領事任內，"分別為
六個省募捐，幾乎每月都發動幾次新運行⋯⋯黃的成功在於他得到商
界領導和頭面人物的協助。但可能並非所有募捐者都是自願的，勞動
者也被迫捐出工資的一部分。"[22] 光緒二十七年（1901 年），清朝提
拔在捐款助賑中出力的代理新加坡總領事管劉玉麟等十三員。[23] 中法
戰爭以後，民族危機日盛，清朝政府既要辦洋務，又要付賠款，財政
日絀，開始實行鬻爵捐納，也在南洋推行。左秉隆利用報紙進行宣
傳，一些交易在領事館內進行。[24] 發了財的商人試圖將財富轉為聲望，
踴躍捐納。黃遵憲任內，也有很多商人，"多捐鉅款，競邀封銜翎頂
以志榮幸"。[25] 辛亥革命前有幾百人買了重要銜頭，如郭壽珍，是新
加坡大富商，曾在 1902 年 1─5 月代理新加坡領事，本人就捐有知府、
道台兩個職銜。清末，新加坡富商吳進卿、吳丕球、黃汪水、顏永
成、邱正忠、李清顏等無不捐有職銜。[26] 光緒 33 年（1907）清朝還實
行辦實業爵賞的章程，通過領事館宣傳，督促海外華僑在國內辦實
業。[27] 張之洞任鄂督時，電召新加坡總領事、華僑巨商張弼士回國，
商設興辦企業，到外埠招股，投資國內。認為他是"南洋華商巨
擘"，"從者必多"。[28]

此外，馬來亞華僑在馬來半島宣揚中國文化。光緒三十二年十一
月岑春煊奏摺稱："南洋為歐亞往來孔道，廣東、南洋一衣帶水，密
邇如戶庭，南洋各島，雖隸英荷兩國，而各埠經商，吾華人十居八
九。約計不下四五百萬人。⋯⋯檳榔嶼新建極樂寺，費三四十萬金，
新加坡重修粵海廟，費十數萬，壩崖大伯公廟，迎神賽會，糜費輒以
數萬計，近且聞有一富人捐資二十余萬，在附近叻坡建佛寺者，至如
吉隆坡之議立尊孔學堂，星洲之議建孔子學堂，提議在五六年以前，
迄未成立，吉隆尊孔學堂，經臣前派視學員勸集三四萬金，到期開
辦，星洲孔子學堂，尚無頭緒。"這個奏摺所說的事項，怎樣評價，

這裏存而不論，但有一點是肯定的，當年馬來亞華僑在馬來半島宣揚中華文化，至今仍在發揚光大。

清朝末年，隨著清政府的危機日益加深，清政府及當時的革命黨人，都以南洋、尤其是新加坡、檳榔嶼等地，作爲活動場所並在此獲得經濟來源。而英殖民地政府，則以甲必丹制度來統治中國華僑，控制華僑。1856 年，海峽殖民地政府頒佈了《警察法令》（Police Act）和《管理法令》（Conservancy Act），對華僑的集會、遊行、演出、喪葬、祭祀以及市場管理，置於他們的控制之內，以致引起了華僑的不滿，1857 年 3 月 2 日在檳榔嶼爆發了反對殖民當局的總罷工。3 月14 日在檳榔嶼，華僑苦力與警察發生強烈的對抗，他們用石頭、木棍與警察抗爭，商店罷市，迫使英國殖民當局修改《警察法令》[30]。1874 年以後，海峽殖民地資產階級向馬來亞投資急劇增加，於是，他們於1887 年 6 月 1 日在新加坡成立了華民護衛司署（Chinese Protocforara）來統治華僑，1881 年檳榔嶼也成立華民護衛司署，這以後馬來亞其他各邦的華民護衛司署相繼成立，1883 年在霹靂，1890 年在雪蘭莪，1911 年在馬六甲，1914 年在森美蘭，1923 年在吉打，1927 年在柔佛，1938 年在彭亨都設立了華民護衛司署。從此，英國殖民地當局加強了對華僑的控制和統治。

【注　釋】

1　參閱（日本）李國卿《馬來亞華僑經濟發展的特點》，見《南洋資料譯叢》1983 年第 4 期。

2　Yip Yat Hoong: the Development to tin Mining lndustry to malaya University of malaya Press,Kuala lumpur，1969 第 56 頁。

3　駱靜山《大馬半島華人經濟的發展》，見林水檺、駱靜山合編《馬來亞華人史》，留台聯總出版，1984 年版第 242 頁。

4　同上書第 245——246 頁。

5　同上書第 249 頁。

6　福田省工：（日本）《華僑研究》昭和六年十月，海外社第 134 頁。

7　田川一巳《十九世紀馬來亞華人契約移民的特點》，見《南洋資料譯叢》
　　1985 年第 4 期，廈門大學南洋研究所《南洋資料譯叢》編輯部。

8、9　參見顏清湟《新加坡、馬來亞華人社會的階級構成和社會地位變動》
　　（下），見南洋資料譯叢，1987 年第 4 期第 115—116 頁。

10　John Pnipps,‘Prastieal Troaties on the China and Eastern Trsds’第 281 頁，轉
　　引自聶寶璋編《中國近代航海史料》第一輯上冊，上海人民出版社 1983 年
　　版第 54 頁。

11　《清宣宗實錄》第一六三，道光九年十二月乙丑。

12　C.F.Remer, The foreign Trade to China,1926,Shanghai 第 18 頁，轉引自李金
　　明、廖大珂著《中國古代海外貿易史》，第 490 頁。

13　此一節均參照謝懷清《中國與馬來亞貿易之消長及其趨勢》，見《南洋研
　　究》第五卷第三期。因爲謝文保存了完整的海關統計數位，且此文發表至
　　今幾近 70 年，頗難覓得，彌足珍貴；故稱引。不敢掠美，不敢有私。特此
　　說明。

14　《光緒朝東華錄》第五冊，光緒三十四年二月第 31 條。

15　資料來源：顏清湟《張煜南和潮汕鐵路（1904—1908 年）——華僑在中國
　　現代企業投資實例研究》，見《南洋資料譯叢》1986 年第 3 期或顏清湟《海
　　外華人史研究》新加坡亞洲研究學會。新加坡，1992 年版。

16　《光緒朝東華錄》光緒三十四年正月第 47 條。

17、18《光緒朝東華錄》光緒三十四年七月第 36 條。

19　《李文忠公全集》奏稿 34《勸捐請獎折》。

20、22、24　M.R.Gouley: The late Ching Courtship to the Chinese in South EA
　　stAsia 載：The Journal to Asian Studies.1975.2.第 265 頁。

21　薛福成《出使英、法、義、比四國日記》

23　《清實錄》光緒朝、卷四八五。

25　《清季外交史料》卷 87。

26　Yen Ching-Hwang： Overseas Chinese Nationalism in SingaPore and Malaya
　　（1877-1912），載 Modern Asian Studies 1982 年 3 期第 415-416 頁。

27　《大清新法令》第十類：實業、商會。參見：Yen Ching-Hwang：《The
　　Overseas Chinese and Late Ching Economic Modernisation》。Working Paper
　　in Asian studies Paper NO:10.第 18 頁。

28　盛宣懷《愚齋存稿》卷 99，電報總補選。以上五項資料，均參見莊國土《論
　　晚清政府在地洋的設領事護僑活動及其作用 —— 晚清華僑政策研究之一》
　　一文，見《南洋問題》第 3 期 1993 年 8 月，廈門大學南洋研究所。

29　《光緒朝東華錄》光緒三十二年十一月第 11 條。

30　參見林遠輝《海峽殖民地的華人頭家與工人罷工（1857—1900）》，載《廣
　　東文史資料》第 53 期（1987 年 12 月）第 182—225 頁。

第十四章　馬來亞華僑、華人對中國辛亥革命的貢獻（1896——1911）

在中國辛亥革命期間，馬來亞地區成了東南亞華僑、華人支援辛亥革命的中心。孫中山先生曾經多次到馬來亞，受到當地人民和華僑、華人的熱情接待，並因此而爲辛亥革命活動爭取到許多幫助。1911 年的黃花崗之役，就是孫中山先生與黃興等人於 1910 年 10 月在檳榔嶼開會策劃的。黃花崗起義失敗後，一部份革命黨人和武裝起義後撤退的人員來到馬來亞，受到馬來亞人民和華僑、華人的保護和妥善安置。孫中山先生說，這些華僑、華人，"不圖絲粟之利，不慕尺寸之位"，"一團熱誠，只爲救國"；華僑是革命之母。辛亥革命以一股新興的勢力，匯合海外華族的力量，成爲一股奔騰的歷史洪流。

第一節　華僑、華人與孫中山在馬來亞革命活動的關係

孫中山領導的革命運動，是推翻清王朝，革除帝制；從王朝到共和國的政治變革，改變了古老中國的命運。

孫中山在發動和領導革命運動的過程中，首先是依靠南洋華僑、華人的大力支持。而馬來亞的華僑、華人對革命具有無比的忘我精神，他們成爲孫中山革命事業的一股主要的依靠力量。

自 1900 年至辛亥革命成功爲止，孫中山曾先後七次到過馬來亞，其中次數最多的是新加坡和檳城。但是，他在馬來亞開展革命活動，

並不是一帆風順的。從國家關係上看，當時英殖民地政府與清廷保持着外交關係；清朝在新加坡、檳榔嶼所設立的領事館，已成爲革命派在馬來亞從事革命活動的阻力。而且，自從十九世紀末葉以來，中國的外交官和特使絡繹不絕到新加坡、檳榔嶼等地進行訪問，受到當地華人領袖與市民的熱烈歡迎。這些官員來訪的目的，不論是籌款賑災，或者是勸說華僑回國辦實業，或者是售賣官銜，都在於呼籲僑民對清廷效忠。這一切都成爲孫中山在馬來亞進行革命活動的障礙。革命党元老胡漢民講述南洋華僑參加革命之經過時，深有感慨地說："當時南洋華僑之所以容易相信保皇黨，也是有原因的。在保皇黨往南洋活動以前，南洋華僑對於中國朝廷有形式的虛榮的崇拜，只要是在滿州人底下做過小官兒的到南洋去吹，說道：'我們家裏三代都是一品大官，我也是身爲顯官，有闊氣的頂戴的！'這樣一吹，馬上可以哄動華僑來崇拜你。"當年南洋華僑的保守思想，與在南洋活動的保皇黨康有爲等有密切關係。南洋華僑思想的轉變，大體上可分爲三個階段：第一步是以捐官爲榮耀，以戴頂子爲光寵；第二步是以加入保皇黨與康有爲輩結識爲榮；第三步是眞正認識革命意義從事革命活動。而在馬來亞華僑中間，當年一部分已經富起來的華僑商人，他們與清廷及英殖民地政府有着千絲萬縷的聯繫，爲了自身的利益，他們不可能理解孫中山的革命主張，正如胡漢民所說的，"擁有巨大資本的人總是想保守固有的資本並擴大資本的勢力，革命就好象對於他們大不利。"他舉出幾個例子：一個叫姚東生，他的兄弟殉難於黃花崗之役，應該是對革命有所理解。但當革命者前去請他幫助時，他卻說："現在我的身家重了，和從前不同了，要我和從前一樣和你們幹，這是不行了！你們所提幫助的話，另外設法吧！將來慢慢設法吧。"又如陸佑，他成爲南洋英屬的大資本家，經常找革命黨人澤如幫忙，但當澤如對他說："我幫助你，是有意義的，就是我希望你能幫助中國的革命事業！"他卻說："等有機會的時候再說，有機會我再設法幫助。"每回澤如找他，他總是回答說："恐怕你們沒有成功的把握吧？等到你們有成功的時候我來幫助好了。"南洋的大資本家，對革命是抱著觀望態度的。但是南洋中等階級的人容易接受革命，小商人和一般工人很熱心支援革命。因爲他們深受英殖民政府殘酷的掠奪和迫害，對清政府的貧弱和國際地位的低落日益反感；因此，他們濃厚的民族意識中，很容易接受孫中山以革命的態度改造中國的政治理想，很快成爲辛亥革命的熱情參與者。十九世紀末期，新興的帝國主義對中國的威脅以及義和團起義後中國面臨的危機，爲革命派贏得支援提供有利的條件；越來越多的人，認識到推翻清朝統治是拯救中國免於沈淪的必要步驟。1897 年，即在馬關條約簽訂後兩年，十八位富於愛國熱情的馬六甲華僑青年，痛于中國的沈淪與外國侵略中國的激烈化，相會於馬六甲附近的東甲，組織了一個愛國的"救國十八友"的小團體，發誓要共同拯救中國於沈淪。他們像中國國內的年輕人一樣，都是年輕有幹勁，有充沛的國家觀念，有着高超的理想，情緒激昂，易趨極端而敢於行動，對中國在甲午戰爭的慘敗，最爲痛心。由於當時中國國內的情勢更趨惡化，外國侵略的局面更爲危急，國家的存亡亦難預卜，因此，他們爲謀拯救國家和民族，深感推翻清朝統治，實爲先決條件。"救國十八友"的領袖是來自馬六甲的青年商人沈鴻柏。[2] 後來，1908 年及 1911 年之間，馬六甲成立了同盟會及中華書報社，沈鴻柏等人成爲這股革命浪潮的主角，負起籌款及募黨員的工作。

　　在孫中山到新加坡以前，從香港來的興中會會員尤列已先到達新加坡開展革命活動。在興中會成立以前，孫中山、陳少白、尤列、楊鶴齡相識於香港，互相志同道合，時人以其高談造反推翻清廷，故以"四大寇"三字稱之。1894 年孫中山于檀香山成立興中會，1895 年廣州第一次革命運動失敗，尤列被張之洞列入通輯黨人首要之一，出亡日本，1901 年到新加坡，在牛車水單邊街懸壺濟世。是時南洋華僑多醉心保皇，尤列於是設立中和堂，組織遍及新加坡、吉隆坡、怡保、壩羅、檳榔嶼各地。他深入到華族各階層，與私會黨及低層社會人士接觸，宣傳革命思想，在馬來亞奠定了革命活動的基礎。後來，中和堂會員大多加入同盟會。[3]

　　尤列的中和堂吸收當時天南新報記者黃世仲、黃伯耀、康蔭田為會員，而後，黃伯耀介紹閩人陳楚楠、潮州人張永福與尤相見。陳、張皆新加坡富商，深具愛國熱忱，最初擁護保皇運動，後來對康有為、梁啓超失去信心，轉而支援革命運動，設俱樂部名小桃園。當 1900 年孫中山第一次到達新加坡時，另一位革命的熱情支持者黃乃裳，由其婿林文慶介紹與孫中山結交，黃乃裳年譜中記載其前去拜訪孫中山情景："六月初，孫中山先生由澳州來星洲，公造寓晤談數回，知公譯美國史，志同道合，兩人遂訂交焉。"[4]1905 年，孫中山再度赴新加坡，尤列引陳楚楠、張永福登輪會面。繼而黃乃裳又與陳、張二人結交，革命力量日益擴大。1906 年在新加坡晚晴園成立同盟會，接着孫中山又在吉隆坡組織同盟分會，陳楚楠、林義順奉孫中山命到檳榔嶼組建分會，芙蓉、怡保、瓜勞庇拉、麻坡、關丹、林明、式叻、馬六甲和砂勞越等地，也相繼設立同盟分會，於是革命思潮駸駸乎輸入南洋，僑胞風氣為之一變。[5]

第二節　在馬來亞引發的一場關於 中國革命的大論戰

　　十九世紀末葉，新開闢的新加坡屬於英屬馬來亞的範圍。在馬來亞的國土上，中國外交官不斷前往新加坡，北洋艦隊也曾三度訪問新加坡，是時龍旗飄揚，揚威異域，激發了當地僑民的愛國意識。

　　十九世紀八十年代，1888 年康有爲上書清廷倡言變法圖強。1895年 4 月中國被迫和日本在下關簽訂屈辱的和約，於是康有爲、梁啓超通過創立學會、辦報等宣傳手段，宣傳他們新的政治共同體的思想。1898 年康有爲再次向清廷上書請求變法，獲得光緒皇帝的支援。康有爲向皇帝許諾："變法三年，可以自立。此後則蒸蒸日上，富強可駕萬國。"由此，皇帝給予康有爲在總理衙門一個特殊的職務，有直接向皇帝上書的特權；於是變法運動進入了稱爲"百日維新"的新階段。最後，慈禧太后發動了政變，剝奪了光緒帝的權力，把他幽禁起來，並逮捕了參加康有爲運動的官員，維新派六君子被處死，其中包括湖南譚嗣同和康有爲的兄弟康廣仁。康有爲、梁啓超逃亡日本，維新運動宣告失敗。[6]

　　差不多在同一時間裏，孫中山也在日本組織革命活動。而孫中山的革命思想是屬於一種民族主義的思想潮流，他要推翻清廷的政治制度，顛覆儒家的君主政體。這一政治思想與康有爲的保皇的改良思想格格不入。因此，當這兩派人物進入馬來亞新加坡和檳榔嶼的時候，開頭孫中山想通過恢復和康有爲、梁啓超及其他維新人士的合作來開始他的活動，但革命和共和政制最後無法通融，終於導致了在意識形態上展開"革命──改良的辯論"，革命派與保皇派的思想交鋒十分激烈。孫中山革命思想的精髓是："驅除撻虜；恢復中華；建立民國；平均地權。"在日本東京創立《民報》，宣傳排滿的革命思想，主張統一主權和國家強盛。而改良派則主張保皇進行改革。因此兩派力量在南洋匯合時就引發了一番唇槍舌劍的大論戰。

　　1881 年 12 月 3 日，新加坡華僑薛有禮創辦《叻報》（Lat Pau），成爲最早出版的當地報紙，也是馬、新第一家由華僑本身發行的報紙；持續出版到 1932 年 3 月 31 日才停刊。薛有禮祖父薛佛記，是當年新加坡的傑出僑領，兄長薛有文，與他一起同在匯豐銀行當買辦；他重金禮聘葉季允出任《叻報》主筆及主持編務。他主持《叻報》後，曾與《總匯新報》和《中興日報》筆戰，這是南洋華文報第一次筆戰。當時《叻報》代表"保守派"，《總匯新報》擁護中國新政的改革派，《中興日報》是支援同盟會的革命派。他所持的立場是：報紙與主筆是社會喉舌，不應有黨派之分，唯有獨立派的報紙才能自由講話。新加坡第一份華文小型報是《星報》，創辦者林衡南，祖籍福建金門，是最早推動馬來亞國語的華人。他著有《華夷通語》，是華人學習巫語的第一本讀物。《星報》是一份擁護清朝的守舊派的報紙，對於當時的"剪辮子運動"，認爲"不留辮子就不是中國人"，並抨擊華人學習西方文化。吉隆坡的第一份華文報是《廣時務報》，1897 年 2 月 17 日創刊。是時新加坡《星報》停刊，由新加坡華人領袖林文慶接辦，改稱爲《日新報》（Jit Shin Pau），1899 年 10 月 5 日創刊，其岳父黃乃裳充任總主筆。黃乃裳素服膺顧炎武、黃梨洲諸家學說，被閩人奉爲新學泰斗。他就任不久，與諸富商格格不入，遂拂袖而去。[7] 於是 1901 年停辦。

1898 年，中國發生"戊戌政變"；失敗之後，康有爲、梁啓超亡命海外，在南洋、美洲、歐洲、澳洲各地設立 170 個保皇會的分支部，組織保皇黨，創辦報紙，宣傳勤王復辟，與孫中山的革命黨對抗。這樣，馬、新僑報分爲保皇與革命兩派；當時論戰的區域是新加坡。1899 年（光緒 25 年），康有爲在新加坡設保皇會，以閩籍巨商邱菽園爲南洋分會長；邱菽園曾於 1898 年 5 月 26 日創辦《天南新報》（Thien Nan Shin Pao）。他當保皇會南洋分會會長後，這份報紙也變成保皇黨的機關報。

康有爲於 1900 年 2 月 1 日抵達新加坡，住在邱菽園家的"客雲廬"，是時清廷懸賞十萬兩銀子緝拿康、梁，風聲越來越緊，2 月 25

日康有為又遷居林文慶的住宅恒春園的南華樓。在愛國華僑的掩護下，康有為才得以逃脫清政府毒手。8月9日，英國新加坡代理總督韋登漢（J.A.Swettenham）乘輪船迎接康有為同往檳榔嶼，以總督府的一棟房子作為康有為居室，他在這裏住了15個月。1901年9月，康有為又移居檳榔嶼山頂的總督別墅；依山面海，聊以解憂。因檳榔嶼地方高溫多疾；特別是康有為在中國政治舞臺屢屢失敗，使英國殖民主義者認為他的利用價值每況愈下，漸漸露出怠慢之意。於是康有為離開檳榔嶼到印度北部的雪山中去尋找避難的"世外桃源"。又過了七、八年，康有為在倦遊歐、亞、美、非各大洲之後，於1908年冬至1911年春，再次隱居檳榔嶼。這次是寄寓華僑王忠漢家中，兩年多時間裏，也重遊瑞士、英國、德國、加拿大、錫蘭、印度各地，最後仍隱居於檳榔嶼之"南蘭堂"。康有為飄流海外16年時間，他在英殖民主義者的保護下，閑遊歐洲11國，想通過考察歐洲各國政治歷史和現實，來論證"立憲有利進化，革命帶來破壞"的道理，進一步和革命派論戰，以求擴大保皇派的影響。他立志做一個走遍世界嘗百草的神農，要為祖國尋找一劑醫國劑民的良藥；宣稱四萬萬同胞只要服下他開出的藥方，就"可以起死回生、補精益氣，以延年增壽"。[8] 康有為始終堅持君主立憲的政治觀點，以自我為中心繪製"大同世界"的藍圖。他自己不革命，還不准許別人革命，如果他的學生傾向革命派，他就大加撻伐。他的"忠君愛國論"就是保護清皇朝的存在，這很容易把海外華僑的愛國主義引向歧途。孫中山尖銳地指出："彼開口便曰愛國，誠問其所愛之國為大清國乎，抑中華國乎？若所愛之國為大清國，則不當有'今則驅除異族謂之光復'之一語自其口出。若彼所愛之國為中華國，則不當以保皇為愛國之政策。蓋保異種而奴中華，非愛國也，實害國也。"[9] 康有為說"保皇""立憲"就是愛國，孫中山說"革命""排滿"才是愛國的。兩種政治主張針鋒相對。孫中山指出：“革命、保皇二事決分兩途，如黑白之不能混淆，如東西之不能易位。革命者志在撲滿而興漢，保皇者志在扶滿而臣清，事理相反，背道而馳，互相衝突，互相水火，非一日矣。”[10] 通過辯駁和比較，表明革命、撲滿才符合中國的國情，初步劃清革命與保皇的思想界線。而這一場激烈的思想論爭的戰場，是在馬來亞的新加坡和檳榔嶼、吉隆坡等地的報刊上。當時康有爲在新加坡、檳榔嶼，掌握了報紙的興論。百數萬華僑參加保皇會；因爲他們不明白革命和改良的區別，不明白只有革命才能救中國的道理。經過革命派的理論宣傳和雙方的激烈論戰，有比較才能鑒別，於是海外華僑恍然大悟，紛紛登報脫離保皇會，投入革命隊伍的行列。[11]

在馬來亞的報壇上，保皇與革命兩派的報紙，壁壘分明。當時，保皇派的報紙有：

一、《檳城新報》：1896 年由華僑林華謙、黃金慶等創刊於檳城，初爲保皇派機關報。初期報社設在港仔口 59 號點石齋印務館內，黃金慶還開了一家“維新書店”，取義戊戌維新之意。後孫中山南來檳城宣傳革命，黃金慶受到感召，力主《檳城新報》改變立場不果，只好退出，加入同盟會積極參與革命工作。《檳城新報》主要負責人是主筆湯日垣、林成輝等人，直到支援袁世凱、張勳復辟。

二、《天南新報》，由邱菽園創辦，其宗旨是促進新加坡華人社會進步，竭力支援新政。康有爲來新加坡，下榻邱菽園家，邱氏曾捐一筆錢給保皇軍企圖在漢口發動勤王政變。清政府獲悉此事後，將邱氏家鄉的家屬扣押爲人質，邱氏只好捐出一萬銀子賑災贖罪。1905 年此報被迫停刊。

三、《南洋總匯新報》，原爲革命派報紙，但自 1906 年拆股，陳楚楠與張永福退出後，陳雲秋邀保皇派商人朱子佩等加股合辦。1929年改名《南洋總匯新報》（Union Times），同時，徐勤、歐渠甲、伍憲子等相繼執筆政，撰寫保皇的言論文字，成爲保皇派報紙。

四、《振南日報》，1913 年，邱菽園創辦。創辦後不久，由於第一次世界大戰爆發，在紙張短缺之下，迫不得已停刊。

孫中山最初倡導革命，是以海外華人聚居的各大城市作爲基地。當時在海外發行的革命報刊有六十多種，其中在馬、新有十一種。

一、《圖南日報》（Thoe Lam Jit Poh），1904 年，尤列在新加坡聯絡閩籍僑商陳楚楠和粵籍僑商張永福、陳思仲、林義順等籌辦，是馬、新華僑在南洋創辦革命機關報的第一家。這份報紙日出一千份，純屬贈閱性質，苦撐兩年後，三萬元流動資金虧盡而停刊。

二、《南洋總匯日報》（Nanyang Chong wie Pao）。陳楚楠、張永福主持初期，倡言革命，不用清朝年號。但合股者陳雲秋、朱子佩怕事，反對刊登激烈的革命文字，雙方於 1906 年拆股，以抽籤方式決定，結果被陳雲秋抽得。陳雲秋邀保皇黨商人朱子佩等加股合辦，易名《總匯新報》，於是原爲革命派報紙便落入保皇派之手。

三、《中興日報》，1907 年 7 月 12 日在新加坡創刊，是南洋地區革命黨報中最強而有力的一份報紙。

《南洋總匯日報》易主後，陳楚楠深以爲恥。1905 年，孫中山偕同胡漢民到新加坡，先成立同盟會，陳楚楠正式加盟，倡議合股辦報與保皇黨的《南洋總匯新報》展開筆戰。當時執筆者有胡漢民、田桐、居正、林時塽、汪精衛、方瑞麟、林希俠、張紹軒、周杜鵑、何虞頌、胡伯鑲、黃興、張繼、陶成章、王斧軍、何德如、方次石、石扶持等，孫中山也署名“南洋小學生”，撰文駁斥保皇黨。

自 1907 年至 1909 年之間，《中興日報》與《總匯新報》發生激烈筆戰，這是馬、新地區革命黨與保皇黨最長的一次論戰。1909 年因不善經營而停刊。

四、《星洲晨報》，1909 年由新加坡同盟會會員周之貞與謝心准等出資創辦《星洲晨報》（SingaPore Chinese Morning Post），繼《中興日報》停辦之後宣傳革命，每期印刷六百份，因資金短缺，1910年停刊。該報許多工作人員是革命黨人，其中勞培、周華與李文楷在停刊後返回中國，參加1911年3月29日廣州起義，不幸殉難，葬在黃花崗，各成為七十二烈士之一。

五、《南僑日報》（Nan Chiau Jit Poh），1910年由黃吉宸、盧耀堂等人創辦，日銷約二千份，宣傳革命言論，同時組織民眾演說隊，向群眾宣傳，收效甚大。不久中國辛亥革命成功，因而發行不到一年停刊。

六、《檳城日報》，1906年黃金慶在檳城創立。1905年，孫中山第一次到檳城，後來"九次革命，五過檳城"。黃花崗事件與武昌起義的策劃地都在檳城。1910年，孫中山的家在柑仔園，七十二烈士中有四位是檳城人，可見檳城與民國革命關係密切。當時檳城殷商黃金慶是受孫中山感召，熱烈支援革命的豪傑。他祖籍同安，父親是檳城的礦家，原是從暹邏（今泰國）移民到檳城來的，開了一家叫"德昌"的商號。幼受華教，與陳新政等人都是同盟會會員，在孫中山勉勵下所創刊的《檳城日報》應是革命黨在檳城的第一份報紙。

七、《吉隆坡日報》，1900年7月12日，由杜道南等創刊於吉隆坡，1901年停刊。

八、《四洲周報》，1911年，由革命党人陳占梅等人在吉隆坡創辦。只出版數月便停刊。陳占梅1875年生於廣東順德，是前任馬來西亞國會議員陳光漢的父親。當年，陳占梅的父親星祥在吉隆坡經營錫礦業。十七歲時南來與父相會。1901年，興中會會員尤列到吉隆坡來創立中和堂分堂時，陳占梅是該分堂重要分子之一，此後便長期參與革命活動；陳占梅也是吉隆坡同盟會分會領導人之一，對革命事業貢獻很大。他的祖父曾參與太平天國革命。1940年曾編著《杜南先生哀思錄》一書。

九、《光華日報》，1910 年 12 月 20 日，由孫中山、陳新政、莊銀安等人創刊。《光華日報》不但是革命黨人在馬來亞最重要的機關報，也是馬來亞新聞史上發行歷史最久的日報。“光華”兩字意味著光復華夏，是孫中山手定的。

光華日報原定於 1907 年籌辦，孫中山親自爲報紙定名爲光華，但不幸當時受錫價、土產的跌價，商情冷淡而告不能如期出版。不久，緬甸仰光的華僑革命分子，捷足先登，成功組織一家報社，並用“光華”爲名在仰光出版，出版後不久創辦人受到官方及保皇分子的迫害而停刊，當地革命黨人莊銀安逃來檳城，有意將仰光的機器運來檳城出版檳城的《光華日報》。但仰光的革命黨人士在報館停刊後，重振旗鼓，把《光華報》改名爲《進化報》出版。莊銀安的建議作罷。1910 年 12 月 20 日，檳城同盟會的中堅分子公推黃金慶、陳新政、邱明昶、楊漢翔、林貽博、曾受蘭等積極籌辦，三年後《光華日報》出版了，胡漢民、雷鐵崖、張杜鵑、戴天仇（季陶）、宋教仁等受命主持筆政。《光華日報》開辦後，面臨資金緊張，同時，又面臨 1895 年創辦的保皇派報紙《檳城新報》的競爭，但創辦人都能以不屈不撓的精神克服之，負起了宣揚革命的偉大任務。

十、《國民日報》，1914 年 5 月 26 日，陳新政等人在新加坡創辦《國民日報》，與檳城的《光華日報》一南一北遙相呼應，大力鼓吹革命。創刊時剛好是第一次世界大戰開始，戰後於 1916 年 3 月復刊。

十一、《新國民日報》，1919 年，由謝文進等負責改組《國民日報》而成爲《新國民日報》，言論趨向穩健，成爲國民黨的喉舌報。[12]

保皇黨與革命黨都創辦自己的報紙，在報上圍繞君主立憲與民主革命的課題進行激烈的論爭。在這一場大論戰中，僑民社會的上層階級是保皇黨的支持者，他們爲了自己所擁有的資產不受影響，爲了維護已經取得的利益而擁護保皇黨；而中下層階級、店員、小商人、文教人士、礦工、膠工、販夫走卒等平民百姓，都是革命黨的熱情支持者。

第三節　馬來亞華僑、華人在辛亥革命期間的作用

　　中國向馬來半島移民，遠的可追溯到二千多年前，但大批的移民是在明末清初。十九世紀後期葡萄牙、荷蘭、英國在馬來半島上的擴張，尤其是英屬海峽殖民地的開發，造成了現代華人社會產生、發展的機會。當年付出多少生命和血淚爲代價的"豬仔"勞工，經過半個世紀的奮鬥，他們的經濟生活比在中國農村的生活確實大有提高。馬來亞經濟的開發，給勤勞、聰慧的華僑創造了良好的機遇，有的已發財致富，進入了社會的高層。清政府也從敵視中國人到海外轉變爲撫慰和利用；使館的設立，各類招商、募捐活動的開展，也是因華僑的經濟地位的改變而產生。清末保皇黨到馬來亞的活動以及孫中山發動革命的初期活動都是以馬來亞乃至東南亞各地爲立足點，也是基於海外華人社會的發展；他們居住在異地他鄉，希望發財之後衣錦還鄉，光祖耀宗。華人社會與中國之間，由於經濟和文化的連結而產生一種感情的契合，因此，當年的馬來亞華人社會，成爲辛亥革命活動的主要基地之一。正如顏清煌所說的："辛亥革命的本質，將有助於決定海外華人在這運動中的角色。由於辛亥革命是政治革命重於社會革命，因而決定了它的方向；推翻滿清的直接目標，以及對西方民主制度的引介，使革命派獲得了新知識份子與海外華人的支援。新知識份子久處於外國影響下，深知中國所面臨的危機；海外華人則由於寄人

籬下，也更樂於對革命的呼喚有所回響。"[13] 在馬來亞的華人，歷受葡萄牙、荷蘭殖民地政府的苛刻待遇，英殖民政府統治之後，也遭到官方的歧視和剝削。他們在痛苦的生活中，渴望有一個可以在海外保護他們、爲他們增光的強大中國。這種渴望，成爲海外華人回應革命的主要催化劑。

上面說過，在馬來亞華人社會裏，不同階層的華人對革命有著不同的反響。多數華僑富商，由於他們已擁有財富及與清政府的政治聯繫，使他們不願損害既得利益而不願意回應革命；而少數與中國政府沒有政治聯繫的富商，由於他們關心中國的命運甚於自身的利益，[14] 因此大力支持革命，甚至傾家蕩產。下面我們舉幾個例子說明：如在經商人士中，新加坡華人林受之毀家紓難，成爲歷史的佳話。林受之名喜尊，先因黃乃裳於 1902 年（光緒 28 年）鼓動推翻滿清，即與張永福、林義順舅甥結爲知交。1905 年孫中山到新加坡，以張永福的"晚晴園"作爲燈塔之地，在新加坡翻印鄒容著的《革命先鋒》一書，改名爲《圖存篇》。林受之挑起了輸財的重任，一方面接濟華南的軍餉，一方面又要支援南洋方面的根據地。1907 年，林受之又捐出了他生意中的資本一萬四千銀子作爲軍用。歷次革命失敗逃亡南來的人，都由林受之接待，或者介紹工作。有時候，他爲了營救被滿清政府捕去的同志，出資擔保營救，他連自己兩位夫人的私蓄，也盡數捐出。夫人助夫反清，一無怨言。最後連自己的兒女也無力使之一一完成教育，只得分散在南洋各地，自食其力，傭工爲生。林受之爲革命而獻出全部家財的事跡，是許許多多毀家紓難的華人中之一。[15] 在華人中具有民族意識的知識份子受到革命的熏陶後也會轉變政治態度，正如馬來亞著名新福州港主黃乃裳，1900 年 7 月與砂勞越拉者簽訂移民墾殖合約之後不久，來到新加坡籌備回國招募墾農事宜，適逢孫中山爲了營救被捕的日本友人宮崎寅藏，從日本趕來新加坡，住在"晚晴園”中，黃乃裳久慕孫中山致力於民主革命以拯救中國的精神，因此，經林文慶介紹，先後四次到“晚晴園”拜訪孫中山；孫中山給他的印象是：“謙沖鎮靜，學問淵博，滿懷悲憫，流露於言動舉止之外。”[16] 當孫中山知道黃乃裳正在籌建詩巫“新福州”墾場以及曾翻譯過《美國史略》時，非常讚賞敬重，還“離座爲揖”。[17] 他們兩人對於清朝的專制統治，致使中國積貧積弱，頻遭列強欺凌的現實至爲激憤；在從民族的危亡談到了美國的自強時，對美國首任總統華盛頓都懷著敬仰之情。早在 1895 年初秋黃乃裳翻譯《美國史略》時，就希望中國能有華盛頓這樣的偉人出現，以使中國一躍而成爲一個富強的國家。他認爲華盛頓就是美國的堯舜。孫中山敬佩華盛頓領導十三州抵抗英國殖民者，幾經艱辛，終於使美國擺脫殖民統治而成爲獨立的主權國家。他們的看法一致，談得十分投契。臨行前一夕，宴罷夜闌，孫中山贈言黃乃裳：“凡人欲爲社會國家謀幸福喜樂者，須自始至終貫徹負悲哀痛苦之責。”[18] 結識孫中山並與之深談，使黃乃裳受到很大的鼓舞，對他堅定移民墾殖的信心和日後的投身於民主革命起了很大的作用。尤其值得一提的是，戊戌變法時，黃乃裳“滿望中國的衰弱，得賢君以振興之”，[19] 贊同康有爲、梁啓超的改良觀點並與之合作過。1900 年之後，他的思想則轉變成爲推翻清帝制，實行民主共和。這固然與戊戌變法失敗有關；但孫中山的教誨與鼓勵，可以說是起了至爲重要的作用。[20] 自此之後，黃乃裳對革命活動，竭盡全力支援。1903 年上海蘇報案起，南洋翻印鄒容《革命軍》萬冊，易名《圖存篇》分送閩粵各地，藉廣宣傳，乃裳獨賈其勇，親攜五千冊回國擔任實際工作。及抵汕頭，遂結識許雪秋、陳宏生、林受之、曾杏村、許唯心諸人，極力倡導革命。潮梅的愛國人士均仰其高年壯志，莫不惟命是從。1911 年 8 月武昌革命時，黃乃裳以機不可失，星夜乘船回福建運動回應，並致電新加坡閩商籌款接濟；南洋僑商張順善、

陳武烈、陳嘉庚、陳先進、殷雪林等立刻籌措鉅款回應。辛亥革命成
功之後，黃乃裳任福建省交通司長。[21] 象黃乃裳這樣的人物，對於辛
亥革命的作用，不僅在於經濟上的捐獻，更重要的在於他的號召力及
其影響。

　　從 1895 年到 1911 年武昌起義的 16 年中，孫中山領導的革命党人
曾發動 10 多次武裝起義，馬來亞、新加坡的華僑積極參予，1907 年
5 月潮州黃崗起義的指揮者是新加坡華僑許雪秋，同年 6 月惠州七女
湖起義的指揮者是新加坡華僑鄧子瑜。1907 年潮州黃崗之役，新加坡
成爲革命的策劃地、根據地，當時與事者有：陳楚楠、許子麟、吳應
培、鄧子瑜、黃耀庭、林鏡秋、魏謂胥同、黃康衢、葉敦仁、劉金
聲、李幼樵、李竹癡、留鴻石、陳夢桃、陳禎祥、陳先進、陳武烈、
陸秋露、楊蕃史、鄭聘延、周如切、陳競儔、李鏡仁、李普仁、林航
善、葉玉桑、吳悟叟、許柏軒、張仁甫、何德如、郭淵谷、許七輝、
陳信藩、陳聯芳、沈文光、張永福、張華丹、林義順、林受之等，有
的四出募款，有的進行宣傳，有的辦理聯絡，正是一心一德，同心同
力；因爲沈文光精通洋文，又派他潛去潮州主持外交。在 1907 至 1908
這兩年間，除了策動黃崗之役外，尙有惠州七女湖及欽、廉、汕尾、
鎮南關、欽州、馬篤山、河口諸役，眞正使新加坡成爲反清的根據
地。[22]1910 年黃花崗之役，行動雖然從香港到廣州，可是策劃地卻在
檳城。是時孫中山的家在柑仔園，黃克強、趙聲、孫德彰、胡漢民等
都到檳榔嶼商量定當，一面分頭籌錢，一面暗中發動。但因在行動時
泄漏秘密，黃克強領了敢死隊，手臂上圍了白布，從廣州小東門殺進
總督衙門時，清兵團團圍來，雖然殺了不少清兵，最後因力量懸殊，
寡不敵衆，起義失敗。72 具烈士屍骨葬于廣州紅花崗，後改名黃花
崗，稱黃花崗七十二烈士。其中有四位是檳城的華人，即羅仲霍、李
雁南、陳文褒、周華。羅仲霍是檳城師範學堂畢業的，並且是崇華學

校的教師，周華是當時檳城同盟總會的書記。另外一位華僑，叫溫生財，自動去行刺孚琦。他雖在吡叻與雪蘭莪時間很久，但他也在檳城的協利機器廠當過技工，後來檳城的党人爲他和七十二烈士開了追悼會。[24] 除檳城外，新加坡及各地華僑在黃花崗之役遇難的共 16 人，他們爲中國革命捐軀，用鮮血和生命寫下了光輝的歷史。

黃花崗起義殉難的新馬華僑烈士簡表

姓名	別號	籍貫	年齡	職業	僑居地
羅仲霍	堅、則軍	廣東惠州	30	教員	安南、吉隆坡、關丹、檳城、日里
李雁南	群	廣東開平			檳城
李炳輝	祖奎			教士	霹靂、馬六甲、新加坡、日裏
李文楷	芬	廣東清遠	25	印報工人	新加坡
李晚	晚發、晚君	廣東雲浮	38	洋服工人	吉隆坡
郭繼枚		廣東增城	19	學生	霹靂
餘東雄		廣東南海	18	學生	
羅坤		廣東南海	28	商人	安南、芙蓉、吉隆坡
黃鶴	鳴舸	廣東南海		機器工人	新加坡
杜鳳書		廣東南海		機器工人	新加坡
周華	鐵梅	廣東南海		商人	河內、新加坡、檳城
蘇培	泮光、肇明	廣東開平	26	星州晨報記者	新加坡
羅幹		廣東南海		洋服工人	新加坡
林修明		廣東蕉嶺	26	留日學生	芙蓉、勿裏洞
陳文褒		廣東大埔	30 餘	商人	霹靂
韋雲卿		廣西南寧	38	管帶	安南、新加坡、暹邏

資料來源：《南洋烈士殉義表》，蔣永敬編《華僑開國革命史料》，臺北正中書局
　　　　1977 年版，第 294-296 頁。

孫中山在《黃花崗烈士事略序》中說：“是役也，碧血橫飛，浩

氣四塞，草木爲之含悲，風雲因而變色，全國久蟄之人心乃大興奮。怨憤所積，如怒濤排壑，不可遏抑，不半載而武昌之大革命以成，則斯役之價值，直可驚天地，泣鬼神，與武昌革命之役並壽。"

在孫中山的革命活動中，"九次革命，五過檳城"，那第九次革命行動，就是武昌起義，而武昌起義的原動力卻在檳城，這是他第四次在檳城時期。

1910 年（宣統二年），同盟會的黨人在秋冬間來檳城聚集，因黃花崗一舉耗了三十多萬元，經濟上受了挫折，這時檳城的陳政新、黃金慶、吳世榮、丘明昶、潘奕源、丘開瑞、林清偉、熊玉珊、陳述齋、謝適齋、陸文輝等，同心出力，在打銅街 120 號的閱書報社中開大會，由孫中山作了一篇激動全座的演講，使得到會的人立刻聚捐了八千多元，各地聽到檳城還有這樣的勢力，都激奮起來，紛紛募捐，統計英屬七州（星、檳、甲、吡、雪、森、彭）各埠共籌軍餉四萬七千六百餘元，使武昌起義能一鼓而成功。陳新政在檳城大力支持孫中山，他同吳世榮、黃金慶、熊玉珊、丘明昶等十幾位加入同盟會。多少次革命失敗，黨人逃亡南來，全是他們幾位接待；其中熊玉珊本是開客棧的，逃亡來的黨人，就住在他的客棧中。蔣星德的《孫中山先生傳》中記載："庇能（檳城嶼）會議以後，國父既爲革命軍事運動解決經濟難題，又指示同志們此後發動的方向和路徑，同志們奉了國父的命令，以革命黨全部的人力財力，準備在廣州作最大規模的起義。"在馮自由的《華僑革命開國史》中載："是多黃克強、趙聲、孫德彰、胡漢民等同聚檳榔嶼，謁總理商定廣州大舉策略，決議分途籌款，以利進行。"這就是檳榔嶼的革命歷史。

孫中山的革命活動中，財力來源主要靠南洋華人的捐助。1907 年 5 月至 1908 年 4 月間，同盟會在廣東、廣西和雲南所發動的五次起義，根據孫中山自己的記載，總開支 20 萬港幣的一半是由南洋華人所

捐的，其中有 1 萬元來自英屬馬來亞。這段時期，馬來亞新加坡地區
至少還捐了 5 萬元充作起義之用，其中大約 3 萬元用於黃崗之役（或
稱第一次潮州起義），另 2 萬元則屬於私人資助而用於第二次潮州之
役。由此，可以說，1907 年 5 月到 1908 年 4 月間五次重大起義中的
黃崗起義（第一次潮州之役），與另一次較小型的第二次潮州之役，
所用經費，是完全由星、馬華人捐助的。

1910 年底檳榔嶼的集會，孫中山在馬來亞各地募捐了 47663 萬元
（包括新加坡），武昌起義後一連串革命黨人軍事活動，為革命的成
功帶來了新的希望，星、馬華人又捐出了 87 萬元叻幣，支援武昌之役
以後的革命活動。當時為了鞏固政權，廣東和福建兩省在收復工作
上，靠南洋華人捐款支援。在廣州由胡漢民領導的革命政府，靠星、
馬華人所捐的 234000 元叻幣的支援；另一筆為數叻幣 27 萬元的星、
馬捐款，則有效地從危局中挽救了軟弱的福州革命政府。[25] 從上面的
數位，華僑在經濟上對辛亥革命的大力支持，是革命成功的重要因
素；慷慨解囊的華僑，各階層都有，既有富商大賈，也有貧苦百姓，
有的幾乎傾其所有，支援中國革命；他們"一團熱誠，只為救國"。
馬來亞華僑在辛亥革命中所付出的人力和財力，其功績永垂中國史
冊。而在這一場轉變中國歷史的革命中，也轉變了馬來亞華僑愛國的
政治意識，對於華人民族主義思潮的興起，華人團結力量的增長以及
新思潮的湧現等方面，都具有歷史性的深遠的影響。

【注　釋】

1　　馮自由《革命逸史》第五集《胡漢民講述南洋華僑參加革命之經過》，中
　　　華書局 1981 年版。

2　　見顏清煌著、劉果因譯《星馬華人與辛亥革命》，臺北聯經出版事業公司
　　　出版第 14 頁。

3、5　馮自由《革命逸史》初集《尤列事略》，中華書局 1981 年版。

4　　黃仁瓊《港主黃乃裳公年譜》，見劉子政編著《黃乃裳與新福州》。

6　　見崔貴強《星馬史論叢》，新加坡南洋學會出版，1977 年，第 77-108 頁。

7　　馮自由著《革命逸史》第四集《南洋各地革命黨報述略》，中華書局 1981
　　年版。

8　　康有爲《歐洲十一國遊記自序》，見《走向世界叢書·歐洲十一國遊記二
　　種》，嶽麓書社 1985 年版。

9　　孫中山《駁保皇書》，見《孫中山全集》第一卷，中華書局 1981 年版第
　　233 頁。

10　孫中山《敬告同鄉書》見《孫中山全集》第一卷，中華書局 1981 年版第
　　232 頁。

11　參閱馬洪林著《康有爲大傳》，遼寧人民出版社 1988 年版。

12　以上報社的資料來源是：葉觀仕著《馬新新聞史》第三章《成長時期的華
　　文報業》第五節《保皇派的報紙》，第六節《革命派的報紙》。韓江新聞
　　傳播學院新聞傳播學系印行，1996 年 3 月初版，第 24-35 頁。

13、14　顏清煌《辛亥革命與南洋華人》，見《海外華人史研究》，新加坡亞
　　　　洲研究會新加坡 1992 年版第 112-114 頁。

15、22　黃堯《星馬華人志》中《星加坡華人與民國革命》。

16、17、18、19　黃乃裳《紱丞七十自敘》。

20　詹冠群《黃乃裳與孫中山》，見《詩巫福州墾場九十周年紀念會刊》。

21　馮自由《革命逸史》第二集《新福州建設人黃乃裳》。

23　馮自由《革命逸史》第六集《南洋華僑與革命運動》。

24 黃堯《星馬華人志》中《檳城華人與民國革命》。

25　顏清煌《辛亥革命與南洋華人》，見《海外華人史研究》新加坡亞洲研究
　　學會 1992 年版。

第十五章 十九世紀後期到二十世紀初中國移民對砂勞越、沙巴的開拓

在砂勞越的開拓過程中，我們看到了一部血淚斑斑的華人移殖史。

十九世紀中、後期到二十世紀初的砂勞越和沙巴，完全處於西方殖民主義者的統治和控制之下。荷蘭、西班牙、英國的殖民者在北婆羅洲的掠奪和統治，是極其殘酷的。他們以國家主權爲紐帶，佔領了這一塊未開墾的處女地，然後以這塊土地統治者的身份，來豪奪這裏富有的地下礦藏和農業種植的豐饒果實。使生長於海島上的海達雅克族、馬來族、馬蘭挪族、陸達雅克族以及早已進入砂勞越的華族，都處於他們的統治之下。他們統治砂勞越達一個世紀之久。

華人到砂勞越，時間比西方人長久，但卻成爲西方人的奴隸。

華族這一族群的性格是愛好和平的，沒有侵略的野心。即使是明代鄭和率領龐大軍艦下西洋，所到之處，也僅僅爲了和平交往。正如梁啓超所說，行動之性質決定于原意即"希望"。他說："哥氏的航海，爲覓印度也，印不得達而開新大陸，是過其希望者也。維氏之航海，爲覓支那也，支那不得達，而僅通印度，是不及其希望也。要之其希望之性質，咸以母國人滿，欲求新地以自殖，故其所希望的定點雖不達，而其最初最大之目的固已達。若我國之馳域外觀者，其希望之性質安在？則雄主的野心，欲博懷柔遠人、萬國來同等虛譽，聊以自娛樂。故其所成就者，亦適應於此希望而止。何也？其性質則然也。故鄭和之所成就，在明成祖既已躊躇滿志者，然則此後雖有無量

數之鄭和亦若是則已耳！嗚呼！此我族之所以久爲人下也。"[1] 所以，鄭和下西洋耗盡了明朝的國庫，所顯示的國威也僅僅是曇花一現；到了明末及清代，國力衰敗，人民貧困，政局紊亂，在天災人禍的夾攻中，人民無法生存，於是沿海人民紛紛向附近海島逃亡，以求溫飽。於是出現了大批移民的歷史現象。就以砂勞越、沙巴而言，華人以賣豬仔或移民身份登島，沒有政府權力的保護，沒有強有力的政權保障，這就必然淪落爲殖民者的奴隸的命運。雖然華人移民人數衆多，在北婆羅洲所涉及的經濟範圍也廣泛，但他們卻處於被剝削、被掠奪的地位。我們從這一層面來考察這一段中、馬兩國的關係，當然無法從國家與國家之間的往來中，猶如過去馬六甲與中國的朝貢關係一樣來研究，而是應轉移另一個角度，即十九世紀末至二十世紀初，中國的積貧積弱，導致了中國的移民潮，以及華人移民爲了生存與所在地的統治者的鬥爭。這是歷史轉變過程中所出現的一種特殊的歷史現象；也是社會變化中拓荒者爲了適應新環境而作出的社會與經濟的調整。經過幾代人的陣痛之後，才有今天的局面。

　　1841 年 9 月 24 日詹士・布洛克（James Brooke）正式被英國授爲砂勞越"拉者"（即國王 Rajah），取得砂勞越的統治權，白色拉者王朝從此開始。1888 年砂勞越正式成爲英國的保護國。經過了第二代拉者查理士・布洛克（Charles Brooke），到了第三代拉者維納・布洛克（Vyner Brook）於 1946 年 5 月 15 日把砂勞越完全讓渡給英國，結束了布洛克家族整整 105 年的統治，自此砂勞越正式成爲英國直屬殖民地。由英國派總督實行統治後，又曾經四易總督，第一任是克拉克，第二任是司徒華（Stewavt），就任後被巫人刺殺，第三任是艾爾士，第四任是亞歷山大・華德爾。自十八世紀末，英殖民者運用政治權力於馬來亞各地之後，在婆羅洲的勢力曾一度喪失，荷蘭殖民者曾控制了整個婆羅洲。十九世紀中葉，在 1846 年砂勞越獨立之後，英國殖民者又將砂勞越和沙巴置於它的控制之下了。

第一節　西婆羅洲的金礦開採及
"石隆門事件"

　　中國古籍載，自公元8、9世紀以來，已有中國人在婆羅洲的海道來往。到了十八世紀中葉，由於金礦的發現，大量華人湧入婆羅州。這些早期的拓荒者，篳路籃縷，生活窮困，得不到自己國家政府的保障，飄流或被賣"豬仔"到異國他鄉之後，絲毫沒有侵佔土地的野心，只希望能生存下去。於是來婆羅洲的移民群，目的是爲了來這裏採掘黃金，如果得不到淘金的機會，退而希望獲得園丘中棲息之地，種植胡椒或其他農作物。因此，在這荒涼而又神秘的寶島上，就出現了一種令人沈思的局面：西方的少數白種人到達婆羅洲，在英殖民政府或荷蘭殖民政府的保護下，他們成爲島上的統治者，而華人到達婆羅洲之後，由於國家的衰弱以及國家對海外移民所持的態度，他們得不到國家的保護，而淪爲最底層的勞工，過著奴隸式的生活。

　　爲了生存和發展，華人在艱難困苦的開拓生涯中，走出了一條特殊的道路，這就是在開拓荒島的初期所組織的"公司"。此事還須從加裏曼丹的"公司"傳統說起。

　　當年，來這裏淘金的華人，多數是客家人。嘉應州梅縣的羅芳伯，與一批客家人來到印尼的坤甸；由於礦場越開越多，他們從沿海的市鎮如三發、坤甸、南巴哇，一直到內陸地區的打勞鹿（Montrado），東萬律（Lagmandor）、般納（Buna）、昔加羅（Sekanda）及新董（Sintang）。到了十九世紀時，估計在西婆羅州的華人至少有三萬一千人。最高的估計則達十五萬人之多；其中九萬人在金礦地區工作。[2] 是時居留于西婆羅洲各地而經營礦業的華僑，因本身不能得到法律的保障；為了保護自己的利益，他們依照中國由若干人士合力創業、同享主權，以占份額較大者負責管理的制度，而成立所謂"公司"的團體。這是一種管理自身而兼發展經濟的組織單位，是一種自治的單位。其中較大的公司，儼然成為一種賦有土地、人民與主權的自治政體。它不僅能維護各方面的相互利益，而且能規定關於交易與納稅、司法與警衛、祠祀與學塾等管理辦法。[3] 據羅香林所列的十四個"公司"中，以羅芳伯在東萬律和坤甸所創立的蘭芳公司規模最大。這些華人公司所有的土地，都向馬來土王租用，年租每年五十兩黃金，另徵收礦工人頭稅，每人三元。

羅芳伯是廣東嘉州梅縣人，他於 1772 年（乾隆 37 年），到西婆羅洲的坤甸和東萬律開採金礦，當時同他一起開礦的勞工，就有二萬多人，這些人都是三點會（又稱天地會或三合會，以反清復明為號召）會員，並且訓練成兵，有武裝配備。他于 1777 年成立"蘭芳大統制共和國"，大家推舉羅芳伯當首領，並以這一年定為"蘭芳元年"。他做了這個"大統制"達 25 年之久，1795 年（乾隆 60 年，羅 58 歲）去世，這個"共和國"一直統治坤甸有 108 年。現在，東萬律還有羅芳伯的墓和祠堂。謝清高於 1782 年—1795 年（即乾隆 47 年—乾隆 60 年）曾航海南洋，口述他所目睹的情況："昆甸國，在吧薩東南。沿海順風，約日餘可到，海口有荷蘭番鎮守，洋船俱灣泊於此。由此買小舟入內港，行五里許，分為南北二河，國王都其中。由北河東北行，約一日至萬喇港口，萬喇水自東南來會之。又行一日至東萬力。其東北數十里為砂喇蠻，皆華人淘金之所。乾隆中有粵人羅芳伯者貿易于此。其人豪俠，善技擊，頗得眾心。是時常有土番竊發，商賈不安其生，芳伯屢率眾平之……，華夷敬畏，專為客長，死而祀之，至今血食不衰雲。"[4]

到了 1823 年（道光三年），劉台二主持蘭芳公司時，荷蘭殖民者

的勢力已到達婆羅洲，對蘭芳公司進行經濟封鎖和武力鎮壓，在大軍
壓境的情況下，劉善邦帶領一批礦工紛紛回砂勞越逃生，他們先到雙
空（SUNGKUNG），經文杜乃（BANTUNAI），然後到鹿猛和新山
（PANKALAN TEBONG），因礦工日多，產金不足，因此又北移到
帽山，組織“義興公司”，後改名爲“十二公司”，帽山成爲礦工在
石隆門采金的大本營，數年後，石隆門發展成爲一個繁榮的市鎮。在
1840 年左右，“十二公司”已在石隆門建起輝煌的業務，並成爲有獨
特的經濟基礎的社會，人口約四千人。他們在政治上獨立自治，不受
汶萊蘇丹的統治，也不受制於後來的布洛克政府。1840 年 9 月詹姆士
・布洛克重訪砂勞越時，“公司”曾派出代表到朋領港口外去迎接
他。詹姆士・布洛克統治砂勞越之後，曾與“十二公司”立約，規定
左手港以西、砂勞越左支上游的地方歸“公司”管，又規定二地政府
有並存的權力。[5]“十二公司”還自己鑄錢幣。[6]葉華分曾在考察石隆
門之後說：“百年前廣東嘉應客人曾建獨立國於此，號稱‘三條溝公
司’，施行自治，年號曰‘正立’，完全是一獨立共和之國度，‘公
司’云者，乃當時吾僑通用之名詞，猶今代‘共和’、‘公共民主’
之謂也。該國原由西婆‘蘭芳大公司’（即羅芳伯所建者）分出。並
曾頒用其自鑄之錢幣，形式一如我國古代之製錢：廓園、孔方，正面
志‘三條溝公司’，反面鑄正立等字，戰前古晉博物院所有二枚即巴
古出土之物，此種錢幣當時曾流行於印尼屬西婆羅洲山口羊、三發、
坤甸及蘭芳大總制轄境各地，今除荷蘭、椰加達及古晉三博物院有珍
藏者外，恐不多見，誠足可珍貴。”[7]

　　詹姆士・布洛克統治砂勞越後，一方面不容許華人有獨立的組織
與他分庭抗禮，一方面又要利用石隆門向華人徵稅，以解決經濟上的
危機，所以公司贏得發展的機會。有一位在古晉經商的荷蘭人路畢・
興姆斯這麼寫道：“他們自己治理自己，選舉自己的法官，有一套自

己的刑罰。"8 三條溝公司可說是一個自治的獨立機構，滿足礦工在政治、經濟與社交方面的需求。同時，他們對"拉者"政府守法納稅，拉者制定一套控制他們的辦法：他們只能通過本地市場銷售農產品，不准直接出口。對於銷賣煙酒以及經營賭場、當鋪，皆由拉者政府嚴格頒佈獨家專利權。1852 年，拉者政府派警察去石隆門抓犯法的華人，遭到拒絕，等再派大隊警察到"公司"去強迫抓工人時，就此發生了誤會。拉者政府一定不能容許"三條溝公司"擁有自主權，想辦法對他們加以控制。到了 1857 年，政府與公司的矛盾更加激化，其原因是：一、布洛克命令華工在模西建一座炮臺，又以這座炮臺來監視華工的行動。二、石隆門的華工大都抽鴉片，布洛克對鴉片抽重稅。1857 年正月，布洛克破獲一宗鴉片走私案，科罰華工 150 鎊。因此，雙方對立情緒越來越嚴重。1857 年 2 月 18 日，農曆元宵節後八、九天，華工推選王甲爲首領，帶了六百多人，配上武裝，先步行到東唐（Tundong），再坐船沿砂勞越河到達古晉，兵分兩路，襲擊政府機關和各個炮臺，機關大多被華工佔領，布洛克的兵隊亦被繳械，英軍官多人被殺，連王婿尼古來特士（NicholettsMiddleton）的兩個兒子也被殺死。詹姆士·布洛克是日剛從新加坡回來，半夜聽到人聲鼎沸，見到處起火，他從窗口逃出，窗外是河，河中全是泥淖，他潛藏水邊以叢草作護身，第二天天亮才脫險，逃到馬來人拿督班達家，重新聚集隊伍。而石隆門華工領袖卻無長久佔領砂勞越的野心，他們召集大主教及英商們開會，劉善邦向他們解釋何以要推翻布洛克政府，他命令赫爾姆士與魯伯爾統治古晉的外國人區，拿督班達爲馬來人的首領，"公司"則爲最高領袖。他們無意長久佔據砂勞越，同時又失策地認爲馬來人與英國人會接受公司的統治，所以決定撤回石隆門。隨後由於聽到馬來人聚集擁護拉者抵抗華人的消息，於是重返古晉駐紮。拉者及其擁護者多次圍攻皆失敗了。直到查理士·布洛克帶軍隊前來，雙方惡戰，詹姆士・布洛克又乘坐一艘剛從新加坡駛到的慕娘公司輪船——占姆士・布洛克號指揮作戰，兩面夾攻，對沿路退卻的華工殘酷追殺。血洗了"公司"總部帽山和附近一帶；帽山被踏平，遍地遺屍。那些未能逃到三發的華人，不是躲入現在稱爲"鬼洞"的石洞及其他石洞內，就是逃入森林中。布洛克的部隊在洞口放火，把洞內的數百名婦女兒童，活活熏死，森林內的人們被亂刀砍死。帽山的十二公司被鏟平，一夜之間，礦區成了屍體遍野的人間地獄。據父老傳說，流經石隆門的砂勞越河右支，連續多天，河水都被鮮血染成紅色，數以千計的屍體遺置各處，臭氣沖天。石隆門的馬來名爲"巴鳥"，即臭的意思。這一名字使人永遠憶起1857年華工起義的悲慘事件。

這次石隆門事件，歷時一個月，死亡人數約一千五百至二千人，成功越過邊界進入三發者約二千人，半數爲婦女兒童。[9] 石隆門華工起義是砂勞越早期爭取獨立自主的一次鬥爭，因種種主客觀的因素，最後以失敗告終。石隆門"公司"成爲歷史名詞。後來生還者有些人繼續開礦，有些則改行種胡椒與甘蜜。石隆門事件之後，布洛克政府也陷於極度困難的境地。

這是荒島開拓初期的一個悲慘的年代。殖民主義者在砂勞越對於各族人民採取分而治之的政策，他們嚴防華族與馬來族、海達雅克族（伊班族）、陸達雅族等族群在一起，不准華族到長屋裏作直接交易，不准在長屋裏過夜，以免他們與當地人太過親密。他們力圖把華人與各族人分離開來，以便分而治之。而華人在這山峰層巒聳翠、人迹罕至的原始山林中開闢荒原，不論是開礦和種植園丘，都以無數的生命和血淚作爲代價。當他們在未開發的異邦建立自治團體以自衛時，卻受到了多方的控制和壓迫，於忍無可忍的情況下起來抗爭，又遭受殘酷的鎮壓。殖民統治者採取分割的策略，不僅離間民族與民族之間的感情，而且也利用華人族群之間的矛盾，然後集中目標進行打擊。所以石隆門礦工的抗爭，且不說根本得不到腐敗無能的清廷的關照和直接支援，而且在砂勞越也得不到友族或其他公司的支援；當英、荷殖民者進行個別攻擊時，他們就陷入孤立無援的境地。在十八世紀末的可悲年代裏，他們只能受歐洲殖民主義者的驅使，在新的土地上以血和淚開拓文明。

第二節　“拉者”統治時代的華族移民

在詹姆士・布洛克第一代拉者佔領砂勞越以前，即十八世紀初，砂勞越屬於漢萊的領土，當時已有不少華人在這裏定居，估計大約有三萬人左右。到了十九世紀初，人口又減至一萬五千人。由此可見，第一代拉者還未統治砂勞越之前，華人居民不是很多，大規模的華人移民也不曾發生。[10]

當 1841 年詹士・布洛克成爲“白色拉者”之後，在砂勞越地區，華人移民逐漸增加。是時在西婆羅洲的華人礦工，風聞拉者政權穩定，而且對拓殖開荒及測勘金礦的條件比較寬鬆，而當時荷蘭殖民者在西婆羅洲待華工極其苛刻。因此，華人紛紛湧入砂勞越，引起兩次移民潮。第一次是 1850 年，第二次是 1854 年至 1855 年。拉者懂得要發展砂勞越的經濟，只有依賴華人的勤勞開發；因此，他採取懷柔政策，鼓勵華工開礦及墾植園丘，支援華商把砂勞越農產品運銷新加坡，後來又有《鼓勵種植條例》十一條的公佈。1857 年石隆門事件後，詹姆士・布洛克對華人深爲警惕，態度也大爲轉變，不輕易讓華人來砂勞越墾殖；而經此事件後，華人在砂勞越人數大減，石隆門成爲冷落的市鎮。爲着抵制華人的入境，詹姆士・布洛克於 1863 年 6 月 1 日第一次制定了一個“土地法令”（Land Law of 1863），控制土地的利用，限制華人的移入。此法令主要條款是：

1、砂勞越的土地，除了賣出者由拉者授與外，其他土地皆為國家所有；

2、土地可以租讓，為期九百年，如果連續繳交每畝每年地租一塊錢，三年後可以申請購土地；

3、如發現土地未給合理利用，政府有權收回；

4、國家保有全國礦產的開採權；

5、擅自佔據公地的非法居民，不能享有該地地權。

這個法令是控制華人入境和不准華人擅自佔用砂勞越土地。過去，華工由西婆的三發、坤甸移入石隆門，任意使用土地，不必經政府批准。自石隆門華工事件後，政府在經濟上陷入危機，負債累累。然後有這個法令頒佈。

拉者詹姆士・布洛克身患間歇性中風病，於是將王位讓給查理士・布洛克，而詹姆士・布洛克於 1868 年 6 月 11 日逝世。年 65 歲。[11] 在第一代拉者期間，早期華人移民中比較知名的，有一個名字叫劉澤（有叫劉集）。他與幾位朋友從唐山乘船到成邦江（Simangang），1830 年移到古晉砂督（Satok）種菜和飼養牲口，後來詹姆士・布洛克做了第一任砂勞越王，他就成為拉者的廚子。據說，在石隆門事件中，他協助拉者鎮壓華工。

當時有三位著名的華人領袖：

1、王友海（1818——1889），海峽僑生，生於新加坡。祖籍福建同安。他幼年喪父，十六歲開始做小生意，後來聽說砂勞越趨於安定，於 1846 年和朋友林英茂到古晉，和土著進行貿易。不久即創立"王友海公司"（Ong Ewe Hai & Co）。來往于新加坡和砂勞越之間。由於他爽直磊落的性格和忠誠待人的態度，很快成為新加坡商場中的聞人。1856 年王友海在新加坡創辦"其昌友海公司"（Kay Cheong,Ewe Hai & Co），1872 年改名爲"王友海公司"（Ong Ewe Hei & CO）。王友海晚年退休定居于新加坡，生意由其子王長水管理。

2、田考（1828——1904），福建詔安人，是第一個到砂勞越的詔安人。隨著移民潮的興起，他於 1846 年來到古晉，先在石隆門客家的同姓人當工人，也在自己的園子裏種甘蔗，有一天，想不到在園地裏發現了金礦，遂轉業做測勘金礦的工作，後來又在農村開辦商店。移遷古晉後，擴展業務，又投資地產，買賣房舍，成爲巨富。田氏卒於 1904 年，子田祈順生於砂勞越，也是砂勞越著名的華人領袖。

3、劉建發（1835——1885），祖籍廣東潮州，是第一個到砂勞越的潮州人。1852 年間，他與一批族人一起從汕頭乘船經新加坡抵達古晉。在本里順路（Penrissen Road）一帶及沿海的峇株卡哇（Batu Kawa）和巴科（Bako）等地種植胡椒和甘蜜。後又與潮人沈亞梁於 1854 年創辦"義順公司"（Ghee Soon & Co），專門做出入口生意。大獲成功。後又得詹姆士·布洛克批准，引進大批潮州移民發展種殖業。他除了進行出入口貿易外，還從政府處承包在砂勞越境內經營賭場及煙、酒特權，時間達 20 年之久。

王友海、田考、劉建發均成爲當時移民社會的領袖人物，對於砂勞越華人社區的發展，有著重大的貢獻。當時拉者藉他們的力量管理華人。在古晉，中國的移民大部分屬於農民，而且都是從中國的福建、廣東兩省來的，少數雷州、海南人，大多數是經私人介紹，從中國經新加坡來的。

第二代拉者查理士·布洛克繼任後，擴展砂勞越的領域，成爲五省的行政組織。由於領土的擴大，查理士·布洛克看重華族移民這一股力量，1866 年，在石隆門華工事件（1857 年）之後的第九年，他曾撰寫一篇文章說："華人是很優秀的種族，如果沒有他們那種蓬勃煥發的表現，東方的國家就顯得太可憐了。他們擁有許多優良品質，許多危險的品質，而且必須要承認，他們也擁有許多壞品質。他們天賦就具有一種驕橫跋扈不甘屈人的氣質（除非極度加以壓抑），差不多和較粗魯的歐洲人一樣。……如果華人和白人都胼手胝足，辛勤工作的話，華人將不亞于白人……在我首次到達時，我完全為別人的意見所奪，認為華人一律是流氓和盜賊——在國內一般都以為整個民族均具有這種特性。但公平而言，並對兩方面都加以觀察後，我很快就願意和東方的華籍商人打交道，正如和歐洲的商人打交道是一樣的，而且我相信，有身份的華僑在忠誠和正直方面是和白人不相上下的。"
[12] 他認為華人對砂勞越的發展可能起很大的貢獻，在他統治砂勞越期間（1868——1917 年），大力鼓勵華人移入。1874 年 8 月 1 日《砂勞越憲報》曾經寫道："我們認為，婆羅洲未來的發展只有靠華人才能完成，這點是不應該有所懷疑的。"查理士·布洛克上任後不久，他就承認："要是沒有華人，我們什麼也不能做。"他對華人的態度，比他的父親有較大的轉變。他先後頒佈一系列的土地法令，如 1872 年（同治十一年）的新的《土地法令》（Piantaion Law of 1872）、1876 年的新《土地法令》附加法令《鼓勵種植條例》、1880 年的《拉讓移殖區通告》（Notification of Re jang Settewent）、1888 年的《倫樂土地法》（Lundu Land Law of 1888）等。這些法令，都對華人投資墾殖給予各種優惠條件。在查理士·布洛克的寬鬆政策鼓勵下，砂勞越又出現了一次新的移民高潮。

在這一次的移民浪潮中，影響最大的是由中國進入砂勞越的三大移民；他們都是由中國人獨立與砂勞越拉者訂立條約後而移入的。在砂勞越政府方面，由於國家版圖的逐漸擴大，政權漸漸穩定，需要大量的人力來進行開發，所以他們繼續從中國尋找移民。在中國方面，由於國家積貧積弱，農村經濟破產，民生凋弊，鴉片戰爭之後中國在英殖民者的壓力下開海禁，所以大批華人勞動者湧向海外。這便導致了二十世紀初期福建省的福州人、興化人和廣東人的大量移殖到第三省拉讓江流域，進行大面積的墾殖工作，從而給這一地區帶來了繁榮與文化。

1、福州移民：

查理士‧布洛克爲了開發拉讓江流域一帶地區，於 1880 年 11 月 29 日在《砂勝越憲報》上發表聲明，宣佈要發展拉讓江河谷地區。他準備和任何華人公司協商，盼望能從中國帶來男丁、婦女及孩童，人數最少三百。政府可免費供給足夠的土地，爲移民建造臨時房屋，免費供應白米及食鹽十二個月，政府還保證詩巫與古晉之間的交通，並設立警察局以保護移民的安全。在此號召下，中國福州黃乃裳以他的雄才大略，率領福州同鄉前來開荒，成爲詩巫新福州港主。

黃乃裳（1849——1924），福建省閩清縣人，字紱丞，號久美，世代業農，篤信基督教。1888 年中舉人，1897 年入京會試選爲拔貢。1898 年清政府變法維新，他在北京與康有爲、梁啓超六君子參與策劃變法維新事件；爲挽救國家于危亡，曾八次上書直陳變法圖強的主張。變法失敗後，憤於清政府腐敗，1898 年 9 月前往新加坡，察訪南洋各島，尋覓適合的地方，作大量移民的打算。得長女婿林文慶博士協助，遍察南洋英、荷所屬各地；1900 年到英屬婆羅洲砂勝越，來到詩巫，他察看這裏一草一木，親嘗體驗日夕水土，看到一片平原，原野膏沃，沒有毒蛇猛獸爲害；而拉讓江水流浩蕩，一瀉千里，且人口稀少，是移民墾殖的好地方。於是他來到古晉，在當地僑長王長水的介紹下，和二世砂勝越王查理士‧布洛克會談，簽訂了農墾條約 17 條，[13] 以爲砂勝越政府和承包人之間互相遵守。而有關向政府借款條文，則由林文慶、邱菽園作擔保人。約成之後，黃乃裳向拉者借款三萬元，並選定詩巫市郊新珠山爲墾區，"詩巫"因爲是福州人所開闢，別號"新福州"，他被推爲"港主"。是年八月，他與力昌回福建招工，最初招到的大部分是基督教徒，分批南來詩巫。後來又陸續招工，並第一批來 72 人，第二批來 535 人，第 3 批 511 人，三批墾殖移民共 1100 多人。到詩巫後，因耕作不習慣南洋的土質氣候，收成不好，水土不服，物價又賤，生活極端困難；墾荒先驅者在艱苦環境裏戰天鬥地，有數百名不是死亡，便是無法應付困境而於 1905 年遠赴古晉、新加坡和馬來亞各地。餘下的 500 多名，在 1906 年居民調查中，顯示他們是成功的冒險者。在黃乃裳離開砂勞越的時候，美國美以美會傳教士富雅各牧師（Reu.Games Hoover）被委託爲福州墾場港主，繼續領導墾殖，成績顯著。到 1910 年，人口已繁殖到數萬人，福州墾場遍及明那丹、泗裏奎、加帛、明都魯、巴蘭等地，形成了一個廣大的新福州，建立了一個相當穩固的經濟基礎。當時的華工，有落葉歸根的思想，於是在 1936 年 1 月，由劉家洙、劉廷璋等人帶領，他們在開發詩巫之後又到中國海南島覓地開發。海南島地處亞熱帶，荒地廣大，宜於墾殖，水土氣候，與砂勞越、詩巫略同，他們考察後於 1937 年在海南島組織“富華墾殖公司”，在海南島各地購買土地墾殖，旋改名爲“南洋華僑瓊崖富華墾殖公司”，他們成功種植樹膠，一直到 1949 年膠園歸國家所有。[14]

2、廣東移民：

　　1902 年，廣東三水孝廉鄧恭叔來詩巫考察，見土地適宜耕種，乃集資二十二萬元，組織“廣東農業公司”（New canton Agrieuiture），向砂勞越政府領地；被批准開墾蘭南一帶（今爲港門），命名爲廣東港（即“新廣東墾場”，俗稱“廣東芭”），他們分九批移民前來開墾。政府對這些新移民的待遇是：土地永久豁免租稅，並且給予移民每名五元津貼。希望招工總數爲 5000 名，分十年前來砂勞越，每年 500 名。可是事與願違，當時廣東人已對“苦力買賣”產生惡感，所以第一批僅招到 70 名，離開中國赴砂勞越時僅剩 29 名，他們於 1903 年 3 月 15 日抵達詩巫。第二批有 160 名也于同年到達。廣東墾殖者集中經營經濟作物，如樹膠與胡椒，但多數未能成功，無甚發展。[15] 1914 年以後，情勢有所變化，廣東人的墾殖事業也從詩巫發展到加拿逸。

3、興化移民：

1911 年，查理士又與美以美會教徒威廉必士德（Dr.William Brester）訂立條約，他帶領三百多名興化人（多數是美國教會教徒）來砂勞越種雙季稻，目標是使砂勞越能輸出稻米，至少能達到稻米自給自足。但同時他們也種橡膠、蔬菜及胡椒，飼養家畜（豬）家禽。他們的墾區在詩巫新珠山下游依幹河右岸，俗稱"興化芭"。至 1914 年，他們的墾荒已見成效，收成的稻米可以充足供應詩巫市。因此興化籍移民不斷前來，雖然人數不多，但事業欣欣向榮。

除了這三地之外，華族移民也有從其他地方相繼越境而來，在砂勞越各省擴大開墾範圍。1909 年美里發現油礦之後，移民和工人大量湧入，美里也向砂勞越以外去招募華人工匠和技術人員，後來林夢木材出口業的發達，也吸引了大量的華人移民。

在第三代拉者維納・布洛克執政時期（1917——1941 年），1941 年第二次世界大戰爆發，華人移民到砂勞越若斷若續。戰後華人移民受到限制，只有在砂勞越有親屬定居的華人，才能移民入境。[16]

在拉者時代，1901 年的福州移民，1902 年的廣東移民，1912 年的興化移民，大大增加了砂勞越的人口。這三批移民是直接從中國到砂勞越的，也是砂勞越王朝直接與中國的關係，不過由於時代遷移，交往的形式不同罷了。在過去的年代，中國與南洋各島國是國與國之間的關係，而且中國自命為九洲中央之大國，四周鄰國均為番夷之屬，兩國相互之間建立朝貢關係，由中國而輻射至各個國家，四周國家以土產寶物朝貢，中國皇帝則"厚德薄來"，以大量材物回贈，各得所需，和平交往。到了清廷末年，世變而時移，清政府聲威掃地，鴉片戰爭之後英國強迫訂立北京條約，強迫准許人民可以自由出國，於是有商人騙取"豬仔"以賺錢者，有識之士為了鄉親生存而集體出國開墾者，砂勞越的移民則系中國個別有識之士與砂勞越政府之間簽訂條約而達成的交往，這種移民方式又與 18 世紀末、19 世紀初葉賣"豬仔"不一樣，是中國人集體自願前往砂勞越墾荒，開闢新的生活道路。

　　下列是砂勞越早期的華人領袖，列表以供參考：

砂勞越早期之華人領袖（1841-1910）

姓名	籍貫、出身等	職業或經營之業務	社會活動和貢獻
王友海 （1818～1889）	福建同安人，生於新加坡，自 1848 年起即于古晉居住及營商。	最先與土著從事土貨交易，從發展出入口貿易，在砂勞越及新加坡創辦友海公司。	福建幫領袖，第一代拉者所信賴的華人顧問，被委為砂勞越全體華人之首腦。
田考 （1828～1904）	福建詔安人，十八歲抵達砂勞越。	初時擔任勞工及測勘金礦之工作，後轉而營商及經營地產。	砂勞越詔安幫首腦；首任拉者主要華人事務顧問之一。
劉建發 （1835～1885）	廣東潮州人，年輕時即達砂勞越。	種植胡椒、甘密；創辦義順公司；從政府取得煙、酒及賭館之專利權。	潮州幫之領袖；為首任拉者所倚重；潮州天王廟的創立者及主要經濟支援人。
楊萬福（元藻） （1858～1925）	福建長泰人，1877年到達砂勞越。	經營出入口貿易、建築業；包攬煙、酒、賭場等。	福建義學的承辦建築商，亦系其經濟支援人；林華山寺的贊助人；萬福碼頭的承建者。

王長水 （1864～1950）	王友海子，祖籍福建。出生于砂勞越，受英文教育。	繼承父業，為王友海公司之經理；擴展營業至船務及銀行業。為砂勞越輪船公司(Sarawak Steamship Co.）總裁。	福建幫之領袖；福建義學的主要創辦人；第二代及第三代拉者皆對其倚重，執禮甚恭。多年來為華人事務法庭的主席及砂勞越華人甲必丹；第三代拉者委為高等議會終身議員，並屢邀列席國家議會。
田祈順 （1868～1910）	田考子，祖籍福建。出生于砂勞越；兼受中英文教育。	繼承父業，為“進安”商號（Chop Chin Ann）經理。福建義學創辦人之一。	砂勞越數寺廟贊助人之一。
陳戊辰 （亞戊） （1870～1924）	廣東潮州人；十餘歲南下新加坡；十九歲移居古晉。	初時種植胡椒和甘密；後開辦森門角石場(Semengok Ceuarry)，又發展七英里、本裏順路等地。	潮州人領袖之一；初時替李順慶（Lee Soon Kheng）的甘密和胡椒園管理帳務，1899年被拉者查理士·布洛克封為“港主”；對Semengok華校發展幫助甚多。
李振殿 （1875～1965）	福建海澄人；廿二歲來砂勞越；至1912年移居新加坡。	在古晉和詩巫皆有生意，專門經營土產。	福建幫領袖；資助孫中山先生革命，推翻滿清；移居新加坡後更加活躍於當地社會及政壇。
宋慶海 （1876～1945）	福建南安人；壯歲隨父南來砂勞越。	經營出入口生意及建築業；在1930年經濟不景氣時生意失敗。	福建幫領袖；被委為華人事務法庭推事。
黃乃裳 （1849～1924）	福建閩清人；清季舉人，頗負文名，有大志，後助孫中山先生革命。	1900年與拉者查理士·布洛克立約，帶領千余名福州人至詩巫墾殖；1906年返回中國。	墾荒者，福州人領袖；詩巫墾場“港主”；為福州移民設立多所教堂（美以美會）及學校。

| 鄧恭叔
（1855～1925） | 廣東三水人；晚清舉人；支援孫中山先生革命。 | 1902 年攜一批廣府人到詩巫而的之拉讓江流域開墾，後回返中國。 | 爲廣東笆墾場"港主" |
| 張宗羅
（1877～1958） | 福建海澄人；1892年經由新加坡抵達詩巫。 | 經營農作物及各種土產批發；發展銀行業。 | 福建幫領袖；詩巫華人甲必丹；創立詩巫中華小學。 |

資料來源：陳約翰著、梁元生譯《砂勞越華人史》。

　　砂勞越的華人眾多，最初由新加坡總領事館負責處理所發生的事務。在砂勞越王的時代，因其閉關自守，未能同意中國在該處設立領事館。一直到砂勞越讓渡英國之後，中國駐新加坡領事伍伯勝和余壽浩主事，才重新向中國外交部提出要求，向英政府交涉，開始設立古晉領事館。

　　1948 年 1 月，陳應榮任古晉首任領事，由中華商會借出會所一部份地方爲領事館辦事處。同年五月，召開全邦華僑代表大會商討建館事宜，結果成立砂勞越華僑籌建領事館委員會，籌募建館經費。1949年 6 月初購得最高馬來拿督住宅爲領事官舍，陳應榮遷入；六月底陳應榮調秘魯大使館，九月由呂懷君繼任領事。1950 年 1 月英國承認中華人民共和國政權，國民政府代表呂懷君率館員下旗閉館。

第三節　沙巴的華族移民

　　沙巴的華人移民方式，又與砂勞越不相同。沙巴是兩國通過外交途徑，由雙方政府訂立移民章程，中國正式委派官員護送墾民前來開發沙巴的。

　　沙巴即北婆羅洲，原爲渤泥蘇丹屬地。1756 年蘇洛蘇丹幫助平亂，遂酬以濱海之地。1773 年英國東印度公司在這裏設分棧。1872年，英人在山打根設立納閩商業公司，1875 年丹特（A・Daut）與汶萊蘇丹訂約，設立私人團體，得到沙巴的治理權，每年給蘇丹 1500 元爲稅金。1888 年，丹特回英國正式成立英國北婆羅洲公司，得到英國政府的承認，來治理沙巴。至於北婆羅洲的總督，是由董事會委任的，因此英政府正式承認北婆羅洲爲保護屬國。至 1910 年，清代末年，英人曾多次在廣東、福建等地招募華工，不過均用工頭式的招工辦法，通過買辦階級之手，直接募集運送，不辦理外交手續。這些華工成爲開發沙巴的主力；政府非常優待，除給租地之外，住所、用具、種子以至豬、雞之類，均供給使之便利。

　　1913 年，已是辛亥革命之後的民國二年，沙巴政府又在中國北方天津招募華工。這是由駐北京的英國公使與中國當局正式訂立了一份《中婆移民協定》，簽訂的日期是 9 月 20 日，中國正式派官員護送墾民。接著，在沙巴設立領事館。

　　以下是清末民初中國北方天津移民來沙巴所訂立的招殖條款及招殖章程。這可以說是一份極有價值的歷史文獻。

（甲）英屬北婆羅洲招殖華民條款

　　一、每戶須給土地十英畝以上。

　　二、每畝每年繳納租金五角，最初二年免收。

　　三、所墾之土地，得轉讓于其他華人。

　　四、該民赴北婆羅洲川資，由北婆羅洲政府籌備外，另給男丁費用每日三角五分，至有收成爲止。

　　五、男丁攜有眷屬，其川資亦由北婆羅洲政府供給，並照發日常費用。

　　六、該民如不服水土，或因其他原因不適居留者，北婆羅洲政府可資送返回故里，但無須預先向該民聲明。

七、北婆羅洲政府保證于華民到達時，即爲安置住所。

八、該民之土地，至少以半數種稻或椰子、咖啡、胡椒，所需種子由北婆羅洲政府發給。

九、華民農具，由北婆羅洲發給，但須償還。

十、該民子女，由北婆羅洲政府特設學校供其讀書。

十一、華民死亡後，其柩如願運返本籍者，由北婆羅洲政府供給川資。

十二、華民抵達北婆羅洲，無須另訂合約。

十三、華民初次登船時，由中國政府派員同往照料。

（乙）英屬北婆羅洲招殖華民章程：

一、墾戶除種植外，不得令其改事他項工作，維本人自願經營其他事業者聽便。

二、墾戶遇水災、旱災致歉收時，應予欠租或減租。

三、該墾戶不帶家眷者，應每人給安家費三十元，無須償還，該款由北婆羅洲政府駐天津代表按月付給。

四、北婆羅洲政府允許依照最惠國人民，平等對待墾戶。

五、此次招殖華民，以二百五十家爲限，由中國政府派員駐北婆羅洲保護僑民。如墾戶均願居留者，或北婆羅洲政府有意續招華民前往時，中國政府可商得北婆羅洲政府同意，派領事常駐該地。

六、此次所訂各條款，雙方經已商妥。惟華民到達後，如中國政府所派人員體察情形，認爲有不便之處，可向當地政府商洽改善，以後方許續招華民前往。

七、中國政府對所派人員，關於華民利益可與當地政府商洽，所需經費，由北婆羅洲政府在薪俸公費中籌給。

八、中國政府應令天津地方官員，協助北婆羅洲代表籌辦運送華民事宜。

九、墾戶未登船前，委員應詢問各墾戶，是否明悉一切章程之內容。

十、開列墾戶名冊，及由合格醫生檢驗身體等事，應由中國政府所派人員辦理。

十一、凡運送墾戶船隻，應遵照英國運送出洋旅客章程。

雖然，章程中訂明招募250家為限，但當時由天津移來的華人，僅有70餘家，約八百多人。現在，在亞庇郊外，還有天津來的華人區，俗稱天津村。這是中國移民的又一特色;因為過去移民南洋的地區華人，大多數是閩、粵、瓊等地的華南地區華人，再遠也不過有浙江沿海的溫州、寧波、上海等地;而此次移入沙巴的，都是華北的華人。又章程第五條寫及由中國政府派員駐島照料，可派領事常駐該處。當時保送的委員謝天保，即是駐沙巴第一任領事。當時沙巴華僑已達三萬人。由此條章程推測，可知當時中國袁世凱政權，在謝天保未到沙巴之前，對沙巴情況一無所知。[17]

中國駐沙巴的領事，從1913年首任謝天保至1950年領事館關閉止，前後有七位領事。即：一、謝天保（福州），二、餘佑蕃（陝西），三、桂植（海南），四、蔣道南（浙江），五、吳勳訓（浙江），六、卓還來（福州），七、兪培均（浙江）等七人。領事館初設亞庇，後遷山打根，抗日戰爭勝利後又遷回亞庇。

中國移民與當地民族一起共同開發沙巴取得了輝煌的成績。在山打根，華人占總人口百分之七十以上。沙巴的民族很複雜，土著民族中以杜孫族（Dusuns）占多數。據1960年沙巴政府統計，土著民族有309833人，華人有104855人，包括歐亞混血種及歐洲人1807人，其他的37833人，在沙巴共有人口454,328人。而最大族群杜孫族裏，從他們的風俗習慣看，無疑是含有華人的血統，他們同華人一樣敬拜祖先，祭墳拜墓;過新年的風俗和種稻穀的方法，都與華人一樣。杜孫族子女的服飾，黑衫黑裙，圓領對襟，頸後垂髻，與中國西南部的少數民族相同。北婆羅洲的總督湯堡（Sir R.E.Turnbull）於 1957 年 1 月在山打根的演講中說到：“北婆羅洲各民族雜處，素來和平相安，土著民族切勿對華人忽啓恐懼觀念，要知道北婆羅洲如無華人來此辛苦經營開發，則本洲人民不會有今日之繁榮生活；尤其華人與杜孫族女子結合而誕生的兒女，都是‘好漢’（Good Fel Lows）！”[18]

　　中國古代，人民自由飄洋過海，到馬來半島開墾或從事商業活動。到了明代後期，殖民地政府有契約勞工——“賣豬仔”的移民；清末民初，砂勞越有“港主”與砂勞越政府簽約成批移民；以及沙巴有兩國政府簽訂條約移民。移民方式的演變，說明中國與馬來西亞在漫長的歷史階段中國家關係的變化過程。沙巴的移民方式，對比“契約勞工”來說，遷移環境及條件顯然優越得多了。因爲這些華工已取得了政府方面的保護。

【注　釋】

1　梁啓超《鄭和傳》，見《飲冰室專集》之九。

2　陳約翰（John M.Chin）著、梁元生譯述《砂勞越華人史》，臺灣正中書局 1985 年版。

3　羅香林《西婆羅洲羅芳伯所建共和國考》。

4　謝清高口述，楊炳南筆受，馮承鈞注釋《海錄注》。

5　厄爾文（GRAHAM VRWIN）《十九世紀的婆羅洲》。轉引自劉伯奎著《十九世紀砂勞越華工公司興亡史》。

6　參閱楊謙俊著《華工起義》（1857 年砂勞越石隆門華工推翻白人統治始末），1996 年砂勞越華族文化協會出版。

7　葉華分《婆羅洲西北腹地古華人獨立國：三條溝故國遺墟訪古記》，見《星洲日報》1957 年 7 月 11 日、18 日第 326 期及 327 期上，轉引自劉子政《婆羅洲史話》八《婆羅洲采金史二題》、《石隆門金礦史話》。

8　Ludvig Verner Helms, Pioneening in the Far East,and Journeys to CaliSornia in 1849,and to the white sea in 1878。轉引自周丹尼《砂勞越鄉鎮華人先驅》砂勞越華族文化協會出版，1990 年版第 30 頁。

9　鄭八和《1857 年石隆門華工事件探溯》，轉引自楊謙俊著《華工起義》一書。

10　劉文榮：《馬來西亞華人經濟地位之演變》第二章《馬來西亞聯邦成立前華人經濟概況》，臺灣三民書局，1988 年 4 月版。

11　劉子政《十九世紀華族移民古晉及開發》，見《砂勞越史事論叢》，拉讓出版社 1987 年版第 31-32 頁。

12　Craig A Lockard,'Charles Brooke and the foundation of the modern Chinese community in Sarawak,1863-1917'. In Sarawak Museum Journal, 1971 P.cit:P78，又見維多・巴季《東南亞的華僑》。

13　十七條從古晉博物院所藏墾約譯出：

"立合約字，正副本，砂勞越政府（以下簡稱政府），新福州港主黃乃裳先生（以下簡稱包工人）。

　(1)、包工人原招男女農人一千名，小童三百名，入拉讓江，旨在種植穀物、蔬菜。首批須有小半數農人，於 1901 年 6 月 30 日以前到達指定地點，其餘須於 1901 年 6 月 30 日到 1902 年 6 月 30 日期內到齊；

　(2)、政府負責貸與包工人所招的農民，成人每名 30 元，小童每名 10 元。此款三分之一在新加坡發給，余俟到達古晉時付清，唯此等農民，須在 4 個月內，到達拉讓江目的地；

　(3)、包工擔任其 6 年內，負責償還貸款，並定自次年開始，成人還 6 元，小童還 2 元；

　(4)、所招工人船費，無論由新加坡或自中國而來，概由政府負責每名五元；

　(5)、政府准在拉讓江內，新珠山、黃師來或他處給與農民耕種，每一成人

　　　　3 英畝耕地，以 20 年爲限，期內免稅；

(6)、20 年期滿，可向政府領出地契，每一英畝一年完稅一角，唯其地概須
　　　耕種；

(7)、凡移民耕地，倘爲政府所徵用，政府須按當時地價收買，以償移民之
　　　損失；

(8)、政府負責建築適宜大路、小路及碼頭；

(9)、凡包工人所舉薦之領袖，政府當然承認，其許可權得在所居之處，受
　　　理爭界及平常小事糾葛，必要時由政府委任，其許可權亦由政府予以
　　　明定；

(10)、如有土人干擾情事，政府負有完全保護移民的責任；

(11)、移民責任爲種植，不可荒棄。其生產及輸出售賣絕對自由，政府決不
　　　加以限制，惟包工人須予監察；

(12)、移民生產物品，如遇政府有船出入古晉，自當代運而取適當的運費。
　　　否則，無專事運輸之責，惟糧食穀類不在此例，當盡力設法運載；

(13)、政府不准任何人在墾場內開賭，或與移民賭博。如政府與包工人斟酌
　　　認爲可以舉行時，亦以移民之間爲限，但仍需經其領袖監視，至於鴉
　　　片，不准外人在墾場內售賣。必要時，政府得與鴉片包辦人商定，准
　　　由移民領袖在墾場內售賣；

(14)、政府准許移民購置鳥槍，保護農作物，免受損害；

(15)、此約字滿 2 年後，移民墾植成功，則新移民可由中國再來，而政府允
　　　予盡力協助；

(16)、包工人與移民，于墾場成功發展時，政府允予經營商業；

(17)、對於第三條所訂還款之約，應由邱菽園與林文慶醫生爲擔保人。

14　劉子政《黃乃裳與新福州》，新加坡南洋學會出版，1979 年版。又《詩巫
　　福州墾場九十周年紀念會刊》。

15　TCLiew,'The history of Cantonese settlement',See Hua Daily, 1-1-1966。轉引自

汪文振《砂勞越早期的華族移民》。

16　J.R.Outram,"Sarawak Chinese"，收入 Tom Harrisson of Sarawak（砂勞越民族志）一書內（Sarawak Government Printing,1959）。轉引自陳約翰《砂勞越華人史》。

17　黃堯《星、馬華人志》，香港明星出版社，1967 年版。又謝育德《北婆羅洲沙巴百年簡史》。

18　見《星馬華人志》中《沙巴與華人》。

第五編　太平洋戰爭，馬來亞獨立以及中馬建交（1928－1974）

第十六章　馬來亞英殖民政府對待華僑的抗日救亡運動的態度以及中馬兩國的關係

　　1928 年濟南慘案，1931 年九・一八事變，1937 年"盧溝橋事變"爆發，中國人民開始了神聖的抗日戰爭；馬來亞華僑以空前的愛國熱情支援和參加了這場歷史性的愛國運動，爲中華民族抗擊日本侵略者建立了偉大的功勳。1941 年 12 月 8 日，日本在偷襲美國太平洋最大海軍基地珍珠港的同時，出動了四十萬軍隊向東南亞發動進攻，不到半年時間，侵佔了馬來亞（包括新加坡）、荷屬東印度群島、香港、菲律賓、緬甸以及太平洋上許多重要島嶼。法西斯日本曾統治馬來亞 3 年 8 個月，給馬來亞人民尤其是華人帶來了深重的災難。中國和馬來亞人民永遠不會忘記這一段血淚斑斑的歷史。

　　我們知道，日本軍隊佔領馬來亞之前，馬來亞爲英屬殖民地。在政治上劃分爲海峽殖民地（包括新加坡、檳城、馬六甲）、馬來聯邦及馬來屬邦三部分。新加坡地處馬來半島南端，爲英國殖民統治者首腦機關所在，政治上處於重要地位。所以，一般習慣於把新加坡突出

地提出來，把馬來亞稱爲新加坡、馬來亞，簡稱新、馬。當 1931 年
"九‧一八"事變之後，日軍入侵中國，馬來亞華僑對中國所作的任
何反應，固然是民族心理沸騰、愛國熱忱高漲和僑領們當時所遇到的
困難和勝利的反映，也與馬來亞英殖民政府與中國政府之間的複雜關
係相關聯。

　　1940 年陳嘉庚說過，華僑在英屬殖民地約四百萬人，其中馬來亞
有 230 萬人，婆羅洲 20 余萬人。他指出，當時馬來亞的經濟實力以及
經濟活動，多操縱在華人手裏。十九世紀三十至四十年代的馬來亞華
人，在某些方面已執馬來亞經濟牛耳，一改當年賣豬仔或初期移民時
的境遇。在華僑社會中，已逐漸因地緣關係形成各地幫派，即閩幫、
粵幫、潮幫、客幫、瓊幫。各幫派之間，有時因民族感情的聯繫可以
團結一致，和諧共處；有時因利益矛盾而發生無原則的衝突，相互之
間的恩恩怨怨，莫衷一是。到了抗日戰爭爆發的緊急關頭，馬來亞華
僑出現熱烈的愛國熱忱，團結一致，掀起了空前的群衆運動以支援中
國。這一次漫長持久的群衆運動延至 1941 年日軍侵入馬來亞時才告結
束。而在這一特殊的歷史年代中，中、馬兩國之間的關係，主要體現
在英殖民地政府如何對待中國僑民的態度上。

　　二十世紀這場慘絕人寰的戰爭，將中國的民族意識推向高潮；也
爲戰爭中的那一代的華僑抹上濃烈的政治色彩。這是多少個世紀以來
中國僑民忍辱負重的感情的噴發；他們對國家、民族的熱誠和摯愛在
抗日戰爭的戰火中熊熊燃燒，形成一股不可抗拒的力量。而英殖民政
府在這一次火與血的歷史舞臺上，卻扮演了懦弱的不光彩的角色。

　　當中國開始全面抗戰之後，中、英關係跨入了複雜多變的階段，
英政府的對華政策，既推行出賣中國權益以對日綏靖的政策，也有在
一定範圍內和一定程度上與中國合作抗日的表現。當時的重慶政府於
1939 年設立海外部。馬來亞的殖民政府在處理中國的關係時，無疑是

秉承英國政府的政策，對馬來亞華僑支援抗戰的愛國行動，採取了一種極其微妙的態度。

第一節　英殖民政府對濟南籌賑活動領袖陳嘉庚的態度

太平洋戰爭期間，馬來亞是華僑抗日的中心地，而陳嘉庚則是這個社會與政治急變時代中傑出的風雲人物。且看日本人當年的評論。日本企畫院編纂的《華僑研究》一書，出版於 1939 年，該書特設"事變下馬來華僑的抗日力量"一章，其中第五節專門論述了陳嘉庚在新加坡抗日救亡運動中的作用和影響。這是有代表性的觀點。這一節論述說："假若將陳嘉庚除外，不但馬來亞的抗日運動，而且所有的華僑社會運動，都無從談起，唯有他是華僑社會的巨頭和後臺。他出身於福建省，在經濟恐慌前其經濟實力已冠於整個馬來亞，與廣東人胡文虎相抗拮，[1] 發揮了絕大的勢力。……其後雖然受到世界經濟恐慌波浪的襲擊，經濟上遭到失敗，但其過去勢力仍未減弱，其社會地位及聲望依然'獨步'，對全體華僑具有強大的影響力。他現在擔任新加坡華僑籌賑會的主席，又處在抗日及排斥日貨的大本營——難民救濟會主席的地位，奔命於抗日運動。……早在 1924 年，他就以排日為目的創辦了南洋商報，把輿論界置於自己的影響之下，據說現在該報紙發行數量約達一萬份。去年（1938）十月十日雙十節在新加坡召開了全南洋華僑代表大會，陳嘉庚任主席而活躍于大會。他抑止部分華僑的盲動，指導他們進行冷靜和有秩序的運動，是一位不可輕侮的人物。去年七七紀念日，他在新加坡的一次大會上發表演講說：'自事變以來，政府（指新加坡英國當局）對馬來華僑及其募集捐款活動採取寬容態度，如果我們不遵守本地法律，就會破壞中英之間的長期友

好關係，而爲敵國所嘲笑’。……在中國軍隊屢遭失敗的不利情況
下，他仍然不停其怒吼。”[2] 敵對一方的理論家對陳嘉庚的評論，從
反面窺見陳嘉庚在東南亞抗日救亡運動中的巨大影響。

　　陳嘉庚在領導馬來亞華僑及東南亞華僑的抗日救亡活動中，小心
翼翼地處理好英殖民政府與中國之間的關係，以期使抗日救亡活動能
達到預期的目的。英殖民政府在處理馬來亞的政治權益問題時，是向
倫敦的宗主國負責的，而後設立的華民政務司署及華人參事局，也僅
僅是殖民當局借助它來協調或緩衝他們與華社的分歧及緊張關係而
已。“九・一八”事變前後，英國對中國的態度不斷隨著國際形勢的
轉變而變化，開頭以“中立”爲名，實則是持旁觀袒日的態度，與日
本侵略者沆瀣一氣；後來英國在華權益受日本侵害，又轉而反對日本
以東方霸主自居獨佔中國。馬來亞殖民政府秉承英國的政策，來對待
華僑抗日救國活動。於是，中馬兩國的關係，或緊張或和緩，歷歷可
見。

　　早在 1928 年，中國北伐軍席捲華中華南大片國土，正當向北京挺
進時，在山東濟南卻遭到日軍的野蠻干涉，他們借保護日僑爲名，派
兵入濟南，慘殺外交官蔡公時及許多民眾，死亡人數有 3625 人，受傷
者 1455 人。這場血腥事件在中國掀起全面抵制日本的怒火，也激發了
馬來亞華僑的愛國熱情。當時在新加坡出現兩個群眾性政治運動，一
是周濟蒙難軍民的籌賑會，一是排斥日貨行動。這一行動引起中國駐
星領事館及英殖民政府華民政務司署的緊張，兩方都在密切注意事態
的發展。中國駐星領事館在 1928 年 5 月 8 日發出一次通告，[3] 呼籲華
僑保持冷靜，等待中國政府做出對慘禍的反應。通告也提及抵制日貨
問題，認爲“這是出自個人良知的愛國與和平的行動。”5 月 17 日籌
賑會在中華總商會成功舉行，與會各界代表千余人，會場水泄不通，
一名英籍軍官與孫崇瑜在場內注視會議進程，場外則逡巡著十數位印

籍警員。大會推選陳嘉庚爲主席，並成立"山東籌賑會"，開始進行爲期九個月的籌款活動；陳嘉庚特別注意籲請與會代表，切莫魯莽行事，遵守居留地法律，免招英國當局干預，使籌款活動趨於流產。[4]開頭兩三月間已籌捐國幣 130 余萬元，概彙交南京財政部施賑。[5]幾個月的活動，英殖民地政府都在密切注視。1928 年 10 月，代理華民政務司署英咸氏向英總督作如下彙報：（一）在新加坡的抵制行動一直堅持著，導致與日貿易嚴重受損；（二）抵制過程中並無任何意外事故發生，不過，一個所謂"民族救亡隊"的秘密或虛設組織卻發出不少恫嚇。[6]華民政務司署兀敏，十一月銷假後返星，經過一番審視後乃於十二月作如下的報告："抵制運動之所以產生衝力，乃山東籌賑會之繼續存在也。"[7]他繼續說："反日運動雖引致一些騷動，然效果奇佳；公衆並不反對，素來經營日貨買賣者亦無意反抗它。"因此，山東籌賑會的活動，雖"未經註册"，卻一直持續至 1929 年春。其中雖有許多曲折，而陳嘉庚在抗日救亡運動中的領導地位和威信，從此確立。

　　陳嘉庚於 1910 年加入新加坡同盟會，1912 年新加坡同盟會改爲合法組織國民黨時，他未加入。有人問他不加入國民黨或其他政黨的原因。他回答說："自民國以來，我不曾參予任何政黨，其因在，政黨須大衆支援，且須領導。本人常告訴自己，本人既不能領導，亦不能受人領導。"[8]他在不同派別的政黨活動中，始終抱定保持超然態度，不偏不倚，爲自己保留更多迴旋的餘地。他深知非政黨性活動的好處；由於這一自由的身份，使他在山東籌賑會之後，於二十世紀三十年代中，在馬來亞社會的特殊政治舞臺上，領導了一個各黨各派，各式各類社團皆參與的統一戰線，共襄義舉，同赴國難。他亦從中展現了多姿多彩、氣象萬千的領導風格。[9]

　　山東籌賑會活動之後，出現"田中奏摺"事件，英國人借機向陳嘉庚下手。1927 年 7 月 25 日，日本田中首相向天皇呈遞了一份奏摺。陳嘉庚深信，這是日本覬覦中國領土野心的證據。因此，《南洋商報》爲福建會館與怡軒承印二萬份"田中奏摺"中文本，分給會員參讀。這一文件揭露了田中侵佔東北、吞併中國、佔領全亞洲，妄圖實現其大東亞帝國美夢的陰謀計劃。但當時英國正與美國、日本聯合在中國取得利益，對日本妥協退讓。因此，馬來亞英殖民政府對陳嘉庚的舉動，認爲是觸犯了他們的政策。海峽殖民地總督金文泰斥指此文件爲"純屬捏造，意在宣傳"的行徑，決定向陳嘉庚施加壓力；陳嘉庚爲緩和氣氛而停止繼續印刷該奏摺。金文泰令華民政務司署兀敏氏函告星馬各僑領，澄清這一文件是"僞製品"，還囑出版物檢查官竭盡所能地"阻止該文件的繼續流入本殖民地"。[10]事實上，後來日本對中國和亞洲的侵略行爲，都與田中奏摺所指出的相同。

　　同時，英殖民政府又指責陳嘉庚參予"非法"抵制日貨行動。他們以陳嘉庚在 1928 年 7 月 2 日在籌賑會的發言記錄爲證。記錄中陳嘉庚說："本委員會（籌賑會）之職責不惟籌款乃亦爲切斷一切經濟關係矣。本委員會應堅持抵制直至濟南事件完滿解決時止，日本人侵佔山東乃志在東北，爲支援國家計，乃必以抵制爲唯一武器矣。抵制與籌款乃關係密切者。"由是，英殖民地總督金文泰，對此再也不能保持他的所謂冷靜與沈著，他斷然決定處置陳嘉庚，將他逐返中國。但遞解出境一事須經行政議會裁決；爲此他於 1932 年 5 月 11 日召集行政會議進行討論。因陳嘉庚已進入英籍，屬英籍僑民，將他與居留地強行切斷關係並非是一件容易的事，當天會上形成一項折衷性的方案。會議記錄是：

　　　　行政議會考慮到一些與山東籌賑會有關的華族領袖的行爲。

　　　　本會決定致函陳嘉庚先生提醒他的行爲已受到總督的垂注，倘若今後尚有類似行爲，他將會面對嚴重後果矣。[11]

這封警告信雖然表示金文泰作了某些讓步，但也引起陳嘉庚的不滿。1933 年，他宣佈辭去華人參事局委員的職位。雖然表面是抗議金文泰對華商投資稻米種植業的經濟歧視政策，但實際上與兩人關係的惡化有關。

在警告信下達之前，1931 年"九·一八"事變，日軍全面侵入中國東北三省，陳嘉庚召集一次聲討日本的群眾集會。是時新加坡《南洋商報》和《叻報》在"九一八"事變後不久，自動停刊一天，"以志哀痛"。新加坡華僑還電請南京政府實行抗戰，電請日內瓦國際聯盟主持正義，制止日本的侵略行徑。陳嘉庚親自聯絡其他僑商抵制日貨以示抗議。到 10 月 21 日，華僑商人和一般華僑消費者已完全斷絕了與日商的關係，不買日貨，不賣日貨。當時日本駐新加坡領事館在向日本外務省的報告中驚呼："華人購買日貨事實上已經絕迹。"12 馬來亞華僑以"籌賑"名義支援國內救亡運動日益高漲，著名華僑企業家胡文虎首捐 2.5 萬元，《星洲日報》代收華僑捐款 100 余萬元彙回中國，新加坡、雪蘭莪、霹靂等地相繼成立了籌賑組織，開展籌賑活動。1932 年上海"一·二八"事件，星馬又掀起一股反日怒潮；中華總商會發起"上海籌賑會"。這次行動沒有受到華司署的干涉。在歷時八個月的活動中，中華總商會總共募得國幣 42 萬元以賑上海災民。1934 年，金文泰從新加坡卸任返英國，新總督湯姆士到任；他的到來，英殖民當局對中國的政策似乎又有所改變。他對中國華僑的民族救亡運動比較寬容，而把注意力轉向當時正在發展的共產主義運動，因為共產黨人要打倒殖民主義，號召群眾起來進行階級鬥爭，為在馬來亞建立一個社會主義國家而努力。因此，湯姆士認為他的重要任務是阻止共產主義思想的散佈及制止共產主義分子在日益高漲的中國民族主義浪潮中漁利。13

第二節　1937 年七‧七蘆溝橋事變後英屬馬來亞殖民地當局對馬來亞華僑抗日救亡活動的態度以及"南僑機工"的愛國壯舉

1937 年 7 月 7 日蘆溝橋事變爆發，揭開了中國人民抗日民族解放戰爭的序幕。中國與英國的關係也進入了更爲複雜多變的階段。

英國從自身利益出發，對中、日的政策是追求雙重的目標，採取兩面的政策。爲了保全英國在華投資的利益和安全，表面上支援中國的獨立和統一，同時又力求與日本保持"友誼"，以圖在日本全面侵華的新形勢下，保全其在華、乃至於在太平洋地區的全部利益。因此，英國對日本既有衝突又有綏靖，對中國既有同情又有叛賣。中國抗日戰爭初期，英國對中日戰爭的基本政策是策劃"調停"，以期盡早結束中國的抵抗，力求將戰爭給英國在華利益帶來的損害減少到最低限度。[14] 基於英國對中國的這種基本國策，馬來亞殖民當局對於馬來亞的抗日救亡運動的態度，也執行相同的方針。

七‧七蘆溝橋事變發生的消息傳到東南亞後，馬來亞各地華僑社會瀰漫著一股憤慨激昂的反日、仇日的強烈氣氛。華僑愛國熱忱持續四年半之久，一直到 1941 年日本在馬亞半島北部的哥打峇魯登陸，佔領整個馬來半島及砂勞越、北婆羅洲（沙巴）之後，才轉變鬥爭形態。

但是，馬來亞華僑的愛國救亡運動，經常受到英殖民當局的掣肘。"七七事變"傳到馬來亞，新加坡兩份華文大報《南洋商報》、《星洲日報》都作了報導。7 月 13 日，新加坡中華總商會召開會議，支援中國抗戰。7 月 24 日召集總數達 118 個單位的地區與宗親會館的代表開會，議決電請南京政府堅決抗日，誓爲祖國後盾。緊接著柔佛州成立柔佛華僑救濟祖國難民總會；麻坡、居鑾等地也成立救濟中國難民的機構。到了七月底，北平、天津在日軍猛攻下也告淪陷。華僑對於日本的憤慨已達極點。新加坡各華僑會館一面紛紛募集捐款，支援祖國；一面要求總會召集全僑大會，共謀應付。馬來亞的檳城、馬六甲的婦女義賣鮮花，小學生一律捐款二角錢援助祖國，女子學校則舉辦義賣會、音樂演奏會，以籌款援助抗日。但各華僑社團的各項援救祖國的募捐活動，是散漫而無力的；而華人各式各類的會館社團雖多，實際上卻各自爲政，必須要有一核心領導，才能形成一股巨大的力量。[15]

　　由於英殖民當局對日本採取調停政策；以出賣中國的主權和利益爲條件，換取日本對英國的"讓步"。因此，殖民地政府對於馬來亞華僑的愛國行動，一開始就採取壓制的態度。殖民當局時常採用"驅逐出境"的方法對付馬共以及他們心目中認爲有危險色彩的國民黨活動分子，而中華總商會又是爲國民政府所控制，所以，選擇了無黨無派而有雄厚經濟實力的陳嘉庚。陳嘉庚自 1916 年後即爲英籍僑民，1918 年受封爲"太平局紳"（ J.P.Justice of peace ），1923——1933 年爲華人參事局局紳。一向熱心公益，是社會事業與法律的支持者，與英殖民當局關係良好，與星、馬專管華人事務的華民政務司署佐頓（ A.B.Jordan ）更有良好的個人關係。因此，陳嘉庚在此時出面領導抗日救亡運動，一方面對南京政府的抗日目標有利；一方面也可配合英人對中日戰爭表面上的中立政策。也與英當局允許國民黨人個別參加合法的民族主義抗日運動，但不允許其出面擔任領導角色的基本策略相符合。[16] 確立了領導人之後，英殖民政府還決定救亡的內容和口徑，只能用"救災"形式進行；他們要在日本人面前保持其"中立"的姿態。而陳嘉庚負起"星華籌賑會"主席的重任之後，他一方面以強烈的愛國心引導僑民捐獻，以經濟實力支援中國抗戰；一方面又利用英殖民政府對他的選擇，以極明智的策略與英殖民政府斡旋，使馬來亞抗日救亡運動發展得如火如荼。

據陳嘉庚回憶說：1937 年七月七日事變，馬來亞華僑在多埠發起募捐救濟祖國難民，新加坡愛國僑胞，向余詢問以落後爲言，余答"戰爭尚未顯明，若可息事則毋須籌款，如成戰爭，關係國家民族存亡，事體極爲重大，期間亦必延長多年。開會籌款當有相當計劃，不宜急切輕舉，貽誤成績。可將此意告總商會，預向當地政府接洽，許可以必要時開僑民大會。""越至八月十三日戰事已發動，即由總商會登報傳單，訂十五日開僑民大會，捐款救濟祖國傷兵難民。十四日英政府華民政務司佐頓君邀余談話。問'明天赴會否'，余答'赴會'。問'將舉汝爲主席否'，答'不知'。佐君又云，'經與總督議定，此會當由你負責，因本坡華日僑民衆多，政府甚爲關懷，並附帶四條件爲明天會場要旨。（一）不得表明籌款助軍火，此乃中立國應守規例。（二）不得提議抵制日貨。（三）款須統籌統彙，不得別設機關。（四）款彙交國內何處，由總督指定。'又云：'總督經發電詢駐華英大使，待複告知。'余歸後即電南京外交部長，速與英大使接洽，款切須交政府機關，華僑方能信任多籌，全馬僑胞亦可統一彙交不致分散生弊也。"[17] 後來，陳嘉庚在星華籌賑會主持的僑民大會上的演詞 [18] 裏，也陳述了英殖民政府所提示的各項注意事項。由此，我們不難瞭解到，一方面是馬來亞英殖民當局在英政府的指示下，對日本採取中立的政策，生怕馬來亞華僑的愛國活動觸怒日本軍國主義者，因此，對馬來亞華僑的抗日烈火多加壓制；同時又懾于民衆高昂抗日情緒的壓力，不敢對華僑的救亡活動進行強暴的阻攔，害怕因此而影響他們在東南亞的經濟利益。所以在大會召開之前，提出各項政策措施，讓華僑領袖陳嘉庚去引導民衆，既能疏導民衆情緒，又能不觸犯日本的侵略野心。陳嘉庚也在英殖民者的小心翼翼的態度之中，獲取華僑愛國救亡活動的空間，以僑民大會旨在救災，並非勸募軍費爲藉口，在民衆與英殖民政府之間互相疏通，俾使在國家存亡、民族存亡的緊急關頭，華僑能捐出鉅款，支援祖國抗戰。

　　因此，1937 年 8 月 15 日，"馬來亞新加坡華僑籌賑祖國傷兵難民大會委員會"（簡稱"新加坡籌賑會"），儘管英殖民政府要求保持中立，勿捐軍火或抵制日貨，甚至捐款彙往中國何處也應由總督決定，但華人領袖仍作出一些積極的決定，要在本年底前義捐坡幣一千萬元，自第二年起籌捐救國公債國幣二千萬元，總目標是六千萬元。另外，暗地裏發起抵制日貨運動。陳嘉庚提出，新加坡籌賑會"目的專在籌款，而籌款要在多量及持久。"[19]陳嘉庚帶頭認常月捐 2000 元（即每月捐款），直到抗戰勝利爲止。其他周獻瑞、蔡漢亮、林文田各捐 2 萬元，陳六使仿效陳嘉庚答允月捐五千元，也是直到抗戰勝利爲止。葉玉堆首認捐十萬元鉅款，李光前也捐出國幣十萬元，並一次交清。新加坡的愛國行動得到各地華僑的回應，馬來亞各地均組織籌賑會。爲了統一籌款步驟和與中國聯繫，陳嘉庚又函請各地籌賑會派代表參加"談話研究會"，該會於 10 月 10 日在吉隆坡召開，設立了馬來亞各區會通訊處，陳嘉庚被推舉擔任主任。從此，馬來亞下轄的新加坡、馬六甲、檳榔嶼、雪蘭莪、森美蘭、霹靂、彭亨、柔佛、吉打、玻璃市、吉蘭丹、丁加奴等地，由於統一步驟和統一行動，捐款工作迅速地取得巨大成效。見下表：

1937 年 7 月至 1938 年 10 月馬來亞各州義捐數額表（單位：國幣元）

地區	華人人口	占馬來亞華人	義捐數額	占義捐總額比
新加坡	554,965	25.6 %	5,700,000	29.1 %
雪蘭莪	314,927	14.7 %	3,819,760	19.4 %
吡叻	420,822	19.6 %	2,855,310	14.6 %
柔佛	284,586	13.2 %	2,215,220	11.3 %
檳城	157,644	7.3 %	2,165,165	11.1 %
馬六甲	86,283	4.0 %	808,643	4.1 %
森美蘭	117,983	5.5 %	700,000	3.6 %
彭亨	67,967	3.2 %	586,103	3.0 %
吉打	101,333	4.7 %	426,900	2.2 %
吉蘭丹	22,018	1.0 %	123,000	0.7 %
丁加奴	13,200	0.6 %	110,000	0.5 %
玻璃市	7,764	0.3 %	66,593	0.3 %
合計	2,149,520	100 %	19,577,194	100 %

資料來源：Stephen Leong "The Molay on Overseas Chinse and the Sino Japanese War,"
　　　　　P.307,Table3,據 "馬來亞華僑志"，第 266-267 頁。

　　陳嘉庚一面發動民眾，一面與英殖民地政府周旋，英總督最後同
意，將捐款逕彙南京政府行政院。對抵制日貨運動，也表示同情與支
援。

　　在中國南京政府方面，除了華僑自覺性的募捐之外，他們還源源
不斷地從各個方面通過各種名義到新加坡捐款或籌款。例如 1937 年福
建省派薩鎮冰等數代表來找陳嘉庚，說"要籌款二百萬元救濟閩省，
否則，夏末青黃不接，慘狀難言。"但陳嘉庚認為現下決難辦到，因
義捐與公債的定額尚未籌足，"且大半靠閩僑負責"，恐難再募，該
團糾纏不悅而去。[20] 接著福建省主席陳義又派財政廳長張果來籌募省

債四百萬元，陳嘉庚允予協助，最後僅募到百余萬元。[21] 同時，武漢合唱團南來，在星馬各埠演唱一年多時間，籌得坡幣二百余萬元。中國國內各民間團體均視華僑為唯一援助來源。而中國南京政府，則給予更大的經濟任務。財政部長宋子文並經由駐新總領事高凌百邀請新加坡僑界三巨頭陳嘉庚、胡文虎與李俊承承擔領導認購公債的任務。又派新加坡國民黨元老、僑務委員會張永福與肖吉珊及前任新加坡總領事的西南外事處主任刁作謙等返新宣傳，並命令高凌百全力協助，發動各僑領購銷公債。南京政府在英殖民地內推銷戰時公債，英殖民當局表不滿。所以新加坡原擬於 1937 年 9 月 12 日成立的籌購公債委員會，因英當局的反對而流產。後來，國民政府在外交上給予英國壓力，英駐馬來亞總督湯瑪斯（Sir Shenton Thomas）才答應向倫敦殖民部專案請求，至 10 月 17 日才正式答允星、馬華僑認購中國公債。但英殖民政府堅持華人所購公債應在各地的籌賑會附帶進行，不得專設機構辦理；而公債委員會的主持人，英人指定由陳嘉庚、胡文虎、林文田、陳振賢、陳延謙等擔任，排除了國民政府原先屬意的一些從中國派來的人選。當地各幫會館領袖都不願弄壞與英國的關係，也都認為應採取低姿態進行此事。這一工作開展後，胡文虎認購 50 萬元，陳嘉庚、林文田、葉玉堆、李俊承、陳延謙、李光前等，也都各認購 10 萬元。各會館和商店也分別認購公債。財政部長宋子文，在陳延謙個人認購鉅額公債外，又令其所經理的華僑銀行購買公債 20 萬元，然後委託該銀行擔任全東南亞的代理公債匯兌機構。[22] 其他各州認購公債，也非常踴躍。數額見下表：

1937 年 7 月至 1938 年 10 月馬來亞各州購銷公債數額表（國幣：元）

州名	華人人口 （占全馬名）	公債額 （所占名次）	占全馬總額	同時期所籌義捐
新加坡	554,956(1)	$ 4,550,000(1)	35.4 %	$ 5,700,000(1)
柔佛	284,586(4)	$ 1,952,025(2)	15.2 %	$ 2,215,200(4)
雪蘭莪	314,927(3)	$ 1,875,660(3)	14.6 %	$ 3,819,760(2)
吡叻	420,822(2)	$ 1,874,590(4)	14.3 %	$ 2,855,310(3)
檳城	157,644(5)	$ 1,049,640(5)	8.2 %	$ 2,165,165(5)
馬六甲	86,283(8)	$ 512,270(6)	4.0 %	$ 808,643(6)
森美蘭	117,983(6)	$ 347,610(7)	2.7 %	$ 700,000(7)
彭亨	67,967(9)	$ 244,670(8)	2.0 %	$ 586,103(8)
吉礁（打）	101,333(7)	$ 238,960(9)	1.8 %	$ 426,900(9)
吉蘭丹	22,018(10)	$ 118,790(10)	1.0 %	$ 123,000(10)
丁加奴	13,200(11)	$ 85,285(11)	0.7 %	$ 110,000(10)
玻璃市	7,764(12)	$ 14,605(12)	0.1 %	$ 66,593(12)
合計	2,149,520	$ 12,864,105	100 %	$ 19,577,194
總計	-	-		$ 32,441,299

資料來源：Stephen Leong, "The Malayan Overseas Chinese and the Sino-Japanese War"。

　　1938 年 7 月 7 日，陳嘉庚在新加坡華僑紀念"七‧七事變"抗戰一周年紀念大會上致詞說："對於祖國抗戰應負任務有明暗兩種工作，明之一面，即組織籌賑會，公開勸募分會，推舉若干委員，負責籌賑及勸募公債；暗的一面，即組織愛國團、懲戒漢奸，抵制仇貨。"[23] 陳嘉庚所領導的募捐活動是取得英殖民政府同意和註冊的，因此是屬於合法的公開的明的活動。而當時馬來亞還有一些救亡團體，是未經英殖民政府註冊批准的，屬於秘密活動性質的暗的活動。

是時活躍於馬來亞的秘密救亡團體，有與中國國民黨有關的"中華民族解放先鋒隊"，有爲中國共產黨週邊組織的"中華民族抗敵後援會"、"勞工鋤奸團"、"新加坡抗敵除奸義勇隊"、"抗敵救國鋤奸團"等，此外還有"海外華僑抗敵救國會"、"新加坡華僑救國服務隊"、"青年救國聯盟"、"中華抗日鋤奸鐵血團"、"中華抗敵便衣隊"、"中華抗日救國團"、"中華民族復興團"、"鋤奸別動隊"等群衆組織。[24] 這些組織都是反日抗日和抵制日貨的急先鋒；對於那些違犯華商公約而售賣日貨者的處罰，常由他們去執行。僅在1938年前，即有600家商店的門口被塗抹烏油或臭屎，25人被割掉耳朵，甚至有30人被暗殺。馬來亞社會中下層民衆的大量捐款，也是他們出力動員捐募的。英殖民政府對於這些激烈的抗日者的政策，採取嚴厲的鎮壓手段。如1937年12月逮捕吡叻州許氏村籌賑支會的主席、副主席，因他們涉及割人耳朵的事件。1938年3月之後，左派組織"抗日後援會"等的領導人王炎之、蘇棠影、辜俊英、粘文華、吳天、戴英浪、孫孺、彭海涵等均被逮捕驅逐出境。其他如當地出生的左派青年學生陳榮火（陳青山）、江田、李明顯、郭戈振等，也被逮捕及驅逐出境。同年下半年，英殖民政府禁止新加坡籌賑會每兩個月例常舉辦的籌賑遊藝大會的公演，1939年12月，驅逐陳嘉庚的左右手候西反出境。[25] 這正如陳嘉庚所說的"英政府視共產黨如蛇蠍，驅逐甚嚴"，有懷疑爲共產黨者，立刻鎮壓；而同時，英殖民政府對於一些抗日的激烈行動，

陳嘉庚先生像

資料來源：林少川《陳嘉庚與南僑機工》中國華僑出版社 1994 年版

生怕觸怒日本侵略軍，所以給予嚴厲的鎮壓，進行逮捕和驅逐出境。即使如此，英屬馬來亞也難以擺脫日本侵略軍的魔爪。

南僑總會的成立以及南僑機工回國服務兩項愛國活動，也體現中國與英殖民政府在特殊歷史時期中的交往情況。

1938 年 7 月，孔祥熙專電陳嘉庚，囑其在新加坡成立南洋華僑代表大會，並電駐新加坡總領事高淩百當面與陳嘉庚洽商。當時英國駐新加坡總督湯瑪斯秉承英政府的命令，對中日戰爭力持表面上的中立政策；新加坡華民政務司署佐頓也屢次告誡馬來亞籌賑會，不準將賑款作爲軍用，也不准抵制日貨。但事實上，只要籌賑工作進行不過於激烈與表面化，英當局是不會干涉的。[26] 因此，陳嘉庚在英殖民政府的默認下，順利地籌備由東南亞華僑各地區代表參加的、空前絕後的盛會。1938 年 10 月 10 日，大會在新加坡武吉知馬路南洋華僑中學召開。參加者有馬來亞、菲律賓、緬甸、法屬印度支那、荷屬東印度、北婆羅洲、砂勞越、暹邏、香港等 9 屬 43 城市的 168 名代表，會上成立 "南洋華僑籌賑祖國難民總會" （簡稱 "南僑總會" ），選舉陳嘉庚爲主席，莊西言、李清泉爲副主席。這是東南亞華僑全面互相接觸、聯合統一協同合作抗日救亡的一個極有意義的重要組織。南僑總會成立後，更進一步加強在財力上支援抗日的實力，南洋接濟中國的款項及彙寄家用費又有大幅度增加。其數位見下表：

1938 年 11 月至 1939 年 10 月南洋各地區義捐、公債總額表
（國幣：元）

地區	華人人口（約數）	十二個月之捐款總額	占捐款總額	平均每人捐	平均每人月捐
菲律賓	100,00	$ 7,526,108	11.2 %	$ 75.26	$ 6.27
北婆羅洲	80,000	$ 1,243,143	1.8 %	$ 15.54	$ 1.29
馬來亞	2,149,520	$ 32,863,602	48.7 %	$ 15.29	$ 1.27
緬甸	300,000	$ 4,035,257	6.0 %	$ 13.45	$ 1.12
荷屬東印度	1,500,000	$ 13,462,903	20.0 %	$ 8.97	$ 0.75
香港	700,000	$ 3,600,000	5.3 %	$ 5.14	$ 0.42
法屬印支	400,000	$ 1,564,058	2.3 %	$ 3.91	$ 0.33
泰國	2,400,000	$ 3,200,000	4.7 %	$ 1.33	$ 0.11
合計	7,629,520	$ 67,495,071	100 %	$ 8.84	$ 0.74

資料來源：Stephen Leong,loc.cit.P310。

1938 年 11 月至 1939 年 10 月馬來亞各州捐款數額表

地區	十二個月內捐額（占各之名	占馬來亞總額	華人人口（占馬來亞華人人	平均每人捐額（占名區中之
雪蘭莪	$ 6,238,185(2)	19.0 %	314,927(3)	$ 19.52(1)
柔佛	$ 5,158,066(3)	15.7 %	248.586(4)	$ 18.12(2)
丁加奴	$ 237,692(11)	0.7 %	13，200（11）	$ 18.00(3)
新加坡	$ 9,692,500(1)	29.5 %	554,956(1)	$ 17.46(4)
彭亨	$ 1,166,099(8)	3.6 %	67,967(9)	$ 17.15(5)
檳城	$ 2,632,085(5)	8.0 %	157,644(5)	$ 16.69(6)
森美蘭	$ 1,580,593(6)	4.8 %	117,983(6)	$ 13.39(7)
馬六甲	$ 1,132,851(7)	3.5 %	86,283(8)	$ 13.13(8)
玻璃市	$ 97,459(12)	0.3 %	7,764(12)	$ 12.55(9)
吉蘭丹	$ 249,167(10)	0.8 %	22,018(10)	$ 11.30(10)
吡叻	$ 4,078,779(4)	12.4 %	420,822(2)	$ 9.69(11)
吉礁（打）	$ 555,124(9)	1.7 %	101,333(7)	$ 5.47(12)
合計	$ 32,863,602	100 %	2,149,520	$ 15.29

資料來源：Stephen Leong,loc.cit,p.311,Table7,據《南洋華僑籌賑祖國難民總會年報》，第 51 頁。

　　南僑總會除了籌捐工作之外，也發動捐供國內戰場上軍隊極需要的藥品金雞納霜、阿司亞靈片、仁丹以及救傷用繃帶等大批藥品的運動，爲遭受戰爭殘害的難童保育會的難童捐募寒衣，撥款支援抗日名將薛岳將軍的傷兵農墾區、李漢魂將軍的難童救濟院與中國紅十字會的救傷經費等。1938 年 10 月至 11 月，陳嘉庚以南僑總會主席的名義討伐汪精衛向日本賣國投降的罪行，指斥汪精衛“爲中華民族之國賊”，必須通緝歸案。代表了海外華僑的心聲，正義凜然。

　　在南僑總會的活動中，有一項轟動中國抗戰歷程的南僑機工的愛國壯舉。

　　“南僑機工”的全稱是“南洋華僑機工回國服務團”，是抗日戰爭時期從南洋各地回國支援抗戰的華僑汽車司機與修理技術人員的通稱。抗戰爆發，中國沿海口岸及對外交通要道先後淪陷，國際軍援瀕臨斷絕。1939 年新開闢的滇緬公路（1938 年動工修築，1939 年 1 月 10 日正式通車），成爲戰時中國西南大後方唯一的國際通道。滇緬公路自雲南昆明至緬甸臘戌，全長 1146 公里。內可聯川、康、黔、桂四省，外可通曼德勒、仰光，成爲中國與東南亞的聯絡紐帶。海外華僑捐贈的軍需物品、藥物和世界各地支援的軍火武器均賴此路輸入。新搶修的滇緬公路，山高谷深，地勢險惡，崖壁陡峭，山路崎嶇，沿途要翻過海拔三千多米的橫斷山脈、怒山和高黎貢山；要橫跨水流湍急的漾濞江、瀾滄江和怒江；還要穿越亙古荒涼、人煙稀少的“煙瘴之地”。像這樣惡劣的行車環境，非是熟練的機工難以勝任。因此急需大量技術嫻熟的司機與修理工。但當時中國駕駛人員十分匱乏，一時無法訓練這種人才。當時，國民政府軍事委員會西南運輸處主事人宋子良致電南僑總會主席陳嘉庚，希望代招募華僑機工回國服務；陳嘉庚立即於 1939 年 2 月 7 日發表《南洋總會第六號通告》，並在報上刊登廣告，號召機工回國服務，共拯危亡。數月間應徵者 3193 人，其中

回國參戰的南僑機工在新加坡集中的情景（1939年）

資料來源：林少川《陳嘉庚與南僑機工》中國華僑出版社 1994 年版

2654 人於 8 月前，分九批由馬來亞經安南往昆明，538 人則分六批經仰光往昆明，有四位巾幗英雄，即：李丹英、白雪嬌、陳嬌珍和朱雪珍。當年南僑機工赤誠報國的壯志情懷，十分感人。"幾乎每個回國來參加抗戰的經過，都是一段可歌可泣的史實！"[27] 南僑機工出生入死，搶運在滇緬公路上，在敵機的狂轟濫炸中穿行，付出了慘重的代價；整個滇緬公路的運輸就依靠這些抗戰英雄的壯烈犧牲來維持。[28]日本為了阻斷這條援華物資的唯一國際通道，利用英軍剛剛從法國瀕臨多佛爾海峽（Strait of Dover）的敦刻爾克（Dunkirk）倉皇撤退，士氣嚴重受挫的有利時機，悍然要求英國封閉滇緬公路、由香港邊界及上海撤走英軍等無理要求，否則便立即對英宣戰。英國當局為圖自保，乃尋求種種藉口一味對日妥協。"理由"是如果英日發生衝突，澳大利亞、新西蘭等英屬自治領必將蒙受其害。況且，7 至 9 月正值雨季，道路泥濘、滇緬公路運輸量較少，即使封鎖影響也不會很大。其實，真正的原因是英國擔心緬甸、印度和香港的安全；這時英國對於遠東殖民地鞭長莫及，惟恐觸犯日本而自己吃虧。7 月 12 日英國政府決定，從 7 月 18 日起封鎖滇緬公路 3 個月，禁止由緬甸過境向中國運送軍用物資（包括卡車、汽油、武器、機械產品等），7 月 16 日英日達成協定。邱吉爾（Winston S.Churchill）首相 7 月 18 日在下院的報告中竟然也聲稱，（英日）此項協定的目的是希望在滇緬公路停閉運輸期間找到一種"公允的"解決辦法，使中日"雙方均可自由接受"。[29] 同日，重慶政府外交部的抗議聲明指出："如果有人以為中國通海貿易路線受到阻梗後，中國即將被逼求和，或竟接受日本所提出之任何條件，實為最大錯誤之判斷。"[30] 憚於英國在遠東的殖民地可能即將遭日本侵奪，英國政府只好再三向重慶政府保證，3 個月後局勢好轉，將不再延長封鎖期限。由於遠東形勢日漸嚴峻，危及英國自身利益，1940 年 10 月 17 日，滇緬公路重新開通，南僑機工在這條戰線上的運輸量不斷上升，至 1940 年 11 月，月運量已達 1.5 萬噸，占當時全國境外輸入物資總量的 70％。[31]

隨著戰局的惡化，南僑機工面臨更加嚴峻的考驗。從 1939 年 1 月 10 日至 1942 年 5 月 5 日，發揮過重要作用的滇緬公路又被切斷，西南運輸處（此時已改為中緬運輸局）竟然對回國參戰、屢建功勳的南僑機工撒手不管。是時南洋已經淪陷，僑匯中斷，許多機工有家歸不得，四處飄零。1945 年 8 月 15 日日本投降之後，在重慶的潘國渠、莊明理、白仰峰等多人多次向行政院交涉，卻被推來推去。不得已，機工們由白清泉和自西南聯大畢業的僑生新加坡人邱新民（丘菽園侄）、龍屬文及機工袁阿喜 4 人組成一個代表團，冒險由安南闖進泰國，再從北馬南下新加坡找南僑總會想辦法；找到了陳嘉庚，當時南僑總會已解散，於是找中國駐新總領事伍伯勝，要求他向行政院和僑務委員會力爭，再通過救濟善後總署等部門的合作。但官僚們採取推、拖、壓的手段，遲遲不預解決，最後白清泉、邱新民等向重慶正在召開的國民黨二中全會請願，才交由善後總署遣送。1946 年 10 月 26 日，約有 1 千多名南僑機工回到南洋，大約有 800 多名機工留在中國發展，有一千多人因戰火、車禍和疫疾為國捐軀。1989 年 7 月 7 日，在南僑機工回國參加抗日服務 50 周年紀念日，昆明西山公園豎立起一座鎸有"南洋華僑機工抗日紀念碑"字樣的莊嚴雄偉的紀念碑，碑座黑色大理石上又鎸刻 4 個描金大字"赤子功勳"，碑文最後一段寫道："他們以自己的生命、鮮血和汗水，在華僑愛國史上譜寫出可歌可泣的壯麗篇章，也在中國人民抗日戰爭史和世界人民反法西斯戰爭史上建立了不可磨滅功勳。"

此外，馬來亞華僑拒絕為日本人在馬來亞投資開採的鐵礦、鐵釩土礦與錳礦工作，拒絕間接協助日本製造屠殺中國人的武器與彈藥。馬來亞北部丁加奴州的龍運（Dungun）鐵礦，柔佛州西北境的峇株巴轄（Batu Pahat）鐵礦以及附近的 Sri Medan 礦場等廠礦的工人，都大規模罷工，一批一批離開礦場，中國駐新總領事館及中華總商會都派代表前來慰勞他們，並在新加坡爲他們安排適當的工作，或者資助他們回國。英殖民當局也表示同情。

第三節　太平洋戰爭爆發後的馬來亞與　　　　　中國的關係

　　1941 年 12 月 8 日，日本偷襲珍珠港，揭開了太平洋戰爭的帷幔，第二次世界大戰範圍進一步擴大，成爲全球性的戰爭。

　　在太平洋戰爭爆發前夕，英國爲借助中國的軍事力量保護其遠東的利益，1941 年春邀請中國考察團赴緬甸、印度與東南亞考察。幾經磋商，組成以商震爲團長、林蔚爲副團長的“中國緬、印、馬軍事考察團”，成員以陸軍將領爲主，包括陸、海、空三軍。在爲期三個月的考察後，獲得了緬甸、印度、馬來亞三地軍事、經濟及自然條件的資料。商震將軍巡視全馬之後曾向英殖民地政府提議：日軍如南進，不會對新加坡作正面入侵；北方後防太脆弱，應更加注意改善；日軍定從後方登陸；應動員各族青年保衛鄉土及訓練遊擊隊，利用森林的地理環境來對付日軍，使他進退兩難。但英殖民地政府可能基於面子或可能無能爲力或擔心本地青年會利用機會搞獨立或分離運動，動搖英帝國根基，自討苦吃；因此商震的建議不被接受。商震將軍也建議讓中國派遣十萬名軍隊協助英軍保衛鄉土，因英國駐軍少，不足分配，中國士兵對付日軍已有三年經驗，可以勝任。英方也不接受這項建議。英殖民地政府僅依賴自己一批英國官員，他們以殖民者獨霸馬來亞的心態，不信任華、巫、印三大民族的力量。

　　1941 年 12 月 8 日，日軍先遣隊分三路在泰國的宋卡（Songora）、北大年（Patani）和馬來亞吉蘭丹的哥打峇魯（Kota Bahru）登陸。同時，日本空軍轟炸新加坡軍港和實利達（Seletar）軍港。英國殖民政府下令拘捕馬來亞日本僑民；日本侵略馬來亞戰爭正式爆發。此時，湯姆斯總督要求南僑籌賑總會會長陳嘉庚出面召開新加坡華僑動員大會。參加的各階層人士非常踴躍，在會上成立"星洲華僑抗戰動員總會"，主席：陳嘉庚，勞工局主任：林謀盛，保衛團主任：鄭古悅，宣傳部主任：胡愈之。英政府宣佈各政黨可自由活動，也釋放被關在牢裏的政治犯。星華義勇軍開始籌組，以保衛新加坡。在陳嘉庚的領導下，華僑各黨派團結一致，共同抗日。狄更生在 1946 年寫道："在戰時，華人在勞力供應方面給予政府忠誠與積極的援助；亦成立一武裝單位，惜時日無多，否則可將它好好訓練，俾爲總司令部提供寶貴貢獻。在民防方面，新加坡華人表現熱心與無私，且保持極佳公共紀律。"[32] 海峽殖民地總督湯姆士在 1950 年提及華僑動員總會時也寫道："（它）在守衛工作方面表現非常積極，在提供勞力方面亦然。"[33] 雖然陳嘉庚爲英殖民地政府及重慶國民政府做了大量的工作，但是，當新加坡日軍兵臨城下時，英人及國民政府在新加坡人員紛紛準備撤退時，卻置陳嘉庚等愛國華僑于不顧，最後，陳嘉庚被迫自行安排前往蘇門答臘避難。而當陳嘉庚離開新加坡時，重慶政府乃竟通過駐英大使顧維鈞向英外交部施加壓力，堅欲撤陳嘉庚的主席職位；顧維鈞所提的政治理由是"（他）顯爲共產黨，乃重慶政府著名反對者。"[34] 針對英國外交部與殖民部的詢問，海峽殖民地總督回復兩封電報，其中署期爲 1942 年 2 月 3 日的一封，內容如下：

　　所指人士絕非共黨，其職位乃由星洲各界華人代表一致舉薦者，這些代表包括國民黨人，中國駐星總領事及重慶政府代表喬治葉等。他是唯一能夠團結各派華人共同辦事者。重慶政府仇視陳嘉庚無非出於某些國民黨政治人物的個人成見，其中尤以吳鐵城爲然。在馬來亞政府代表團十一月間訪問重慶時，此事益呈明顯。這些政界人士咸對代表團表示他絕非共產黨，敵人深深感到，其留任乃切切須要者。[35]

　　二月四日發給殖民部的一封信，是總督獲悉陳嘉庚已離開星島時發出的。信中寫道：“所指人士已離開馬來亞，昨日敵人不知情乃召集動員總會會議，坦告彼等若勞工短缺難題一日不除，則星島將有失守之虞。動員總會於今日進行改組，或許所指人士的離開當能對此有所幫助矣。”[36]重慶政府對陳嘉庚領導動員總會的激烈反應，反映了他們對一個始終堅持無黨派立場者的怨毒與偏執；而英殖民地政府總督湯姆士二月三日的電文，卻是陳嘉庚在最黑暗時期為防衛星島所做貢獻的最好見證。

　　陳嘉庚離開新加坡後兩個星期，1942 年 2 月 15 日，新加坡終於淪陷，開始了所謂昭南時代，十三萬英國聯軍淪為戰俘，其中三萬五千名為英格蘭與蘇格蘭軍，一萬五千名澳軍，六萬五千名印度軍，其餘一萬五千名為馬來人與華人混合隊。星島淪陷是新加坡現代史上最悲慘的一頁。[37]日軍佔領馬來亞時間為 3 年 8 個月，在這漫長的暗無天日的日子裏，日軍在新加坡大檢證殺十萬人，在馬來半島清算抗日分子，吉隆坡、麻坡等地均作集體大屠殺，其屠殺的物件是：（一）與中國難民籌賑會有關者；（二）被認定曾大量捐獻籌賑基金的有錢人；（三）籌賑會的不屈組織人陳嘉庚的附和者；（四）報界人士、校長及高等學校學生；（五）海南人，日本人認為他們全都是共產黨；（六）新來馬來亞者，日本認定他們所以離開中國是因為討厭日本人；（七）文身刺墨的人，認為他們是秘密會黨分子；（八）志願軍，志願後備軍及“義勇軍”分子；（九）政府公務員和諸如保安官、立法院議員等類人士，因為他們好像具有親英的同情心理。[38]日軍鐵騎所至，殺燒淫掠，屍填溝壑，兇殘至極。戰爭的殘酷，曠世未有！

檳榔嶼華僑收集殉難屍骨并立碑紀念一瞥(一)

DISPOSAL OF THE REMAINS OF THE MASSACRED AND THEIR MEMORIAL AT PENANG

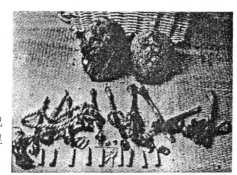

峇都丁宜地質潮濕，骷髏掘出已凝成泥團，重十餘斤，綑綁手足之青索，則頗堅勒，不易拉斷。

檳榔嶼殉難華人之屍體掘出後，集中火化，其骨灰安葬紀念碑下。

資料來源：許雲樵《1937-1945 新馬華人抗日史料》

　　在這艱難困苦的歲月中，馬來亞各族人民表現出反侵略、抗強暴的頑強的信念與力量。尤其是對華族，日軍是以報復的殘毒手段，並採用毒辣的民族離間的政策，對華人抗敵的英勇戰士斬盡殺絕，手段極端殘忍。但中馬兩國的民衆在抗敵鬥爭中不屈不撓，寫下了歷史上最悲壯的一頁。

　　1941 年 12 月 8 日，當太平洋戰爭的戰火蔓延到馬來亞之後，馬來亞共產黨向英國殖民地當局提出全面抗日的主張，同時積極在全馬各地組織群衆。但他們的建議遭到英殖民地當局的拒絕。當日本侵略部隊直逼新加坡時，英國當局最終同意接受共同抗日的提議，於 12 月 15 日釋放所有的左翼政治犯，並且在 18 日與馬共簽訂互相合作，聯合抗日的協定。1942 年 1 月 4 日，成立由共產黨領導的人民抗日軍第一獨立隊，爲馬來亞人民抗日軍的胚胎。自此以後在各地共成立八個獨立隊。馬來亞人民抗日軍擁有萬餘人的武裝隊伍，在日本佔領三年八個月期間，與日軍進行 300 多次的大小戰鬥，爲反日本軍國主義的勝利，作出了貢獻。1943 年 6 月成立馬來亞人民抗日同盟會（簡稱"抗盟"），標誌著馬來亞各民族抗日統一戰線的正式形成。這在一定程度上扭轉了處境危急的抗日衛馬運動。

　　在此之前，中國和英國曾達成聯合開闢敵後活動的協定；敵後活動組織屬於聯軍遠東總司令蒙巴登上將轄下的 136 部隊，基地設在錫蘭，專門訓練由重慶選派來的華僑青年，分爲情報、翻譯、電機與遊擊戰等訓練。自 1943 年 5 月至 1945 年 7 月，分作六批（編號龍一至龍六），與英軍混合編組，最初用潛艇登陸馬來亞西岸，1944 年夏天以後，因受日軍監視，自龍四起，改爲空投。根據 136 部隊（Force136）的行動計劃（Operational Scheme），此一部隊除上校指揮官威理（I.S.Wylie）外，全部隊員 136 人，其中英方 95 人，華方 42 人。依"人民抗日軍"根據地分爲八組，每組平均十七人，其中英軍

12 人，華員 5 人。不過，也有三個重點：霹靂 32 人，柔佛南部 25 人，吉打 22 人。他們在錫蘭基地時就以此編組接受訓練，然後分批出發，進入馬來亞各地。[39] 1943 年 5 月間 136 部隊於幫喀島登陸，和?叻的第五獨立隊取得聯繫。在人民抗日軍的支援和保護下，John Davies、Richard Broome 和林謀盛等 136 部隊成員得以展開 GustavusI 行動的情報活動。1944 年 1 月 1 日，馬共、馬來亞人民抗日軍及馬來亞人民抗日同盟會代表張洪（即萊特）與東南亞聯軍最高統帥部代表 John Davies、Richard Broome、陳春霖（即林謀盛）及 SpencerChapman 正式簽訂合作協定，擴大軍事和政治活動，以配合聯軍的反攻戰略布署。協定認為，聯軍統帥部將盡力為人民抗日軍提供武器彈藥、藥品、醫療援助以及一些軍事訓練和財物資助。協定強調雙方的合作，必須繼續至聯軍有能力完全維護馬來亞的和平與秩序為止。協定的重要意義在於把雙方的合作抗日方式制度化，強化了戰勝日本軍國主義的決心。1944 年 3 月 1 日潛艇接應受阻，資金發生困難，林謀盛親自下山籌款。由於邦喀島週邊諜報站被日軍破獲，林謀盛、吳在新、陳崇智等不幸被捕，情報工作受到嚴重的挫折。同年 6 月，林謀盛在獄中被折磨而死，英勇捐軀。犧牲時年僅 35 歲。

華僑林謀盛，在 1941 年日軍入侵後，加入 136 抗日部隊，潛入馬來亞內地抗戰，1943 年被俘遇害。1965 年新加坡人民專門立碑紀念他和他的戰友。

資料來源：吳鳳斌主編《東南亞華僑通史》福建人民出版社 1993 年版

與此同時，更多的馬來和印度群眾在日軍的高壓政策下，轉而支援人民抗日軍。他們之中包括“祖國護衛

第二次世界大戰柔佛州華僑殉難烈士公墓

Monument erected in memory of the Chinese who were killed by the Japanese during the Second World War

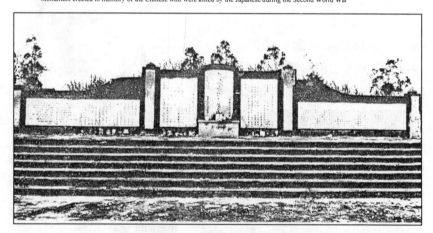

新山殉難僑胞公墓

Monument erected in memory of the Chinese of Johore Bahru who were killed by the Japanese

資料來源：許雲樵編《1937-1945 新馬華人抗日史料》

軍"（Pembela Tanahaiv，簡稱PETA）、"印度獨立同盟"（India In-
dependence League,簡稱 IIL）及"印度國民軍"（Indian National
Army，簡稱INA）的積極成員，增強了抗日統一戰線的組織。此外，
各地森林中的原住民也踴躍參與捐糧運動，也有一些青年人自願參
軍，成為獨立隊的一份子。1945 年 2 月，136 部隊和錫蘭哥倫坡東南
亞聯軍恢復秘密無線電聯繫，對美羅山協定正式加以核准。4 月 16
日，雙方代表再次在吡叻遊擊隊基地開誠佈公舉行會議，決定空投和
接收軍事物資的程式、時間和地點，以及聯軍聯絡官等的調派問題。
從 5 月開始至 8 月止，人民抗日軍與 136 部隊秘密合作，多次協助安
排聯軍空投軍用醫療物資和生活用品的時間與地點，以及接待英、
美、澳籍聯絡官與華人"龍隊"情報員、電訊員與翻譯員。

　　日本軍事當局面臨太平洋戰爭的軍事失利，妄圖製造民族衝突事
件以苟延殘喘。他們使用巫人作馬來亞警察，去監守華人社群的活
動，壓制華人的抗暴行動，自然引起華人社群的憤怒；華人報復以反
抗巫人警察，而巫人又反過來殺華人。太平洋戰爭結束前夕的種族糾
紛，成為馬來亞各民族反法西斯統一戰線工作的陰影和阻力，對戰後
初期馬來亞的種族關係影響甚大。

　　1945 年 8 月 15 日，日本無條件投降。馬來亞人民抗日軍陸續開
入城鄉，進駐各地，並且與抗日同盟會發動各族人民參與設立人民委
員會或人民自治會以維持秩序。英軍於 1945 年 9 月陸續登陸後，重新
建立殖民地政權，並且迅速接管各地的人民委員會組織。在籌組馬來
亞聯邦（Malayan Union）的時候，英國軍事政府（Bvitish Militavy
Administration）提出要求解散馬來亞人民抗日軍。在萊特的堅持下，
中央軍委會通過讓抗日軍復員的決議。1945 年 11 月 12 日劉堯在吉隆
坡中華大會堂，表明同意解散的理由，認為馬來亞已經從日本法西斯
佔領地解放出來，馬來亞已由英軍和平接管，馬來亞人民主要任務是

協助英政府建立民主自由的新馬來亞。於是,在12月1日,馬來亞人民抗日軍以獨立隊爲單位,分別在八個城鎮舉行復員儀式,並交出5497支槍械。馬來亞人民抗日軍的解散,象徵著馬來亞人民反日本法西斯運動的終結。[40]

第四節　沙巴、砂勞越華僑、華人的抗日鬥爭

1938年10月10日,陳嘉庚在新加坡舉行南洋籌賑代表大會時,砂勞越代表有七人,北婆羅洲(沙巴)二人。籌賑會在砂勞越各地活動,以古晉及詩巫最頻繁。古晉籌賑會下設三組:募捐組、義賣組、招募組。古晉華僑回應南僑總會的號召,先後組織三批人回中國參加南僑機工的愛國活動,第一批3人,第二批約20人,第三批53人,總共約70多人回中國參加機工工作。[41]在詩巫,於1937年秋成立"詩巫華僑籌賑祖國難民委員會",簡稱"詩華籌賑會"。1938年成立"美以美籌賑會",是一班熱心教會的基督教徒組織的。後來又舉行第三省各埠籌賑會代表大會,並在各地積極組織活動,如定期演講會、編組宣傳隊、捐賑寒衣、遊藝演劇等活動。砂勞越各地籌賑數目,據1938年10月南僑大會各地代表報告,如下表:

城市	義捐國幣	公債
古晉	300000.00(30萬)	150000.00(15萬)
詩巫	300000.00(30萬)	
美裏	60091.91	
其他	1939、1940、1941年數目不詳,無法查出	

1939年,"中國回教救國協會"派"中國回教親善訪問團"到南

洋宣傳中國對日抗戰，宣慰僑胞及聯絡南洋群島各地信奉回教的馬來亞人及各民族。他們先到馬來半島各地訪問，歷時將近一年，1940 年 10 月上旬，團長馬天英、團員馬達五、吳建勳三人抵達古晉。他們此行的使命，是宣傳中國對日抗戰，揭露日軍的殘酷暴行，將中國人民慘遭屠戮的種種情形，通報給僑胞。他們同時訪問了古晉馬來人回教領袖及教友，得到回教教友的熱烈歡迎。[42]

　　1942 年 1 月，沙巴淪陷；日本侵略者在沙巴血債累累。日軍佔據亞庇，19 日佔領山打根，當時山打根是北婆羅洲首府；日軍佔領山打根意味著英國渣打公司的統治宣告結束。英國政府沒有能力協助沙巴抵抗侵略，日軍佔領沙巴時未費一槍一彈。英國官員被打入監牢，他們所擔任的職位皆由日本陸軍與海軍高級軍官取代。在淪陷期間，沙巴在日軍統治下，橫徵暴斂，民不聊生。沙巴華僑組建遊擊隊，進行抗日鬥爭。據溫堯才、江仕培說：司令郭益南曾在中國學醫，中國政府派他前來沙巴以行醫為名，發起抗日武裝組織。他組織了抗日神山遊擊隊；遊擊隊中還有來自亞庇的江賜培和李德培，前任縣官朱斯史蒂芬，前任亞庇警察官察裏彼得，警察中士迪瓦星，以及邦裏瑪阿裏。郭益南又名郭衡南，英文名是 ALBERTKWOK（現亞庇甘邦亞逸實果商業區有一條小街 vcb 以其名字命名）。他從砂勞越、古晉到亞庇，1942 年 6 月初組織 "救華會"，九月創設 "簡易食堂"，借賣小食飲品，掩人耳目，實為抗日志士的情報、聯絡站。同年耶誕節，宣佈將 "救華會" 改名 "神山遊擊隊"，郭益南與江賜培為正副司令，軍事顧問林廷發。在林廷發的鼓勵指引下，郭益南於 1943 年 4 月以醫生的身份到蘇洛島打維打維聯絡英軍，前後往返兩次；同年八月，郭益南被委為美軍駐菲後備隊駐北婆少尉，聯絡情報。1943 年 10 月 9 日，在鬥蘭及亞庇，領導神山遊擊隊起義，星夜分頭突擊。他們攻打日軍憲兵部、警察總部、駐桼碼頭的日軍守衛和日軍駐桼鬥蘭部隊，

均勢如破竹，高奏凱歌；而海岸各處居民欣聞捷報，設慶功宴，犒賞
義軍。但由於軍事的疏忽，當時情報出了差錯，未獲聯軍大隊及時支
援，更因破壞日軍電臺任務未周而鑄成大錯，頓使一夜之間突襲的勝
利，功潰一簣。日軍獲緊急情報後，調派空軍及海軍陸戰隊，雙管齊
下，大舉反撲，神山遊擊隊因缺乏火力補給，只好敗走，郭益南率五
位戰士藏在兵南邦附近的山東村一山洞中，被奸細告密，日軍包圍山
洞周圍，揚言不出洞投降或頑抗或自殺，山東村逾四百老小村民，亦
必全被殺戮。爲了全村民衆不遭敵人參殺，郭益南立下遺囑，挺身而
出。1944 年 1 月 21 日夜，由火車運載郭益南、陳金興、劉來貴、李
德培等遊擊隊員 176 人屠殺于甘拜園，96 人慘死于石獄中，另 117 人
死於納閩集中營。他們捨身成仁，忠肝義膽，自我犧牲的英雄氣 svc
，使山東村民衆感激涕零，而五百名抗日英雄壯烈犧牲的無畏精神，
在沙巴的神聖土地上寫下了不朽的功績。[43]

1940 年 7 月，卓還來升駐英屬北婆羅洲首府山打根領導。到任
後，他立刻出訪英屬北婆羅洲及砂勞越各地華人社區，並爲政府捐募
抗日款項；他所得捐款爲東南亞地區之冠。1942 年 1 月 19 日，日軍
佔領山打根，把刀架在他的脖子上，強迫卓還來交出領館檔案和密
碼，他竟指著爐中的灰燼說："都在這裏，可以拿去。"於是日軍將
卓還來及其夫人、女兒和仍在繦褓中的幼兒一併關入戰俘營。1943 年
1 月，卓氏全家被遷往砂勞越首府古晉郊外集中營。在此期間，日軍
再三以威逼利誘方式促其與南京僞政權攜手合作；卓還來不爲所動，
他與英籍俘虜同住，日做苦工，修橋造路。他在修路時，認識一僑胞
丁道堯，囑其每日將華文報紙密置指定之土窟中，然後取回並譯成英
文與英俘同閱。1944 年 5 月，被爪哇守兵發覺，報告日憲兵，遂敗
露，又被毒打。至 9 月間，與砂勞越內閣總理克拉克及丁道堯等 10
人，被解到亞庇監獄受苦刑。居 3 月，死者 6 人。時盟軍飛機轟炸甚

烈，卓還來領事被彈片傷及額頭及臂部，後移保佛監獄。1945 年 4 月
12 日移往根地咬，7 月 1 日，日軍單獨釋放卓還來，寄居僑胞何永連
家；但仍被監視。僑胞力勸逃避，因其時盟軍已登陸，抵達保佛。但
卓還來因深知日軍慘無人道，恐傷害全坡僑胞，婉謝。7 月 6 日晨 3
時許，日警長阿部木內中佐、芥山光谷中尉，持火炬來喚，卓領事預
知情形不妙，臨行時安慰僑胞並囑咐說，盟軍到來時，速報其行止。
但就在這個時候，與古晉同來 4 人，被害於根地咬飛機場之樹林中，
距盟軍到達僅一日。1946 年 7 月，南京政府恢復駐山打根領事館，兪
培均就領事職，因北婆羅洲改亞庇爲首府，領事館於 10 月間遷亞庇。
兪培均領事將卓還來殉職經過，呈交南京外交部，外交部覆電：護送
忠骸回國，安葬南京烈墓，以昭忠義。領事館乃派隨習領事丁浩護送
忠骸回南京安葬。至於屠殺卓還來的 2 名要犯，阿部中佐、芥山中尉，
于 1946 年 9 月 20 日在新加坡監獄，執行死刑。[44]

　　燕京大學前校長、美國前駐華大使司徒雷登，在悼念卓還來時寫
下這樣一段話：

　　　　卓還來的一生，不論是其學生時代的表現，或日後事業上之
成就，皆獲得我衷心的愛戴與尊敬。他出自名門，兄弟多人讀過
燕大。他具有中國傳統中最優秀的品質，也是我校畢業生中之典
範。他集學術成就、愛國情操和專業技術於一身。這一切充分表
現在法國求學時期光輝的成績和外交生涯傑出的貢獻。他之死，
令我感到無限的哀思，更是他家人和民族極大的損失。因爲他英
勇地堅守自己的崗位，使殺害他的日本軍官們，暴露了他們蔑視
國際榮譽和法律，也不尊重外交官員所特有的身份。而卓君在吾
人極度悲痛中所留下的記憶，是他短暫而崇高的生命，和英勇無
比的死亡。[45]

1947 年卓還來烈士的遺骸歸葬祖國，在北婆羅洲舉行了悲壯的公

祭和送行儀式。是年 7 月 8 日，南京政府在南京隆重祭奠英烈。烈士遺骸安葬于南京雨花臺忠烈公園。在北婆羅洲也建立紀念碑，銘志其歷史功績。

【注釋】

1　胡文虎原籍福建永定縣下洋中坑村，不是廣東人。——引者注。

2　（日本）企畫院編輯《華僑研究》，松山房出版，1939 年 10 月，東京，第 251—254 頁。轉引自郭梁《日本人論陳嘉庚》，載廈門大學《南洋問題研究》1985 年第 1 期。

3　《南洋商報》1928 年 5 月 9 日。

4　楊進發著、李發沈譯《陳嘉庚——華僑傳奇人物》第六章《從社會領袖至政治領袖——統率中的陳嘉庚》第 206-208 頁。

5　陳嘉庚《南僑回憶錄》上冊 39《濟案籌賑會》新加坡八方文化企業公司發行第 33A 頁。

6　見英殖民部檔案 Co273／542／52010R・Inghan's Reporton Kuo Nin Tang and other Societies in Malaya(Continued) July-Sptember 1928，文件志期 1928 年 10 月 23 日，第 3-4 頁，轉引同 4。

7　見英外交部檔案 Fo37/113925/778,A.M.Goodman 撰《The Kuomintang in Malaya(continued)》1928 年 12 月 28 日，第 22 頁，轉引同 4。

8　《南僑日報》1947 年 9 月 30 日。

9　參閱 4。

10　CO273/576/821/84，金文泰總督 1931 年 12 月 10 日致殖民部函。轉引 4。

11　CO275/海峽殖民地行政議會會議記錄，1932 年 5 月 11 日，第 85 頁，轉引 4。

12　日本外務省通商局第二課《滿洲事變後二十天在中國、南洋發生的排日運動》，東亞研究所編。第 79 頁。

13　同 4 第 221 頁。

14　薩本仁、潘興明著《20 世紀的中英關係》（ERSHI SHIJI DE ZHONGYING
　　GUANXI），上海人民出版社 1996 年年 7 月第 1 版，第 218-219 頁。

15　李恩涵《星馬華人的抗日救亡運動（1937——1941）》，載李業霖主編《太
　　平洋戰爭史料彙編》（Sumber Sejarah Peperangan Pasifik）。

16　楊進發《戰前新華社會結構與領導層初探》，新加坡南洋學會，1977 年版
　　第 170-172 頁。

17、19　陳嘉庚《南僑回憶錄》上冊六九《七七抗戰僑民大會》，美國八方文
　　　　化企業公司 1993 年 7 月版第 57 頁。

18　原文載于《南洋商報》1937 年 8 月 16 日。

20　《南僑回憶錄》上冊七六《閩代表來洋籌款》。

21　許雲樵、蔡史君編修《新馬華人抗日史料》（1937—1945）新加坡文史出
　　版私人有限公司，1984 年版，第 79-81 頁。

22　李恩涵《星馬華人的抗日救亡運動》（1937—1941），載李業霖主編《太
　　平洋戰爭史料彙編》第 70 頁。

23　見注 21 第 23 頁。

24　Y.Akashi: The Nanyang Chinese Saloation Mouement,第 25 頁。

25　以上資料均見李業霖主編《太平洋戰爭史料彙編》李恩涵文。

26　南洋華僑籌賑難民總會編《大戰與南僑》。

27　《新華日報》1941 年 1 月 27 日報導。

28　參閱林少川《陳嘉庚與南僑機工》，中國華僑出版社，1994 年 8 月第 1 版。

29　《邱吉爾演講全集》（Winston Churchill HiS Complete Speeches）第 6 卷，
　　倫敦 1974 年版，第 625 頁。

30　《抗戰建國六周年紀念叢刊》，臺北中央文物供應社 1976 年版，第 116 頁。

31　《現代國際關係史辭典》，河南人民出版社 1988 年版第 732 頁，以上資
　　料，見薩本仁、潘興明著《20 世紀的中英關係》，上海人民出版社 1996 年

　　版。

32　見 B.AM.1/25《A.H.Dickenson Letters and Memoranda,1946》由倫敦 Royal
　　eommonwealth Society 收存。

33　見《Worldwar2,Shenton and Constitution,FilleI》，轉引自 4。

34　見 Co237/669/50750 殖民部致海峽殖民地總督函，1942 年 1 月 30 日。轉引
　　同上 4。

35　同上，見總督致殖民部函，1942 年 2 月 3 日。

36　同上，見總督致殖民部函，1942 年 2 月 4 日。

37　同 4。

38　見巴素著、郭湘章譯《東南亞之華僑》第三十二章，臺灣正中書局 1966 年
　　版第 529 頁。

39　同 21，第 744—747 頁。

40　本節資料參閱陳劍虹《馬來亞人民抗日軍簡史》，見李業霖主編《太平洋
　　戰爭史料彙編》。

41　見劉伯奎著《抗日時期砂勞越華僑機工回國服務實錄》，新加坡長夏出版
　　社 1983 年版第 9—10 頁。

42　劉子政編：《中國回教南洋訪問團演講錄》，詩巫《華僑日報》社長劉子
　　欽發行。引自劉子政《砂勞越華人抗日活動與籌賑會》一文，載李業霖主
　　編《太平洋戰爭史料彙編》。

43　見李瑞青、張瑞爵、鄭詩岩編《神山英烈志》，首都（沙巴）有限公司 1993
　　年正月十五日出版。

44　謝育山《神山遊擊隊抗敵史》第 105—107 頁。

45　引自《日本侵華研究》1992 年 2 月第 9 期第 51—52 頁。以上資料，見朱永
　　德譯《卓還來先生生平事略》。

第十七章　馬來西亞獨立及其和中國建交

　　1945 年第二次世界大戰結束，馬來亞人民經歷了三年八個月的日本鐵蹄生活，飽受折磨；但同時又喚醒了人民的政治意識，認爲馬來亞命運應由馬來亞境內各民族自行掌握。於是，要求獨立自治的呼聲很高，各地民族運動怒潮澎湃。英殖民地政府知道，舊式的殖民統治，已無法維持，對海峽殖民地鞭長莫及。權力分散，不便統一治理，於是，在 1945 年 9 月 5 日至 1946 年 4 月 1 日的九個月軍政時期之後，就着手籌劃戰後在馬來亞建立更全面、更直接的殖民統治。

第一節　馬來西亞的獨立

　　爲了適應戰後新形勢的發展，英國於 1945 年 10 月派哈羅德・麥克邁克爾（Harold Macmichael）到馬來亞與各州蘇丹簽訂有關新政制的協定。1946 年 1 月 22 日，英國正式公佈關於馬來亞聯邦（Malayan Union）新政制的白皮書。白皮書內容的關鍵處，在於英國企圖由英總督控制中央政府，將各邦的蘇丹權力全部剝奪，僅留名義上的空銜。原有的各邦政府，一律撤消，改組爲州政府，每州設一位英國派出的參政司，代表總督，推行州內的大政。白皮書還承認馬來亞境內的居民，不分種族，凡當地出生，或居留滿五年者，可以申請爲歸化公民。並建議新、馬分治，新加坡成爲直轄殖民地，馬來半島各邦則合組爲馬來亞聯邦。這馬來亞聯邦之議，立即掀起了馬來民族強烈抗議的大風暴；在吉隆坡遊行抗議。柔佛奧恩（Dato Onn bin Ja' afar）領導的馬來民族統一機構（The Unted Malays National Organizat ion）

（簡稱巫統）開展反對白皮書運動。各民族從不同的觀念出發，一致反對英國推行的新殖民統治制度；認爲這個新政制，實質上等於舊式的殖民統治的復活。當時，大部分華人仍沈迷于對中國政局的分歧，對馬來亞聯邦憲制表示冷漠。而英殖民當局仍然採取一貫的“分而治之”的政策，製造不平等的民族政治地位；於是，成立一個由四名英人，六名蘇丹代表參加的工作委員會，重新修改憲制，華人不受邀請參與。並於1946年12月29日推出馬來亞新政制的藍皮書。藍皮書中仍然堅持馬來亞分治，將馬來亞聯邦改爲馬來亞聯合邦，由英國派高級專員統治馬來亞聯合邦，並成立一個有七十五議席的聯邦立法議會，恢復馬來各州蘇丹的權力，同時實行新的公民權法律，確認馬來人的特殊地位，對非馬來人獲得公民權採取更嚴格的限制。因此，引起了華人社會的強烈反對，認爲這是英殖民主義者分而治之陰謀的延續，旨在將華人與巫人分成兩個陣營，而由英國人來控制其均衡，並使華人今後在馬來亞社會地位低落。華人社會的呼聲和正義主張，獲得其他民族的理解和支援。但英國不顧馬來亞人民的反對，繼續推行殖民政策，於1948年2月1日宣佈正式成立馬來亞聯合邦。同時，以所謂共產主義威脅爲藉口，英殖民政府頒佈所謂“緊急法令”，宣佈馬共和其他進步組織“非法”，逮捕大批民主進步人士，對馬來亞人民進行殘酷的武裝鎮壓，還強行將近50萬華僑山芭居民遷入集中營——新村。當時英軍對付鄉村地區的華人，手段非常毒辣，許多平民無辜遭殺害，數萬名人士在無審訊下無限期拘禁，數萬名人士被驅逐出境，一些華人村莊被放火燒毀，或被夷爲平地，有的村民無辜被槍殺，華人生命失去保障，切身利益被剝奪，陷入空前的苦難。

　　早在1946年，馬來人爲了爭取獨立，已組成自己的政黨，稱爲“巫人聯合總機構”（United Malay National Organization），簡稱巫總或巫統；是年8月，馬來亞的印度人也組成一個政治團體，稱爲馬來亞印度國民大會，簡稱印度國大黨；1949 年 2 月，馬來亞華人成立政黨，稱爲馬來亞華人公會，簡稱馬華公會。這三大政黨，於 1955 年又組成聯盟，稱爲巫華印聯盟，一致以馬來亞的獨立爲奮鬥目標。1955 年 7 月 27 日，馬來亞聯合邦立法議會舉行大選。選舉結果，巫華印聯盟在 52 個選區中獲得 51 個選區的勝利，成爲馬來亞聯合邦執政黨。8 月 4 日，聯盟黨組成新政府，聯盟党領袖東姑‧阿都拉曼（Tunku Abdul Rahman Putra）任馬來亞聯合邦首席部長兼內政部長。國人崇爲馬來西亞之父（Bapa Malaysia）。這是馬來西亞歷史上由本地區政黨執政的第一屆政府。

雖然聯盟黨組織了新政府，但是英國人仍然掌握着政府的實權，馬來亞聯合邦還不是獨立國家。因此，1955 年 8 月 22 日，首席部長東姑‧阿都拉曼向英殖民部遞交備忘錄，提出了一系列要求：在今後四年內聯合邦在英國自治領內獨立；取消英國欽差大臣的否決權；聯合邦政府財政和防務大權交回民選政府；大赦共產黨，等等。英國政府接受了這些要求。

1955 年 12 月 28 日，東姑‧阿都拉曼與共產黨總書記陳平在吉打州華玲舉行和平談判。因雙方意見分歧太大而致談判破裂。

1955 年底，以首席部長東姑‧阿都拉曼爲首的聯合邦政府和蘇丹代表團前往倫敦，同英國政府談判獨立問題，經英政府同意，決定馬來亞聯合邦於 1957 年 8 月 31 日獨立。1957 年 8 月 31 日午夜，首都吉隆坡舉行隆重的獨立典禮，馬來亞聯合邦國旗莊嚴升起，宣告英國在馬來亞長達 171 年的殖民統治結束。於是，馬來亞聯合邦成爲第二次世界大戰後第 11 個獲得獨立的英國殖民地國家，同年也成爲聯合國第 82 個會員國。1959 年 8 月 19 日，聯合邦在獨立後兩年內舉行全國大選，巫華印聯盟在大選中獲勝，取得國會下議院 104 席中的 74 席，繼續成爲執政黨。東姑‧阿都拉曼繼續任總理。

　　1959 年，由李光耀領導的新加坡人民行動黨在新加坡大選中取得勝利，新加坡獲得自治，李光耀就任新加坡自治邦總理。

　　1960 年 7 月，馬來亞聯合邦長達 12 年的緊急狀態宣佈結束。

　　1961 年 5 月 27 日，東姑·阿都拉曼總理在新加坡外國記者協會的宴會上第一次提出成立馬來西亞的計劃。他認為，馬來亞聯合邦是一個小國，不能永久地、單獨地處於經濟上孤立的狀態，必須擴大和加強它的經濟基礎。通過馬來亞聯合邦和英國在東南亞的殖民地沙巴（北婆羅洲）、砂勞越、新加坡（當時尚未完全獨立）和汶萊合併，這個目標就能實現。他把這個計劃的政治實體稱為馬來西亞。經過多次會談，1963 年 7 月 9 日舉行馬來西亞聯合邦協定簽字儀式，在協定上簽字的有英國、馬來亞、沙巴、砂勞越和新加坡的代表，汶萊蘇丹沒有參加簽字。根據協定，沙巴、砂勞越、新加坡均以州的名義同馬來亞聯合邦合併組成一個新的聯邦，稱為馬來西亞，並於 1963 年 8 月 31 日（馬來西亞日）生效；英國政府從馬來西亞日起，撤銷英國女王在沙巴、砂勞越和新加坡的宗主權和司法權；英國政府和馬來亞聯合邦政府簽訂的防務和互助協定擴大到全馬來西亞，英國政府繼續使用新加坡軍事基地。1963 年 9 月 16 日，東姑·阿都拉曼總理宣佈馬來西亞成立。由於政治上和經濟上的原因，馬來西亞成立不到兩年，新加坡脫離馬來西亞。1965 年 8 月 9 日，新加坡共和國成立，成為一個獨立自主的國家。同日，馬來西亞政府宣佈承認新加坡共和國。[1]

第二節　馬來西亞與中國建交

　　在歷史長河中，馬來西亞和中國具有悠久的傳統友誼。16 世紀起，西方殖民者侵入馬來亞，中馬兩國之間的友好交往若斷若續，到了清代末年，中國積貧積弱，大量中國人移民馬來亞，兩國之間的關係，在民間來往中體現出來。終於，馬來西亞獨立了，以一個獨立民主的國家屹立在世界版圖上，再不是過去一個一個小國的分割和殖民統治的狀態了。這是馬來亞各族人民共同奮鬥的結晶，是世界和平史上值得慶賀的大事，也是中國人民與之同慶的大事。新中國成立時，馬來亞聯合邦仍處於英國殖民統治之下。中國政府和人民對馬來亞人民擺脫英國殖民統治，爭取獨立的鬥爭表示同情和支援。同時，保持著同馬來亞的民間貿易。1950—1956 年，中馬雙方民間貿易累計達 1.57 億美元，主要通過香港和新加坡進行。

1957 年 8 月 31 日，馬來亞聯合邦宣告獨立，中國政府對馬來亞人民在爭取獨立的鬥爭中取得的勝利表示祝賀。毛澤東主席和周恩來總理代表中國政府致電馬來亞聯合邦最高元首端古·拉赫曼和總理東姑·阿都拉曼，祝賀馬來亞聯合邦成立。周總理在電報中宣佈承認馬來亞聯合邦，並願意與馬來亞聯合邦建立邦交。但是，在冷戰的影響和當時的條件下，兩國未能實現關係正常化。1963 年 9 月 16 日，馬來亞聯合邦同新加坡、砂勞越、沙巴合併組成馬來西亞。中馬關係仍未能走上正常的軌道，這種情形一直持續到 70 年代前期。儘管雙方未建立正式邦交，但民間貿易卻一直在進行，如 1971 年 5 月 13 日到 17 日，國營企業公司董事長東古·拉紮利率馬來西亞貿易代表團訪華，周恩來總理、李先念副總理會見代表團。1971 年 8 月 22 日，中國國際貿易促進委員會代表團訪問馬來西亞，24 日拉紮克會見中國客人。1972 年 3 月橡膠研究院院長薛卡爾率領馬國橡膠考察團來華考察；5 月馬國醫學代表團來華訪問。1973 年 7 月中國橡膠考察團訪馬，等等，頻繁的民間來往，爲後來中馬關係正常化奠定了基礎。

歷史進入 70 年代，國際形勢發生重大的變化，東南亞的局勢也有重大的轉變。1970 年 9 月，敦·阿卜杜勒·拉紮克擔任馬來西亞總理。他從國內外形勢的實際情況出發，開始調整國內外政策。他提出

了東南亞中立化的主張，並在東盟國家中率先改變對中國的政策，爲
同中國改善關係採取了相應的措施。中國方面，也開始糾正過去在外
交政策上的左傾錯誤，並注重發展同各國、特別是亞、非、拉發展中
國家的關係；對馬國外交方面，採取了一些措施，推動中馬雙方關係
的發展。兩國之間，除了民間商業及文教、體育團體的來往外，1971
年10月召開的第26屆聯合國大會上，馬來西亞代表就恢復中國在聯
合國合法地位的提案上投了贊成票。1972年以後，兩國民間交往增
多。1974年5月28日—6月2日，馬來西亞政府總理敦·阿卜杜勒·
拉杂克應中國政府邀請，率領馬來西亞政府代表團訪問中國。毛澤東
主席和周恩來總理會見了拉杂克總理一行。雙方就雙邊性、區域性和
國際性的各種問題進行了廣泛的會談。5月31日，中馬兩國發表聯合
公報，宣佈自即日起兩國政府互相承認，並建立外交關係。馬來西亞
成爲東盟成立後第一個與中國建交的東盟國家，中馬關係從此翻開了
新的一頁。

附：

中華人民共和國政府　　聯合公報
馬　來　西　亞　政　府

馬來西亞總理敦·阿卜杜勒·拉扎克·賓·達圖·候賽因閣下應
中華人民共和國國務院總理周恩來閣下的邀請，於1974年5月28日
至6月2日訪問了中華人民共和國。陪同敦·阿卜杜勒·拉扎克總理
閣下的有政府各政黨代表和政府官員。

在訪問期間，敦·阿卜杜勒·拉扎克總理會見了毛澤東主席，並
向他轉達了馬來西亞政府最良好的祝愿。他們進行了友好、坦率的談
話。

周恩來總理、李先念副總理和敦·阿卜杜勒·拉扎克總理就雙邊
性、區域性和國際性的各種問題進行了廣泛的會談。會談是在坦率和

友好的氣氛中進行的。兩國總理一致認爲，近年來亞洲形勢發生了有利各國人民的深刻變化。中馬兩國關係正常化是符合兩國人民利益的。爲此，兩國總理決定通過本聯合公報宣布兩國關係的正常化。

㈠中華人民共和國政府和馬來西亞政府，爲了增進兩國人民的傳統友誼，決定自公報公布之日起互相承認並建立外關關係。

㈡兩國政府認爲，儘管中華人民共和國和馬來西亞的社會制度不同，這不應妨礙兩國政府和人民在相互尊重主權和領土完整、互不侵犯、互不干涉內政、平等互利、和平共處各項原則的基礎上，建立和發展兩國間的和平友好關係。兩國政府認爲，任何外國的侵略、干涉、控制、顛覆，都是不能允許的。雙方認爲，一個國家的社會制度，只能由這個國家的人民自己選擇決定。它們反對任何國家或國家集團在世界上任何地區建立霸權和勢力範圍的圖謀。

㈢馬來西亞政府承認中華人民共和國政府爲中國的唯一合法政府，並承認中國政府關於台灣是中華人民共和國領土不可分割的一部分的立場。馬來西亞政府決定關閉它在台北的領事館。

㈣中華人民共和國政府承認馬來西亞政府，並尊重馬來西亞的獨立和主權。

㈤中華人民共和國政府注意到馬來西亞是由馬來血統、中國血統和其他血統的人構成的多民族國家。中華人民共和國政府和馬來西亞政府聲明，它們都不承認雙重國籍。根據這一原則，中國政府認爲，凡已自願加入或已取得馬來西亞國籍的中國血統的人，都自動失去了中國國籍。至於那些自願保留中國國籍的僑民，中國政府根據其一貫的政策，要求他們遵守馬來西亞政府的法律，尊重當地人民的風俗習慣，與當地人民友好相處。他們的正當權利和利益將得到中國政府的保護，並將受到馬來西亞政府的尊重。

㈥周恩來總理和敦・阿卜杜勒・拉扎克總理同意，兩國政府按照國際慣例，在各自首都爲對方大使館的建立和履行職務提供一切必要的協助，並按實際可能儘早互換大使。

中 華 人 民 共 和 國　　　　馬 來 西 亞
國 務 院 總 理　　　　　　　總　　　理

周 恩 來　　　　　敦·阿卜杜勒·拉扎克·
（ 簽字 ）　　　　賓·達圖·候賽因
　　　　　　　　　（ 簽字 ）

（1974 年 5 月 31 日于北京）

　　中馬兩國建交，恢復了兩國之間的傳統關係，掀開了兩國歷史的新篇章。對東南亞區域內的和平穩定及繁榮起了重要的決定作用，創造了亞洲歷史新的一頁。

　　馬來西亞是一個多元種族的國家，華族的地位在馬來西亞是一個十分複雜的問題。第二次世界大戰前的馬來亞，是英國的殖民地。除了海峽華人（The Straits Chinese，或稱峇峇）以及少數有錢有勢的華族移民能獲准爲大英籍民外，其他絕大多數的華族移民，在法律上都是中國移民，是中國籍民。這次兩國建交的公報，這一問題擺在極其重要的地位。中華人民共和國政府注意到馬來西亞是由馬來血統、中國血統和其他血統的人構成的多民族國家。中華人民共和國政府和馬來西亞政府聲明，它們都不承認雙重國籍。根據這一原則，中國政府認爲，凡已自願加入或已取得馬來西亞國籍的中國血統的人，都自動失去了中國國籍。至於那些自願保留中國國籍的僑民，中國政府根據其一貫的政策，要求他們遵守馬來西亞政府的法律，尊重當地人民的風俗習慣，與當地人民友好相處。他們正當權利和利益得到中國政府的保護，並將受到馬來西亞政府的尊重。中國對海外華人這一立場和態度，粉碎了國際上的所謂"亞洲泛華人主義的領袖和提倡者並和海外華人合謀從內部征服東南亞"[2] 的議論，過去那種"恐懼華人會成爲中國外交政策的工具"的疑慮完全可以化解，中國把馬來西亞華人看作馬來西亞人而非中國人，這使馬來西亞華人爲成爲馬來西亞人而自豪。所以在公報中兩國政府的表示，奠定了馬來西亞華裔公民的地位。

在國際關係問題上，馬來西亞政府承認中華人民共和國政府爲中國的唯一合法政府，並承認中國政府關於臺灣是中華人民共和國領土不可分割的一部分的立場。馬來西亞決定關閉它在臺北的領事館。中國方面，贊同馬來西亞的東南亞中立化政策，認爲馬六甲海峽不應該成爲國際領域。中馬兩國之間力求加強國際合作。正如周恩來總理在歡迎拉紮克總理時在北京國宴上的演說詞所說的："中國是一個發展中的社會主義國家，屬於第三世界。中國人民一貫支援一切被壓迫民族和被壓迫人民的正義鬥爭，這是我們的國際主義義務。同時，我們認爲一個國家的社會制度只能由這個國家自己去決定，而不能由別國來強加，不同社會制度的國家可以在互相尊重主權和領土完整，互不侵犯，互不干涉內政，平等互利，和平共處五項原則的基礎上發展國家關係。中國和馬來西亞的兩國人民有著兩千多年的傳統友誼。在反對帝國主義和殖民主義的共同鬥爭中，我們兩國人民一貫互相同情，互相支援，我們高興看到近年來中馬兩國人民友誼有了新的發展。"拉紮克總理在宴會上的致詞中也說："馬來西亞在比較上是一個年輕而小的國家。但是，好像土地廣大，人口衆多以及歷史悠久的中國一樣，我們對我們的自由和獨立感到十分自豪。好像中國幾百年來爲持久團結而奮鬥一樣，我們很小心的裁培我們國內多元種族人民，多種語文，以及多元文化致力建立起來的團結，我們兩國都在尋求世界和平、自由和公正。我們都爲我國的人民生活的安定、端莊和尊嚴而努力。因此，在重新我們的關係，我很高興看到我們具有這些共同點。"[3] 作爲馬來民族的領袖，拉紮克總理第一位簽署了歷史性的文件，恢復了中馬已經中斷近半個世紀之久的兩國人民的友誼關係，在兩國的關係史上，掀開了新的一頁。

第三節 從華僑到華人 —— 落葉歸根到落地生根

從華僑到華人，從落葉歸根到落地生根。這一歷史性的轉變，對於生活在馬來西亞的華族族群來說，是一次重大的變化。

1955年，中國總理周恩來出席在印尼舉行的亞非會議上，提出了中國與世界各國關係上的和平共處五大原則；在處理海外華人國籍問題上，周恩來總理清楚表明反對海外華人擁有雙重國籍的立場，促請海外華人加入當地國籍。這使許多海外華人改變幾百年來延續着的思想觀念，同意放棄中國國籍。中國政府在制定外籍華人政策的着眼點主要在於：利於外籍華人融合于當地社會，有利於他們作爲當地少數民族爭取民族平等的權利，有利於最大限度地清除所在國可能存在的疑慮，有利於加強所在國與中國之間的友好關係。1974年中華人民共和國政府與馬來西亞政府的聯合公報，兩國政府公開聲明不承認雙重國籍，中國政府認爲，凡已自願加入或已取得馬來西亞國籍的中國血統的人，都自動失去中國國籍。這一項聲明，對於馬來西亞華族來說，是把兩千多年來的中國意識和自己所處地位結合起來的一次思想大解放。

中國人移民馬來西亞，經歷了二千年的歷史。作爲一個文明古國的和平移民，無論是爲了經商、航海、政治避難、尋求新的活路等種種不同的原因，他們居住在馬來半島上，在砂勞越、沙巴的土地上，都用自己的辛勤勞動開闢新的世界，促使馬來半島、砂勞越、沙巴的開發、發展和繁榮。他們離開中國之後，本來也並不爲所謂"國籍"或者華族的民族意識而感到爲難，因爲凡經商的是爲了獲利，凡過境的是爲了生存，凡賣豬仔的是爲了尋找能活下去的機會，凡群體移居的是爲了在南洋建立一片樂土。他們沒有任何政治企望。即使鄭和下西洋也僅僅是爲了展示國威，浩浩蕩蕩而往，滿載榮譽而回罷了。所以華人在海島上生活，與原住民融成一片，怡然自樂，也沒什麼隔閡。張燮在報導馬六甲的時候寫道："其間男女椎髻，肌膚黑漆，間有白者，華人也。"[4] 清代王大海說："華人自明永樂王三保、鄭和等下西洋探買寶物，至今通商來往不絕。"[5] 馬來作家文西阿都拉在十九世紀四十年代描寫丁加奴時寫到一處華人村，這裏的華人已與馬來人融合在一起了。他寫道：

> 走進華人村，迎面是一座木橋，寬一尋，長五六尋。橋前一道圍牆，前設一門，最多是一尋寬。過了圍牆，眼前有小商店左右排列，都是磚屋，且都是華人的。
>
> 我和格蘭柏爾走向老甲必丹的家。他的家四周都有圍牆。我們倆走了進去。那是一所磚屋，有點像中國廟。屋內兩邊都是房子，屋後地方寬闊，種滿了椰樹。甲必丹的老妻出來迎接。她的年齡已有七八十歲了，眼睛也已失明。我們坐下來和她細說有關新加坡的事情。老婦人眞是和藹可親，說話也有分寸。說的馬來語非常流利，不帶一點華人腔調。一會捧上茶和柑叫我們吃。她的女兒們也都出來，看她們的舉止、衣著、談吐與態度，都很像馬來人，禮貌也很好。老婦人說："先生先坐一會，我叫人采些嫩椰去。"我連忙道謝，說："別客氣了，甲必丹，我們馬上就要開船，不能耽擱了。"我向她行禮辭行。她說："先生請替我留意打聽，我有兩個孫子，時常會到星洲去，見到的話，請看看他們有沒有學壞啊！"
>
> 丁加奴的華人當中多數是閩籍和客籍。他們操馬來語比華語多，惟其子女則多利國華語。上游地方的華人要比內陸的多。

當文西阿都拉到達彭亨時，他也描寫彭亨華人村裏華人的居住狀況：

> 住在彭亨華人多屬客籍，屋子都是亞荅蓋的，家家都擺設
> 一些雜貨，如布匹和食物之類，外人可以向他們購買。其中有娶
> 荅厘和馬來女子爲妻的，生下的子女用華語多於馬來語。還有一
> 間亞荅小屋，是華人進香的所在。6

這位馬來新文學先鋒筆下的描寫，是眞實而又樸素的，這是華人在馬
來半島上自由自在的生活寫照。他們飄洋過海來到不同的地方，適應
當地的環境定居下來，營造自己的家園，不存在任何政治意識，只是
爲了生存；馬來人是他們的鄰居和朋友，兩個民族的交往融洽無間，
而且通婚繁衍後代。

　　這種田園式樂園生活，延續了好幾個世紀，一直到馬來半島淪爲
殖民地。先期的殖民主義者們一方面利用華人的勤勞、技術、商業能
力爲他們開闢荒地和溝通貿易，另一方面卻釀造種族隔閡，對華人及
馬來人分而治之，製造民族的分裂。但民族之間的裂痕並不嚴重。自
從英國人到達馬來半島之後，爲了鞏固殖民政府的統治，在馬來半島
攫取更多的財富，他們想方設法，招募勞工。而這時候的中國已經衰
弱，飽受憂患的華南人民，懷著美麗的憧憬來到馬來半島及婆羅洲各
地，19 世紀前後的移民群中，多數是“契約勞工”，他們被當“豬
仔”販賣，離鄉背井來到南洋，胼手胝足，流血流汗辛勤勞動，把荒
山野嶺變爲熱帶植物的種植園；把埋在地下的黃金、白錫挖掘出來成
爲財物。英國人在種植園、礦場、工廠、商業、運輸等，使用的幾乎
全是華僑勞工；讓他們出賣廉價勞動力。這些來自文明古國的移民，
給馬來半島帶來了先進的技藝，勤儉的美德，用他們辛勤的勞動、生
命和鮮血換來了當地社會經濟的發展。正當他們爲殖民地政府創造財
富時，殖民地政府卻利用華人的特點和弱點，又運用政治上的強制手
段來統治他們。在警察隊伍中，華人幾乎是空白的，多數是由馬來

人、印度人或其他民族人士擔任，不斷造成種族之間的隔閡，以便於白人的統治。他們利用種族主義的政策，種下了種族不和的種子。

僑居馬來半島的華人群體中，部分移民的生活發生巨大的變化。部分華人已定居馬來亞與當地土著婦女結婚，生下混血兒。這類土生華人，稱爲峇峇，亦稱海峽僑生。他們在西方文化、土著文化與傳統中華文化的互相衝擊下，成爲一混合多種文化的特殊群體，他們在政治上傾向對當地政治的參與；而另一部分華人，則是中國華南地區的移民及其後裔，他們保留着中國的傳統文化，這一個移民族群也是沒有政治色彩的。這些人不論是當年賣豬仔的，集體移民的，甚至是爲了復明反清而逃亡的人，他們也僅在這茫茫大海外的半島上，求得一己的生存條件而已。而在十九世紀末葉，"華僑"一詞開始使用，並且賦予政治意義，這使人突然悟出兩千多年來，尤其是從明至清代流寓於海外的華人群體，不僅不是國家的"氓流"，而且是能創造財富的海外移民。於是開始用"華僑"二字作爲這一群體的代名詞。根據王賡武所考，"華僑"一詞即"海外僑寓者"。首見於1903年章炳麟所寫的《革命歌》及1904年梁啓超所寫的《中國殖民八大偉人傳》。梁啓超對於殖民問題提出了過去未被人們說出的見解。他在"新史氏曰"的評論裏說："殖民事業與政府獎勵之關係也，列強殖民，莫不以政府之力直接間接獎勵之。我國則如秦越人之相視肥瘠，甚或極諸其所往焉。夫是以雖有健者，終以援絕而敗也。近數十年美、澳、非洲諸華僑之慘狀，其惡因皆坐是也。"他論及政治能力與國際競爭之關係時指出："先民前此不藉政府之力，尚能手辟諸國，或傳諸子孫。"當年梁啓超已洞悉移居海外的華人，不象西方國家保護自己國家的移民一樣，把殖民地作爲自己的勢力範圍加以擴張。華人沒有國家保護，尚能開天闢地，傳諸子孫，這是說明華族的頑強的生命力。而中國的"華僑"，十九世紀末期以來，被賦予濃烈的政治色彩，破

海峽華人家庭。

華人移民家庭。

資料來源：崔貴強《新加坡華人》——從開埠到建國，新加坡宗鄉
會館聯合總會 1994 年版。

資料來源:崔貴強《新加坡華人》——從開埠到建國,新加坡宗鄉
會館聯合總會 1994 年版

壞了他們在海外的田園牧歌生活方式，這是因爲清末以來，國際及國內政治形勢的變化而導致政治意識深化，在海外華人的思想之中，由此引起了一系列的新的矛盾。

清政府對於出國的移民，認爲是"自棄王化"，因此實行海禁，以致海外華人被奴役、被屠殺也置之不理，一直採取冷漠態度；直至1859 年（咸豐九年）才被迫改變。1893 年（光緒十九年）廢除海禁令，讓人民自由移民出國，派領事到南洋護僑，爭取大量僑匯以充實國力。這時候，清廷官吏對於已經成功的華僑商人，認爲他們可以促進中國工商業的發展，於是通過大使館喚起華僑的民族意識，賣官鬻爵，引誘他們，讓他們把資產投到中國來。最典型的是薛福成在奏摺中所提及的："南洋各島華民不下百余萬人，約計沿海貿易，落地產業，所有利權，歐洲、阿刺伯、巫來由人各居十之一，而華人乃占十之七，華人中如廣、瓊、惠、嘉各籍約七之二，粤之潮州、閩之漳、泉乃占十之五，粤人多來往自如，潮人則去留各半，閩人最稱殷富，惟土著多而流寓少。皆置田園，長子孫，雖居外洋已百餘年，正朔服色，仍守華風，婚喪賓祭，亦沿舊俗。近年各省籌賑籌防，多捐鉅款，競邀封銜翎頂以志榮幸。"[7] 清廷至此，才發覺過去的棄民已成爲他們的"財源"。是時各種不同的政治勢力都到馬來亞來爭取華僑的支援，康有爲、梁啓超爲首的保皇黨與孫中山爲首的革命黨，活躍於馬來亞，爭取馬來亞華僑的支援，於是，在清廷、保皇黨與革命派三股政治力量的影響下，民族意識與政治意識的認同在馬來亞華族中逐漸滋長。辛亥革命成功之後，成立國民政府，當時政府的國籍法規定，凡是中國血統之人，不論其出生地，皆視爲中國國民。這樣一來，馬來亞華僑從文化的認同，而深化爲政治的認同；而中國不同的政治派別和力量在馬來亞的滲透，又引起殖民地政府對馬來亞華僑的政治活動作多方的猜忌和壓制。這是來自中國方面的政治勢力對馬來亞華人的影響。

在馬來亞殖民政府方面，馬來亞華族在漫長的歷史歲月中承受著各種壓力。在葡萄牙人來到之前，華族與馬來族相處也比較平和。正如馬哈迪醫生在《馬來人的困境》一書中所指出的：＂在葡萄牙人到來之前，馬六甲及吉打已經有相當數量的非馬來人口，當中華人爲數不少。就我們所知，當時馬來人和華人的關係很融洽，這是很容易瞭解的，因爲華人是少數民族的時候，他們就一定避免向馬來人進行挑釁（這也解釋了何以吉蘭丹、丁加奴及吉打等州從未發生過種族械鬥事件）。我們可以肯定相信：當時的華人是忍氣吞聲的，即令中國曾斷然把馬來各邦當作自己的藩屬。華人及其他非馬來人不僅學會了馬來人的語言和文字，同時也吸取了馬來人的生活方式。因此，種族衝突很少發生，即使發生了也從未拖延久遠。＂馬哈迪接著說：＂歐洲人的到來，使非馬來人，尤其是華人和印度人大量湧入馬來亞，他們只是到馬來亞作客，而不是久居。這一特點，使到他們自成一族，獨處一隅，從未眞正地跟馬來人有所接觸，沒有接觸，自然減少衝突，雖然到了英國統治的後期，馬來人越來越感覺到華人和印度人對他們在這個國家的政權是一項威脅。馬來人和華人之間因而斷斷續續發生了爭吵，不過由於英國以鐵腕手段處理了這些問題，比較嚴重的種族衝突事件得以避免發生。＂自從日本軍隊侵入馬來亞之後，採取毒辣的＂分而治之＂的政策，利用馬來族來壓制華族。巴素在《近代馬來亞華人》書中指出：＂日人使用巫人爲馬來警察，去監守華人社群于統治之下，壓制華人的抗暴行動。＂日軍有意給予馬來族以優待或某些特權，使馬來族成爲他們鎮壓華族的工具，而使民族矛盾在淪陷的苦難中加深。正爲馬哈迪醫生所分析的：＂日本佔領馬來亞以後，更把馬來人和華人分開。一部分馬來人是積極親日的，其餘的馬來人若不是同情日本，至少也不反對日本。至於華人，自然受到日本的歧視

虐待，而印度人則支援印度的獨立解放運動。惟接近戰爭結束時，這
種關係多少有點改變。許多華人跟日本人合作，結果獲得日本人的好
感；另一方面，由於馬來人對日本人沒有多大的用處，他們受到冷
落。不管馬來人和華人跟日本的關係爲何，他們之間的種族差異是受
日本人所強調的，因此，馬來人和華人就彼此互相敵視了。”太平洋
戰爭勝利之後，英殖民主義者又重新回到馬來亞，英殖民政府也利用
民族意識來鞏固他們的統治，他們推行親巫政策；1931 年，英殖民地
總督兼馬來聯邦欽差大臣金文泰爵士（Sir Ceil Clementi）宣佈推行分
權制計劃，這項計劃的親巫政策，造成華、巫兩個種族的分裂，英殖
民政府保留土地給巫人，而禁止華人擁有土地從事農業耕種。這是英
殖民政府採取的種族隔離、分而治之的一種手段。這種政策的眞正目
的，乃在分裂巫人與華人及其他非巫人，使其互相失和。而英殖民政
府爲了對付馬來亞共產黨，在每一個馬來土邦建立一個政府，所施行
的緊急法令，對華人的迫害，更是一種極其毒辣的政治手段。正如陳
修信所指出的：“英軍的行動，與日軍不相上下，有的甚至比日本人
更毒辣。”[8] 而英殖民政府所造成的影響，導致了馬來西亞在獨立運
動過程中產生了不同民族之間的疑慮，也給馬來西亞華人帶來了無窮
的困擾。面對馬來西亞獨立之後形勢的挑戰，馬來西亞華人社會中的
有識之士紛紛起而呼籲，華人領袖陳禎祿指出：“英政府在馬來西亞
的排華政策，於二十年代末期盛行，這是有目共睹的。”他認爲“這
種排華政策的觀念，主要原因是不信任華人，懷疑華人把馬來亞當作
中國尚未恢復的領土，擔心終有一天被中國佔領而成爲中國一個行
省。”他指出：“這種不信任、懷疑與擔心，是多餘的，是對華人一
種妄加的無辜罪名。”他呼籲在馬來西亞出生的馬來亞華人，把盛情
轉移到移居的土地上，而“成爲馬來亞公民，不是被其他民族同化，
而且還能保存華人文化，我們仍舊是華人，不同之處，我們在政治上

已成爲本邦公民，不再是他鄉作客"。[9]

　　英殖民政府所種下的禍根，終於在 1969 年 5 月 13 日暴發了馬、華民族衝突的悲劇。

　　如果說，陳禎祿、陳修信父子是海峽僑生的民族意識的話，那麼我們從另一例子來觀察華人民族意識的轉變。在 30 年代，日本軍國主義對華的侵略，激發了新馬華人的救國熱潮。在陳嘉庚的領導下，上自富商巨賈，下至販夫走卒，人人"有錢出錢，有力出力"，熱心捐款，參與抵制日貨運動。青年機工回到雲南昆明，參與滇緬公路的運輸服務。這時陳嘉庚的朋友陳六使，也解囊支援中國，聲稱中國爲"祖國"，殷切期望"祖國"抗戰勝利，"祖國"政治修明。抗戰勝利後，新加坡華人社會又再次捲入中國政治鬥爭的漩渦中。1949 年中華人民共和國成立，陳嘉庚于興奮之餘，決意回中國，陳六使親自送陳嘉庚回國，並繼任福建會館主席，積極支援陳嘉庚及新中國。他在開會時通電中華人民共和國中央人民政府及毛澤東主席，慶祝人民政府成立。1953 年他倡建南洋大學，八方回應，成功地創辦了一所華人自己建立的大學。就是這樣一位元華僑，他的國民屬性是再明顯不過了；但在五十年代之後，英國迫於形勢，不得不改變殖民地政策，馬來亞及新加坡的自治與獨立，已是大勢所趨，不能逆轉。華人旣不能回中國，已把他鄉視作故鄉，在這裏長住久留，故不能不爭取成爲當地公民。而介於四十年代末與五十年代初，殖民統治者利用狹隘的種族主義情緒，大事抨擊華人的效忠問題，挑撥種族間的感情。在這種情況下，即使是對中華人民共和國滿懷深情的陳六使，也作出適時的政治歸屬的轉向。他領導華人，表示華人要做"新加坡人"，效忠當地，成爲公民，並亨有公民應有的權利。陳六使在擔任總商會會長時，1951 年 2 月底，就爭取公民權一事，向新加坡總督呈交一份備忘錄，讓在此居住多年的 22 萬中國移民，取得公民權，享有公民權。陳六使認爲，人民不應有種族之分，應確認大家都是"新加坡人"。[10]

從以上兩個例子看，陳禎祿是海峽僑生，陳六使卻是道地的移民，但他們對於國民屬性的轉變，卻殊途而同歸，都有一致的看法。由此可見，從落葉歸根的傳統想法到落地生根的思想觀念，是順應歷史發展潮流的結果。隨著這種傳統思想觀念的改變，居住在馬來西亞的華人也發生實質性的變化，他們由過去的華僑身份轉變成華人或華裔。他們與祖籍國的關係也發生了質的變化，不再是如往昔的僑民與祖國的關係，而是一種同祖源而不同國籍，各自效忠於自己國家的血緣關係。

擺脫兩重國籍的束縛，消除移民所在國對華人的疑慮，消除海外華人在思想上的困擾，這一問題已成爲獨立後的馬來西亞政府和中華人民共和國政府兩國之間所共同思考的問題。

所以，當1974年5月毛澤東主席和周恩來總理在北京會見拉薩克總理時，提出的第一個問題就是："請問閣下用什麼辦法團結大馬各族人民。"[11]這說明中國對華人問題的關注。所以，兩國在建交時所發表的公報中，特別突出華人的國籍問題，從而消除了馬來西亞多年來對中國的誤解，中國向拉薩克總理表明決不干預馬來西亞的內政，中華人民共和國政府注意到馬來西亞是由馬來血統、中國血統和其他血統的人構成的多元民族國家，"中華人民共和國政府和馬來西亞政府聲明，它們都不承認雙重國籍，根據這一原則，中國政府認爲，凡已自願加入或已取得馬來西亞國籍的中國血統的人，都自動失去中國國籍。至於那些自願保留中國國籍的僑民，中國政府根據其一貫的政策，要求他們遵守馬來西亞政府的法律，尊重當地人民的風俗習慣，與當地人民友好相處，他們的正當權利和利益將得到中國政府的保護，並將受到馬來西亞政府的尊重。"[12]過去，馬來西亞的政治家擔心"我們有許多華人，而且，根據中國的政策，華人必須是華人。"[13] 而現在中馬兩國政府都認同：馬來西亞的華人加入馬來西亞國籍的就是馬來西亞人，他們是馬來西亞公民，而不是中華人民共和國的公民。這樣，就從法律上規定了馬來西亞華人的身份。在馬來西亞的華裔公民，必須對馬來西亞效忠不貳，履行公民義務，享受公民權利，爲建設一個團結和繁榮進步的公平安寧社會作出努力和貢獻。兩國建交公報的公佈，消除了因歷史的諸多糾葛而致使馬來西亞某些政治家的疑慮，也規定了馬來西亞華裔在法律上獲得保障，一心一意地認同自己所要效忠的馬來西亞國，而不是中華人民共和國，自己是馬來西亞的公民；在馬來西亞，他們獲得了與巫族、印度族及其他民族同等的地位。作爲馬來西亞的華族公民，就應熟習和使用當地語言，和各民族人民交往、融合，與其他民族和諧共處，以作爲馬來西亞人而自豪。

這樣一來，歷史上懸而未決的疑慮問題掃平了。海外華人從華僑到華人，從過去落葉歸根到現在的落地生根，就在歷史的座標上固定下來了。過去的"異國他鄉"的情結也慢慢地融化在建設自己的家園的理想之中了。而在歷史發展過程中，中華人民共和國已結束了過去一百多年來屈辱的衰弱的政治地位，中國人民站起來了，中國在全國人民的努力下走向強大、富強和康樂，也使海外華人不必再象十九世紀末至廿世紀中期所處的艱難局面，背負着沈重的負擔，包括精神上和經濟上的負擔。擺脫了雙重國籍的兩難境地困擾，以馬來西亞公民的身份，爲效忠於馬來西亞而自豪。

在馬來西亞，"華人生於斯、長於斯、死於斯，他們的行事爲人無不受到他們所成長的土地和空氣所化有。這種感情是與數百年來華人祖先的血汗連在一起的。"[14] 因此，華人群體在多元種族的國家裏，逐漸地融合於馬來西亞社會，他們從長期的經歷中深刻地體會到，離開了居住國社會經濟的整體發展，就失去了依託，當然也談不上自身的存在和發展。加入馬來西亞國籍之後，華人群體經濟也成為馬來西亞經濟實體的一部分，他們的政治法律地位發生重大的變化。成為馬來西亞公民之後，華人有本身的合法權利；積極參政，享受公民權利，承擔公民義務。過去的"海水到處，便有華僑"已被"海水到處，就有華人"的新的理念所代替；"華僑時代"已成為歷史的陳迹。華族文化，以自我調節和高度應變的能力，在馬來西亞文化的多元格局中，多種文化交融、多元文化並茂的發展過程中作出貢獻。在新的發展機遇和新的挑戰面前，困難和希望並存，沈淪和轉機同在。華族文化，在整個馬來西亞文化之中碰撞和融合，將會產生一種本土化的新的色彩。

在馬來西亞，由巫、華、印三大民族為基礎組成的多元種族國家，國家的憲法保障各民族都有使用自己的語言和文化的權利。這些特徵與保障有利於族群認同的存在與鞏固。馬來西亞華人自稱為"馬來西亞華人"，這說明了國家認同的轉向，大多數華人還在爭取保存華族傳統文化，"華小"的允許存在，"獨中"的不斷壯大，新學院的建立以及華人社團的到處林立等，都說明了華人種族意識的加強。而實際上，在多元種族的國家裏，各族文化通過相互交流、吸取、滲透和借鑒而達致文化適應的過程中，早已吸入大量的異域文化而產生變異，形成一種新的文化形態。雪隆中華大會堂草擬的《全國華團文化工作總綱領》中寫道："馬華文化即是中華文化傳播到馬來西亞本土後紮根在馬來西亞，並在馬來西亞的客觀環境和生活條件下，經歷調整與涵化歷程之發展起來的華族文化。"華族文化在與友族文化的交流過程中，吸取了外來文化的優秀成份，建立起共同文化的價值觀。這說明了馬來西亞華人在落地生根之後，馬華文化已注入了新精神、新文化，體現了國家認同、民族認同和文化認同的三位一體協調統一的華族文化認同。[15]

【注　釋】

1　參閱徐成龍、鍾子祺、魏華琳編著《馬來西亞》，上海辭書出版社 1982 年版，第 46-56 頁。

2　吳清德《中國對海外華人的看法》，原載《遠東經濟評論》周刊，原題爲《消失中的沙文主義（Fading Chaurinisn）》。

3　1974 年 5 月 28 日晚上，中國總理周恩來在北京人民大會堂設國宴歡迎馬來西亞總理拉紮克的演詞及拉紮克總理的答謝詞。

4　張燮《東西洋考》卷四，《麻六甲》。

5　王大海著、姚楠、吳琅璇校注《海島逸志》，香港學律書店出版，1992 年版。

6　文西阿都拉《吉蘭丹遊記》，黎煜才譯，聯營出版有限公司出版，第 15 頁。

7　《光緒東華錄》（三）光緒十九年七月，中華書局 1958 年版。

8　1949 年 1 月 29 日陳修信在英文《海峽時報》發表的文章。

9　見郭仁德著《陳禎祿傳》第 66 頁。

10　《陳六使百年誕紀念文集》，南大事業有限公司、香港南洋大學校友會聯合出版，1997 年 12 月版。

11　馬來西亞特別任務部長曾永森《馬中建交及訪華觀感》，載《馬中關係特輯》。

12　1974 年 5 月 31 日馬中建交聯合公報第五節。

13　木板《歡迎中國建交》，見《馬中關係特輯》。

14　陳慶年《華人社會的回顧與前瞻》，見賴觀福主編《馬華文化探討》，馬來西亞留台校友會聯合會出版，第 251 頁。

15　參閱饒尙東《東南亞華人的文化認同問題》，見馬來西亞華社研究中心編《資料與研究》，1977 年第 1 期（革新號，總 25 期）。

第六編　中馬文化的交融與互動

　　世界歷史證明，文化交流促進人類文化的發展，推動社會的進步。在文化交流的過程中，無論國家的大小，民族人數的多寡，他們以自己所創造的文化成果，參予交流並於此促進了文化的演變、發展，自身因而洋溢著生氣勃勃的活力。中國與馬來西亞有文字記載的兩千多年以來延續的互相交往過程中，華人跨越浩浩南海，代代相傳的貿易、宗教及民間的頻繁來往，無邊的海洋成了彼此之間的天然媒介，中馬兩國在"禮尚往來"之中，交光互影，相互促進。

　　每一個國家的文化，都各自體現了不同民族的精神特徵。馬哈迪醫生說："我們要區別一個種族，除觀察其相貌、語言和住屋情況以外，同時還要瞭解其文化。文化是深切地跟一個種族的倫理法則和價值系統交織在一起。這些倫理和價值系統產生了文學、視覺和創造藝術，及其他普通文化的構成物。更重要的，在一定的環境下，倫理法則和價值系統決定了一個種族的進步和發展。"[1]在一個多元化的國家裏，各民族之間的文化交流與融合，無疑地，在國家的文化發展中具有重大的意義。而中馬兩國之間的文化交流，相互交往，互相促進，增進民族之間深厚的感情，無不從中受到益處。

　　回顧中馬兩國的文化交流，源遠流長，而華人在多元種族、多元文化的馬來西亞國度裏，經歷了一個漫長而又複雜的文化適應、同化和整合過程，其途徑也是多向度的。

第十八章　中馬兩國之間生產技術與醫藥的交流

　　史前，在越族就開始了遷移，他們或陸路由中國的雲南、廣西進入中南半島而到馬來半島，或從水路經南中國海進入馬來半島或婆羅洲。華人帶去了母國的文化，也促使馬來文化呈現多元化和多樣性的圖景。

第一節　陶器，刻印著悠久歲月中文化交流的深邃親切感

　　大約在公元前 2500 年前後，馬來半島已進入新石器時期。有的考古學家認為，馬來半島的新石器文化屬於班高文化型，其重要的遺址有吉蘭丹的瓜茶（GueCha），在霹靂河上游玲瓏縣附近的哥打淡板（KOTATAMPAN）。

　　公元 1935 年，倪雲氏（H.D.NOONE）首次發掘瓜茶（Gua Cha）石灰岩洞。[2] 這座石灰岩古洞，由吉蘭丹河溯流而上經瓜拉吉賴循牙臘士河（Sungai Galas）南下，抵泊淡（Ber Tam）村左近的牙臘士河支流能機裏河（Sungai Nenggiri）河口，然後沿能機裏河西行一段河程，再循該河南行，即可達該河西岸的著名瓜茶石灰岩古洞。經過 1935 年倪雲氏（H.D.NOONE）的首次發掘，1954 年薛復景（DR.G. DEG Sieve king）和杜維棣（M.W.F.Tweedie）的第二次發掘以及 1979 年答哈（Adi Haji Taha）第三次以比較先進的方法作短期的科學的補充性的試探，1986 年 8 月 22 日至 24 日，又在哥打峇汝由吉蘭丹皇家博物院召開一次國際性的"馬來西亞考古工作及吉蘭丹古史研討

會"，會上，從英國趕來參加的薛復景氏把五十年來各考古學者對瓜茶石窟的發掘和研究，作出了一個結論。與中國有關的發現是：瓜茶石灰岩那些精美的磨光雕琢的石器、繩紋陶、石手環、小石珠、貝殼項圈等，說明在新石器時代，曾經有人從大陸遷移到馬來半島，可能再南下到南島各地。在今天的華人社會中，還有以一玉環套在兒女右臂上以求福者。而新石器時代初民所用的精致美觀的石手環和礦玉手環，極可能是由中國或印度支那來的；而繩紋陶器及其他陶器，也都和中國及印度支那出土的史前陶器同一類型。根據薛復景的想像，新石器時代移民來到吉蘭丹，沿吉蘭丹河南下到瓜茶，先停留下來，經營農業一個時期，等採集儲備充足的食品之後，才離洞穴南下到他地。這些人帶來了精美的陶器和石器工藝，或也有人留下，在新石器時代（2000B.C至300B.C）終了後，共同建立起國家，甚至和中國來往。從瓜茶出土文物的研究，考古學家認爲，馬來民族的源流地是亞洲大陸，就像華裔馬來西亞人一樣。從文化的追根溯源，馬來人與華裔馬來西亞人，"本是同根生"了。[3]

　　砂勞越古晉博物院院長哈裏遜對砂勞越第四省尼亞石洞的發掘，也引起世界研究者的注意。自 1947 年以來陸續開掘，至 1956 年在山都望發掘了一處大約公元一千年或更早的礦場。證明了已有中國人和亞洲商人的到達。在那裏發現了一些很精致的唐朝（618—906 年）的石器和瓷器。同時在海灣的另一邊丹章古堡發現了一處貧民的墓場，在那裏出土很多印度式的陶器和中國唐朝的石器、瓷器，以及古代的小珠、金器和一枚大約公元 625 年的錢幣。據史家論斷，當公元之始，已有華人到今古晉港口的三都望，該地發現中國南北朝時代的古錢幣及中國古陶器碎片，足可證明。[4]

　　從以上兩項考古發掘中，說明中國南方遷徙到馬來半島的居民、族群，年代極爲久遠；經過長期的融合，已逐漸演變爲"馬來人"的複雜共同體，分佈在印尼、菲律賓和馬來半島各地，主要居住在沿海地區。他們是東南亞海島地區石器文化的主要創造者。[5]

　　中華民族的祖先很早就認識海洋的遼闊廣大。《列子・湯問》提到古時人們注意到江河之水日夜奔流入海，卻不見海水滿溢。《易經・系辭》說"伏羲氏始乘桴"，桴即筏。先秦文獻中多次提到船舶，《易經・系辭》中有"刳木爲舟，剡木爲楫，舟楫之利，以濟不通"的記載。[6] 1973 年福建連江出土一艘距今約 2200 年的獨木舟，長 7.1 米，首寬 1.2 米，尾寬 1.6 米。[7] 這說明航海技術在古代中國沿海已發展起來，故有"番禺始爲舟"、[8]"巧垂作舟"、[9]"虞女向作舟"[10]之說。古代東南沿海新石器時代文化的兩大特徵，一是印陶紋，一是有段石碴。石碴是一種製造獨木舟的工具。而這兩種文物均在馬來半島及婆羅洲有所發現。吉蘭丹瓜茶石灰岩洞所發掘的石碴和繩紋陶器，正是古代兩地人們已有來往的鐵證。黃昆福文章裏指出："瓜茶新石器土層內，中國式的灰色爐床（Hearth Chinese）和中國綠釉陶容器的碎片，紅色和黑色磨光的器皿（也是源自中國）以及一些繩紋陶器碎片，這些遺物，是有關連的和在一起的被發現。"我們從這些埋藏了幾千年的古代遺物中，回眸漫長的時間裏中馬兩國文化交流的歷史，實在令人引起一種深邃的親切感。

　　中國著名學者韓槐准，在南洋"於園藝工作之暇，致力尋訪古，發掘遺物，博覽群書，研究陶瓷"，[11] 寫了《南洋遺留的中國古外銷陶瓷》一書，書中論及馬來半島所發掘的古代陶瓷器多處，引述如下：

　　①在馬來半島南端之柔佛河流域，筆者曾在 Makam Sultan 古迹，發見火度極高，飾以我國漢代作風之波浪紋陶器碎片相當數量。

　　② 1938 年在廖屬之英得其利（Indragiri）關丹區（Districr Koeautcn），亦搜得一漢兩耳陶鉢。最奇特者，該鉢所刻之畫，竟有漢

代武氏祠之人物畫像作風，此種陶器，國內尚未見到。

③ H.G.Quaritch Wales 氏在馬來半島北部之吉打，作考古發掘，於第二十八遺地亦發現二完整的宋青瓷盤。

④元代汪大淵《島夷志略》中所記載的南洋陶瓷中有關馬來半島的有：彭坑（今彭亨）貨用瓷器。吉蘭丹，貨用青花盤碗。丁家盧（今丁加奴）貨用青白花瓷器。說明中國在元代已燒白地青花瓷器。

⑤ 1634 年（明崇禎七年）有一紀錄云，在航去滿刺加之 Noryck 舶，其舶上之 Jocb Cooper 氏，於 7 月 28 日報告巴達維亞云，快艇 Salm 號及 Daman 號于歸隊巡邏時，在彭亨（Pahang）攻取六支三桅帆船（Six Barks），及航去滿刺加之西班牙舶（Spanish Sarrack），並中國舶由澳門來者，共得瓷杯十萬零七千三百個，並瓷盤一萬零四百個，及五十一個甕。

⑥荷蘭東印度公司記錄：1661 年（順治十八年）五月十四麻六甲報告（當時荷蘭統治麻六甲），一中國賈舶航到，並載來粗瓷器，此種粗瓷，最易銷賣于亞齊。……此年有幾舶由柔佛到亞齊，載有大量瓷器，此種瓷器是三隻中國賈舶，由中國運來柔佛者。[12]

清代遺留馬來半島的瓷器，不僅數量多，而且多為細瓷器。

據韓槐准從陶瓷器發現考證，認為，馬來半島南端之柔佛河流域，所發現的大量印紋硬陶碎片，與近年中國東南沿海地帶發見之印紋硬陶成器或碎片，其花紋極相類，如其中的雷紋、方格紋、長方格紋、編織紋、杉葉紋、曲尺紋。尤其顯著者，其有矢標記之曲尺一碎片，內部曾施灰青色之釉，大可證明屬中國之陶器遺物，因釉之發明，以中國獨早，殷墟發見之窯器，已有施釉者，可能殷商時代或稍後，中國燒制之印紋硬陶已在南洋交易。[13]韓槐准從陶瓷中所發現的中馬古代交流的歷史，又證實了兩國文化交流的年代之久遠。

後來，1954 年在馬來半島柔佛出土的中國古代文物，計有銅器二十五件，瓷器達三十三件，這些瓷器多爲明代宣德、嘉靖、隆慶、萬曆年間景德鎮的產品。馬來西亞砂勞越博物館收藏的中國陶瓷，據估計有一百多萬片。1981 年中國陶瓷代表團訪問該博物館時，見到的中國外銷瓷，主要是宋、元、明的製品。其中有中國德化的仰復蓮花瓣紋小瓶、印紋盒子、磁灶的綠釉盤子和黑釉龍紋軍持等。馬來西亞首都吉隆坡國家博物館也陳列中國瓷器，如宋代龍泉和元代德化的製品，還有清初的青花大盤等。[14] 還有在丁加奴、砂勞越等地也發現中國的陶瓷。

從古代遺物的發掘和陶瓷器皿的流通中，中馬兩國之間悠久歷史的相互交往，得到佐證。

第二節　植物王國裏的香料之路和絲綢之路的友誼

在南洋熱帶植物王國裏，馬來半島及婆羅洲由於高溫和雨量充沛，植被十分豐富，植物群落的生長量也超過東南亞內陸地區。在馬來西亞的濕潤常綠林中，顯花植物的種數就達 7000 多種。馬來西亞熱帶雨林中最突出的科要數龍腦香料，最普通的屬龍腦香屬、異萼翅屬、娑羅樹屬、坡壘屬和青梅屬。熱帶雨林分佈在西馬的西海岸和東馬的砂勞越州。樹種有竹類及大葉合歡、多花紫薇等緬甸種的植物。紅樹林分佈於河口灣一帶，主要有海欖雌屬、印茄屬、木果楝屬、紅樹屬等植物。泥炭林在東馬的砂勞越，其單一種是白娑羅樹。沼澤植物則如柔佛州東部的露兜樹屬、白滕屬植物和其他棕櫚植物如軸櫚屬、山檳榔屬、蒲葵屬植物等。這多采多姿的植物，在中、馬兩國幾千年的友誼往來中，成爲珍貴的信物。例如娑羅樹，也稱“婆羅洲杉”，娑羅樹在中世紀時已引入中國，唐代段成式有記載：“娑羅，巴陵有寺，僧房床下忽生一木隨伐隨長，外國僧見曰：'此娑羅也。'元嘉初，出一花如蓮。"此種樹"不止惡禽，聳幹無慚於松栝，成蔭不愧於桃李。"又段成式到慈恩寺時，見殿庭有大莎羅樹。[15] 又如吉貝、檳榔（Arcea Catechu），在中國海南島也有大量的種植。南宋以後，中國沿海居民，借冬夏季風遠航到馬來半島、砂勞越等地，在礦場和種植園，種植胡椒、丁香、肉豆蔻等經濟作物，以及鳳梨、蔬菜、甘蜜之類的農副產品。華人也把中國的作物帶到馬來西亞。

　　而在植物王國裏尤爲特出的是香料的傳播。

　　中國人喜愛焚香，始於西漢。因爲漢武帝交通西域之後，西域異香紛紛傳入中國。如《洞冥記》說"武帝元封中，建方山館，招諸靈異，乃燒天下香。有沈光香、精袛香、明庭香，金石單香，塗魂香。"又《三輔黃圖》記載："武帝時，後宮八區有披香殿。"當時焚香之盛可知。在古代中國與西域、南洋各地的交流中，香料是貢物及商品中的重要物品。在馬來半島的古國向中國輸入香料，史籍也多記載：《史記》和《漢書》中提到番禺集散的物品中有一種叫做"果布"。所謂"果布"，應即"果布婆律"，它是馬來語龍腦香（Kaparbarus）的音譯。這種香料盛產于蘇門答臘、馬來半島、婆羅州等地。香料早期是作爲上層社會的高級消費品，主要用來燃熏衣物。

　　關於香料，自南北朝之後，歷代貢物中均有。如梁朝有自盤盤國（即今馬來西亞吉打州）傳入的，《梁書》載："中大通元年（529年）五月累遣使貢牙像及塔，並獻沈檀等香數十種。六年（534年）八月複使送菩提國眞舍利及畫塔並獻蒸提樹葉詹糖等香。"[16] 又丹丹國（今馬來西亞吉蘭丹）也於中大通二年（530年）入貢香料，《梁書》載："中大通二年（530年）……奉送牙像及塔各二軀，並獻火齊珠、吉貝、雜香、藥等。大同元年（535年）複遣使獻金銀琉璃、雜寶香、藥等物。”[17] 到隋唐時代，赤土國（今馬來西亞吉打州）也傳入香料。《隋書》載：“大業三年（607 年），屯田主事常駿、虞部主事王君政等請使赤土，帝大悅，賜駿等帛各百匹，時服一襲而遣，齎物五千段以賜赤土王。……禮遺甚厚，尋遣那郡迦隨駿貢方物並獻金芙蓉冠、龍腦香。”[19] 從這裏我們可以看到，香料雖系貢品，實際上是商品，因爲在兩國遣使來往的過程中，中國皇帝送的是絲綢，所以歷史上稱南海海道的往還爲“海上絲綢之路”馳名，而海島諸國送給中國的主要是香料，所以又稱“海上香料之路”，古代西域及南海諸國均是盛產香料的地方，馬來半島以香料馳名。後來吸引了西方國家爲了奪取“香料之島”而入侵，導致馬來半島長期被淪爲殖民地。馬來半島各國與古代中國早已互通絲綢及香料，而且以後越來越頻繁，絲綢和香料的實用價值越來越大。南海的“絲綢之路”或“香料之路”就發展成爲“使節之路”、“友誼之路”，成爲和平和友誼的象徵。

以後歷代各朝的香料交往不斷，如宋代渤泥國貢龍腦，《宋史》載：“太平興國二年（977 年），其王向打遣使施弩、使副蒲亞裏判官哥心等賫表貢大片龍腦一家底、第二等八家底、第三等十一家底，米龍腦二十家底，蒼龍腦二十家底、凡一家底並二十兩，龍腦版王，玳瑁殼一百，檀香三橛，象牙六株。”[20] 所謂龍腦版，爲龍腦樹幹，經蒸溜後得白色結晶，稱爲龍腦，亦稱冰片、梅片。中國古代又稱瑞腦。宋代女詞人李清照《浣溪沙》詞云：“瑞腦香消魂夢斷，辟寒金小髻鬟松。”龍腦又可入藥。而檀香，一名旃檀、白檀，木質盈香，可制器具扇骨等，創片入藥，爲芳香、健胃劑。渤泥國與中國初次交往時，是請由宋赴闍婆的華商爲向導，遣使貢檀香等物，與宋朝建立友好關係，此後使節、商船來往頻繁。明朝後，中國與馬來半島的香料、絲綢之交更加密切。如明代渤泥國“遣使奉表箋貢鶴頂生、玳瑂、孔雀、梅花、大片龍腦、西洋布、降眞諸香”。[21] 滿剌加（今馬六甲）與中國的交往中，中國送的是玉帶、鞍馬、黃金、白金、錢、錦綺紗羅、帛以及各式絲綢服飾，而滿剌加送給中國的是瑪腦、珍珠、玳瑂、珊瑚樹、鶴頂、金母鶴頂、瑣服、白苧布、西洋布、撒哈剌、犀角、象牙、黑熊、黑猿、白麂、火雞、鸚鵡、片腦、薔薇露、蘇合油、梔子花、烏爹泥、沈香、速香、金銀香、阿魏等。[22] 明代鄭和下西洋時到滿剌加，專門差官兵到九洲山采香料。費信記載：“其山與滿剌加國接境，產沈香、黃熟香。水（疑爲林之訛）木叢生，枝葉茂翠。永樂七年（1409 年），正使太監鄭和等差官兵入山采香，得徑有八九尺，長八九丈者六株。香清味遠，黑花細紋，其實罕哉。番人皆張目吐舌，悉皆稱讚天兵之力，贔贔之神，蛟龍走，兔虎奔也。詩曰：九洲山色秀，遠見鬱蒼蒼。四面皆環海，滿枝都是香。樹高承雨露，歲久表禎祥。採伐勞天使，回朝獻帝王。”[23] 在彭亨國與中國的交換禮物中，有象牙、片腦、乳香、速香、檀香、胡椒、蘇木等。[24]

　　香料作爲兩國之間互送禮物的禮品，賦予了歷史上特定的“香料之路”的和平友誼的象徵，從其商品屬性看，又是兩國之間貿易來往的備受歡迎的貨物。香料傳入中國之後，不僅是王公貴族賞受的物品，而且更重要的，是作爲治病的藥品。《漢武故事》云：“西王母降，燒兜木香末，乃兜渠國所進，如大豆；塗宮門，香聞百里。關中大疫，死者相枕；聞此香，疫皆止。”張華《博物志》載：“漢武帝焚西使香，宮中病者盡起，徐審得鷹咀香焚之，一家獨不疫疾。”漢代焚香避免時疫，三國時代，權臣眷屬死後屍身靠奇香在棺材裏消疫。從醫學上看，焚香有治療的作用。基於此，中馬兩國在香料之路來往的同時，在醫學上兩國的交流隨著歲月的遷移而日益密切。

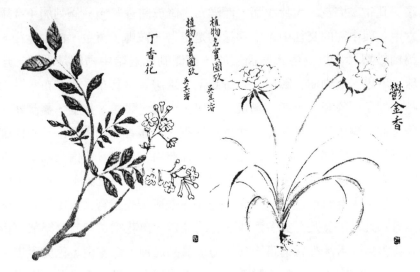

資料來源：林天蔚《宋代香藥貿易史稿》1960 年香港中國學社出版

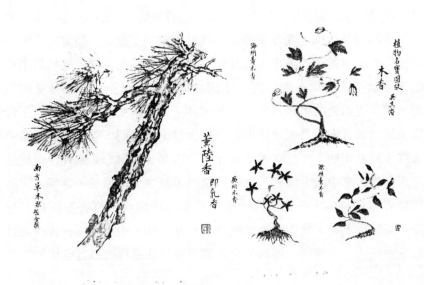

資料來源：林天蔚《宋代香藥貿易史稿》1960 年香港中國學社出版

第三節　爲解除百姓病痛的兩國醫藥學的交流

　　兩漢時期西域陸路絲綢之路的開闢和暢通，爲中國與西域的醫藥學交流奠定了基礎。在海路上，中國與越南、緬甸、泰國、印度尼西亞、馬來西亞等東南亞國家醫藥學的交流，隨著朝貢貿易的發展而漸次頻繁。如東南亞諸國（包括馬來西亞）的龍眼、荔枝、犀角、羚羊、麝香、琥珀等藥物不斷流傳至中國，豐富了中藥學的內容。魏晉南北朝時期，梁武帝中大通三年（531年）、大同元年（535年）、陳宣帝太建三年（571 年）、太建十三年（581 年）、後主至德二年（584年），丹丹國王六次派使者來建康訪問，饋贈火齊珠、香藥等，盤盤國在宋文帝元嘉（424-452年）、宋武帝孝建（454-456年）、大明（457-464年）間，多次派遣使者來中國訪問。梁武帝中大通元年（529 年）、四年（532 年）、六年（534 年），盤盤國王遣使來建康，饋贈沈香、檀香、詹糖（一種香料藥、煎枝爲香，似糖而黑）等香藥數十種。[25] 到了元代，東南亞諸國大批香料、藥物源源不斷地進入中國，擴大了中藥品種，而且對中國醫藥學的發展起了推動作用。

　　而中國輸往東南亞各地的藥物，有大黃、肉桂、薑、麝香和黃連等。

　　元代以前，中、馬兩國在藥物方面的交流，多是作爲朝貢貿易的一部分而進行的。至於民間往來，已不可考。兩國醫藥交流有史籍可考者，始於明代。鄭和下西洋時訪問馬六甲，隨從費信著《星槎勝覽》，其中記載了鄭和的隨從醫師——匡愚醫師，他著的《華夷勝覽》中，記載了一些有價值的資訊。

　　出身于世代醫家的江蘇省常熟縣的匡愚醫師跟隨鄭和出使西洋時，曾經三次到過滿剌加（即今馬六甲），這標誌着有史籍可考的第一個中醫師訪問馬六甲。[26]

　　明朝永樂三年（1405 年）六月十五日，匡愚以他高明的醫術和深厚的文化修養被徵召隨同鄭和首次出使西洋，以醫治出使人員的疾病。以後，他又參加了永樂五年（1407 年）、永樂七年（1409 年）的第二、第三次下西洋的遠征，他先後三次都到馬六甲訪問。匡愚醫師在跟隨鄭和下西洋時，不僅以高超的中醫醫術，出色地完成診治出洋人員疾病的任務。更重要的是，他把南洋一帶所出產的很多珍貴的藥材，通過當時的馬六甲輸入到中國，從而豐富了中藥的品種。據明史載：“滿剌加國貢物計有犀角、象牙、玳瑁、瑪腦、珍珠、鶴頂、珊瑚珠、黑熊、黑猿、羌黃、蘇合油、片腦、沈香、乳香、黃連香、金銀香、降眞香、紫檀香、丁香、木香、沒藥、番鹽、烏木、蘇木等四十餘種。”上述有些藥並非全是馬六甲的產物，因當時馬六甲商業的發達，已成爲東南亞商業中心，舉凡鄰近國家的珍奇異品，都可在馬六甲買到。匡愚醫師把珍貴藥材帶回中國，以促進中國和馬六甲在醫藥上的交流。

　　匡愚醫師另一突出的貢獻，便是他利用診務之暇，留心觀察所到過的南洋諸國的山川勝景概貌，並逐一作了記錄，繪製成冊，取名《華夷勝覽》。這部書詳細地記載了他到過的滿剌加、蘇門答臘、爪哇等國的地理狀況、風土人物、藥物等方面的情況，使人們對南洋一帶風土人情，加深瞭解。

　　匡愚醫師回國後，在家鄉常熟重建惠民藥局，爲民間醫療事業不遺途力，終其一生，享年八十餘歲。[27]

　　這是有史籍可考的第一位登上馬六甲國土的中國醫生，他爲中馬兩國的醫藥交流做出了貢獻。是時，中國的中藥也不斷運往馬六甲。據賴麥錫錄 1514 年（明正德九年）1 月 6 日安德魯·葛沙列斯（Andrew Corsalis）致魯倫初美德旗公爵（Duke Lovezo de Medici）的信，中有"中國商人亦涉大海灣，載運麝香、大黃、珍珠、錫、瓷器、生絲及各種紡織品如花綾、綢緞、錦緞等甚多，至滿剌加貿易"[28] 等語。安德魯‧葛沙列斯列舉中國商人從海上運輸的物產，麝香、大黃亦在其中。

中國的中醫醫術傳入馬來西亞，自馬六甲匡愚醫師之後，有文獻可查的是 1901 年福州港主黃乃裳到達詩巫墾場時帶來的中醫。開始，到詩巫進行墾荒工作的墾民中，除了大部分勞工外，還有教師、傳教士與中醫師。因此在每坡區發展時，即有學校、教堂、中藥房之設。工人病了，很容易取得醫藥治療和照顧。雖然，開始時，許多中國藥材只靠南來同鄉隨身攜帶少量，較後則靠水客從星洲帶華藥前來供應。大約到 1910 年前後，同鄉黃瑞榮創設壽人康藥材店，且常駐中醫師為病家服務，可說是墾場第一間中藥店，繼後有保生堂、回春堂、壽生堂、來則安、衛生堂、福春、天生堂、順生堂、嘗康、萬和堂及永寧堂等。上列各號迄今仍存在的有福壽行、天生堂、順生堂等。[29]由此可見，隨著移民潮而來的是中醫、中藥的傳播。

在馬來西亞，歷史最悠久的中藥店是檳城仁愛堂藥行，開業時間迄今已有二百多年。在萊特氏開闢檳榔嶼之後十年，1796 年（清嘉慶元年）第一間馬來西亞中藥店——仁愛堂藥行在檳城的椰腳街（又稱唐人街）創辦，創辦人古石泉，祖籍廣東省梅縣鬆口鎮浮西鄉。他到檳城後，發現當地華人對中國草藥要求極殷，又想到草藥可治百病，促進人民健康。因此，他除了靠"水客"採辦藥材外，還親自隻身回中國採辦藥材，為中馬兩國之間的藥物交流開闢渠道。[30]

在中馬兩國友誼的發展歷史中，中藥及中醫有著突出的表現。

一、馬來半島諸國和中國建交後作為朝貢物品的藥物：

滿剌加國：犀牛、片腦、建香、金銀香、蘇合油、阿魏、薑黃、梔子花、降眞香、紫檀香、丁香、樹香、沈香、沒藥、大楓子、烏木、蘇木、番錫、番鹽、胡椒、硫黃、檳榔、燕窩。彭亨國：犀角、燕窩、片腦、乳香、速香、檀香、胡椒、黃熟香、花錫、降香、蘇木、檳榔。柔佛國：犀角、片腦、血竭、海菜、檳榔、胡椒、吉柿、燕窩、沒藥。

二、中醫醫療：

在馬來西亞所創建的中醫院，最早的中醫留醫院是雪蘭莪茶陽回春館，創辦於 1878 年。1932 年停辦；停辦後，仍以中醫贈醫施藥爲患病同鄉服務至今。吉隆坡的同善醫院，創立於 1881 年，是當今全馬唯一的中醫留醫院。1970 年創辦西醫門診部，成爲一所中西醫合璧醫院。檳城南華醫院創辦於 1884 年（清光緒甲申十年），是全馬來西亞最早的一間中醫慈善機構。霹靂中華醫院創辦於 1947 年。吉隆坡中華施診所創辦於 1954 年。從五十年代至九十年代，馬來西亞各地創辦了十幾所中醫中藥的醫院或施藥所。中華人民共和國成立之後，中醫藥業迅猛發展，馬來西亞也從吸取中國中醫藥經驗中，擴大藥源，提高醫術，滿懷信心地發揮中醫中藥的特點，發揚中醫中藥，爲馬來西亞各族人民服務。

三、中醫教育：

1950 年以前，馬來西亞的中醫師大部分來自中國或香港；一部分由馬來西亞的老中醫以傳授中醫知識給徒弟或子女的方式培養。還有少數則靠自修及積累經驗而挂牌行醫。

1955 年 7 月成立馬華醫藥學院，1992 年改爲馬來西亞中醫學院，馬來西亞德高望重的饒師泉老中醫師擔任院長職務一直至現在。馬來西亞中醫學院是馬來西亞第一所培養中醫師的學府，也是馬來西亞中醫藥事業發展的重鎮。這所學院創辦以來所培養的中醫藥人才已成爲今天馬來西亞中醫中藥向前發展的原動力，貢獻極大。此外，1961 年詩巫創辦詩巫中醫學夜校，1963 年停辦。1964 年創辦檳榔嶼中醫學院，1965 年創辦柔佛州中醫藥學院，1966 年創辦砂勞越中醫藥學院，1967 年創辦霹靂中醫學院，1989 年創辦檳城中醫研究學院。1974 年5 月中馬兩國建交後，特別是中國自 1978 年確定改革開放政策，廈門大學海外教育學院所設立的中醫課程受到馬來西亞中醫界的重視，一批有志于中醫藥的工作者非常踴躍向廈大海外教育學院報讀中醫內科和針灸科專業函授課程。中醫課程備受馬來西亞中醫界的重視。馬來西亞的中醫教育事業的發展，積極地推動馬來西亞中醫藥事業向前發展。

四、中醫中藥組織：

中醫中藥傳入馬來西亞雖然歷史悠久，但中醫中藥界成立學術團體，組成一種民間組織，卻是在二十世紀二十年代才出現。最早的中醫中藥組織是麻坡中醫研究所（1924 年）、雪蘭莪杏林別墅（1925 年）、吡叻藥材行（1925 年）及檳城中醫聯合會（1928 年）。以上四個中醫藥團體相繼成立於二十年代，繼後成立的中醫藥組織迄今已有三十多個，分佈在馬來西亞各州，各自發展。如今，在馬華醫藥總會的領導下，不懈地努力把中醫中藥發揚光大。[31]

馬來西亞中醫藥刊物的出版，自 1936 年迄今，有《醫藥之聲》、《醫學新聲》、《中醫藥半月刊》、《醫學通訊》、《饒師泉醫學文集》等共一百多種。

總之，由於海上絲綢之路，中、馬醫藥的交流是相當頻繁的，尤其是中國的藥物學、針灸學，對馬來西亞的醫藥事業產生一定的影響。兩國之間中醫藥和藥學知識的相互交流，不僅充實了中國傳統醫藥學的寶庫，而且促進了中醫藥學的發展。

第四節　兩國間生產技術與物種的互動

中國和馬來半島的文化交流活動，雖然也有政府之間以行政系統推動的文化流動，但更多的是通過私人貿易和大批的華人移民與當地民間進行廣泛的交流。私人貿易較之於朝貢貿易的內容更加廣泛，包括了社會生活各個方面的物品，其中以生產技術的交流最爲豐富。

中國和馬來半島的生產技術的交流是雙方互動的，通過商業貿易渠道和華人勞工在工礦及墾殖場裏進行。

馬來亞聯合邦成立以前的華人移民，大多數是勞動者，他們在馬來半島上除了少數人從事商業活動外，大多以手工業和勞工爲生。手工業者所從事的工匠行業爲織工、染印、刺繡、裁縫、鞋匠、木匠、油漆匠、鐵匠、銀匠、鎖匠、馬具匠、磚瓦匠、燒石灰匠、泥水匠、理髮匠、蠟燭製造工、麵包師、糖果匠等等，此外，勞工所從事的農業、園藝、漁業等也都是以傳播中國相關的生產技術和生產工具爲主。[32]

把華人吸引到馬來西亞來的是金礦業和錫礦業；華人移民在進入馬來半島之後，采金工人及采錫工人不斷增加。勒當山（Gunung Ledang）山腳下的華人金礦工人，從 1817 年的 20-30 人，到 1848 年人數增加至 250 人。1793 年馬六甲華人在蒂蒂安・阿卡爾（Titian Akar）開採第一個錫礦之後，到十九世紀四十年代，錫礦業迅速發展，從 1847 年至 1848 年間馬六甲約有錫礦 200 處，工人中有六、七千名華人。[33] 霹靂屬的拿律錫礦地區，1848 年由馬來亞人發現，最初僅有華人三名，至 1862 年，華人已有二萬至二萬五千人。英國派駐霹靂副總督史彼得氏所寫報告說，在 1870 年時，拿律錫礦地區內的華人，已不少於四萬五千人，其中大部分是廣府籍，也夾有不少客家人。[34]

　　十七世紀以後，華人在馬來亞進行錫礦生產事業的成功，主要是由於他們改進生產技術。他們將礦池中的積水，用水車或唧筒抽水方法，抽除積水，然後淘取錫砂。這方法比馬來人優勝。後來，為提高產量，改用機械推動的離心力唧筒，收效更大。另一種是利用瀑布河流代替馬力，推動沙泵，發動水筆的水力撞泵采錫。還有一種是淘洗式采錫法，在馬來亞叫做"洗琉琅"，從事這種工作的，多是女工。工人用一個直徑約三十英寸，中央深三英寸半的木盆掏進洗礦溝的沙中，淘出若干沙和水，然後用一種特殊動作把盆內無用的物質沖掉，而留下礦沙。後來英國人介紹了機械推動離心力唧筒；1895 年以後，各錫礦場，多用機械開採。第二次世界大戰結束以後，1918 年，全馬又採用鐵船開採。此外，還有機械從事礦脈采錫及地面探礦等。馬來西亞錫礦業的發展，與華人移民的開採技術傳播分不開。

　　在農業方面，華人在建立墾荒園丘的同時，也帶來了種植的品種和方法。華人種植者在馬來亞的優勢，超過歐人種植者。開頭，華人園丘種植樹膠、椰子，後來又種植木薯和甘蜜、胡椒等，並將木薯粉製成丸粒，經加工後可獲更大利潤。華人又從中國帶去茶樹種籽，種植茶葉。砂勞越的華人移民，帶去中國的水稻種籽，進行大面積的種植。

　　在商品流通領域，私人海外貿易商運到馬來亞的商品，除了奢侈品，如各種絲織品、天鵝絨、錦緞、塔夫綢、精美帳幔、馬飾、精製陶瓷器外，更主要的是大量的手工業生產的日常生活必需品，如棉織品及各類衣料，家用陶瓷器，金屬盒子，水鍋，鍋，針線，各種家具包括床、桌子、椅子、長板凳，建築和手工業用品包括鐵釘、薄鐵板等，這些都促進中國先進生產技術在馬來半島的傳播。[35] 而從馬來亞輸入中國的商品則有：錫錠塊、藥材及香料、染料、油膠蠟、輕木材、檀香、藤、橡皮鞋底、橡皮輪胎、花生油、紙、土布、席、絲繡花品等。兩國之間的商品交流，促進了相互之間生產技術的發展。[36]

此外，如建築業，過去馬來半島的住宅建築比較簡單，最典型的如馬六甲，當鄭和下西洋時，其房屋的形式是："如樓閣之制，上下鋪板。但高四尺許之際，以椰子樹劈成片條，稀布於上，用藤縛定，如羊棚樣。自有層次，連床就榻、盤膝而坐，飲臥廚竈皆在上也。"[37]居住的房屋多"誅茆覆屋"，"宮室覆茅"，多爲高腳屋及茅屋；當鄭和把中國的磚瓦建築傳入馬來半島之後，"王居前屋用瓦，乃永樂中太監鄭和所遺者。"[38]但當華人介紹各種建築材料的製造方法之後，馬來人的建築又有新的發展。

當中國的商人和中國移民，給馬來半島帶來了中國商業文明和生產技術之後，對馬來亞的經濟文化起著重要的促進作用，相繼而來的是馬來亞的產品傳入中國之後，對中國社會經濟和文化產生深刻的影響。任何文化交流都是雙向受益的。

【注　釋】

1　馬哈迪著、葉鍾玲譯《馬來人的困境》第九節：馬來人的倫理法則和價值系統。新加坡皇冠出版公司 1971 年初版。

2、3　參見黃昆福《吉蘭丹古史探源》，載《吉蘭丹中華總商會鑽禧紀念特刊》（1912-1987）。又黃昆福按：Gua 爲巫文"山洞"之意，cha 即茶或其他一些土生草木；但 Gua Cha 意義並非"茶洞"，名稱的來源或爲原住民特美亞（Temiar）人最早給予的稱呼"Gua Chos"。目前學術界稱爲"Gua Cha"。

4　鄭德坤《砂勞越考古觀感：由考古學看華人開發砂勞越的歷史》，載《南洋學報》第二十二卷，1967 年。又見劉子政《婆羅洲史話》，詩巫拉讓書局發行，1964 年 5 月版。

5　勃羅姆列伊等編《民族學基礎》，趙智俊譯，中國社會科學出版社 1988 年版。轉引自賀聖達《東南亞文化發展史》，雲南人民出版社，1996 年 8 月第 1 版，第 21—26 頁。

6　《周易・系辭下》。

7　席龍飛《開闢海上絲綢之路的中國古船》，見《中國與海上絲綢之路》，福建人民出版社 1991 年。

8　《山海經》卷 18。

9　《墨子・非儒下》。

10　《呂氏春秋・勿躬》。

11　韓槐准《南洋遺留的中國古外銷陶器》：瑪戈《序三》。新加坡青年書局 1960 年版。

12、13　韓槐准《南洋遺留的中國古外銷陶器》。

14　逸明：《舊柔佛意外出土的一批文物》，載《南洋文摘》第 7 卷第 836 頁。又見孔遠志《中國陶瓷在東南亞》，載《源》第 15 期。

15　段成式《酉陽雜俎》前集卷十八、續集卷十九。

16　《梁書》卷五四《諸夷傳・盤盤國》。

17　《梁書》卷五四《諸夷傳・丹丹國》。

18　《梁書》卷五四《諸夷傳・狼牙修國》。

19　《隋書》卷八二《南蠻傳・赤土國》。

20　《宋史》卷四八九《外國傳・渤泥國》。

21　《明史》卷三二五《外國傳・渤泥》。

22　《明史》卷三二五《外國傳・滿剌加》。

23　費信《星槎勝覽》。

24　《明史》卷三二五《外國傳・彭亨》。

25　傅維康《中國醫學史》，上海中醫學院出版社，1990 年版。

26　錢陸燦著《常熟縣誌》。

27　見《重修常昭合志》卷九《吳納重建惠民藥局記略》。以上匡愚醫師資料，
　　均見李金龍著《馬來西亞中醫藥發展史略》，新加坡中醫藥出版社，1996
　　年版第8—9頁。

28　張星烺《中西交通史料彙編》第一冊，中華書局 1977 年版第 356 頁。

29　丁文琦《看詩巫中藥業進展，說中藥及中醫價值》，載《詩巫福州墾場八
　　十周年紀念刊》第 4 集。

30、31　有關資料均見李金龍《馬來西亞中醫藥發展史略》。

32、35　參考鄭甫弘《十六、十七世紀中國移民對東南亞語言及日常生活的影
　　　　響》，見《南洋問題研究》1992 年第 3 期第 73 頁。

33　《馬六甲：約 1400——1980 年馬來首都的變遷》第 2 卷。

34　《星馬通鑒》，星加坡世界書局有限公司 1959 年出版，第三章第二節《礦
　　業》。

36　劉繼宣、束世澂《中華民族拓殖南洋史》第十一章。

37　馬歡《瀛涯勝覽》滿剌加國條。

38　黃衷《海語》滿剌加條。

第十九章　文字、語言、文學、藝術的源遠流長的交流

第一節　馬來詞典的編纂與峇峇馬來語

　　語言是人類交際的工具，是人類生活和生產勞動不可缺少的重要的溝通媒介。馬來西亞是一個多元種族的國家，因此所擁有的語言是多元的。其中馬來語用途最廣，而且在區域語言中扮演了通用語（Linggua Franca）的重要角色。當代馬來西亞的國語是馬來語。馬來語又分爲馬六甲——柔佛方言爲代表的西部馬來語；以丁加奴——吉蘭丹方言爲代表的東北部馬來語。馬來西亞獨立之後，政府在馬六甲——柔佛方言的基礎上，統一規定了各地使用的馬來語，形成了全國通行的馬來語——標準馬來語。

　　在馬來西亞，要打開民族交流之門，就必須掌握馬來語。

　　過去，馬來西亞的華人族群中，又有土生華人和新客華人之分。凡在當地土生土長的華族後裔都稱爲土生華人；凡新來華人移民稱爲新客華人。土生華人，馬來語叫做 Cina Perana kan，即土生土長的華人之意。也作 Cine Selat，英文叫 Straits born Chinese，即海峽出生的華人，簡稱海峽華人或海峽僑生。而新客華人則叫做 Cina Totok，或者 Cina singkek。在馬來西亞被稱爲土生華人的，還局限於指那些與土著有混合血統的特殊身份、具有濃厚西方文化教育和思想背景的土生族群而言，並爲他們起了一個特殊的稱謂"峇峇"，其男女又有區別，男的稱"峇峇"，女的稱"娘惹"。不過一般人們以接受西方生

活方式及教育者稱“西化土生華人”，以偏重華文教育及華人傳統文化生活者稱“漢化土生華人”。他們除了擁有福建話或潮州話等地方方言外，不諳普通話，用土生馬來語（Bahasa Melayu Peranakan），或稱峇峇馬來語（Bahasa Melayu Baba），作爲彼此之間的溝通媒介。馬來人把這種語言當作巴剎馬來語（Bahasa Melayu Pasar），也當作不合標準的馬來語看待。

由於華族來自沿海各省，其方言包括福建、潮州、廣東的客家話和海南話，這幾種方言，也吸取了大量的馬來語詞彙。早期的馬來文，是採用由阿拉伯字母借用過來的爪威字母（Hurus Jawi）書寫；用羅馬化字母（Huruf Rumi）拼寫的馬來文還沒有通行。這對新客華人學習馬來文，增添了許多困難；因此他們採用漢語分類收詞的編纂結構，然後以華族各種方言語音來拼音、用漢字書寫，編出多部馬來語譯音注釋之類的詞典雛形，在民間流傳。這類詞典，發音雖不很準確，但在現代語言知識還沒普遍化的歷史階段，總算爲不諳馬來語的華人提供參考，在中馬語言文化交流的發展史上做出了貢獻。[1]

關於這方面的詞典，目前所知道的有下列幾種。

一、《滿剌加國譯語》。這是華人編纂的第一部馬來語、漢語詞典。明代嘉靖二十八年（1549 年）一月由華人通事楊林校訂。據北京大學東方語言文化系印尼語教授孔遠志介紹，這部詞典後來收入英國傳教士莫裏森（Morrison，1782-1834）所編的《各國譯語（Ko Kwo yi yu）》的第十卷中。20 世紀英國人愛德華茲（E.D.Eards）和布拉格登（C.O.Blagden）用英文將它的辭彙一一注釋，發表於 1930—1932 年間倫敦大學東方學院院刊第 6 卷上。[2] 從字典的詞條來考察，其編纂時間應是 1403 年至 1511 年之間。《滿剌加國譯語》中的馬來語，屬於中期馬來語。明代史籍《咸賓錄》滿剌加條載：“其譯語，呼天爲安剌（Alan），地爲布迷（Bumi），日爲哈剌（Hari），月爲補藍

（Bulan）。"《滿剌加國譯語》不僅是第一部馬來語、漢語詞典，也是世界上第一部馬來語詞典。它在中國、馬來西亞文化交流史上獨具重要意義。它既記載了中期馬來語的珍貴資料，也說明了至少在 15 世紀，一些閩南方言借詞就出現在馬來語中。[3]

二、《華夷通語》。編者林衡南，光緒三年（1877 年）出版，據馬來語文專家楊貴誼說，他至今尚未見到這部具有歷史意義的華馬詞典雛形的正本。楊貴誼對這部辭書的介紹是：從內容結構來看，《華夷通語》更像是一部《華馬辭匯錄》性質的雙語辭書，說是華馬詞典的雛形更為確切。此書的前身取名為《通夷新語》。初版是清光緒三年（1877 年）間問世。光緒九年（1883 年）經林君好友李清輝校訂，更名為《華夷通語》，重新付印出版。

林衡南在修訂版的序言中說："前刻雖無千里之謬，終不免有毫釐之差。然善非貨而不售，業已善價而沽之。但踵門欲購者，日有其人。故余仍不敢自詡聰明，視為善本。乃再延高明先生，惟能精於方言、通於音韻者，相與就正焉。"李清輝在其校訂本中也說："余友林君衡南，前著《通夷新語》一書，原為有裨世之作，同人咸欣賞焉。然審其語音，大純之中，不無小疵，而林君欲其精益求精，囑為釐正。餘不揣固陋，勉為校訂，以期音義貫通，有美必備，新刻告竣，易名曰《華夷通語》。"在修訂本上，還邀請當時中國駐新加坡領事左秉隆作序。其序云："南洋群島，舊本巫來由部落。自通商以來，我華人寄居其地者，實繁有徒。而閩之漳、泉，粵之潮州稱尤盛焉。但其初履異域者，每因言語不通，遂致經營難。林君衡南有見於此，爰取巫來由語，注以漳、泉、潮音，輯成一書，名曰《華夷通語》。使我華人熟習而強記之，自可與彼族交談，暢所欲言，洵快事也。是書初名《通夷新語》，刻於光緒三年，迄今葛裘屢易，猶覺光景常新。然而林君之意，則顯新益求新也。近複出其書，于李君清輝反復校正，並易今名，蓋視初刻，益加美備矣。書即成，林君屬余爲序，情詞懇切，余重違其意，爰弁數語之，行見吾華之人得讀是書，而言語相通，經營日遂，是則余所厚望也夫。光緒九年重陽節日，駐吡叻領事館左秉隆撰。"從這篇序言中，可見這部詞典在當時頗受社會重視。

《華夷通語》總共有2840個詞條，《滿剌加國譯語》僅收詞482個，比《滿剌加國譯語》多2358條。《滿剌加國譯語》"沒有發現葡萄牙語或其他歐洲語言的借詞"，而《華夷通語》則打破了這個局限，吸收了相當多的外來語，其中尤以"律例"和"埠頭"這兩個編目最爲顯著。例如：

頁碼	漢語詞條	福建語音拼譯的馬來語	標準馬來語拼音（楊貴誼注）
46	狀紙	不知甲	Petisi
47	報知	禮勃甲是兜	Report kasih tahu
63	歐洲	亞魯巴	Eropah
63	英國	英吉利氏	Lnggeris
63	花旗國	冥里幹	(A)merika
63	俄羅斯	汝寫	Rusia
64	香港	方廣	Hong Kong

此外，還有漢語如下：

64	廈門	嚇門	Xiamen
64	上海	常海	Shanghai
64	北京	必經	Beijing
65	福建	屋建	Fujian
65	廣東	公東	Guangdong
65	海南	海南	Hainan
65	潮州	潮州	Chaozhou

這些變化說明，語言是隨著時代而演變的；華語是如此，馬來語也沒例外。[4]

三、《通語津梁》。林采達編，光緒己丑年（1889 年）出版，新加坡集文齋藏版。漢語收詞，用漢字福建音拼寫。

四、《巫來油通話》。是另一部採用閩南方言拼寫的沒有馬來文字母的馬來語詞典，1926 年出版，編者未詳。

五、《馬拉語粵音譯義》。日期及編者均未詳，漢語收詞，用漢字廣東語音拼寫。

六、《正客音譯義末來由話》。1929 年增訂，墓陶及亞末編，漢語收詞，用漢字客家語音拼寫。

七、《雜誌册》。日期及編者均未詳，漢語收詞，用漢字海南音拼寫。新加坡國家圖書館珍藏一部殘缺本。

八、《瓊南音諧摩賴幼話義》。日期及編者均未詳，漢語收詞，用漢字海南音拼寫。[5] 這幾部詞典的共同特點是：一、以華語爲主，馬來語爲副的華馬詞書；二、採用分類詞編纂系統；三、馬來文都是採用中國方言拼音，以漢字書寫，完全沒有馬來文中通用的爪威或羅馬化的拼音字母存在。作者編纂詞典的目的，是爲了"使我華人熟習而強記之。自可與彼族交談，暢所欲言。"[6] 使前往馬來半島的華族群，在與馬來族群的交流中，能夠溝通，促進文化交流。因此，詞典的編纂者已成爲文化交流中的先行者了。

五十年代末期至六十年代，由於馬來西亞掀起學習國語（馬來語）和推廣國語的熱潮，因此，馬華、華馬或馬華英類屬的詞典編纂工作蓬勃開展，大約有二十部是在這段時間出版的。這些詞典應該說是時代發展的產物，對推動華社的語言發展，發揮了積極的作用；同時也溝通了各民族的文化交流。這一時期出版的詞典，重在實用。比較重要的有下列幾部：

一、《簡明馬華詞典》"Kamus Maleyu-Tionghua"（1958），林煥文編。

二、《實用馬華英大詞典》"Kamus Berguna Bahasa Meleyu-Tionghua-Inggeris"（1959），魯白野編。

三、《馬來語學生詞典》"Kamus Bahasa Melayu Kecil"（1960），林煥文編。

四、《華馬大詞典》"Kamus Bahasa Tionghua-Melayu"（1961），陳蒙鶴、曾松華等編。

到了七十年代，華社的詞書編纂工作繼續不斷的發展，並且在內容和水準上，配合社會的需求，相應地提高。據統計，這個時期問世的大小詞典為數不下三十部。其中較著稱的有：

一、《馬來語大詞典》"Kamus Umum Bahasa Malaysia"（1972），楊貴誼、陳妙華編。

二、《統一標準馬來語詞典》"Kamus Sari Ejaan Bersama"（1973），楊貴誼、林清吉、陳妙華編。

三、《通用馬來語詞典》"Kamus Dewasa Bahasa Malaysia"（1976），楊貴誼、林清吉、陳妙華編。

四、《普及詞典》"Kamus Am Terbaru Bahasa Malagsia"（1977），鍾松發、陳亞良編。

五、《現代馬來語詞典》"Kamus Istilah Baru Bahasa Malagsia"（1984），楊貴誼、陳妙華編。[7]

在中馬兩國建交之後，尤其是 1985 年馬來西亞首相拿督斯里馬哈迪醫生訪問中國以後，中馬兩國兩千年的傳統友誼放射出光芒，兩國之間的文化交流日益繁榮和發展，因此，學習華語及馬來語在兩國之間更加迫切，這幾部大型馬來語詞典的誕生，起到了溝通兩國文化的橋梁作用。

第二節　文學翻譯與文學評介

馬來新文學開始於十九世紀的文西・阿都拉（MUNSYI ABDUL-LAH）（1796-1854），他被譽為馬來新文學之父。他的作品，能把當時的社會動態，通過典型事件，以生動的手筆表現出來。他擺脫舊禮教的束縛，步入現實社會，敢怒敢言，有自己的見解。作品有八種，其中《阿都拉自傳》（1849 年）、《阿都拉吉蘭丹遊記》（1837年），二十世紀七十年代翻譯成華文後立即受到華族群的歡迎。馬來族的古典文學和舊韻文，如傳奇故事、史詩和班頓，都具有較長的歷史。但在十九世紀甚至二十世紀五十年代初，這豐富的寶藏尚未能翻譯成華文，一直到二十世紀六十年代之後，馬來文學著作及馬來班頓，受到人們的重視並逐漸翻譯成華文，使兩個民族在文學藝術的交流中相互融洽。

到了十九世紀末，西化土生華人中馬來文翻譯的先驅者們，依靠自己的智慧，創造了羅馬化馬來語拼音文字，不但承擔了早期馬來文報刊印刷的重任，而且通過這個媒介，翻譯了相當數量的中國古典文學作品；他們的翻譯工作，持續到 1950 年。在這 70 多年之間，大約有 20 多位人士從事翻譯工作，主要是：曾錦文、石瑞隆、鍾元文、邱平炎、高・瓊尼、高春廣、劉金國、李寶成、林福志、林秀興、林順成、馮德潤、傅長壽、肖丕圖、肖欽山、肖海炎、陳明德、陳進傳、袁文成、黃振益及黃介石等。他們完成七八十部以中國古典文學和歷史小說為對象的馬來文翻譯工作，把中國的章回小說和歷史故事翻譯成羅馬化的馬來文。其中如：

《三國》"SAM KOK atau TIGA NEGRI BERPRANG"共 30 冊

《宋江》"SONG KANG atau 108 P'ROMPAK"共 19 冊

《西遊》"CHRITA SHE YEW"共 9 冊

《孟麗君》"BENG LEH KOON"共 14 冊

《乾隆君遊江南》"KHIAN LEONG KOON YEW KANG LAM"共 27 冊

《鍾無豔》"CHEONG MOH INH atau HONG HOR MUKA BIRU"共 55 冊

《大鬧三門街》"TAI LAI SAM BOON KUAY"共 22 冊

《封神萬仙陣》"HONG SIN BHN SIAN TIN"共 17 冊

每一部書都分成多冊印刷，或者更多，因此七八十部作品的龐大數目是可以想象的。[8]

土生華人馬來文翻譯先驅者曾錦文（Chan Kim Boon 1851-1929），出生於檳域，祖籍福建閩候。他在翻譯時採用的筆名是峇抵彥東（Batu Gantong）。在檳島大英義學接受基礎教育，是個西化土生華人族群出身的峇峇。曾錦文經手翻譯的中國古典文學著作計有《鳳嬌與李旦》8 卷：4-8 卷（1891—1892），1—3 卷（1892—1893），《五美緣》，6 卷（1891—1892），《三國》30 卷（1892—1896），《宋江》，即《水滸》，19 卷（1899—1902）、《西遊》9 卷（1911—1913）。由 1891—1913 的大約 22 年的時間內，一共完成五大部，共 62 卷的馬來文翻譯的文學巨著。他翻譯的代表作《三國》、《宋江》和《西遊》等，設計精美，書中的插圖繪畫細膩，圖文並茂。[9]

自 20 世紀 20 年代起，另一位翻譯家袁文成（Wan Boon Seng），筆名土生劍（Panah Pranakan），單在 1931 年，他先後以譯者或出版者的名義，就出版了《後列國志》（4 卷）、《紅面小姐》（1 卷）、《瓦崗》（2 卷）、《東周列國》（2 卷）、《西漢》（5 卷）及《上下南唐》（2 卷）等書。從 1931 年至 1950 年間，袁文成一共翻譯或出版過二十幾部作品。因爲有的書只署他是出版者，至於譯者是否也是他本人，或出自他人之手，都沒有交代清楚，因此很難分辨。還有陳明德（Tau Beng Teck）翻譯的《聊齋志異》，主要是根據聊齋中的情節改寫的故事，如《蓮香》一篇，是王子章原著《桑生傳》的梗概，譯文不求忠於原作，只對小說中的情節作轉述。但它跟其他幾部用僑生馬來文翻譯的作品合在一起，標誌著華馬文化交流的里程碑。[10] 到了 20 世紀 50 年代，通俗小說的翻譯工作暫告式微。[11] 袁文成的《牡丹公主》于 1950 年出版後，這一陣翻譯熱就趨於熄火狀態。

　　但是時代在發展，文化在進步，中馬兩國之間文學藝術的交流又在下一代人的努力下向前發展。到了六十年代，有相當數量的馬來文作品被譯成華文，馬來文學比較廣泛地被華族族群所閱讀，一批新的翻譯者為此做出了新的貢獻。其中如：

　　《刀尖下的生命》"Nyawa Di Hujung Pedang" Cahmad Murad）（1959），丁娜譯。

　　《經濟與貧窮》"Renchana-Renchana Ekonomi Dan Kemishinan"（U.A.Aziz）（1960），張少軍譯。

　　《馬來短篇小說選》"Pilihan Cerpen Meleyu"（1961），拉迪、林丹等譯。

　　《蝦多鹽也多》"Banyak Udang Banyak Garam"(Abdul Rahim Kajai)（1961），梅井，洪鴻譯。

　　《苦盡甘來》"Bahagia Sa-Sudah Derita"(Md Akhir Bin Leman)（1961），陳達生譯。

　　《格打央的兒女》"Darah Kedayan Charun Aminurrashid）（1961），曾慶有譯。

　　《小作家——莎拉》"Sarah Pengarang Kechil"（Mas）(1961)，馬良譯。

　　《早晨的朦朧》"Kebus Pagi"（Ahmad Boestaman）（1962），

餘生譯。

《鮮花怒放》"Mekar Dan Segar"等（1963），堂勇譯。

《血與淚》"Darah Dan Ayer Mata"（1963），許博義，陳彬影譯。

《馬來亞短篇小說集》（1963），靜思譯。

《阿都拉傳》"Hkayat Abdullah"（1972），馬豈譯。

《吉蘭丹遊記》"Kisah Pelayaran Abdullah"（1978），柳蘿譯。

這些馬來文學作品，開闊了華族讀者的視野；馬來族的藝術創造力，也使華族作家從中吸取藝術營養。而這一時期華族作家的作品，尚未被廣泛翻譯爲馬來文，僅出版了兩部譯書，即：

《浮生六記》"Hidup Bagaikan Mimpi"（1961），李全壽譯。

《生與死》"Hidup Dengan Mati"（1966），陳達昌譯。

此外有一些促進民族文化交流的論著，如介紹馬來族的書籍：《馬來人風俗》（1957）梅井編著、《馬來亞的兄弟民族》（1960）梅井編著、《馬來新文學的獨特性》（1961）穀衣編著、《馬來叢談》（1961）梅井著、《馬來舊韻文》（1962）穀衣編著等。

到了七十年代以後，大部分由華文譯成馬來文的作品多是取材自中國現代文學作品。以後，這方面的工作一直在繼續進行。此類翻譯著作有：

《中國新詩選》"Puisi Baru Tiongkok"（1975），吳天才譯。

《一個醫生的道路》"Riwayal Hidup Seorang Doktor"（1976），葉新田譯。

《春水》"Air Musim Bunga"（1980），冰心著，陳應德譯。

《中國詩詞選》"Puisi Dan Lirik Tiongkok Klasik"（1981），吳天才譯。

《郭沫若詩集》"Ibuku Sang Bumi"（1981），吳天才譯。

《艾青詩選譯》"Pemberitahuan Subuh"（1981），吳天才譯。

《長明燈》"Lampu Yang Tak Kunjung Padam"（1984），魯迅短篇小說集，李全壽譯。

《孫子兵法》"Seni Ketontern"（1986），葉新田譯。

楊貴誼指出，由六十年代末期至七十年代，譯介方面最大的變化應該是：本地創作的翻譯漸露曙光；尤其是新一代的語文工作者，已經開始從以馬來西亞背景為創作題材的各種華文著作中獵取翻譯的物件。短篇小說成為熱門的翻譯選擇題材，馬來報刊對類似譯作的刊登頻率也比過去任何時期的情況都來得頻繁。同時，這個時期的馬來西亞華文著作譯成馬來文的單行本，數量也逐年上升。如：

《馬華新詩選》"Puisi Mahua Moden"（1975），吳天才譯。

《現代馬華詩歌選集》"Anfologi Puisi Mahua Moden"（1978），葉新田譯。

《馬華文藝思潮演變》"Evolusi Aliran Pemikiran Kesusantern MAHVA"（1979），方修著，曾榮盛與張永新譯。

《打破鏡子的女人》"PeremPuan Yang Memecahkan Cermin"（1979），戲劇集，陳祖明譯。

《吡叻河呵，母親的河！》"Oh Sungai Perak,Sungai Ibu"（1980），戴清壽詩集，吳天才譯。

《望子成龍》"Anakku,HaraPanku"（1980），雲裏風著，鄧盛民譯。

《馬華短篇小說選》"CerPen Pilihan Mahua"（1982），巫運才譯。

《相逢怨》"Pertemuan Yang Dikesalkan"（1986），雲里風著，鄧盛民譯。

《鵝江浪》，詩歌集，吳岸著，曾榮盛譯。

　　除此之外，在同時期裏，還有一定數量由華人撰寫或創作的馬來
文學作品或學術性著作，在文化交流中也發揮了相當大的影響。

　　1986 年 3 月，馬來西亞一批語文愛好者成立"馬來西亞翻譯與創
作協會"，他們翻譯了兩部作品：《馬華短篇小說集》"Antologi Cer-
Pen Mahua"及《馬華詩歌集》"Antologi Puisi Mahua"，由語文出版
局安排出版。同時，吉隆坡中華大會堂文教委員會成立的翻譯組，也
著手籌劃馬華詩歌的翻譯工作。新山南方學院馬來系的師生，也開始
在進行譯介工作。這是一個新的良好的開端，相信通過有組織性的策
劃和推動，華馬譯介的交流將會做出更大的貢獻。[12]

　　以上是馬來西亞國的翻譯工作者對馬來族和華族文學創作成果作
交流的努力概況。在中國方面由於十年的"文化革命"的浩劫，文化
領域是一個大災區，所以這一方面的工作也告中斷。改革開放之後，
逐漸恢復；近年來有長足的發展，如馬來西亞華社研究中心 1999 年 6
月出版、陳思慶編的《文學史上的閃光年代——中國文學新走向》及
馬來西亞語文出版局 1999 年 6 月出版周偉民和唐玲玲合著的《大馬詩
歌創作本土化的個案藝術經驗——奧斯曼·阿旺和吳岸比較研究》等
等。相信今後兩國之間在文化交流過程中，對於文學藝術方面的翻譯
及交流，一定會更加頻繁。事實上，在 1959 年新加坡獨立之前，馬來
亞華文文學創作稱之爲新馬華文文學；1959 年之後，馬來西亞華文文
學被稱爲馬華文學。馬華文學發展的前一段歷史，與新加坡緊密聯結
在一起。而馬華文學在發展中所走過的道路，與中國文學的發展有著
千絲萬縷的關聯。

　　從作家隊伍來看，從三十年代到四十年代，一些中國作家被邀請
到馬國工作或其他原因留在馬來西亞，也還有因與當時中國政府政見
不合，被迫流浪到馬來西亞，或隨同戲劇團體前來星馬表演，而加入
星馬文藝行列，如郁達夫、胡愈之、關楚璞、鐵戈、桃木、丁家瑞、

鄭子瑜、沈濟寬、劉子欽、丘絮絮等人，這批中國作家對新馬文學的發展具有極大的影響。他們大力向新馬文學界介紹中國三十年代的作家作品、文壇上的論爭及各個不同流派、風格文學，這些都不同程度地影響了馬華文學創作。

　　從文藝刊物來看，當時許多文藝刊物由南來的中國作家任主編，也有任報紙的主筆，如郁達夫主編《星洲日報》的副刊《晨星》、《繁星》、《星洲日報星期刊》、《文藝》等幾個副刊；後來又兼編《星檳日報》的文藝版，還兼寫社論。胡愈之擔任《南洋商報》編輯主任，主編《風下周刊》。沈茲九主編《新婦女》。都受到文藝界相當的注意。這些刊物，經常登載中國作者的作品，包括巴人、楊騷、沈茲九、金丁、夏衍、陳仲達、楊嘉等人的作品，還有茅盾、郭沫若、適夷、王魯彥、馬凡陀、何其芳的作品也經常披露。因此，中國文學在馬來西亞的影響日益擴大。

　　從文藝思潮的影響來看，馬華新文學自五四時期受到中國新文化運動的衝擊而誕生之後，不斷吸取中國新文學的養料；魯迅作品的傳播，創造社作品的流傳，不同流派作家作品的激蕩，都影響著馬華的文學創作。

　　然而，馬華文學僅僅是馬來西亞多元種族、多元文化的文學中的一支，馬來西亞華人在馬來西亞的歷史變革過程中，雖然接受中國文學的影響，但他們立足於自己國家的現實生活，走自己的文學道路。二十年代馬華文壇有關於"南洋文藝"的討論；三十年代有關於"地方文藝"和"馬來亞文藝"的討論；四十年代有關於"馬華文藝獨特性"的討論；五十年代有關於"愛國主義大眾文學"的討論，等等。對這些文藝問題的探討，說明了在中馬文學的交流過程中，馬華作家從移民身份而轉變成永久居民的國家主人身份時，主人意識的覺醒，因而把馬華文學從"僑民文學"的羈絆中解放出來，賦予新的特質。

馬華文學的源流是多元的，除華族文學外，還有馬來文學、淡米爾文學、英文語系文學以及在馬來西亞國土上逐漸形成的傳統。馬華文學走向本土化。在華文文學這一支上，隨著馬來西亞獨立後多年來的發展，在中馬兩國的文學交流過程中，馬來西亞華文文學的成就，又促進和影響著中國的文學創作。

　　1998 年 5 月 28 日，馬來西亞奧斯曼.阿旺與薩農・阿末、諾・阿贊三位著名的馬來語作家應中國文化部的邀請，到中國訪問。這是馬來西亞第一批著名馬來族作家訪問中國，開啓了兩國之間創作界的交流。三位作家踏上中國國土，遍遊廣州、上海、北京，與中國著名作家曹禺、王蒙、鄧友梅等會面，播下了兩國之間文學友誼的種子。

　　近年來，馬來西亞作家在中國出版界也十分活躍！1995 年鷺江出版社出版的一套東南亞華文文學大系中，其中有馬來西亞卷十種，主編雲里風。該卷向中國讀者介紹當代馬來西亞華文作家的優秀作品。馬來西亞文化、藝術和旅遊部拿督陳廣才副部長在馬來西亞卷總序中說：“馬華作家直到九十年代當政府全面解除人民訪華的限制之後才與中國作家有交往。這幾年間，大馬華文作協曾多次組團前往中國，拜會中國各地知名作家，並與各地的文學團體進行文學交流；而中國作家也曾有多位在訪問我國時，由大馬華文作協熱情款待。據我所知，目前大馬華文作協與北京、廣州、江蘇、上海、湖北、福建等地的作協或文聯以及個別作家感情甚篤，除了交換資訊和作品之外，還參與對方舉辦的文藝研討會等活動。馬、中官方關係良好，作家之間當然也應建立起密切的聯繫。”[13] 作家戴小華的作品在中國出版及獲獎，詩人吳岸的詩歌在北京召開研討會進行交流。在二十世紀九十年代，中馬兩國作家的交流已日益頻繁，相信今後對馬來文學的翻譯事業也會隨著兩國關係的密切而迅速發展。

第三節　馬來班頓與中國民歌

　　民歌是民眾表達自己民族心聲的韻文作品，是一種民間唱的歌；它是每一個人的心中之歌，但這些作品又不屬於任何個人所有，而是經過歷代相互傳授、影響、修改和潤色而成的。這類詩歌的特色和價值，在於它以一種親切動人的藝術魅力，表現出民眾簡樸、誠摯的感情。梁啓超說："韻文之興，當以民間歌謠爲最先，歌謠是不會做詩的人（最少也不是專門詩家的人）將自己一瞬間的情感，用極簡短極自然的音節表現出來，並無意要他流傳。因爲這種天籟與人類好美性最相契合，所以好的歌謠，能令人人傳誦，幾千年不廢，其感人之深，有時還駕專門詩家的詩而上之。"[14] 原始歌謠是詩歌、音樂、舞踏三位一體的綜合藝術。《尙書・堯典》載："帝曰：夔！命女典樂，教胄子……詩言志，歌永言，聲依永，律和聲，八音克諧，無相奪倫，神人以和。夔曰：於！予擊石拊石，百獸率舞。"《毛詩序》曰："詩者，志之所之也，在心爲志，發言爲詩。情動于中而形於言，言之不足故嗟歎之，嗟歎之不足故詠歌之，詠歌之不足，不知手之舞之足之蹈之也。"在中國古老的大地上，"遠在有史以前，半開化時代，一切文學美術作品沒有，歌謠便已先有。"[15] 西周和春秋初期的詩歌，當以三百篇《詩經》爲代表。而馬來民族的民歌，也是民間不知名歌手"感于哀樂、緣事而發"的即興口頭創作。這些民歌，在漫長的歷史過程中，不斷反復傳唱，提煉加工，內容豐富多采，形象鮮明生動，語言洗煉明快，富有藝術感染力，因而代代相傳至今，被稱爲馬來班頓。"在馬來古典名著《馬來紀年》（Sejarah Melayu）中，最早提及'班頓'這名詞，而且在馬來新文學之父文西・阿都拉的作品裏，間亦穿插了不少的班頓，故我們可以說：班頓之成爲定型的文學形式，該是在公元十六世紀前後。因此，馬來班頓可說是道地的馬來民族的寶貴文化遺產，是純粹的馬來文學。""班頓是馬來半島與馬來群島各地最流行的民間歌謠。青年男女借它以訴說衷情以為表達愛情的工具；老年人借之以訓誨兒孫；小孩卻借之以揶揄或戲謔他人。"[16] 馬來班頓的內容，大多是反映馬來民族的風貌、樸實的生活、風俗習慣，與真摯感情的流露，所以馬來班頓是馬來民族簡樸生活的旋律和生命音符。樓文牧說："班頓是我國（馬來西亞）寶貴的文化遺產，歌唱青年人的純潔愛情，農民的耕耘開荒，人民的勞動，並發揮著豐富的鄉土愛。"[17] 馬來班頓在馬來半島各地都存在，是一種表達個人感情的四行一首的詩體，一般又稱四行詩。詩的前兩句是比喻，後兩句表達主觀感情。馬來文權威衛金申曾指出："第一、二行表現出含蓄的詩般的思想；第三、四行的思想和前兩行相同，但其美卻表現無遺。"[18] 馬來班頓的"喻"與"意"兩部分的密切結合，"喻"和"意"互相鈎連，加以隔句押韻和音樂旋律，表達了班頓作者內心激盪的豐富感情。班頓在內容上豐富多采，但一般分為兒童班頓（Pantun Budak-Budak）、青年班頓、（Pantun Pemuda）老年班頓（Pantun Orang Tua）。兒童班頓又可分為快樂的班頓（Pantun Bersukacita）、悲傷的班頓（Pantun Berdukacita）；青年班頓又分為四類：漂泊的班頓（Pantun Dagang）、青春戀情（Pantun Muda）、詼諧詩（Pantun Jaenaka）和謎語詩（Pantun Teka-teki）；老年班頓可分三種：忠告詩（Pantun Nasihat）、習俗詩（Pantun Adat）、宗教詩（Pantun Ugama）。

最早出現馬來班頓的是馬來古典著作《馬來紀年》。例如第九章《敕選首相和賴婚搶親》，蘇丹命敦馬末向素山（Gunung）仙子求婚，當敦馬末來到山頂，聽到玫瑰花吟出下面一首詩：

Sana sini gigi menimang,

Hendak makan ikan dalam telaga;

Lagi lemak telur belinang，

Sisiknya lekat Kepa dadad.

對對牙兒咬牙兒，

想吃桶裏那魚兒，

肥肥的魚子好熬油，

只怕鱗片沾住在口。

海角的藍花（bunga tanjung biru）和之

Dang nila menangku Puan，

Berembang buah Pedada；

Adakah gila bagimu tuan？

Burung terbang dipipiskan lada

唐尼羅放進檳榔箱的是——

毗林邦和畢陀陀果，

會有你那樣的傻瓜，

鳥兒在飛，你磨胡椒。

在文西‧阿都拉的吉蘭丹遊記裏，當他從吉蘭丹來到沙白，向東
姑達敏拉告別後，他這樣寫道：

想著想著，和風吹過來，覺得有點疲倦，不禁打瞌睡。驀地
想起所寫的班頓，便從衣袋裏掏出來低低地吟唱，以打發時間。
我唱的班頓，一半從吉蘭丹人的口中聽到，還有一半從海人口中
得來。

"在此我要對那些不知道班頓是什麼的非馬來人——要是他
們讀到這本書的話——解釋一下：班頓分四行，上兩行並沒有意
思，只作爲陪襯，下兩行才是其眞正的含義。"阿都拉所唱的班

頓有 30 首，這裏只列舉兩首爲例：

> 丁宜島上華人笠，
> 巴西詩巫看得到；
> 君你千萬別久離，
> 思念之苦難忍受。

> 時辰算好且起碇，
> 槳輕搖來炮燃燒；
> 若是子彈不變心，
> 若是相愛定到老。

　　文西・阿都拉所唱的班頓來自民間，悠揚動聽。這是馬來古典名著中留下的班頓。

　　前面我們簡要地介紹馬來班頓，目的是爲了追索班頓與中國民間文學的淵源。從事馬來研究的英國學者溫斯德（Sir R.O.Winstedt），認爲馬來班頓是受中國詩經的影響而成定型的。而 Longmans 出版社出版的《馬來韻文》（Puisi melayu）中亦曾提出：“馬來班頓頗像中國的《詩經》，故很有可能系受《詩經》的影響而成爲固定的形式。”許雲樵在馬來亞大學中文系出版的《班苔學報》創刊號上發表《中國詩經與馬來班頓比較》，否認這一推測。

　　爲什麼中國人讀起馬來班頓感到特別親切？這固然是由於班頓藝術的美學效應，但更重要的是由於班頓中所表現的形式和表達的內容和中國民歌相類似，所以特別能引起中國讀者的共鳴。中國古代詩歌總集《詩經》，是從中國古代民歌的總匯中選編的集子，詩歌所採用的賦、比、興的藝術手法，尤其是開頭兩句的起興，已成爲詩歌藝術中喚起感情的一種傳統方法。《詩經》產生於公元前四、五世紀，而馬來班頓的發現，是在公元十五世紀成書的《馬來紀年》裏。但必須看到，馬來班頓不是產生於十五世紀，而是因爲在十五世紀以前沒有發現有人去整理記錄而已。馬來文化的形成應是悠久的，但以文字記載下來較晚，所以人們很難從文字上來尋找馬來班頓的淵源，而僅僅能從目前所能讀到的班頓來進行比較、探索和推論。英國研究馬來文學的溫斯德沒有讀過中國《詩經》的原本，但他卻首先從克連默爾・彬（Mr,C.Cranmer Byng）的《詩經》譯本上發現馬來班頓與中國《詩經》相似。這一了不起的聯想，可以說，溫斯德從馬來班頓中頓悟出馬來民族與漢民族那種"心有靈犀一點通"的微妙而錯綜複雜的心理積澱；特別是在藝術創造上的某種難以言喻的心理聯繫和藝術表現上的內在要求。他的這一點頓悟是極其寶貴的。溫斯德在他的《馬來文學史》中說："班頓的興句和正句之間的關聯就象中國《詩經》一樣不那麼緊密。……每章在寫到正句之前，總要用一至二行介紹一下獨特的自然景色、衆所周知的事情或者是偶然發生的事件做引子，這無異就象奇妙的阿拉伯樂曲那樣，先塑造一種形象和意境，然後才把衷情吐露出來。"他引《詩經》的《邶風・綠衣》的第一、二章爲例："綠兮衣兮，綠衣黃裏。心之憂矣，曷維其己。""綠兮衣兮，綠衣黃裳。心之憂矣，曷惟其亡。"又引《小雅・青蠅》最後一章："營營青蠅，止於榛。讒人罔極，構我二人。"《詩經》裏的詩的比興手法，馬來班頓幾乎是一脈相承。班頓中對於韻腳應用及對仗的安排，也與中國民歌相類似，而中國民歌中所應用的重復詠歎、鋪陳的複述和對比問答的形式，馬來班頓中也普通採用。中國著名民俗研究專家鍾敬文曾說："中國是世界上開化較早的國家。就有文字記錄的歷史驗證，已經有三千多年的歷史，出現原始的藝術品，更可以追溯到距今六千多年以前。在漢民族發展的長流中，創造了光輝燦爛的文化，同時不斷吸取、融化了許多異質的文化。今天中國的文化就是漢民族和祖國疆域內幾十個兄弟民族所創造和享有的文化。藝術是民族文化的重要構成部分，今天中國各民族藝術寶庫的豐富和珍貴是不言而喻的。”[19] 中國的民歌藝術，繼承著《詩經》的優秀藝術傳統，一脈相傳下來。如《詩經・關雎》：

> 關關雎鳩，
>
> 在河之洲；
>
> 窈窕淑女，
>
> 君子好逑。

廣西山歌：

> 妹是好花香千里，
>
> 哥是蜜蜂萬里來。
>
> 蜜蜂見花團團轉，
>
> 花見蜜蜂朵朵開。

再比較馬來班頓：

> 野鴿你從何方來？
>
> 從沼澤飛落水田。
>
> 愛情你從何方來？
>
> 從眼睛落在心坎。

都是運用興的手法來體現人的審美認識活動：把自然物象當作直接觀察的感性經驗對象，然後連接起複雜的內心活動進行聯想和想象。這在藝術形式的積澱和演化的過程中構成詩歌藝術的一種固定的表現手段。這樣一種民間詩歌藝術的形式，在中國是如此，馬來西亞的馬來班頓中也是一樣。這是民歌的藝術特徵所決定的。不同國度的民歌，都是人類的自我意識和審美觀念在藝術上的直接反映。詩歌的興的形式就是把主觀感情客觀化、物象化的藝術方法。這種借物抒情的藝術手法，是各民族的詩歌藝術創造者特具的通性。

但是，為什麼又說馬來班頓是受中國民歌的影響呢？

　　首先，在民族的源流方面，馬來民族與中國南方的古越族在古代已有着極其密切的關係。本書的第一章，從出土文物及文化相似性，論證馬來族和中國華南古百越族之間，早就有民族間的環流與血緣的雙向互融。這裏不贅。20

　　其次，中國與馬來半島古代散漫的部落政權之間的關係十分密切。馬來半島上一部份土著，在古時曾建立國家，中國與他們曾有來往，如狼牙修、佛口羅安、單馬令、彭亨、吉蘭丹、丁機宜、滿剌加、柔佛，都在馬來亞境內，不過因爲他們以前大都信奉婆羅門教或佛教，後來改信回教，在歷史發展過程中宗教信仰有所變化罷了。

　　第三，馬來班頓中所反映的與中國友誼相關內容，見出中國與馬來族的融合：

　　　　鴿子在枯樹上棲息，
　　　　中國青年販賣布疋；
　　　　我養你直到老死，
　　　　發誓不變心另娶。
　　　　要中國綢緞幹啥，
　　　　剪刀藏在竹片夾；
　　　　要我這貧賤者幹啥，
　　　　不如找個貴族少年家。
　　　　中國青年切冬瓜，
　　　　黃牛死在鹿角下；
　　　　貧賤的我應知趣引退，
　　　　你好跟本族青年相會。

　　中國沿海的移民，很早移居馬來半島，因此，馬來班頓中常有反映馬來姑娘與中國青年戀愛的情歌。這些中國移民，必然會把中國文化和民間傳統帶到馬來民歌中去；這種無形的文藝傳統的滲透，是兩個民族的文化融合最直接的源泉。很多華人移民成爲馬來班頓的創作者。

　　第四，馬來班頓的性質，也與《詩經》和客家山歌等民歌有異曲同工之妙。如《詩經》裏的十五國風，是具有地域特色的民歌，而馬來班頓也是有濃郁的地方色彩。如吉打班頓：

　　　　航船進瓜拉吉打，

　　　　桅杆斷折壓舵上；

　　　　美麗無比一鮮花，

　　　　成群蜂兒都向往。

又如馬六甲班頓：

　　　　船新，帆也新，

　　　　馬六甲城初到來；

　　　　郎新，妹也新，

　　　　萍水相逢便相愛。

　　《詩經》也是一樣，地域色彩是國風的藝術特徵。如《詩經·鄭風·子衿》：

　　　　青青子衿，

　　　　悠悠我心。

　　　　縱我不往，

　　　　子寧不嗣音。

　　　　青青子佩，

　　　　悠悠我思。

　　　　縱我不往，

　　　　子寧不來。

　　　　挑兮達兮，

　　　　在城闕兮。

　　　一日不見，

　　　如三月兮。

　　馬來民歌與《詩經》一樣，都具濃厚的地方特色。這些民歌，都屬於“匹夫庶婦，諷吟土風”，是植根於民間生活的最純真的詩歌藝術。又如中國的客家山歌；客家人居住的山區，廣泛流行著客家山歌，隨著客家人從海路的遷移，至今為止，居住在世界各地的客家人竟達四千萬之多，其中分佈在印尼、新加坡、馬來西亞的將近百萬。當年這些目不識丁的客家人移居馬來半島等地時，客家文化、客家山歌對當地的鄉土文化產生影響是十分自然的。實際上，從句式結構、比興手法、呼語、襯詞以及題材內容、意境情調上看，見出客家山歌對馬來民歌都有明顯的影響。有論者認為，如果沒有客家移民，今天見到的馬來民歌就會別具一番面目。21

　　當代，馬來班頓的內容，反映的是馬來民族社會的風貌，樸實的生活和風俗習慣。我們“在馬來班頓中常可聞到椰子、香蕉、菠蘿蜜、稻禾、人參果、素馨花、香草等熱帶植物花卉的濃郁香味，也可以看到海濱月夜的秀麗景色，並且還可看到一些歷史陳迹，這種詩歌是很富於民族情調與地方色彩的，吟唱起來或聽起來頗有一種獨特的風味與鄉土愛”。22 美麗動人的馬來班頓，早已在與中國古老民歌藝術的融合中生根、發芽、結果，形成具有馬來族藝術特色的詩歌。當我們吟讀馬來班頓的時候，不由地思考中馬兩國文化交流的歷史長河中，藝術所應具的深遠價值。

第四節　富於赤道風味的大馬繪畫藝術與中國繪畫傳統的關係

　　當我們接融馬來半島的藝術時，對遠古半島藝術的歷時性，引起悠遠的沈思，對半島藝術的傳統與現代的共時性，又產生了深深的體認。馬來西亞的原始的工藝，應是石器時代人類的工具。考古學家發掘的原始工具，經歷了舊石器時代和新石器時代，石器工藝從簡單的雕琢到具有加工精美的形式和特出的樣式設計，吉隆坡國家博物館的出土文物陳列品，展示了馬來文明的曙光。

博物館展示馬來半島長達幾千年的各種美術品。原土著和移入的馬來人，是馬來西亞工藝獨特風格的創造者。作爲古老石刻藝術表徵的“丁加奴大石”，是早年銘刻工藝的傑出品證。馬來西亞出土的“東山文化”式銅鼓上，雕刻著頭戴羽毛和鹿角的人頭像。有的銅鼓雕著日月星晨、帆船、樹木、動物。古老的馬來半島，深受印度文化的影響，馬來西亞出土的公元七世紀的魚腸劍，劍身呈波浪狀，劍柄雕刻有印度神話中的神雕、猴神、長鼻子惡鬼。在吉打發現的 4—10 世紀建成的小乘佛教的寺廟中，也有佛像、蓮花等雕塑作品。

而馬來半島與中國的交往，源遠流長。中國的古老文化源源流入馬來半島。吉蘭丹瓜茶石窟的新石器時期的石碑、新石器土層內中國式的灰色爐床（HEARTH,CHINESE）和中國綠釉陶容器碎片的發現，[23] 砂勞越尼亞石洞的唐朝的瓷器，柔佛州的河邊村區埋藏着的豐富的明代瓷碎片，吉打山北的武吉作拉斯發現的中國鏡和唐代陶瓷，都足以考察出中國藝術傳入馬來半島的歷史履痕。

隨著華人社會的繁盛，中國傳統藝術的傳入依時間的推移而日益豐富；中國藝術傳入馬來半島之後，又漸次被馬來化，成爲馬來亞藝術發展的一大源流。

就繪畫藝術而言，馬來西亞繪畫藝術歷史是比較短暫的，除了先住民的原始繪畫藝術之外，大部分藝術形式是受外來藝術的影響。藝術家們把中國繪畫藝術馬來亞化，融中國藝術與馬來藝術爲一體而形成獨特的南洋繪畫藝術風格。這經過了幾代藝術家的努力。

　　在多元種族、多元文化的國度裏，馬來族、華族、印度族的藝術家們，在創造自己國家的藝術實踐中，並沒有單純地以拿來主義的模仿，而是以強烈的本土意識，吸收了外來繪畫藝術的優良傳統，創造自己獨特的南洋風格。儘管中國藝術更多在華人社會中傳播，但也深得其他民族的喜愛，而華族也在自己生活體驗中，爲眞正的馬來西亞繪畫傳統的形成而努力。這一點，在馬來西亞畫家的藝術作品及藝術理論中，表現得極爲明顯。

　　當然，我們今天尋找中華繪畫藝術與馬來西亞的藝術交流，在殖民統治時期是無法查實的，只有在歷史激蕩的第二次世界大戰前後，中國的文化人及藝術家，由於種種原因而逐漸南來，帶來了中國藝術的傳統。在第二次世界大戰之前，中國畫家最早來過新加坡（當時新加坡屬於馬來亞）的是張善孫、張大千等。接著，徐悲鴻及劉海粟也于抗戰時期南來，舉行畫展並宣傳抗戰；徐悲鴻爲當時英殖民政府總督詹姆士・湯姆斯繪製油畫肖像。這些中國畫家到馬來半島，來去匆匆，留下了雪泥鴻爪的印象。而眞正把中國繪畫藝術帶到馬來半島的，是馬來亞的第一代華人畫家；也即是在馬來西亞獨立之前，最早進行馬來亞繪畫藝術啓蒙的二十世紀三十年代的一批畫家。開頭是上海美專、新華藝專及上海藝大留星學生發起組織的“沙龍藝術研究會”，後改名爲“新加坡華人美術研究會”，會員遍及馬來亞、印尼、香港。會長張汝器，畢業於上海美術專門學校，又曾到法國巴黎深造後來新加坡任教。他主持的美術展覽會，入選作品大多是以馬來亞當地爲題材。日軍南侵時，張汝器在“大檢證”中犧牲。戰前的南洋美專教員李太白，來自中國上海新華藝術專門學校，還在杭州國立藝術學院深造過。被譽爲南洋美術之父的林學大，1937 年從中國避難南來，他發現南洋的文物風光，獨具熱帶色彩之特質。於是他創辦東南亞第一所美術學校 —— 南洋美術專科學校，爲南洋華社美術史寫下光輝的一頁。南洋美專不僅傳播中華繪畫藝術的優良傳統，更主要的是，融合了不同民族的藝術精粹，創造了南洋獨特的典型風格，尤其是現代水墨畫，富於赤道風味。第一代畫家中的劉先德、張丹農、吳再炎、陳人浩、施香沱、沈雁、鄭偉高、範昌乾等，對中國繪畫的傳統技法，都有極深的造詣。馬來亞獨立前後，藝術家們的視野轉向馬來亞的現實生活；他們卓越的作品，都充分賦予馬來亞地方色彩。如劉抗、陳宗瑞、鍾泗濱、陳文希、姚天佑、張荔英、林清河、蔡天定、陳人浩、黃葆芳等。劉抗畢業於上海美術專門學校，曾被上海美專聘爲教授。陳宗瑞畢業於上海新華藝術專門學校，鍾泗濱曾在廈門美術專門學校及上海新華藝術專門學校受藝術教育，黃葆芳畢業於上海美術專科學校，蔡天定畢業於廈門美術專門學校。這批畫家不僅藝術天資卓越，而且善於運用寫實技巧與現實的景物溶和在一起，抒發藝術家一己的豁達情懷。他們努力于赤道氣質的創造，爲馬來亞畫壇作出了重要的貢獻。

馬來西亞獨立之後的新一代藝術家，大多數是本土出生而成長起來的。他們多受業於南洋美專，是第一代老畫家培養的門生；大多數留學日本、澳洲、歐美，得技藝深造。除馬來族畫家如賽逸・亞末・惹莫（Sted Ahmad Jamal）、惹加裏阿・奴爾（Zakariah Noor）、甘仁村等人，華人畫家如呂聰敏、葉之威、賴鳳美、謝玉謙、陳存義、姚照宏、黎培成、潘先鋒、鄭應強、郭維洲、林木化、符致珊、莫仲達、鄭志道、蔡榮貴、蕭章忠、黃明宗、s.馬大爾（S,Mahdar）等。曾經舉行過畫展的畫家，有六十多人。當代具有藝術成就的畫家如林友權、陳世集、蔡明智、賴桂芳、李文苑、張禮棠、李家耀、張耐多、胡德馨、謝有錫、李健省、黃崇禧、謝玉謙、葉逢儀、陳華才、黃乃群、楊健正、歐楚生、陳仰芬、潘金海、陳國興、黎農生、鍾金鈞、鄧德根、鍾正山、莊金秀等。這一批一批的藝術家，有如長江後浪推前浪，他們在藝術上對於南洋風格美術的形成，象藝術接力捧一樣，一代比一代趨向成熟。他們以天賦和學力，熱心學習中國繪畫的表現方法，創造一種富有地方色彩的繪畫風格，並確立自己的學派，使馬來西亞的繪畫藝術以自己獨有的藝術格調屹立於世界藝術之林。

　　那麼，馬來西亞的藝術家們在中馬藝術交流中作出了哪些貢獻呢？

　　首先，在藝術理論的建樹上，提出了一套成熟的發展馬來西亞繪畫藝術的理念。

　　二十世紀三十年代時，許多中國藝術家苦於國家的混亂和災難，為了生存和發展，絡繹不絕地來到馬來半島，其中一些人在馬來亞的畫壇贏得了聲譽，最令人難忘的是南洋藝術之父林學大。林學大於1938年創辦南洋美術專科學校，融彙各族文化風尚，建立熱帶風格的崇高藝術理念，提出了南洋美術的六大綱領，為南洋美術構想了一條寬廣的創作道路。馬來西亞藝術學院院長鍾正山說："1938年當他創辦美專時即以'南洋'兩字為校名，以突出塑造本區域文化的決心，這也是南洋美術教育理念的確立。我們可以根據他在半個世紀前為美專校刊所寫的一段文字：'南洋——尤其是新加坡，在地理上是歐亞交通的樞紐，在經濟上是南洋群島的貿易中心，在藝術上具有熱帶情調及複雜民族意識的特質。這些特質是溝通東西文化和創造'南洋美術'的獨特之優越條件，我們所以不辭艱苦，不計得失成敗，盡力創辦本校，其主旨無非欲利用這些優越的條件來促進東西藝術的交流，以發現具有'南洋'本色的新美術，由此可知，林校長艱辛辦學的目的就是想塑造出一個'南洋'本色的新美術。當時，他欲創造'南洋'文化的概念已非常明確，因為林校長還提出創造'南洋美術'的六大綱領：一、溝通東西藝術、二、融匯各族風尚、三、發揮廿世紀科學精神和社會思潮、四、反映本邦人民大眾需求、五、表現當地熱帶情調、六、配合教育意義、社會功能。"[24] 林學大所提出的六大綱領，符合南洋現實的藝術理念，爲馬來西亞二十世紀中後葉的藝術家們所探索和實踐。這一藝術理念的價值，首要的是在於樹立溝通東西藝術、融匯各族風尚的思想。馬來西亞現代的第一代畫家大多出生于中國，在中國學習傳統的繪畫藝術技巧，而前來馬來西亞求得藝術的發展。他們旣承傳了中國藝術的傳統，又不拘泥於中國繪畫藝術中所表現的古老的題材；而是在東西方藝術溝通的過程中，融匯馬來西亞各民族的特有的風尚，賦以南洋得天獨厚的新的藝術特色。林學大的藝術主張，給馬來亞及以後馬來西亞的藝術家們以藝術的啓示，今天馬來西亞畫壇上南洋美術風格的形成，林學大開拓者之功不可沒。

其次，馬來西亞藝術家們在溝通東西方藝術時，做到了在衝突中求變化，在交融中求發展。

在中馬藝術的交流中，雙方有一個雙向的文化流動交匯的過程，從而在馬來西亞土地上留下了豐富多彩的藝術碩果。就藝術形式而言，有將馬來西亞本土的藝術與中國藝術結合的藝術格局，有馬、華、印和其他民族多種藝術成份相融合、相匯聚的混合體制。

藝術是人類精神的創造和積累，而這種創造和積累往往不是某一個國家或某一部份人所固有，而是一種在時空中擴張、流動的過程。在每一種藝術形成的過程中，一開始就存在著國外藝術的輸入、交流、融合，馬來西亞的藝術恰恰是在特殊的地域環境和特殊的時代氣候中實現了多民族藝術的大融合。當藝術家的生活、體驗、觀念和精神狀態在改變的時候，隨同客觀形勢的更新，就能引起藝術的更新。馬來西亞現代藝術家們的"南洋美術"的創建，恰恰是這種時代精神在藝術上的再現。他們在民族的遷移和藝術的交流中，把中國的藝術與西方的藝術、馬來半島的藝術融匯聚合。

縱觀馬來西亞藝術家所走過的道路，我們可以理解到藝術交流的派路。如鍾泗濱從 1946 年到馬來亞之後，在馬來亞確立了自己的學理。由於他在中國上海期間接觸到中、西美術的新思想，因此接受了"巴黎畫派"的新興藝術。當 1946 年進入南洋美專執教後的數年間，他首先利用這些新藝術的理念來表現當地的題材。我們可以看他 1950年所作《巫婦》這件作品，即是嘗試用主體分割法構成作品的表現形式。1952 年他與劉抗、陳文希、陳宗瑞到峇厘島去搜尋畫材，峇厘的自然景色和文化特質給他很大的啓示，這地方比他所居住的新加坡更具熱帶情調，這使他認識到真正"南洋風"的根源。[25] 因此，他自旅遊峇厘歸來後，即從表現主義的風格轉變為現實的抒情，更兼繪中國畫幅。1960 年他旅遊北婆羅洲，探訪代雅克族長屋，收集繪畫題材。歸來之後，作風又再轉變，竟以中國水墨畫的技法，表現現代畫派的風格；打破了西洋繪畫和中國繪畫的界限。鍾泗濱學習中國傳統的繪畫，卻是抓住中國繪畫的表現法則而創造自己的獨特風絡。又如陳宗瑞，也是一位以中國傳統技法來表現馬來半島景物特色的畫家。鍾正山指出："宗瑞三十年代初期畢業於上海新華藝專，1932 年到新加坡，也是新加坡中華美術會的發起人之一，對中西傳統繪畫有很深的造詣，他主張寫實，約在 1948 年開始，便以中國傳統筆法參與西洋透視來描繪熱帶的景物。他用筆粗獷，很能在中國傳統的藝術境界中，暗示出熱帶的樸實與豪情。1951 年進入美專執教後，很受學生擁戴。他和另一位對中國海上派畫風有精深造詣的南洋美專講師施香沱配合得很好。'海上派'重寫生，講求筆墨工夫，求書法中的金石味，在施香沱和陳宗瑞的搭配下，訓練出不少的南洋水墨畫家，如陳建波、曾紀策等。"[26] 在六十年代馬來亞的畫壇上，第二代畫家已逐漸形成一個新的具南洋畫風的南洋畫派，他們較多地描繪自己生活地區的風物；隨著時代的進展，革新和借鑒外來的技法，創造自己的繪畫格調，導致你中有我，我中有你，於是南洋畫派又產生了異化。如賴鳳

美從巴黎深造回國後，很快的將西洋後期印象派風格化入"南洋"的
畫風，值得一提的就是他以中國卷軸山水構圖法摻入油畫格式中，利
用立軸長方形畫面構出了山水俯視法的本地風景畫，創出新意。邱瑞
和則從鍾泗濱的六十年代畫風，轉化到更爲純淨、簡樸，創造出一個
原始而具天趣的畫風。郭維洲則以清淡的油彩，用水墨畫中意境，寫
出一種有東方詩情畫意的油畫。

　　南洋畫派這一帶有地區色彩的稱謂，正是在中馬文化交流中南洋
畫家努力創造的結果。藝術家們在創新的前提下，對中國傳統繪畫的
理論和技法，作了縱深橫斷的多方面的探求，終於孕育出代表當代時
代精神的優秀作品，爲世界藝術界所矚目。

　　第三、馬來西亞的藝術家對中國藝術精神的吸取，不是學習表面
印象的藝術形式的構造，而是研究中國繪畫藝術的靈魂——哲理性。
試對馬來西亞畫家作品的內涵作觀察，他們對於中國畫的哲理性、文
學性、宗教性思考，並體現在畫作中；這證明了畫家致力表現的方
向。例如，道家的陰陽兩極的觀念或古代詩人的豪情，這轉化成爲馬
來西亞的現代水墨畫家的心性與觀念傳達的藝術表現。1996 年出版的
《馬來西亞當代水墨畫家作品集》中所展示的九位當代馬來西亞水墨
畫家的作品，完全可以看到他們所師承的藝術脈絡。水墨畫在中國有
著悠久的歷史，而水墨畫在馬來西亞，近年來有着長足的發展。這主
要是藝術家們在東西方文化藝術的比較中，逐漸認識到中國傳統文化
的精神內涵和特有價值，認識到在社會步入現代化的過程中，由儒道
佛融合而形成的中國民族文化價值系統，仍有積極的社會調節作用。
北京中央美術學院邵大箴教授指出："‘天人合一’、‘中和’以及
陰陽兩極對立與統一的辯證文化觀，在物質文明高度發展的新時代，
啓發了人們抑制物欲，注重精神文化建設。深受傳統文化思想影響的
水墨畫，充滿了人文精神，且鮮明地體現了創造主體的人格力量，引

發人們體悟社會、體悟自然，奮進向上。強調情與理、美與善、個體
與社會、自由與必然的對立統一，是中國傳統民族文化系統的顯著特
色，這在水墨畫中也有鮮明的體現。[27]

　　水墨畫是集中體現中國藝術精神的藝術品類，而馬來西亞是受中
國水墨畫影響最直接的一個地區。水墨畫從中國輾轉傳入馬來西亞已
超過半個世紀，創造者已經有三代畫家。第一代畫家，來自中國本土
的水墨畫家，是奠基者、播種者，如陳文希，出生於中國南方的潮
州，他傾向於寫花鳥、魚蟲、走獸等中國傳統題材，但他的作品已突
破了中國傳統的畫法。他對道家的虛實相生的哲理與西洋現代畫構成
原理貫通得很恰切，他的成就給南洋美專的學生影響很大。從事現代
水墨畫改革運動的鍾正山，便是他 1952—1955 年間的學生。

　　鍾正山是馬來西亞第二代水墨畫家的開拓者。他出生於南洋的書
香家庭，深受中國傳統文化的薰陶。從南洋藝術學院畢業之後，幾十
年來致力於水墨畫的創作；他以水墨畫表現南洋題材。在七十年代
初，在研究傳統水墨畫和與之相關的中國文化藝術的過程中，對儒
家、道家和禪理的思想觀念產生強烈興趣並受其影響，在大寫意的人
物畫中寄寓哲理，他的畫語是："中國水墨畫是中華文化的縮影。中
華文化是衍生自兩儀一元思維的哲思。它在認識事物的思維方法上，
不是專注於事物的單方面，而是在認識問題上要求同時注意探討事物
的正反兩面，並掌握正反二者的統一，這與西方的單極思維方式有所
不同，因爲中華文化是根源於‘道’論思維，把宇宙一切事物的運動
變化法則，最終歸結爲對應合一的陰陽兩種因素。中國繪畫長遠以
來，一直就以儒、道、佛的哲思爲主導。這三系思想雖有一定的差
異，但是它們都是以‘道’論思維爲中心。道家言：‘虛實相生 ’，
佛家說：‘色即是空，空即是色 ’，說出對應一體的兩極思維。儒家
主‘中庸’，其思維法表現‘執其兩端而用其中 ’，兩端即是兩極，

‘中庸’之道也是兩極思維的體現。儒、道、佛相互兼融，到了宋代便趨於三教合一，在本質上已影響著整個東方思想文化，也影響著整個東方美學思想。”[28] 鍾正山這一段話，表現了他對充滿辯證思想的中國藝術的認識，也是他作爲藝術家從事創造與革新的出發點。

　　鍾正山的水墨畫是中馬藝術觀念與技法交流的結晶。他一方面保持和發揚了中國水墨畫的優秀傳統，注意精神和觀念的表現，同時也在傳統技巧基礎上加以革新。他善於把墨色與筆法結合起來，使它們相輔相成地表現出物件的形象和筆墨情趣；在筆墨造型上旣是傳統的又頗具個性的作風，賦予他的繪畫創作以鮮明的東方氣派。更可貴的是，他在立足東方繪畫傳統的同時，把眼光投向世界，研究世界藝術特別是西方現代藝術的發展歷程和經驗，把西方現代繪畫構成原理轉化到傳統水墨中來，使之成爲一種新的表現手段，並加強表現形式的現代感。在東西文化和藝術的碰撞和交融中，鍾正山繪畫的藝術個性，是他的藝術理念的充分展現。又如鍾金鈎的藝術，也體現了這種形態。他的藝術創作從中國藝術中吸取養料，使其作品具有肯定性的馬來西亞特色，而又深具華夏內涵。他的創作靈感來自當地的鄉土人情、傳統習俗及宇宙自然三個方面。由於對中國《易經》的領悟，故作品中也深具陰陽的哲理。生死及重生的課題，在他的作品中，不斷隱約出現。他在達致“天人合一”的境界之後，返回塵世，把所得的靈感大筆揮寫，發抒於紙上。

　　中國畫的靈魂——哲理性，在馬來西亞畫家的筆下獲得充分的揮寫，而在筆墨意趣中又深具赤道風格的審美境界。

　　六十年代初，瑪戈在評論馬來亞藝術時說過：“中國繪畫的技法，在馬來西不但也占著重要的風尙，且已在這裏吸收當地土壤和滋養，而從事茁長蛻變，頗能達到新生的狀態，也是值得注目的迹象。華人畫家旣樂於採用這樣的媒介，即歐洲青年和馬來青年畫人，更於這一媒介表示着愛好，也已成爲當地畫展的常見現象。他們一方面師承傳統的技法，一方面追求當前自然的景物，而與西洋技法作折衷的表現，確是傳統的中國繪畫所沒有過的。而這一蛻變，竟將中國繪畫現代化，無疑地，也是馬來亞藝術界一大貢獻罷。"[29] 馬來西亞的繪畫藝術，在中馬兩國之間文化藝術的交流過程中，繪畫藝術在東西方文化的衝撞中，扮演了自己特殊的藝術角色。中國哲學中所講的頓悟、文學中所強調的虛實有無境界、書法中的筆墨意趣以及構圖時講究的多維空間，這四者結構出的中國繪畫藝術精神，也因馬來西亞藝術家的創造性的轉換而宏揚在馬來半島上。

【注　釋】

1、5　楊貴誼《新客華人克服語文難題的妙方》（華馬語文叢談系列之七），載《源》第 26 期，新加坡宗鄉會館聯合總會出版（1994 年 6 月）。

2　許雲樵於 1941 年間，已將愛德華茲（E.D.Eards）和布拉格登（C.O.Blagden）用英文注釋的《滿剌加國譯語》翻譯成華文並加以注解，發表於新加坡《南洋學報》1941 年 3 月號。

3　引自孔遠志《〈滿剌加國譯語〉——華人編纂的第一部馬來語漢語詞典》。載《源》第 26 期（1994 年 6 月）。

4　楊貴誼《充滿華文色彩的馬來語詞典：〈華夷通語〉》，載《源》第 27 期，（1994 年 7 月）。

6　左秉隆撰《華夷通語》序。

7、8、12　楊貴誼《華、馬譯介交流的演變》，載《亞洲文化》第九期 1982 年 4 月。

9　楊貴誼《土生華人馬來文翻譯先驅——曾錦文》、《曾錦文的光輝譯作——〈三國〉、〈宋江〉、〈西遊〉》，載《源》第 22、23 期（1994 年 2 月及 3 月）。

10 辜美高《〈聊齋志異〉故事的華裔僑生馬來文譯文》，載《明清小說研究集叢》，中國漢語大詞典出版社，1997 年版第 68 頁。

11 楊貴誼《袁文成——土生華人翻譯文學殿后功臣》載《源》第 24 期（1994 年 2 月）。

13 陳廣才《馬來西亞卷總序》，見《東南亞華文文學大系·馬來西亞卷》，鷺江出版社 1995 年版。

14、15 梁啓超《中國之美文及其歷史》，《飲冰室專集》之七十四。

16、22 吳天才《脞論馬來班頓》。

17 樓文牧編譯《馬來民族的詩》。

18 碧澄編著《馬來班頓》，馬華文化交流系列，馬來亞聯營出版公司 1992 年 8 月版。

19 鍾敬文《民俗和民間美術》，載《話說民間文化》，人民日報出版社 1990 年 2 月版。

20 見本書的第一章。

21 吳福文《客家山歌對馬來民歌的影響》。

23 黃昆福《吉蘭丹古史探源》。

24、25、26 鍾正山《林學大的南洋美術教育理念及發展情形》，載《南洋美術之父林學大》。

27 邵大箴《豐碩的創造成果——爲〈馬來西亞當代水墨畫家作品集〉而作》，載《馬來西亞當代水墨畫家作品集》，吉隆玻畫院出版 1996 年 11 月版。

28 鍾正山畫語載《馬來西亞當代水墨畫家作品集》，同上。

29 瑪戈《馬來亞藝術簡史》，南洋商報叢書第五十七種，南洋出版有限公司 1963 年 8 月版第 186 頁。

第二十章　戲劇、漢學研究、宗教、民間信仰以及教育中的交流活動

第一節　戲劇藝術的交流

　　戲劇是文藝的一個部門，是一門綜合藝術。馬來西亞的華文戲劇，包括戲曲、話劇、歌劇、木偶、皮影等藝術形式的戲劇文學和舞臺藝術，于中馬兩國人民之間的交往中，有著久遠而又深厚的歷史淵源。

　　中國唐代的參軍戲，是一種以歌舞雜以滑稽問答爲主的戲劇。《因話錄》云："肅宗宴于宮中，女優有弄假官戲。其綠衣秉簡者，謂之參軍椿。"《雲溪友議》（卷九）有云："俳優周季南、季崇……善弄陸參軍，歌聲徹雲。"可知參軍戲除滑稽問答之外，亦有歌曲。而參軍戲相傳由"參軍"及"蒼鶻"二脚色扮演而成。李義山《驕兒詩》："忽復學參軍，按聲喚蒼鶻。"參軍是主角，蒼鶻是配角。參軍戲的滑稽表演，其基本格局是這兩個角色的有趣問答。一個是嘲弄者，一個是被嘲弄者；實際上已構成"行當"。被嘲弄的行當被稱爲"參軍"，而嘲弄者的行當則被稱爲"蒼鶻"。參軍戲藝術表演比秦代戲劇優人的活動恣肆、放達、鬆快、透徹。[1]

　　過去人們在追溯唐代參軍戲產生的歷史源流時，卻忽視了海上絲綢之路的文化交流的影響。漢代以後，中國與東南亞各國有著頻繁的政治、經濟的交往，文化藝術的交流也同時進行。新加坡華文戲劇家李星可考證，唐代的參軍戲，即東南亞各國普遍流行的戲劇 LA-

KHON。但是，LAKHON 並不始于唐代，在南北朝時，陳後主已經在金陵建造了"羅嗊樓"、"羅嗊"就是 LAKHON。唐代時，扶南的"扶南伎"（即"羅嗊"）也傳到了長安。扶南伎，是以表演故事爲主的戲劇雛型。"扶南的參軍戲雖然也是印度化的，但它獨創了一種表演方式：利用'引戲'先用土語作戲劇內容的說明介紹，這好像現代外國電影片加印本國語的字幕一樣，這個新形式的發明大大刺激了唐以後的中國戲劇的發展。"李星可還認爲："至於扶南的 LAKHON 戲本身，除了現代柬埔寨的 LAKHON 與泰國的 LAKHON，印尼也有 LAKHON 與 LEGON，馬來亞北部有所謂 WAYANG KON，不過久已失傳，至今馬來亞的父老無人能詳。只有現代馬來語中，'戲劇'一詞做 LAKUNAN，'角色'一詞做 LAKON，後者同時又做'戲劇'與'劇本'的意義解釋，這是殘存的痕迹。從此可見，當初的'羅嗊'戲在古代南洋的印度化國家中已經風行一時，在很多地方都有流行。"李星可認爲，唐代的參軍戲是扶南傳入中國的"扶南伎"。我們知道，在公元四世紀前後，扶南國的勢力範圍擴展到現今馬來西亞國彭亨州中南部以北的馬來半島的大部分土地；當年在馬來半島"羅嗊"戲是流行的。這一戲劇藝術通過了海上絲綢之路的交通傳入了中國，促進了中國戲劇藝術的變革和發展。所以我們可由此追溯中國古代參軍戲與馬來半島戲劇的久遠的淵源。[2]

新加坡和馬來西亞的地方戲，叫做"望沙灣"（"曼沙灣"），這是一種歌舞兼備的戲劇。在馬來西亞的廣大農村，還流行皮影戲，被認爲是典型的馬來亞藝術。而這種皮影戲與中國廣東省的潮州、汕頭一帶的皮影戲很有相似之處。中國的皮影戲，歷史悠久，相傳在西漢皇帝劉桓時，宮妃抱着太子在窗前玩耍，把桐葉剪成人形映在窗紗上逗太子取樂，因而導致皮影戲的產生。漢武帝時，愛妃李夫人去世，方士李少君用皮剪成李夫人形象，用燈光投影到紗幕上，有如李夫人再生。到了宋代，皮影戲正式成爲"弄影戲者"的專門藝術，用羊皮雕成人形，塗上色彩，"公忠者雕以正貌，奸邪者刻以醜形，蓋亦寓褒貶於其間耳。"十四世紀以後，隨着海上交通的發達，貿易的繁盛，皮影戲也流傳到東南亞的暹羅、緬甸、馬來群島等地。在東南亞國家影響較大的是廣東潮州的影戲，因爲當地華人祖籍多是廣東潮州地區，而且他們移民較早，潮語皮（紙）影戲也較早傳入馬來亞。[3]

對於有悠久歷史傳統的華文戲曲，由於各地人民的生活環境和風俗習慣、方言土語、民間音樂藝術的不同，產生了豐富多彩的地方戲曲劇種。馬來西亞華人的祖籍多是廣東、福建兩省，而廣東籍的華人多來自廣州、珠江三角洲、潮州、梅州以及瓊州（現海南省）等地，因此，馬來西亞特別流行粵劇、潮劇、瓊劇、廣東漢劇、閩劇、高甲戲、梨園戲等劇種。馬來西亞的吉隆波、庇能、怡保等地，是粵劇的集散地。

馬來西亞華文文學發靭於1919年前後，華人話劇也同時出現。當時話劇稱爲新劇或文明戲，以示與中國傳統地方戲曲有別。是時新、馬是一家。戲劇的發展情況與文學發展的步調差不多；開頭是接受"五四"新文化運動的影響，接著演出一批"新劇"，後來是上海的劇團到新、馬演出一批"文明戲"，繼而是馬來西亞本土的華人劇作家自己組織話劇團演出新劇，他們除引進中國文明戲劇目和西洋話劇劇目外，還有由當地的編劇和演員就地取材編寫的本地劇本。演出的語言也較複雜，有用普通話的，也有用廣東話、潮州話、閩南話、海南話的，這些初具南洋本土色彩的戲劇，已把南洋特色納入戲劇藝術之中，反映了戲劇工作者對南洋本土文化意識的追求。他們用南洋的題材、內容，用自己新的見解、新的技巧、新的方式創造自己的戲劇，演出自己的生活體驗，無論是內容或佈景，都富有南洋風味。

在抗日戰爭爆發前後，中馬之間戲劇演出的交流十分活躍。當時

來自中國的"新中國劇團"及"武漢合唱團"影響較大，新中國劇團
於 1939 年至 1940 年來新、馬演出，其轟動的作品是：《盧溝橋》、
《夜光杯》和《塞外風光》。武漢合唱團於 1939 年至 1940 年南來籌
款，演出的劇目有《前夜》、《三江好》、《原野》、《日出》等。
在這一歷史階段，新、馬戲劇方興未艾，中國戲劇團體到來演出，在
互相交流中促進馬來亞戲劇藝術的發展。

　　第二次世界大戰結束之後，馬來亞展開"馬華文藝獨特性與僑民
文藝"的論戰。論者強調馬來亞各民族的生活狀況不同，語言不同，
應該倡導民族藝術。因此，在馬來亞的戲劇家們在探索馬華戲劇藝術
的同時邀請中國劇團前來演出，更重要的是以此來帶動發展自已具有
南洋風格的戲劇。吉隆坡的"劇藝研究會"，在馬來西亞各族文化溶
鑄的過程中，先後公演了幾個具有馬來西亞色彩的話劇和歌劇，如劉
戈編劇的歌劇《漢麗寶》，表現歷史上的一段中國公主與馬來國王聯
婚的故事，歌頌了中馬兩國的傳統友誼。演出的成功，震撼了馬來西
亞劇壇。

　　自從中馬兩國恢復邦交之後，尤其是中國改革開放以來，中馬兩
國在政治、經濟、文化全面的互相溝通交流過程中，在戲劇方面的交
流活動顯得特別活躍。九十年代之後，在促進中馬文化交流中，馬來
西亞在每年的華人文化節時都舉行戲劇節，經常邀請中國藝術團體交
流演出，或中、馬藝術團聯合演出，如 1991 年，爲紀念魯迅誕辰 110
周年，根據魯迅著名小說《傷逝》改編的劇目《子君》，是中國著名
音樂藝術家聯合馬來西亞藝術學院音樂系合唱團共同演出。1994 年，
中、馬、新三國演員同台演出中國宋代民族英雄岳飛抗金愛國、可歌
可泣的英雄事迹；通過中、馬、新三國藝人聯合演出《滿江紅》，以
發揚華人文化中盡忠報國的美德，意義極爲深長。中、馬兩國戲劇藝
術的相互交流還在繼續。馬來西亞戲劇藝術家梁志成說："我們應創

立本身的民族風格，作品應具有反映時代精神，多向人生深處發掘，開拓藝術形式、範圍，培養審美情操，表現人民的鬥志。這些都是戲劇工作者追求的方針。"馬來西亞的戲劇，正沿著"正人心、厚風俗、輔政理、裨教化"的現實主義藝術道路發展，創造具有南洋風格的戲劇藝術。

第二節　馬來西亞的漢學研究活動

　　馬來西亞是一個多元種族、多元宗教、多元文化的國家。馬來亞大學設立了中文系，迄今已有 30 多年的歷史。漢學研究是馬大中文系重要的研究領域。馬大中文系前系主任鍾玉蓮教授介紹說："從學術的觀點來看，漢學是一個歷史悠久且受學者尊重的學術領域，因此中文系的課程是馬大文學院中文科教育的一個重要部分。從本國的社會需求來看，華裔是本國三大民族之一，在本國爭取獨立和經濟發展的過程中，曾經扮演重要的角色，而中華文化已在本國紮根茁長。因此，中文系的設立有助華裔保存及發揚其文化。除此，文學院的非華裔學生也有機會研究中華語言及文化。各族彼此學習對方的語言文化，將促進交流及瞭解，加強國家融合之基礎，這是本系對國家之一大貢獻。"[4] 可見，馬來西亞學者研究漢學時，不僅促進中馬兩國文化的交流，而且在弘揚中華文化的過程中，又加強了馬來西亞國家民族之間融合的基礎。

　　馬來亞大學中文系，是全馬研究漢學的學術殿堂，是發揚華語教育、傳播中華文化的中心。馬大中文系的建立，其宗旨就是保存、傳授和弘揚中國語言文學及文化。創建之初，經過錢穆、王叔岷、鄭德坤、傅吾康、柳存仁、何丙郁、饒宗頤、王賡武等國際著名學者的努力，奠定了堅實的學術基礎，形成了一套嚴謹的教學制度和學風。馬大中文系所開的中國文化的課程是豐實的，如《中國哲學概論》、《中國文化概論》、《各體文》、《國學概論》、《新馬華人社會結構及其文化（一）（二）》、《元、明、清散文選讀》、《先秦及秦漢史》、《中國文學思想史》、《馬新華人宗教研究》、《文學理論與馬華文學》、《唐宋詩賞折》、《漢字學及古文字》、《唐宋文選》《中國現代戲劇》、《中國傳統小說》、《中國古典文學》、《唐宋史》、《先秦諸子文選》、《史書精華》、《中國學術研究》等三十多門課程，涵蓋中國史學、哲學、文學各個學術領域。宏觀的如探討中國學術研究的根源、詮釋陳述、分析及評價，微觀的如對中國古代詩、詞、散文、小說的賞析，著名作家作品的主題風格及藝術技巧的探索，漢字中各類古老文字字體如甲骨文、金文、篆文的發展及演變。通過這些課程，提高學生的華文文化水平，並配合創造馬來西亞新文化，發揚中國的學術文化。馬來亞大學中文系，在馬來半島，促進兩國文化交流，發揚光大中華文化的歷史重任中，扮演了極其重要的角色。

　　馬來亞大學中文系，曾經於 1993 年 11 月 20 日至 21 日在吉隆坡召開"國際漢學研討會"，促進世界漢學研究的學術交流。澳大利亞漢學家柳存仁教授曾在馬來亞大學中文系主政，他在"國際漢學研討會"上的開場演詞是《馬來西亞和漢學》。他特別提出在中國歷史上中國與伊斯蘭教之間的關係的研究。柳存仁說，唐高宗時，阿拉伯已有使者到中國了。唐朝的記錄通常稱阿拉伯做大食（波斯語 Tajik 的譯音）。唐玄宗天寶十年（751 年）安西四鎮節度使、朝鮮族的高仙芝在千泉（Bing-yul）西邊的坦邏斯（Talas）和黑衣大食派來援助石國（Tashkent）的救兵遭遇，相持了五天，兵敗了。有一個叫做杜環的人，就是中國著名的政書《通典》的編撰者杜佑（735-812）的族侄，在這場戰役裏被大食俘虜了去。他在西海（地中海）逗留了十一、二年，才附了商船從海路返廣州。他撰的《經行記》，後來失傳了。有王靜安先生（國維）的輯本，收《古行記校錄》。《通典》卷193到194曾引了幾段《經行記》的話，是中國人記載最早的關於伊斯蘭教的重要說明。信仰伊斯蘭的人現在在中國也有好幾千萬；因爲它不止有後來改信伊斯蘭教的維吾爾族，也有隨著歷史逐漸長成的回族。中國的漢學家們研究中國伊斯蘭的歷史的，有教外和教內的兩派，成績都很大。但是過去不曾全譯的伊斯蘭的《古蘭經》，現在雖然有好幾種漢譯，他說，好的、更圓熟的、富有文學意味和音調美的譯本，還是需要的。所以柳存仁認爲，馬來西亞國家的學者們，人地相宜，正可以做這件大事。

接著，他提出了翻譯和文學的關係問題。他說，二十三年以前，現任馬來西亞的總理Mahathirbin Mohamed寫過一本《馬來人的困境》（The Malay Dilemma），其中有一段話：

> 我們要區別一個種族，除觀察其相貌，語言和住屋情況以外，同時還要瞭解其文化。文化是深切地跟一個種族的倫理法則和人系統交織在一起。這些倫理和價值關係產生了文學，視覺和創造藝術，及其他普通文化的構成物。更重要的，在一定環境下，倫理法則和價值關係決定了一個種族的進步和發展。

馬來西亞是一個多元文化的國家，柳存仁曾在馬來亞大學中文系授課，他深深地瞭解馬來文學與中國文學的密切關係。他認爲，"馬來文學的發展，和中國五四時代的新文學運動太相像了！中國從清末的黃遵憲（1848—1905）到五四時期胡適（1891—1962）的《嘗試集》提倡舊詩的改革，馬來作家也逐漸扔棄舊體詩來寫他們的新詩，時間並不比中國遲。"他提出，馬來亞學者介紹中國作品來大馬或中馬兩國互相交換出版著作，這種交流十分重要。如吳天才翻譯郭沫若、艾青的詩和《中國詩詞選》；陳應德翻譯冰心的《春水》；魯迅

的短篇小說，近年來馬來西亞也有新的譯本。除文學作品外，柳存仁
先生提出關於馬來西亞歷史和人物的研究，對新馬地區來說，"是漢
學更重要的一部門，因爲它是要研究本國歷史一個主要的族群華人的
活動經驗和紀錄，好把研究的成績貢獻到新的建國理想和設施上面
去。"在這方面建立功績的學者如李長傅、許雲樵、陳育崧等前輩，
八十年代林水檺、駱靜山主編的《馬來亞華人史》，裏面包括林水
檺、曾杜華、崔貴強、蔡史君、陳劍虹、饒尚東、陳光明、顏清湟、
駱靜山、陳綠漪、楊松年、李錦宗等人對華人傳統社會的歷史發展的
研究，對南洋的先賢在政治、經濟、文化等方面的活動狀況提供了一
個輪廓，也是功不可沒的。對於歷史資料，從饒宗頤最早從事碑誌方
面的搜集，到日本學者日比野夫和他的同事們對馬六甲的田野工作，
其後有陳荊和、陳育崧編的《新加坡華文碑銘集錄》，傅吾康、陳鐵
凡的《馬來西亞華人銘刻萃編》，鄭良樹對於華人甲必丹的調查研究
和馬來西亞教育的研究等，即是研究東南亞歷史文化的珍貴資料，同
時也是馬來西亞漢學研究難得的文獻。

　　關於對中國傳統漢學的研究，柳存仁說，對整個世界來說，西亞
的研究傳統漢學，就和世界各地普遍地流行的中國研究，沒有分別。
它是完全以中國各方面的事物做物件的，而特別偏重語文、文學、歷
史、哲學這些方面。"重要的是，從一個中國以外的國家去研究歷史
上的和現代的中國，這卻是今天世界上的一個顯學。"[5] 而馬來西亞
關於漢學的研究，有一批學者在進行這一工作。馬來亞大學中文系陳
徽治，[6] 一直關注著馬來西亞漢學研究的課題，二十年如一日，不間
斷地收藏了二十年的報紙中有關漢學研究的文章和動態，然後指導馬
來亞大學中文系 1990 至 1991 年度的畢業班學生李俶美花了九個月時
間編纂了《馬來西亞華文報中的漢學論文目錄》（1970—1989），他
據此目錄撰著論文，讓世界的漢學研究者瞭解馬來西亞二十年來研究

漢學的成就。

　　馬來西亞的華文報如《南洋商報》、《星洲日報》等的副刊版，經常刊載一些漢學研究的文章，這些研究成果，含歷史、語文、哲學、文學，內容比較廣泛。以語言文字學爲例，周清海的《六書與古文字結構》，陳應德的《馬來西亞華裔的語言概況》，李孝定的《最古的漢字——金文中的圖畫文字》、潘文光的《韻書韻圖在漢語語音史上的價值》、蘇瑩輝的《中華古代藝術品與文字源流述要》等；在古典文學方面，如林徐典的《韓非的文學論》、董裕榮的《論古詩孔雀東南飛》，昆侖客的《蘇軾傑出的文學成就》、劉修典的《曹操論》、陳榮照的《試論詩與史的關係》、呂振端的《論東周之賦詩與引詩》、翁世華的《淮南王劉安所作的離騷傳》、鄭良樹的《屈賦和〈淮南子〉》、蘇瑩輝的《論敦煌發現的"曲子"和"變文"在中國文學史上的價值》等；現代文學研究如鄭子瑜的《論周氏兄弟的雜事詩》、王潤華的《新文學史中一個被遺漏的註腳》、鄭良樹的《顧頡剛與民間文學、民俗學》等。此外，對馬華文學家的評價，對華語教學的研究，也都劃入漢學研究的範圍。

　　馬來亞大學中文系出版了五輯《學術論文集》，展現了中文系學者們多年來的漢學學術研究的成果；論文用兩種文字刊出，就中文這部份看來，研究的內容頗爲寬廣，包括校讎學、歷史考證、哲學、古典詩詞、語言學等領域的研究。如王叔珉的《校書的甘苦》和柳存仁的《閱道藏記凡例》，是老一輩學者對後代學人的言傳身教。對於漢學中的校讎學這門學問，當代很多青年學者已缺乏坐學術殿堂裏的冷板凳的耐心，但前輩學者卻在此領域中飽嘗校書的樂趣和收穫。王叔珉說："校書引人入勝！"他認爲校勘古書可以幫助研究大學問，可以幫助通大義，有系統的工作，可以幫助大刀闊斧之作，是一種無味之味。他說：有味之味是有限度的，無味之味是無窮盡的。校勘古書是一種無味之味的學問，當你得到其中的趣味時，你會覺得其味無窮，欲罷不能。對於這門純粹的傳統中國味的學問，清代樸學家們積累了豐富的經驗。王叔珉先生在北京大學文科研究所承傳和沈醉於此的學術體驗，乃竟原汁原味地傳到南洋來了；他把自己的經驗和體味向南洋大學中文學會作報告，又刊登在馬大中文系的學報上，讓中國的傳統漢學在馬來半島傳播、生根、開花。柳存仁對道藏的研究，對張伯端與悟真篇的考證注釋和闡發，真知灼見，是漢學研究中難得的佳作。鄭良樹的《史記斠義補》、《論古籍辨偽學的新趨勢》，蘇瑩輝的《敦煌莫高窟 C 155 及 C 305 窟供養者題名考——沙洲政變史論稿之一》、陳鐵凡與傅吾康的《略論汶萊宋碑新證》、陳徽治的《七十年代出土竹簡帛書對〈說文解字〉研究之貢獻》等，對於中國古籍以及出土文物的論證，新意迭出。在古典文學研究方面，如楊清龍的《阮籍〈詠懷詩〉中取自名家詩文集的典故》、《阮籍〈詠懷詩〉中出自子書的古語古句和典故》、《秦觀詩中的釋語和釋典敘例》，對阮籍及秦觀詩歌進行微觀的論析，典故的考證，追根究源，幫助讀詩人能瞭解詩中本義，明晰詩的原意，這也是坐冷板凳見真功夫的學問。馬來西亞漢學家的求實求真的精神，是漢學研究中的最可寶貴的品格。林水檺的《劉禹錫詞論析》、《李珣詞述評》、《范仲淹對開拓詞境的貢獻與其詞的影響》、王介英的《蘇曼殊詩歌初探》等論著，對中國詞學及近代詩歌的研究，提出新的識見；在語言與文學創作關係方面如俞王綸的《北宋話裏的兒化韻》、陳應德的《論語言與詩歌創作》、楊清龍的《從黎音雜出談白居易詩描繪音聲的技巧》等，對語音、語言學與文學、語音與詩歌創作提出獨特的見解。在史學、漢文化學方面，如王介英的《論〈莊子〉的寓言》、林水檺的《〈老子〉的循環論》、何丙郁的《宋明兵法所見的“毒煙”、“毒霧”、和“煙幕”》、《從科技史觀點談傳統思想中的“數”》、柳存仁的《華人之成爲這樣的華人》等，論證了中國的傳統文化及傳統觀念的發展和變化。這五輯《學術論文集》，是馬來西亞漢學研究成績的一部份，所涉獵到的課題，遍及校勘學、訓詁學、哲學、文學、史學、語言文字學等領域；馬來西亞學者的目光所注視的，多是漢學中一些較爲重要的課題。

　　學問乃天下之公器，學術本來是沒有國界的。馬來西亞國土上所形成的漢學研究的成果，有一部份是應邀在馬來亞大學客座時所作，即使作者今天已離開馬來西亞，但他們居馬講學或工作期間留下的著作，已經在當地產生了潛移默化的學術作用，當然是屬於馬來西亞漢學研究的成就了。

　　1994 年 8 月 6 日，馬來西亞中華大會堂召開《中華文化邁向廿一世紀》國際學術研討會，邀請了新加坡、馬來西亞、中國大陸及臺灣、香港地區的學者參加，研討中國傳統文化的價值。1993 年 11 月 20 日，由馬來亞大學中文系召開《國際漢學研討會》，參加者除馬來亞大學中文系的學者外，還有澳大利亞、新加坡、中國大陸及香港、臺灣地區的學者，共同研討中馬文化交流中的重要問題以及中華文化的優秀傳統，研究中華文化的精神價值。這對於促進中馬文化的交流，有著極其重要的作用。正如陳廣才（文化、藝術及旅遊部副部長，是馬大中文系畢業生）所說的："在這個歷史階段，我認爲我國華社必須精心策劃，積極努力，力求使華人族群的每一個成員擁有一顆‘有教養’的心靈，既能領略生活的情趣，也具開拓生命境界的創造力。一個有教養，能重視人價值的民族，才是一個有前途，有旺盛生命力的民族。要塑造一個有教養、能重視人文價值的民族，途徑很多，但對我國的華人而言，我認爲，從漢學研究著手，不失爲一個可行的辦法。"他的理念，指出了在馬來西亞進行漢學研究的重要性和必要性，而漢學研究的發展，也成爲中馬文化交流活動中的一個重要的環節。

第三節　中國宗教及民間信仰在馬來西亞的傳播

　　隨著中國移民南來馬來半島，中國的宗教尤其是南方的民間信仰，深入到馬來亞各地凡有華人族群生活的城市、農村和島嶼。

　　世界三大宗教——佛教、伊斯蘭教、基督教，中國都有，不過都是外國傳來的。佛教在兩漢時從印度傳入中國之後，與中國的儒、道經歷了一個互相排斥、互相吸收、互相融合的過程；在漫長的歷史時期裏，印度佛教逐漸變成中國化的佛教，接受了中國傳統文化的因素，具有中國式的人文倫理色彩，同時也影響了中國的傳統文化。道教最具中國特色，但又最爲複雜，尤其是明、清之後，正統道派式微，一些道派與佛、儒結合，形成許多民間道教如會道門和行會性幫教，成爲多神教或泛神教，其崇拜的神和人十分複雜，周燮藩曾指出：道教“大體可分爲三大類，即天神、地祇、仙眞和人鬼。天神，包括三清、玉皇、四禦、三官、日月星辰、風雷雨電等天界神仙；地祇，包括土地、城隍、社稷、五嶽、四瀆、山川百物之神；仙眞和人鬼，包括先聖、先哲、先祖、先師，以及一切有功德於人間，或者通曉修練道術而得道者，如老子、莊子、七眞、五祖、八仙、關帝、岳飛、孔子等等。”[7] 明清之後，民間信仰如對關帝、媽祖、藥王乃至財神、門神、竈君等形成了多種崇拜，說明了道教的多神特點。這是典型的中國民間信仰。

　　中國民間信仰是深植于中國老百姓中的宗教信仰，也是老百姓宗教行爲的表現；而中國早期經商及明、清之後移民到馬來半島的中國人，多屬下層老百姓，爲求生存而飄泊南洋謀生，當他們梯山航海到馬來半島，披荊斬棘，用勞力和血汗換取生計的時候，他們向超自然力量或神靈，祈求保佑和啓示。因此，民間信仰在華族先驅開荒的艱苦歲月中，曾經發揮過不能抹殺的積極功能。也由是，中國的民間信仰被帶到了馬來半島及婆羅洲。中華民族的民間信仰，與佛、儒、道、回、基督教這些大教又不相同，它不是由某一個人在某個時代或某個地方所創立的，而是以中華民族傳統的宇宙自然觀、文化觀、宗教觀爲核心，一代一代地在人民群衆中演進變化而成今天富含民族複雜性、多樣文化性的民間信仰，他們的神靈世界是極其豐富多釆而又複雜多樣的，由此並構成了多姿多釆的民俗文化。

在華族民間宗教的流傳過程中，華族的民俗文化也流傳到馬來半島及婆羅洲的大地上。大海飄來媽祖天後護航的悠揚的歌聲，山區彌漫著大伯公風調雨順的祝願，中國式的亭、台、樓、閣、庵、堂、祠、刹、宮、殿、岩、府、寺、廟、觀、塔遍佈馬來西亞各個角落，中國式的民間信仰與南洋生活自然融合在一起了。

中國式的宗教情操與馬來西亞華人祖籍所屬的地區性、血緣性以及他們所從事職業的業緣性結合在一起，衆多神靈在特定的自然地理條件和社會歷史文化的背景下，孕育和發展成具有南洋地方色彩的宗教文化；在這種宗教文化的涵蘊下，馬來西亞華族的民間信仰又具南洋化、合一化、通俗化的特色。

在中國的宗教世界裏，民間信仰是一個動蕩的、自由的、充滿活力的精神世界，它不斷地汲取來自民間文化的滋養和正統宗教提供的思想資料，在不同信仰者需要的情況下，與不同的社會力量相結合，而形成一個有著廣泛群衆基礎的下層民衆的宗教規範，即神化了的社會行爲規範。從歷史上看，這種民間信仰早已流傳到南洋一帶。明代張燮已記載了明代流傳海外的神祗，他在《祭祀》中敍述了五種神靈：

協天大帝者，漢前將軍漢壽亭侯壯繆也。萬曆四十三年上尊號。

天妃世居湄之湄洲嶼，五代閩王時都巡檢林應之第六女也。母王氏。妃生於宋太祖建隆元年三月二十三日。始生而地變紫，有祥光、異香。幼時通悟秘法，預談休咎，無不奇中。鄉民以疾告，輒愈。長能坐席亂流而濟，人呼神女，或曰龍女。雍熙四年二月十九日升化。蓋是時妃年三十餘矣。厥後常衣朱衣飛翻海上。裏人祠之，雨暘禱應。宣和癸卯，給事中路允迪使高麗，中流震風，八舟俱溺，獨路所乘，神降於檣，竟無恙。使還奏聞，特賜廟，號曰"順濟"。……永樂間，內官鄭和有西洋之役，各上靈迹，命修祠宇。己丑，加封弘仁普濟護國庇民著天妃。自是遣官致祭，歲以為常。冊使奉命島外，亦明 惟謹。

舟神，不知創自何年，然船人皆祀之。

以上三神，凡舶中來往，俱晝夜香火不絕。特命一人為司香，不他事事。船主每曉起，率眾頂禮。每船中有驚險，則神必現靈以警眾，火光一點，飛出舶上，眾悉叩頭，至火光更飛入幕乃止。是日善防之，然畢竟有一事為驗。或舟將不免，則火光必揚去不肯歸。

都公者，相傳為華人，從鄭中貴抵海外歸，卒于南亭門。後為水神，廟食其地。舟過南亭必邀請其神，祀之舟中。至舶歸，邀送之去。

靈山石佛，頭舟過者，必放采船和歌，以祈神貺。[8]

以上均系南方沿海民間信仰諸神。關公是歷史人物，但移民海外的華人推崇關公；因關公被視為樂於助人、恪守信義的象徵。沿海一帶百姓以海為生，因此，崇奉海神媽祖；明代出海海船都設媽祖女神的神龕，把信仰活動帶到移居的所在地。馬來西業馬六甲的青雲亭，是最早供奉媽祖的神廟之一。青雲亭建于明代隆慶元年(1567年)，其大殿正位供奉南海觀音菩薩，右配祀媽祖海神，左配祀關聖帝像，集中供奉民間最受崇拜的偶像。清代乾隆六十年(1795年)，馬來西亞華人又建造第二座古老的奉祀媽祖的神廟寶山亭。嘉慶六年(1801年)，馬來西亞福建會館內建立天福宮，崇奉媽祖。馬六甲瓊州會館于同治八年(1869年)建天後宮；在馬六甲就有8座奉祀媽祖的宮廟。檳榔嶼在清代也建築6座天後宮。丁加奴也建有天後宮。馬來西亞其他地方的華人社區都建有媽祖廟，至今共有天後宮35座。[9] 1987年，在吉隆坡惹蘭賽卜都拉路的樂聖嶺上，雪隆海南會館建成一座富麗堂皇、古色古香、巍峨壯麗的天後宮，供奉3座神靈，即天後聖母、觀音菩薩及水尾聖娘，這座天後宮是由雪隆海南會館和華裔各階層人士，以血汗和淚水，以容忍和愛心所鑄成，它將在蕉風椰雨中，紮根在吉隆坡樂聖嶺上，默數著華裔文化的遞嬗。

馬來西亞檳城有一座建于清代嘉慶、道光年間的蛇廟，所供奉的是清水祖師。蛇是福建人所崇拜的動物品類中最熱衷的一種。自古以來，福建人以蛇作爲圖騰加以崇拜。清代顧炎武《天下郡國利病書》曰："自古以南蠻爲蛇種，觀其疍家，神宮蛇像可見。"吳震方《嶺南雜記》："潮州有蛇神，其像冠冕南面，尊曰遊天大帝。龕中皆蛇也。欲見之，廟祝必致辭而後出。盤旋鼎俎間，或倒懸梁椽上。或以竹竿承之。蜿蜒糾結，不怖人亦不螫人。長三尺許，蒼翠可愛。聞此自梧州而來，長年三老尤敬之。"《說文》解釋蠻字說："南蠻蛇種。"蛇種二字，顯然表示龍蛇圖騰的意思。當漢族大批移民入閩的時候，在漢族和原住民閩越族融合同化過程中，閩越族蛇圖騰崇拜又沈澱在漢民族的宗教意識中。福建各地有蛇王宮、蛇王廟、青公廟等廟宇；當福建人移民到馬來西亞檳榔嶼時，又把蛇神的信仰帶到馬來西亞，而且在蛇廟裏供奉福建的清水祖師，傳說中的清水祖師有降魔伏祟的法力。這是福建民間信仰在馬來西亞傳播的事例之一。

砂勞越歷史學家劉伯奎撰寫了《砂勞越河畔的華人廟宇》一書，記述一百多年來，華人在砂勞越建造了三十座廟宇，他一一考察過，並加以考證。這對於瞭解華人神廟和華族民間傳統信仰在砂勞越的傳播，很有幫助。例如建于砂勞越河河口的"青山岩"，這座古廟中最早的一塊匾額上書"光緒戊寅年"，即公元 1878 年，距今已有 100 多年，青山岩正殿中有釋迦牟尼尊號，天井兩側柱子，有三對木刻的對聯：

> 普施德澤渡四海，濟世慈雲繞三山。
>
> 波光激澈映神座，燈燭輝煌照佛堂。
>
> 山青海碧相輝映，聖德慈航護眾生。

其四殿前臺的神壇上，供奉"天后聖母"和千里眼、順風耳神祗。

正殿神龕供奉三尊佛祖金身，雙足交迭盤坐，其下是蓮花寶座。神龕正中是釋迦牟尼，右邊是藥師如來，左邊是阿尼陀如來。此外在青山岩廟中還有很多神像，可能是善男信女們陸續放置的。[10]

青山岩所供奉的眾神祗是多樣化的，表現了馬來西亞神廟中的神明崇拜，已與中國神廟的一元化不相同；當中國神明在華人的愛護下遠涉重洋來到馬來西亞的時候，這裏華人的神明崇拜呈多層次、多境界的結構，體現了民間信仰的天地人合一——或天人感應的整體觀和協同性。正如劉芙著文所指出的："一間傳統民間信仰的神廟裏所崇拜的神明絕對不只是一尊或一個的。神廟的基本格局是主神、天神加地祗，另外再加入其他副神。""華族傳統宗教觀認爲宇宙中存在著多維空間的，不然就不會有修煉成道成仙的存在。多維空間可以'界'來簡單區別，民間信仰中的基本劃分是天界、人界與地界，神廟中就是組成了一個天地人合一的格局，含有整體性和協同性的色

彩。"在青山岩廟裏所供奉的神祇,有觀音菩薩、天后媽祖、佛教中
西方三聖佛祖、千手觀音、護法天王、玉皇大帝。這表明創廟者一定
是佛教中人;而佛教傳入中國,千百年來,已逐漸溶合在民間信仰之
中,成為其中一個組成部分。在青山岩主殿的佛祖位兩側又各設福德
正神與地藏王菩薩,主殿兩側旁壁上又有夏禹、岳飛、文天祥、孔
子、孟子、諸葛亮、韓信、張良、觀音菩薩天王、尊者的畫像,中國
諸子百家的聖賢與人傑不斷加入到民間信仰中的神譜裏,古代聖賢也
藉助神靈信仰而流傳千古。[11]

　　在馬來西亞,凡華人聚居的地方,便有他們所奉的神明;因此,
其信仰具有地方性與鄉土性的特徵,也有全國性共同信仰的神明。全
國性的信仰如玉皇大帝、玄天上帝、關聖帝君、文昌帝君、福德正神
(大伯公)、天后聖母、五顯大帝、九皇大帝、城隍爺、釋迦牟尼佛、
阿彌陀佛、觀音佛祖、太上老君、中壇元帥、齊天大聖、三忠公、注
生娘娘、太陽娘娘、至聖先師及魯班先師等。地方神和鄉土神則是閩
粵二省或其他地方人士所供奉的守護神。如閩南泉州籍人士所供奉的
廣澤尊王、保生大帝、清水祖師、保儀尊王、法主公和王爺,漳州人
的開漳聖王、廣惠尊王、感天大帝和五府王爺;閩西興化人的三一教
主;粵東潮州人的安濟聖王,揭陽縣河婆同鄉的三山國王;廣州府的
重陽帝君;瓊州人的水尾聖母以及會甯人的阮公聖佛和文氏貞仙等。
在宗教學上,這些都是質屬自然庶物崇拜和靈魂崇拜的神明,或儒釋
道三教的通俗信仰物件。[12]

　　中國的民間信仰在馬來西亞的大地上傳播,把中國民間的神靈世
界帶到馬來半島及婆羅洲,這是不可忽視的現實。中國的佛教,最早
是從印度傳入的,而中國的僧人在與印度來往過程中,走海路的經過
馬來半島。如晉代法顯和尚於晉隆安三年(399年),從長安出發,在外
十五年,經歷三十國,在歸程中,取水路由印度到南洋群島一帶。曾

在砂勞越西北角休息過五個月。唐代的義淨法師也到過吉蘭丹，他在
《南海寄歸內法傳》中寫道："從西數之婆魯有、師洲(Baros)、末羅
遊洲(Mlelayu 今 Jambi)，即今屍利佛逝國(Sri Vijaya)、莫訶信洲(爲爪
哇史頌中的 Mahasin)、訶陵洲(Kalinga 爪哇)，坦坦洲(即丹丹或單單)、
盆盆洲、婆羅(Bali)、掘倫洲(爪哇史頌中的 Markkaman)，又有小洲，
不能盡錄。"丹丹即吉蘭丹。可見義淨到過吉蘭丹。他還到過吉打。
在他自撰的《大唐西域高僧傳》卷下記載："過羯茶國，所將梵本三
藏五十余萬頌，唐譯可成千卷，權居佛逝矣。"羯茶就是現吉打。此
外，到過馬來半島的華人高僧，南北朝有智岩、法勇、道普等；唐代
另有常潛、明遠、義朗、會寧、遠期、解脫天、窺沖、慧琰、善行、
大乘燈、彼岸、曇潤、義輝、道王休、曇光、慧命、智行、靈運、僧
哲、智弘、無行、法振、大津、貞固、孟懷業、道宏、法朗等。[13] 這
些僧人，有的與華人商隊來後就走，有的卻留在馬來半島建寺主壇而
在此開山。二十世紀三十年代，有一位高僧演本法師(1872—1957)來
到馬來亞，他早年是個秀才，教過書，做過生意。曾與李叔同(弘一法
師)在上海聖約翰大學當過教授，弘一法師號曰息霜，擅長書法、詩
詞、戲劇、金石，是一位文學藝術家。演本俗姓尤，名叫雪行，號惜
陰，晚年自署無相山人或八一山人。以前他與李叔同一起在上海南洋
公學同過事，又在聖約翰大學共教席，一雪一霜，有出塵不染、歲寒
不凋之質。演本到馬來亞後，先在檳城，待星加坡毗盧寺的雪山法師
到金馬崙高原開山，建了三寶寺，請他上山主持，在寺後造了佛經寶
庫的法輪圖書館。因爲法輪圖書館藏本豐富，他在館中潛心著述，所
以他的著作能像海洋一般的浩浩瀚瀚。他從大藏經中手抄經文，編撰
了佛說十二陀經、金光明經、金剛經妙解、不夜城、鳩摩羅什尊者
解、佛法要領等書。

　馬來西亞最大的佛廟極樂寺，於 1891 年動工，1904 年落成，是

福建鼓山湧泉寺的別院。素有東方樂園之稱。這座古雅宏麗的佛寺，是一個多世紀前中國僑紳集資興建的。清光緒十一年(1885年)，福建歸化籍和尚妙蓮，從福州鼓山寺托缽南洋群島，同年來到檳榔嶼，駐錫檳城廣福宮，後來他在鄉間阿依淡(AyerHitam)黑水邊尋覓一塊風水寶地，便決定在此建築一座新的寺廟，寺院依山而建，黑水是山間水溪，溪中岩石均黑色，或大或小，爲堪、爲嶼、爲虬、爲岩，泉水流石隙間，山泉清冽，水聲淙淙悅耳。選擇在這美妙如畫的大自然懷抱之中建佛寺，足見當年妙蓮和尚的眼力與情趣。

　　妙蓮和尚在寺裏利用山泉落差的原動力，安上木制的機械，讓它自動擊鐘，鐘聲日夜不斷。當地人深感驚訝，一時呼之爲龍撞鐘新觀音，於是名揚四方。幾年以後，僑紳張振勳、張煜南等六人，發起增建廟宇，並向英、荷、泰等國華僑募得鉅款，陸續興建。據《檳榔嶼白鶴山極樂寺碑》記載：〝於是募緣購材，庀徒揆日，披蒙取局，幽鍵斯開，築礎移隁，隨高就下，工以心競，地以人興。是歲而天王殿成，越二年大雄殿之工竣，三寶法相，菩薩金身，次第莊嚴，後先顯現。旣而松楹桔廡，上出重霄，碧閣丹梯，下臨無地，又復引泉浚沼，佈景因崖，力衞之草千叢，四照之花萬簇，近挹而欄檻錯彩，水石同清，遠眺則帆滯天根，江浮樹杪，曉鍾梵韻，先來溪畔人家，碧瓦斜陽，共指林間佛刹。〞碑文所敘，當時檳城富商人士，以此作爲休養勝地。張煜南、張榕軒輯校《海國公餘輯錄》卷一《乘楂日記》云：〝極樂庵嶼中勝景也，聞是庵本埠富商斂資爲之，倚山作壁，引水入廚，位置玲瓏，備臻佳妙，向無僧居，特聘名僧小顚、卓錫於此。僧極風雅，夙以詩名，與嶼中士大夫往來贈答無虛日，留題滿壁，筆走龍蛇，鴻爪雪泥，布爲海上佳話，雖曰地實有靈，亦藉人以傳已，故遊其地者，從樹林陰翳中結伴而入，與寺僧茶話後，僧即從旁指點海天之勝，林泉之佳，俗慮頓蠲，恍然於塵世中得一清涼世界地。"商賈士人，公餘之暇，到這裏禪居靜養，與僧人詩酒流連，於靜室修身養性，的確是人間極樂世界了。新加坡著名華人學者丘菽園在辛亥年(1911 年)寫《極樂寺》詩云："水石巉岩曲徑幽，華鬘湧現佛光樓。飛來香雨知泉活，分到層湖擬月流。物力卅年徵盛日，晴光二月似清秋。憑欄試極潮音目，孤島乾坤共一漚。"

　　當極樂寺擴建即將竣工的時候，妙蓮法師于光緒三十年(1904 年)回中國京都朝見光緒，光緒賜佛教三藏經十二部六廚藏于極樂寺藏經閣中，慈禧太后題"海天佛地"四字，挂大雄殿內，光緒題"大雄寶殿"四字，懸於殿門上，妙蓮挂起"奉旨回山"的牌匾回歸極樂寺。爾後，近代中外名人屢有題辭。康有爲題"勿忘故國"，章炳麟有行草律詩，其他國家的如暹羅王題"佛日增輝"，日本、英國等國的名士的草書字迹等。寺內有"流水敲鍾"字楹，楹聯曰："鶴立雲端能還俗，山尼海外好安禪。""本無聲而有聲，鐘聲磬聲鼓聲聲聲夢覺；目有色卻無色，山色水色月色色色皆空。"反映出極樂寺的清幽的文化氛圍。

　　座落在山打根古廟區的普濟寺，高高地聳立在三面環山，前向海灣的山崗上。寺門外有百步石級，沿著石咀山壁迂回直達寺前。寺宇巍峨壯觀，氣勢磅礴。寺內設計雄偉，古意盎然。寺頂採用中國古代宮殿式的設計，樓上樓下地面鋪設義大利瓷磚，清潔幽靜。大雄寶殿內供奉釋迦牟尼佛，藥師佛及阿彌陀佛三寶。三尊佛像各高十八尺，每尊重約一噸餘，系用中國所產的堅硬柚木整塊雕成，再用金鉑鍍身。右殿供有長生祿位，左殿設有往生位，大門兩旁供奉著迦藍菩薩和韋陀菩薩。後殿供奉觀音菩薩。殿內每根大柱都附有龍天護法。高高的普濟寺像一座宏偉的宮殿，居高臨下，俯瞰山打根的景色，成爲遊人彙聚的佛教勝地。

　　德教也盛行於馬來西亞；這一教派是從中國潮州傳去的。1939

年，正當日本侵略中國，老百姓備受苦難的歲月，潮陽縣的楊瑞德在家裏創立紫香閣，除了宣揚傳統道德以外，還施醫贈藥，救苦救難。以後德教會始終保持這種慈善和福利機構的特徵。德教融合各門宗教的崇拜，最初尊奉太上老君爲始祖，因孔子曾向老聃問禮，所以配祀孔子；又一度傾向佛教，後來又轉向回教，把回教和基督教的教主引入他們的衆神殿；將儒佛道三教合一的思想擴大爲五教同源的概念。德教有六大戒律：不貪、不僞、不欺、不驕、不妄和不怠。他們除尊崇道士楊筠松、柳春芳和人英宋大峰外，又引入諸佛仙尊，其中包括觀世音菩薩、濟公李修緣、九皇大帝、土地神、黃大仙、天後聖母、齊天大聖、華陀、鬼穀子、岳飛、關羽、關平以及八仙等。德教自1954年傳入馬來西亞之後，不出二三十年，就在四十多個市鎮設立大約六十所道場。其中紫字系占三十五所，崇祀濟公的濟字系九所，振字系九所。[14]

　　馬來西亞華人的宗教信仰是糅雜的，不同教派之間的界限模糊不清，有的人同時信奉二三個不同教派或供奉諸多神靈。當華人到南洋來的時候，他們藉神力保生存，求發展；把中華文化的忠、義、仁、勇的傳統精神帶到南洋來。像大伯公、四仙爺就是在這種環境下產生的，在華人社群的創業過程中，象張理、盛明利等華人先驅又成了他們敬奉的神靈。

　　中國的宗教和民間信仰在馬來西亞的傳播，日積月累，也把中國上層的士大夫文化及下層民間的原始文化，帶到了馬來半島和婆羅洲。五花八門的宗教感情，是傳統中國文化中的自然崇拜、圖騰崇拜、祖先崇拜、靈物崇拜、巫術、禁忌、祭祀等宗教形態的表現。馬來半島在開闢初期，存在着有利於這些宗教信仰生存的土壤，所以，這些民間文化的傳統，在遠離中國的海島上仍具有強勁的生命力。中國民間衣食住行的世俗、節日等文化活動形式，以及慈善爲懷、樂於助人的傳統文化觀念，也在馬來西亞得到延續。這些民間信仰，在華人社群中廣泛流傳，而且經久不衰，也另有意蘊，即表現了一種強烈的族群意識；當中國人在不同的時代動亂中漂流到南洋求生時，創業初期歷盡磨難，他們需要祈求一種超自然力量幫助，於是建立同鄉會館，供奉家鄉神明。這種族群的認同感，成爲他們創業成功的精神支柱。

尤其是中國的建築藝術，在宗教信仰的傳播過程中，爲建立寺廟、殿堂而在馬來西亞獲得了輝煌的發展。許多廟宇的建築，從設計到建造時的一磚一瓦，都從中國運來，又把中國的藝術傳統與當地格調相結合，成了馬來西亞絕妙的建築藝術珍品。如吉隆坡天后宮的建築，它的藝術基調是強調中華建築的色彩特徵，一杆一瓦都有其文化內涵；天後宮建立在樂聖嶺上，是華族建築藝術和民族文化的結晶。這座巍峨壯麗、古色古香的天后宮，其彩梁、彩畫，色彩鮮明，畫面上的龍鳳以瀝粉貼金，把天后宮那朴拙莊嚴、古色古香的氣質表現得淋漓盡致；其欄杆採用“清式鈎欄”的藝術樣式，每幅欄杆的“大華版”的前後雕有麒麟各一對，柱頭雕半立體盤龍，欄杆中部狀如花瓶稱“雲拱”，欄杆終結處放置圓形“抱鼓石”，充分表現中華建築構圖的有始有終的精神。其龍柱，作上昂翻騰的飛龍造型，雕刻線條清晰優美，四根龍柱噴以假麻石原色，顯得更加清麗脫俗，保持了原始風格。天後宮的建築，完全體現了中華古代建築的藝術風格，既金碧輝煌又古樸典雅，美不勝收；它像羅馬的聖彼德教堂、倫敦的聖保羅教堂、奧林匹克的宙斯神殿、印度的泰姬陵一樣，成爲不分國籍、不分種族、不分宗教的全人類文化瑰寶。[15]

又如新山柔佛古廟的建築規格和佈局，完全爲中國的禮制制度所貫穿。據專家考證，廟宇是從中國來的匠人在馬來西亞建造的，純粹是根據華人建廟式樣和方法而建造的廟宇，體現了北方常用的梁柱式與南方特有的穿門式相結合，官式的梁架與搭檁的民間式樣相結合，內部空間與外部空間的結合，而且保留了宋代風格，體現出明代手法。專家鑒定這座古廟是明代所建，這在中馬文化交流史方面具有極高的史料價值。於是，新山華人五大會館聯合發起修復古廟，按原制風格維修，尊重和保留原狀，注意傳統技術和建築物的時代特色。現在古廟已修復完成，一座簡樸古雅的廟宇象徵著中華文化的傳播。

　　檳榔嶼的極樂寺的建築藝術，又于體現中華建築藝術的基調上塗上了南洋色彩。極樂寺是中國僧人發起、華人僑領集資建造的；但這座廟宇卻呈現了具有南洋色彩的多元文化的集納體。如藏經樓的平臺上所雕塑的各地施主的雕像中，有的是一身清朝衣冠的華人，有的是金髮碧眼的歐洲人，有緬甸的名流和泰國人士，還有世界上許多地方與該寺有關人士的塑像。這象徵了極樂寺蘊含著一種世界性的文化現象。再觀察寺裏的萬佛寶塔，塔高 30 米，共分七層，塔身通體素白，融合緬甸、泰國和中國的建築造型於一體，基座的兩層是中國式的，飛簷棱瓦，騰龍飛鳳，琉璃瓦光彩奪目；中間三層是泰國式的，呈重疊的方形結構，在每一拱穴中雕刻一座佛像；上面兩層是緬甸式的，每圍牆或塔座有十八個拱穴，最上端有黃色的圓形塔頂，上面由幾個扁球體相疊，末端有一沖天的錐體。這萬佛寶塔糅合著多國多種文化特色為一體，堪稱舉世無雙了。而這舉世無雙的佛教建築物，不中不西，亦中亦西，呈現了中西文化在馬來西亞衝撞融合之後一種新型的南洋色彩。

　　馬來西亞一些典型的寺廟建築，也是研究中國古代建築的珍貴實物。在中馬兩國文化源遠流長的文化交流中，中國建築藝術在馬來西亞的流傳，也是一種深具歷史價值的文化現象。

第四節　早期馬來亞華文教育與
　　　　中國的關係

　　馬來西亞是一個特殊的多元社會，三大民族中的巫、華、印裔各有其自身體系的文化。馬來西亞的民主政制，締造了一個多元種族、多元文化的統一社會；各族的民族文化在自身發展的同時，匯集成一股國家文化的主流。民族文化的發展有賴教育，而早期華文教育的發展又與中國有千絲萬縷的關係。

　　一、早期華文教育從私塾到現代學校，都與中國息息相關

　　馬來西亞的華文教育，開始時以民辦教育的姿態出現。當時華人從中國大量移民到馬來西亞當勞工，爲了解決子女的教育，就在會館、宗祠、神廟或其他簡陋的地方建立私塾。當年萊佛士初抵檳榔嶼的時候，即發現華人張理之的墳墓，可見 1786 年之前，在檳城已存在華人。不過有史可稽的，新加坡最早的一間私塾是 1849 年陳金聲領導一些華僑熱心人士籌集資金在直落亞逸街天福宮的西邊，建立"崇文閣"，被稱爲"新加坡華人設立的第一間學校"，1854 年，陳金聲又會同 12 位華人創辦"萃英書院"；吉隆坡的葉亞來，於 1884 年設立"唐文義學"。於是設立私塾，成爲風氣。檳城的南華書院，星洲的養正書院馬六甲英華書院等，都是當時最著名的民間私塾。此外有富商自設家塾，或士子逕自設帳授徒，或開設夜校以利職工補習，也不在少數。不過私塾的設備，極爲簡陋，除桌椅外，別無長物；或利用廟宇，或利用小樓，或利用地下室，空氣也不流通。許蘇我曾著文說："學塾設備，因陋就簡，既無科學設備，又無課外活動，黑板脫漆，桌椅支離破碎，十分寒傖。課室只有一間，學生不論多少，擁擠一處，光線暗淡，空氣污濁。"[16] 而私塾的塾師，也多數不合格；有

濫竽充數的，甚至算命、賣卜、看風水、代寫書信者，都充塾師。教學的內容，也沿襲清代制度，與現實生活脫節。陳育崧曾在文章裏談及當時課授的墨守陳規的落後性。他說：“學塾的制度，自五、六歲開蒙，以到二十歲左右，讀完了四書五經，學作八股，所以學生的年齡，有自五、六歲的孩子直到二十餘歲的青年。這種學制，自漢以來既然，而且無甚變化。”[17] 由於所課授的內容，是遠離兒童生活的三字經、百家姓、千字文以至四書五經，所用教法，也陳舊不堪，背誦與鞭策是唯一的方法。課文的意義，完全不加解釋，不求甚解。兒童溫習功課，就挺喉嚨的喧讀，震人欲聾。當時有詩諷之曰：

> 一陣烏鴉噪晚風，諸生齊逞好喉嚨。
>
> 趙錢孫李周吳鄭，天地玄黃宇宙洪。

好在華人家長，都信讀書可以使人成器，無不竭盡所能，培養子弟。因此，凡有華人的地方，都有私塾設立。[18]

但這種私塾教育的落後性，無法適應當地社會的需要，即使背熟四書五經，也不能學以致用，在商業社會裏謀求成功之路，再加上馬來西亞華人經濟的發展，教育的改革與發展勢在必行。

馬來西亞現代華人學校的創立，與中國 19 世紀末至 20 世紀初的維新運動有著密切的關係。中國自 1894 年中日甲午戰爭失敗之後，深感民族自強之必要；而要使國家改革及富強，其中之一是建立現代教育體制。光緒二十四年(1898 年)戊戌四月二十三日，下詔定國是，在命各省、府、州、縣設立學堂的同時，命出使各國大臣，督同領事，各就寓洋華人勸辦學堂。兩廣總督岑春煊，不獨關懷僑務，尤熱心僑教。1904 年檳榔嶼華僑開辦馬來亞第一所華僑學校——中華學校。光緒三十一年(1905)奏派廣西知事劉士驥前往南洋視學；劉氏赴“爪哇全埠，設立總學會；新加坡、檳榔嶼等埠，各設學務公所。”新加坡即委總領事孫士升為總董，檳城委鬍子春觀察為總督，並派蘇喬蔭、啓元爲星、檳兩埠總視學員，駐檳榔嶼。

1905 年在星加坡成立崇正學校，1906 年又于吉隆坡創立尊孔學校。是年兩廣總督奉派南洋視學員劉士驥到吉隆坡，協商辦學。接著，在馬來亞成立應新、啓發、端蒙等華校，1907 年在星洲成立道南學校，1908 年在怡保成立育才學校，在吉隆坡開設坤成學校，1911 年在星洲成立育英學校。後來，1919 年在星洲創立華僑中學，1923 年在檳城設立鍾靈中學，1924 年在吉隆坡成立尊孔中學，在怡保成立育才中學，1927 年在吉隆坡設立坤成女中，1930 年在星洲設立南洋女中，1937 年創辦公教中學，1939 年開辦中正中學及吉隆坡中華中學等。這些學校的設立，都與中國政府的支援和鼓勵有關。[19]

二、清朝政府對馬來亞興建華校的支援

自從 1877 年(光緒三年)清政府在新加坡設立南洋第一個領事館以後，清政府命南洋各國使臣勸辦學堂；規定領事不但有視學勸學的責任，而且對於學務的興革，學制課程的改進，直接對中央提出建議，而且，對興學人士的興學育才的責任心，大力加以獎勵。兩廣總督岑春煊重視華僑教育，委派孫士升、胡子春、蘇喬蔭到星洲及檳城視學。光緒三十二年(1906 年)，岑春煊據劉士驥視學的報告，奏請褒獎辦學紳董、教習及捐助學費人員，獲得國家批准。這對各地華人影響甚大，其四部會奏原文爲：

> 臣等查南洋各島，扼東西之沖途，爲中國之門戶，華民經商於此，聚族而居者，無處無之，如荷屬之爪哇，英屬之新加坡等埠，尤稱繁盛，近年以來，頗能聯合同志，講求教育，設立學堂數十所，招學生數千人，捐集資財數十萬，足見綱常名教，涵濡于人心者至深，若朝廷加意拊循，因勢提倡，忠愛之忱，必有勃發而不可遏者，數千年相傳之學術，風行愈廣；數萬里散處之子民，内向益堅，所繫誠非淺鮮也！既該督請獎各員，核其辛勞，

這樣的學校，設備當然簡陋，然而，精神卻是飽滿的。早
年的華校，就在這樣的環境中冒芽茁長。

資源來源：鄭良樹《馬來西亞華文教育發展史》馬來西亞
　　　　　華校教師會總會 1999 年吉隆坡出版

馬六甲英華書院(The Anglo-Chinese College Malacca)並不是
華文教育的第一把火炬。

資源來源：鄭良樹著《馬來亞華文教育史》馬來西亞華校
　　　　　教師會總會 1999 年吉隆坡出版。

廈門街的萃英書院於 1854 年落成，圖爲學生上課情形。

資料來源：崔貴強《新加坡華人》——從開埠到建國新加坡宗鄉會館聯合總
　　　　會 1994 年版

雖或與定章不無參差，然南洋興學伊始，眾議紛紜，該紳等不辭
勞瘁，毅力經畫，其艱窘情形，較之內地，何啻倍蓰，自應量予
變通稍示優異。擬懇如該督所請，將各埠辦學出力紳商，分別給
予獎勵。

當年，清代對興學的褒獎，尚沒有成規，只是授案辦理而已。辛亥革
命之後，教育部才正式制定捐資興學褒獎條例，對於熱心教育人士，
予以光榮褒獎，而成為國家的重典。[20] 當 1906 年，清朝外埠商務大臣
太仆寺卿張振勳視察檳榔嶼中華學校之後，也奏請清朝對該校的總理
協理人員，授予官銜，以資鼓勵褒獎。其名單是：正監督花翎鹽運使
職銜胡國廉，副監督花翎同知職銜林汝舟，總理花翎道銜林克金，協
理州同職銜連濟川，總理花翎福建試用同知梁廷芳，協理藍翎都司職
銜黃廷章，總理中書科中書職銜梁家耀，協理藍翎道銜林光遠，總理
花翎同知銜廣西試用知縣張韶光，協理監生伍社旺，總理花翎同知職
銜謝其正，協理監生吳德志，總理花翎同知職銜溫震東，協理監生黃
金慶。[21]

　　宣統元年(1909)，福建省派視學員薩君陸巡視南洋學務，在星加
坡 "會同道南學堂各職員商議教育事項"，然後到爪哇。回來以後有
詳細報告。分析南洋各地學校情況。體現政府對興學的支援。薩君陸
考察南洋學務之後，寫出了《旅南筆記》，敘述當年新加坡、芙蓉、
霹靂、麻六甲、彭亨、柔佛及吉隆坡等地的華人、華僑的狀況，頗具
文獻價值。[22]

　　三、早期砂勞越華文教育的發展也與宗鄉會館息息相關

　　砂勞越也在清代建立一些私塾。從 1841 年布洛克王朝建國，到第
二次世界大戰後的 1950 年為止，在一百一十年間建立華校二百餘間。
如 1870 年第一省石隆門砂南坡有一私塾，1904 年第一省倫樂有華校，
1911 年成邦江及 1912 年林夢都辦有華校。1912 年古晉開辦第一所華

文學校，後改爲"福建義校"。各個會館在成立之後，都紛紛辦學，如 1871 年福建會館成立後，於 1912 年開辦福建義校，瓊州會館于 1898 年成立後開辦瓊僑學校，廣惠肇公會于 1854 年成立後，於 1917 年開辦益群學校，大埔同鄉會于 1920 年成立後，於 1923 年開辦大同學校。客屬公會于 1934 年成立後，于 1936 年成立越光學校，潮州公會于 1864 年成立後，于 1916 年成立民德學校。到 1938 年，註册的華校共 144 間。23

四、早期華校的體制建設所表現的中國色彩

馬來西亞在 30 年代期間所創辦的華校，從學校制度的建立，教師的培訓，教科書的編寫，都是模仿中國的制度及內容。連課程也沿襲中國的方式，如中國語文、數學、科學、歷史、地理、公民、衛生及健康教育等科目，都來自中國，只是其中作小量的修改而已。教師隊伍大部分在中國接受教育後移民到馬來亞的，在馬來亞本土培訓的師資，也是以中國文化內容進行培訓。所以早期馬來亞的華文教育的發展，清政府是扮演了重要的角色；而且，教育內容的中國色彩也極其濃厚。因爲通過課程灌輸給學生一些中國傳統道德觀念，如尊孔、忠君、公德心、尚武精神、務實精神等。學校以四書五經培養美德、尊孔忠君；修身、史地培養公德心；軍訓、歌詠、語文、圖工、史地培養尚武精神；算術、科學、修身、語文、圖工，培養務實精神等。24

第二次世界大戰之前，馬來亞的華文學校只注重發展，忽視了教學內容如何適應本地情況，抗日戰爭期間，日本軍國主義侵入馬來亞，華文學校大部分被關閉；第二次世界大戰之後，英國重新統治馬來亞，華校發展得到恢復。這時候，馬來亞的華人，已從移民社會轉爲永久居民社會，在馬來亞獲得自己的國民地位，因此，華校的建立和發展，脫離了過去那種受中國制約及領導的軌道，也不把到中國回升學或被賜官銜作爲選擇的出路，逐漸擺脫了傾向中國的色彩。馬來亞的華人集資辦學的過程中，其教育制度、課程設置、教材內容以及授課的語言媒介，都在脫離中國影響的情況下走上自己國家教育的獨特道路；五十年代之後馬來亞華文運動，也因政治上特殊的原因而脫離與中國的聯繫。以華語爲教學語言的華文學校轉爲私立。馬來西亞華校董事聯合會總會于1954年成立，從此以後，董教總在教育的發展上扮演了具有影響力的角色。

【注　釋】

1　余秋雨《中國戲劇文化史述》，湖南人民出版社，1985年出版。

2、3　賴伯疆《東南亞華文戲劇概觀》，中國戲劇出版社，1993年版。

4　鍾玉蓮《國際漢學研討會大會主席演詞》，載《國際漢學研討會論文集》。

5　以上有關柳存仁先生的講話，均引自柳存仁《國際漢學研討會開場演詞〈馬來西亞和漢學〉》，載《國際漢學研討會文集》。馬來亞大學中文系、馬大中文系畢業生協會聯合出版，1994年12月，吉隆坡。第12—23頁。其中引馬哈蒂爾首相的一段話，採用了葉鍾玲的譯文。見1971年新加坡皇冠出版社出版的《馬來人的困境》第85頁。

6　陳徽治，現任馬來亞大學中文系系主任。

7　周燮藩等著《中國宗教縱覽》。

8　張燮《東西洋考》卷九。

9　宋元模《天后宮在馬來西亞各地》，載《媽祖研究論文集》，鷺江出版社，1989年出版。

10、11　劉芙《從神廟認識華族傳統民間信仰》，載劉伯奎著《砂勞越河畔的華人神廟》，砂勞越華族文化協會贊助出版叢書，1993年版。

12　陳劍虹《大馬華人的神靈觀念與宗教組織》，載檳榔嶼廣福宮慶祝建廟188周年暨觀音菩薩出遊紀念特刊》。1989年7月版，第595頁。

13　黃堯《星、馬華人志》。香港明鑒出版社，1967年版。

14　駱靜山《大馬半島華人宗教的今昔》，載林水檺、駱靜山編《馬來亞華人史》。馬來西亞留台校友總會出版，1984 年版。

15　李雄之：《天后宮的建築》，載馬來西亞雪蘭莪瓊州會館慶祝百周年暨天後宮開幕紀念特刊》，又李雄之：《天后宮·滌塵俗動幽思》，載《南洋商報》，1996 年 3 月 31 日第八版。

16　許蘇我《新加坡華僑教育全貌》，南洋書局，1950 年版。

17　陳育崧《星馬華文教育近百年緒論》，載王秀南編《星馬教育研究集》，南洋大學東南亞研究中心叢書，新加坡 1971 年版。

18、19　王秀南《東南亞教育史大綱》，新加坡東南亞教育研究中心總發行，1987 年 7 月初版。

20、21　陳育崧《馬來亞華文教育發創史》，載高信、張希哲主編《華僑史論集》，臺北正中書局 1963 年版。

22　《留視學員薩君陸調查南洋學務情形報告》，宣統二年七月《福建教育官報》第二十二期。

23　劉子政《砂勞越早期的華校》，載《砂勞越史事論叢》，拉讓出版社 1987 年版。

24　《中國政府》，第一次中國教育年鑒，上海 1934 年版。轉引自李庭輝《馬來亞華文教育(1894—1911)，早期華校的民族主義》，載《辛亥革命與南洋華人研討會論文集》。

附錄：中文主要參考書目

二十五史　中華書局，1974 年版。

葛洪　《大清金液神丹經》，見《道藏》洞神部眾術類第 589 冊。

袁珂校注　《山海經校注》，巴蜀書社，1993 年 4 月版。

義淨著　王邦維校注《南海寄歸內法傳校注》，中華書局，1995 年版。

敏求編　《唐大詔令集》，臺北商務印書館，1982 年版。

李昉等　《太平御覽》，中華書局 1985 年版。

王興謙　《釋名疏證補》，上海古籍出版社，1984 年版。

歐陽詢　《藝文類聚》，上海古籍出版社，1984 年版。

段成式　《酉陽雜俎》，中華書局，1981 年版。

王欽若　《册府元龜》，中華書局，1960 年版。

孫逢吉　《職官分紀》，文淵閣四庫全書卷九二三，臺灣商務印局館
　　　　1983 年版。

郝玉麟　《廣東通志》，文淵閣四庫全書卷五六二～五六四。

司馬光　《資治通鑒》，中華書局 1956 年版。

岳　珂　《桯史》，中華書局，1981 年版。

李　燾　《續資治通鑒長編》，文淵閣四庫全書卷三一四～三二二。

徐松輯　《宋會要輯稿》，中華書局 1982 年版。

馬端臨　《文獻通考》，中華書局，1986 年版。

朱　彧　《萍洲可談》，文淵閣四庫全書卷一〇三八。

趙汝适　《諸蕃志校注》（馮承鈞校注），商務印書館，1962 年版。

蔡　襄　《端明集》，文淵閣四庫全書卷一〇九一。

周去非　《嶺外代答》，文淵閣四庫全書卷五八五。

徐溥、李東陽　《明會典》，文淵閣四庫全書卷六一七～六一八。

姚廣孝等撰修　《明實錄》，臺灣中央研究院歷史語言研究所校印。

羅大經　《鶴林玉露》，文淵閣四庫全書卷八六五。

陳之靚　《島夷雜誌》，見《事林廣記》卷八。

嚴從問　《殊域周咨錄》。

鞏　珍　《西洋番國志》，聖道齋抄校本。

丘　濬　《重編瓊台類稿》，文淵閣四庫全書卷一二四八。

愼懋賞　《海國廣記》。

黃省曾　《西洋朝貢典錄》，中華書局 1982 年版。

黃　衷　《海語》，文淵閣四庫全書卷五九四。

張　燮　《東西洋考》，文淵閣四庫全書卷五九四。

羅日褧　《咸賓錄》，中華書局 1983 年版。

劉　恂　《嶺表錄異》（魯迅校勘），廣東人民出版社，1983 年版。

馬　歡　《瀛涯勝覽》，中華書局，1954 年版。

費　信　《星槎勝覽》，中華書局，1954 年版。

查繼佐　《罪惟錄》，浙江古籍出版社，1986 年版。

茅瑞徵　《皇明象胥錄》。

汪大淵　《島夷志略》，文淵閣四庫全書卷五九四。

顧炎武　《天下郡國利病書》，圖書集成局鉛印本。

謝清高　《海錄注》（馮承鈞注釋），商務印書館，1937 年版。

陳倫炯　《海國聞見錄》，文淵閣四庫全書卷五九四。

中國第一歷史檔案館整理　《康熙統一臺灣檔案史料選輯》，福建人民
　　　　出版社。

《康熙起居注》　中華書局 1984 年版。

王彥成輯、王亮、王敬業校　《清季外交史料》　北京書目文獻出版社，

　　　　　　1987 年版。

薛福成　　《出使英、法、義、比四國日記》，岳麓書社，1985 年版。

朱壽朋　　《光緒東華錄》，中華書局，1958 年版。

屈大均　　《廣東新語》(李育中等注)，廣東人民出版社，1991 年版。

梁啓超　　《飲冰室文集》、《飲冰室專集》，中華書局，1989 年版。

印光任、張汝霖　　《澳門記略》(趙春晨點校》，廣東高等教育出版
　　　　　　社，1988 年版。

康有爲　　《歐洲十一國遊記》，岳麓書社，1985 年版。

薩君陸　　《調查南洋學務報告》，宣統二年七月，《福建教育官
　　　　　　報》，第二十二期。

孫中山　　《孫中山全集》，中華書局，1981 年版。

羅懋登　　《三寶太監西洋記通俗演義》(上、下)，上海古籍出版社，
　　　　　　1985 年版。

王大海著，姚楠、吳琅璇校注　　《海島逸志》，香港學津書店出版，
　　　　　　1992 年版。

愛德華・泰勒　　《原始文化》，上海文藝出版社，1992 年版。

伏爾泰著，梁宋鏘譯　　《風俗論》，商務印書館，1995 年版。

陶德甫(G.P.Dartford)　　《馬來亞史略》，星加坡聯營出版有限公司，
　　　　　　1959 年版。

溫斯德著，姚梓良譯　　《馬來亞史》，商務印書館，1958 年版。

木宮泰彥著，胡錫年譯　　《日中文化交流史》，商務印書館，1980 年
　　　　　　版。

牟復禮，崔瑞德　　《劍橋中國明代史》，中國社會科學出版社，1992
　　　　　　年版。

謝弗著，吳玉貴譯　　《唐代的外來文明》，中國社會科學出版社，
　　　　　　1995 年版。

夏德著，朱傑勤譯　《大秦國全錄》，商務印書館，1964 年版。

姚楠、許鈺編譯　《古代南洋史地叢考》，商務印書館，1958 年版。

足立喜六著，何健民、張小柳合譯　《法顯傳考證》，國立編譯局，
　　　　1937 年版。

馮承鈞　《中國南洋交通史》，商務印書館，1937 年版。

陳序經　《馬來南海古史初述》(非賣品)。

邱新民　《馬來亞史前史》，新加坡青年書局，1966 年版。

邱新民　《東南亞古代史地論叢》，新加坡南洋學會 1969 年版。

邱新民　《風帆時代亞澳地中海文化》，新加坡青年書局，1993 年
　　　　版。

邱新民　《東南亞文化交通史》，新加坡亞洲研究學會文學書屋，
　　　　1984 年版。

邱新民　《海上絲綢之路的新加坡》，新加坡勝友書局，1991 年版。

邱新民　《邱菽園生年》，新加坡勝友書局，1993 年版。

許雲樵　《馬來亞叢談》，新加坡青年書局，1961 年版。

許雲樵　《南洋史》(上卷)，星洲世界書局，1961 年版。

許雲樵　《馬來亞研究講座》，新加坡世界書局，1961 年版。

許雲樵譯注　《馬來紀年》，新加坡青年書局，1966 年版。

葡萄牙 Eredia 著，許雲樵譯《黃金半島題本》，星洲世界書局，1961
　　　　年版。

李長傅　《中國殖民史》，商務印書館，1937 年版。

王賡武著，姚楠編《東南亞與華人 —— 王庚武教授論文選集》，中國
　　　　友誼出版公司 1986 年版。

王賡武著，姚楠編譯《歷史的功能》，香港中華書局，1990 年版。

王賡武著，張亦善譯《南洋華人簡史》，臺灣水牛出版社，1988 年版。

王賡武著，姚楠譯《南海貿易與南洋華人》，香港中華書局，1988年版。

王賡武　　《中國與海外華人》，香港商務印書館，1994 年版。

張禮千　　《馬六甲史》，商務印書館，1941 年版。

張禮千　　《檳榔嶼志略》，南華出版社，1959 年版。

張禮千　　《英屬馬來地理》，商務印書館，1939 年版。

劉繼宣　束世澂《中華民族拓殖南洋史》，國立編譯館，1935 年版。

巴素著，劉前度譯《馬來亞華僑史》，光華日報有限公司，1956 年版。

巴素著，郭湘章譯　《東南亞之華僑》，臺灣正中書局，1968 年版。

馮汝淩　　《馬來亞史話》，香港上海書局，1961 年版。

徐松石　　《粵江流域人民史》，中華書局，1938 年版。

徐松石　　《東南亞民族的中國血緣》，香港平安書店，1959 年版。

韓振華　《中國與東南亞關係史研究》，廣西人民出版社 1992 年版。

周一良　　《中外文化交流史》，河南人民出版社，1987 年版。

任美原　　《東南亞地理》，星洲世界書局，1961 年版。

潘明智、長清江編譯　《東南亞歷史地理譯叢》，新加坡南洋學會，
　　　　　1989 年版。

陳桂榮、謝方、陸峻嶺編　《古代南海地名匯釋》，中華書局，1986
　　　　　年版。

李金明、廖大珂《中國古代海外貿易史》，廣西人民出版社，1995年版。

許雲樵、蔡文君　《新馬華人抗日史料》，新加坡文史出版私人有限
　　　　　公司，1984 年版。

饒宗頤編　《新加坡古事記》，香港中文大學出版社，1994 年版。

饒宗頤　《汶萊發現宋代華人墓碑意義》，載新加坡《新社季刊》第
　　　　　4 卷第 4 期，《汶萊宋碑再跋》同上第三期。

鄭鶴聲、鄭一均　《鄭和下西洋資料彙編》，齊魯書社，1983 年版。

昆明鄭和研究會編《鄭和・歷史與現實——首屆鄭和研究國際會議集
　　　　　萃》，雲南人民出版社，1995 年版。

姚　楠　《馬來西亞華僑史綱要》，商務印書館，1943 年版。

姚　楠　《南天餘墨》，遼寧大學出版社，1995 年版

吳鳳斌主編　《東南亞華僑通史》，福建人民出版社 1994 年版。

傅吾康、陳鐵凡　《馬來西亞華文銘刻萃編》，馬來亞大學出版社，
　　　　1982 年版。

朱傑勤　《東南亞華僑史》，高等教育出版社，1990 年版。

陳高華、吳泰、郭松義　《海上絲綢之路》，海洋出版社，1991 年
　　　　版。

陳　炎　《海上絲綢之路與中外文化交流》，北京大學出版社，1996
　　　　年版。

莊景輝　《海外交通史迹研究》，廈門大學出版社，1996 年版。

林遠輝、張應龍　《新加坡、馬來西亞華僑史》，廣東高等教育出版
　　　　社，1991 年版。

宋旺相著，葉書德譯，林孝勝、莊欽永、張清江、李發沈校訂　《新加
　　　　坡華人百年史》，新加坡中華總商會出版發行 1993 版。

劉子政　《婆羅洲史話》，詩巫拉讓書局，1964 年版。

劉子政　《砂勞越史事論叢》，拉讓出版社，1987 年版。

劉子政　《黃乃裳與新福州》，南洋學會，1978 年版。

劉子政　《詩巫劫後追記》，砂勞越華族文化協會叢書，1996 年版。

劉子政　《砂勞越百年紀略》，砂勞越華族文化協會叢書，1996 年
　　　　版。

謝育德　《北婆羅洲沙巴百年簡史》，斗湖日報社，1981 年版。

劉伯奎　《十九世紀砂勞越華工公司興亡史》，1990 年版。

楊謙俊　《華工起義》，砂勞越華族文化協會出版，1996 年版。

李瑞青、張瑞爵、鄭詩岩編　《神山英烈志》，首都(沙巴)有限公司，
　　　　1993 年版。

饒尚東、田成英　《砂勞越華族研究論文集》，砂勞越華族文化協
　　　會，1992 年版。

李南林、田農　《砂勞越華族史論集》，婆羅洲出版有限公司，1985
　　　年版。

周丹尼著，黃順柳譯　《砂勞越鄉鎮華人先驅》砂勞越華族文化協
　　　會，1990 年版。

張奕善　《明代中國與馬來亞關係》，臺灣臺北，臺灣大學文史叢
　　　刊。

陳約翰著，梁元生譯　《砂勞越華人史》，臺灣正中書局，1985 年
　　　版。

羅香林　《西婆羅洲羅芳伯所建立共和國考》。

陳嘉庚　《南僑回憶錄》(上、下冊)，美國八方文化企業公司，1993
　　　年版。

楊進發著，李發沈譯　《陳嘉庚——華僑傳奇人物》，美國八方文化
　　　企業公司 1993 年版。

馬哈迪著，葉鍾玲譯　《馬來人的困境》，皇冠出版社 1984 年版。

文西阿都拉著，黎煜才譯　《吉蘭丹遊記》，聯營出版社，1993 年版。

林水檺、駱靜山編　《馬來亞華人史》，馬來西亞留台校友聯合總會
　　　出版，1984 年版。

鄭文輝編著　《馬六甲古今談》，峇株享華書店 1962 年版。

林孝勝　《新加坡華社與華商》，新加坡研究會，1995 年版。

顏清煌著，劉果因譯　《星馬華人與辛亥革命》，臺北聯經出版事業
　　　公司出版。

顏清煌　《海外華人史研究》，新加坡亞洲研究會，1992 年版。

崔貴強　《星馬史論叢》，中華書局，1981 年版。

馮自由　《革命逸史》，中華書局，1981 年版。

葉觀仕 《馬新新聞史》，韓江新聞傳播學院印行，1996 年吉隆坡版。

黃 堯 《星馬華人志》，香港明鑒出版社，1967 年版。

賴觀福主編 《馬華文化探討》，馬來西亞留台校友會聯合總會出
版，1982 年版。

郭仁德 《陳禎祿傳》，馬來西亞華人文化協會，1996 年版。

魯白野 《馬來散記》，星洲世界書局，1954 年版。

余壽浩 《馬來亞古今談》，南洋商報社，1953 年版。

梅 井 《馬來亞兄弟民族》，新加坡青年書局，1960 年版。

李業霖主編 《太平洋戰爭史料匯編》，馬來西亞華社資料中心 1996
年版。

劉文榮 《馬來西亞聯邦成立前華人經濟概況》，臺灣三民書局，
1988 年版。

韓槐准 《南洋遺留的中國古外銷陶器》，新加坡青年書局，1960 年
版。

王昆福 《吉蘭丹古史探原》，吉蘭丹中華總商會鑽禧紀念特刊
（1912—1987）。

劉迎勝 《絲路文化‧海上卷》，浙江人民出版社，1995 年版。

林天蔚 《未代香藥貿易史稿》香港中國學社民國四十九年二月初版。

張廣達、王小甫 《天涯若比鄰》，香港中華書局，1988 年版。

姚楠、陳佳榮、丘進 《七海揚帆》，香港中華書局，1990 年版。

章巽主編 《中國航海科技史》，海洋出版社，1991 年版。

張天澤著，姚楠、錢江譯 《中葡早期通商史》，香港中華書局，
1988 年版。

邦特庫 《東印度航海記》，中華書局，1982 年版。

《鄭成功收復臺灣史料選編》，福建人民出版社，1982 年版。

約翰‧小韋爾科 《胡椒‧槍炮及敵對雙方之談判》，美國哈佛大學

　　　　出版社，1974 年版。

聶寶璋　《中國近代航海史料》，上海人民出版社，1983 年版。

薩本仁、潘興明　《20 世紀的中英關係》，上海人民出版社，1996 年
　　　　版。

巫樂華　《南洋華僑史話》，商務印書館，1997 年版。

傅維康　《中國醫學史》，上海中醫學院出版社，1990 年版。

李金龍　《馬來西亞中醫藥發展史略》，新加坡中醫藥出版社，1996
　　　　年版。

張星烺　《中西交通史料彙編》，中華書局，1977 年版。

吳天才　《脞論馬來班頓》，1980 年版。

鍾敬文　《話說民間文化》，人民日報出版社，1990 年版。

碧澄編著　《馬來班頓》，聯營出版有限公司，1992 年版。

瑪　戈　《馬來亞藝術簡史》，南洋出版有限公司，1963 年版。

許友年　《論馬來民歌》，福建人民出版社，1983 年版。

余秋雨　《中國戲劇文化史述》，湖南人民出版社，1985 年版。

賴伯疆　《東南亞華文戲劇概觀》，中國戲劇出版社，1993 年版。

許蘇我　《新加坡華僑教育全貌》，南洋書局，1950 年版。

王秀南　《星馬教育研究》，南洋大學東南亞研究中心叢書 1971 年
　　　　版。

王秀南　《東南亞教育史大綱》，新加坡東南亞教育研究中心，1989
　　　　年版。

張希哲主編　《華僑史論集》，臺北正中書局，1963 年版。

楊松年、王慷鼎　《東南亞華人文學與文化》，新加坡亞洲研究學
　　　　會，1995 年版。

馬汝珩、馬大正主編　《清代的邊疆政策》，中國社會科學出版社，
　　　　1994 年版。

楊建成主編　《三十年代南洋華僑團體調查報告》，中華學術院南洋
　　　　研究所，文史哲出版社，1984 年臺北版。

《陳六使百年誕紀念文集》　南大事業有限公司、香港南洋大學校校友
　　　　會聯合出版 ，1997 年版。

《馬來西亞當代水墨畫家作品集》　吉隆坡畫院出版，1996 年 11 月
版。

《海交史研究》　中國海外交通史研究會、福建省泉州海外交通史博物
　　　　館主辦。

《南洋問題研究》　廈門大學南洋研究所主辦。

《南洋問題譯叢》　廈門大學南洋研究所主辦。

《南洋學報》　新加坡南洋學會出版。

《南洋文摘》　南洋文摘社出版。

《星馬通鑒》　新加坡世界書局有限公司，1959 年出版。

《文道》(第 1—48 期) 馬來西亞華人文化協會編輯出版。

《東南亞研究論文索引》(1980—1989)　廈門大學南洋研究所資料室
　　　　編，廈門大學出版社，1993 年 9 月。

《華僑華人研究文獻索引》(1980—1990) 曾伊平、陳麗娘編，廈門大
　　　　學出版社 1944 年 12 月。

《館藏南洋研究中文資料目錄》　新加坡國立大學中文圖書館編，許統
　　　　義主編，余容斌編輯，新加坡國立大學圖書館，1990 年 3
　　　　月。

《華僑華人歷史國際研討會論文集》(1985 年) 中山大學東南亞歷史研
　　　　究所(中國‧廣州)編。

後　記

　　余生也命苦：每每一件事做完，回頭一想，總感到遺憾！

　　比如說，在高校教了一輩子書，每一節課、每一門課講完，稍爲沈思片刻，即發現有不如意處，產生遺憾。每篇文章或書稿，寫畢發出，想想又有未盡處，眞遺憾！如是，這部《中國和馬來西亞文化交流史》亦然：校畢清樣，有欠缺處多多，眞遺憾！可是，來不及了！

　　這部書稿，是國家社科規劃項目，定稿後經過專家們的學術鑒定和國家社科規劃部門的嚴格審核，完成了。那是 1999 年 7 月間。此後，有意將書稿作"冷處理"，放下來。從 2000 年 3 月起，馬來西亞華社研究中心的學術期刊《人文雜誌》雙月刊才陸續發表了一些章節，也引起了海內外同行們的關注；可心裏總是悵悵然！當時，研究的興趣和工作的任務都早已經轉移，幾次下決心，但總是勻不出時間來作補充、修改。這能不遺憾嗎！

　　這個項目，是 1994 年底到 1995 年 1 月，我們第一次到馬來西亞作學術訪問時開始醞釀的。1996 年 5 月獲得批准立項。這以後，在 1996 年 11 月 1 日至 11 月 30 日第二次訪問大馬，1997 年 4 月 9 日至 5 月 7 日第三次訪問大馬，同年的 8 月 8 日至 9 月 13 日第四次訪問大馬，1999 年 7 月 13 日至 7 月 26 日第五次訪問大馬；期間，又有機會三次到新加坡作學術出差，新加坡獨立建國之前，是馬來西亞的一部分。我們先後五次訪問大馬和三次訪問新加坡，正如我們在本書"導論"中已經簡要地提到的，是進行深入的資料訪問和田野調查；但在這裏不厭其詳地列出時間和次數，目的是爲了感謝曾經幫助過我們的許多的朋友。這其中，首先是原馬來西亞華人文化協會總秘書郭仁德先生，我們前四次的訪問，都是得益於他的努力！這部書稿，在擬定綱目並進行分工時，議定自 1975 年以後到 2000 年這 25 年的中、馬文化交流的內容，由他執筆，然後合璧；但因爲郭先生後來學術興趣轉移和更爲迫切的寫作任務在敦促，他未能完成這後一部分稿子！即使是現在這個書稿，也理應與郭先生同署；但他十分謙虛。我們書中所述的內容和學術觀點，郭先生也未必完全同意，於是只好如現在這樣處理了。將來如果有再版機會，也就俟將來再說。還要感謝新加坡《聯合早報》高級編輯、高級記者韓山元先生和馬來西亞詩人吳岸先生。他們對我們完成這部書稿也多所幫助。馬來西亞的曹德安先生、駱義平律師、符昌和先生、陳凱希先生、鍾正山會長、作家戴小華女士、雪隆海南會館、李雄之先生、高其富先生、符傳波先生、陳業良博士和已故世的黃耀銘先生等等，我們對他們的好意幫助，都銘刻於心。其他還有許許多多的朋友，或提供過資料，或商討過論點，或指出過田野調查線索，或帶領我們進行調查訪問，實在是太多，恕我們不能一一列舉。

　　中共中央黨校中國近、現代史資深專家、博士生導師金春明教授，龍年我們一道在海南三亞的一段僻靜海灣，過了一個十分值得回憶的春節。金教授當時審讀了全稿後寫了序。金教授對我們的批評和過獎的話，是我們學術工作的努力方向。

　　海南大學文學院英語系石京副教授代爲英譯目錄。法國科學院漢學家 Claucline SALMON 博士對書中一些英文的人名、地名作了更正。海南大學原華僑研究室符玉川先生、張介文先生，審讀了部分章節，改正了某些錯誤。我們在向他們致謝的同時，也要說明，書中其他的錯誤或弱點，一定還有不少，那是我們的責任；敬請讀者不吝賜教。容我們日後再作修改、補充。

　　臺灣臺北文史哲出版社發行人彭正雄先生，在學術著作滯銷的情

況下，以出版家的眼光而不是出版商的態度，接受本書出版，我們在
感激之餘，又十分欽佩！

周偉民　唐玲玲　2002 年 2 月 22 日於
海南大學圖書館五樓研究室

國家圖書館出版品預行編目資料

中國和馬來西亞文化交流史/ 周偉民,唐玲玲著. --
初版. -- 臺北市：文史哲, 民 91
　　面：　公分. -- (文史哲學集成;454)
　　參考書目：面
　　ISBN 957-549-420-2 (平裝)

　　1.中國 – 文化關係 - 馬來西亞 2.馬來西亞 –
文化關係 – 中國
643.86　　　　　　　　　　　　　91004109

文史哲學集成 ⑭

中國和馬來西亞文化交流史

著　　者：周　偉　民・唐　玲　玲
出版者：文　史　哲　出　版　社
http://www.lapen.com.tw
登記證字號：行政院新聞局版臺業字五三三七號
發行人：彭　　　正　　　雄
發行所：文　史　哲　出　版　社
印刷者：文　史　哲　出　版　社
臺北市羅斯福路一段七十二巷四號
郵政劃撥帳號：一六一八〇一七五
電話 886-2-23511028・傳真 886-2-23965656

實價新臺幣六五〇元

中華民國九十一年 (2002) 三月初版